रज़ा पुस्तक माला

राग-अनुराग

आत्मकथा

रज़ा फ़ाउण्डेशन | THE RAZA FOUNDATION

राग–अनुराग

रविशंकर

बाङ्ला से अनुवाद
डॉ. रामशंकर द्विवेदी

राजकमल प्रकाशन

रज़ा पुस्तक माला : **आत्मकथा । अनुवाद**
प्रधान सम्पादक : अशोक वाजपेयी । सम्पादक : पीयूष दईया
राजकमल प्रकाशन प्रा.लि. और रज़ा फ़ाउण्डेशन का सह-प्रकाशन

ISBN : 978-93-90971-56-5

मूल्य : ₹995

पहला संस्करण : 2022

प्रकाशक : राजकमल प्रकाशन प्रा.लि.
1-बी, नेताजी सुभाष मार्ग, दरियागंज
नई दिल्ली-110 002

शाखाएँ : अशोक राजपथ, साइंस कॉलेज के सामने, पटना-800 006
पहली मंज़िल, दरबारी बिल्डिंग, महात्मा गांधी मार्ग, प्रयागराज-211 001
36 ए, शेक्सपियर सरणी, कोलकाता-700 017

वेबसाइट : www.rajkamalprakashan.com
ई-मेल : info@rajkamalprakashan.com

मुद्रक : यश प्रिंटोग्राफ़िक्स
नोएडा-201 310 (उत्तर प्रदेश)

RAAG-ANURAG
Autobiography by Rabishankar
Translated by Dr. Ramshankar Dwivedi

बाबा को

क्रम

आमुख

कलाओं में भारतीय आधुनिकता के एक मूर्धन्य सैयद हैदर रज़ा एक अथक और अनोखे चित्रकार तो थे ही उनकी अन्य कलाओं में भी गहरी दिलचस्पी थी। विशेषत: कविता और विचार में। वे हिन्दी को अपनी मातृभाषा मानते थे और हालाँकि उनका फ्रेंच और अँग्रेज़ी का ज्ञान और उन पर अधिकार गहरा था, वे फ्रांस में साठ वर्ष बिताने के बाद भी, हिन्दी में रमे रहे। यह आकस्मिक नहीं है कि अपने कला-जीवन के उत्तरार्द्ध में उनके सभी चित्रों के शीर्षक हिन्दी में होते थे। वे संसार के श्रेष्ठ चित्रकारों में, २०वीं-२१वीं सदियों में, शायद अकेले हैं जिन्होंने अपने सौ से अधिक चित्रों में देवनागरी में संस्कृत, हिन्दी और उर्दू कविता में पंक्तियाँ अंकित कीं। बरसों तक मैं जब उनके साथ कुछ समय पेरिस में बिताने जाता था तो उनके इसरार पर अपने साथ नवप्रकाशित हिन्दी कविता की पुस्तकें ले जाता था : उनके पुस्तक-संग्रह में, जो अब दिल्ली स्थित रज़ा अभिलेखागार का एक हिस्सा है, हिन्दी कविता का एक बड़ा संग्रह शामिल था।

रज़ा की एक चिन्ता यह भी थी कि हिन्दी में कई विषयों में अच्छी पुस्तकों की कमी है। विशेषत: कलाओं और विचार आदि को लेकर। वे चाहते थे कि हमें कुछ पहल करनी चाहिए। २०१६ में साढ़े चौरानवे वर्ष की आयु में उनकी मृत्यु के बाद रज़ा फ़ाउण्डेशन ने उनकी इच्छा का सम्मान करते हुए हिन्दी में कुछ नयी क़िस्म की पुस्तकें प्रकाशित करने की पहल *रज़ा पुस्तक माला* के रूप में की है, जिनमें कुछ अप्राप्य पूर्व प्रकाशित पुस्तकों का पुनर्प्रकाशन भी शामिल है। उनमें गाँधी, संस्कृति-चिन्तन, संवाद, भारतीय

भाषाओं से विशेषतः कला–चिन्तन के हिन्दी अनुवाद, कविता आदि की पुस्तकें शामिल की जा रही हैं।

रज़ा फ़ाउण्डेशन ने हिन्दी लेखकों और कलाकारों की सुशोधित विस्तृत जीवनियाँ लिखाने और प्रकाशित कराने का प्रोजेक्ट बनाया है और उस पर काम चल रहा है : कई जीवनियाँ इस क्रम में प्रकाशित हो गयी हैं। भारत के मूर्धन्य कलाकारों में से बहुत कम ने अपनी आत्मकथाएँ लिखी हैं। इनमें चित्रकार, संगीतकार, रंगकर्मी, नर्तक आदि शामिल हैं। पुस्तकमाला में ऐसी आत्मकथाओं को हम हिन्दी अनुवाद में प्रस्तुत करने का प्रयत्न करते रहे हैं। पण्डित रविशंकर की यह अधूरी आत्मकथा, बाङ्ला से अनूदित, प्रस्तुत करते हमें प्रसन्नता है। एक महान् संगीतकार होने के साथ–साथ उनका बहुत बड़ा योगदान भारतीय शास्त्रीय संगीत को विश्व संगीत में मान्यता और उचित स्थान दिलाने का बेहद सर्जनात्मक प्रयत्न रहा है।

अशोक वाजपेयी
नयी दिल्ली

मुखबन्ध

सम्भवतः इस भूमिका की कोई आवश्यकता थी नहीं। पुस्तक के प्रारम्भ में ही जो-जो कहा है यहाँ पर शायद उसी की कुछ पुनरावृत्ति हो जायेगी। किन्तु, 'राग-अनुराग' जब 'देश' पत्रिका में धारावाहिक रूप से प्रकाशित हो रही थी, उस समय कई व्यक्तियों ने काफ़ी टिप्पणियाँ की थीं, उनकी बहुत-सी प्रतिक्रियाएँ बातों अथवा चिट्ठी-पत्री के रूप में प्रकाशित हुई थीं। इसलिए उनके जवाब में एक बार पुनः कुछ कहना तो होगा ही।

बहुत से शायद इसलिए निराश होंगे कि मेरी इस आत्मकथा में संगीतशास्त्र जैसी उन्हें कोई सारगर्भित चीज़ नहीं मिलेगी। बहुतों को ऐसा लगेगा कि कहीं-कहीं यह रचना, भाषा और भावों की दृष्टि से, हल्की हो गयी है। फिर बहुतों को ऐसा लगेगा कि मैंने अपने व्यक्तिगत जीवन से जुड़े भाव और प्रेम-प्रसंगों की जो इतनी चर्चा की है, उसकी उतनी ज़रूरत थी नहीं, अर्थात् 'राग' के बारे में लिखना ही पर्याप्त होता, 'अनुराग' के प्रसंग में न जाते तो भी काम चल जाता। इस तरह के हरेक मन्तव्य के विपरीत राय भी बहुत से पाठक-पत्रिकाओं ने मुझे बतायी है। इसके अलावा और एक प्रकार का अभियोग भी किसी-किसी ने मेरे ऊपर लगाया है। वह अभियोग इस प्रकार है कि मेरी इस आत्मकथा में बहुत-से प्रामाणिक तथ्यों में हेर-फेर किया गया है। इस तरह के आरोपों में सबसे हास्यकर अभियोग वह है जिसमें एक प्रतिष्ठित संगीतज्ञ ने यह कहा कि मैंने 'रियाज़' की जगह 'रिवाज़' क्यों कहा है। इस तरह के और भी दृष्टान्त हैं।

सबसे पहले मेरा कहना यह है कि मैं एक संगीतशास्त्र जैसी सारगर्भित पुस्तक लिखना नहीं चाहता था। उस तरह का काम तो बहुत-से भाषाविद् सुधीजन

सौ, डेढ़-सौ पुस्तकों को घोंट-घाँट कर एक-दो बरस की मेहनत के बाद कर ही सकते हैं और उस तरह की पुस्तकें बाज़ार में कुछ कम तो नहीं हैं। पूरे विश्व में इस तरह के लेखक गण उन सब वितर्कमूलक प्रश्नों के सुलझाने में दिमाग़ ख़राब किये रहते हैं कि मार्लो अथवा बेकन या अन्य कोई व्यक्ति असली शेक्सपियर था अथवा नहीं। अथवा कितने लोग नारद, भरत अथवा कालिदास थे। अथवा अमीर ख़ुसरो कितने थे। और वे लोग क्या-क्या किया करते थे। इस तरह के सिद्धान्तों अथवा तथ्यों पर विचार करने की इच्छा मेरी नहीं थी। मन के आनन्द में किसी तरह की पुस्तक, पत्र-पत्रिकाओं को बिना उल्टे-पल्टे, बातचीत के ब्याज से अपनी अभिज्ञता, बहुत पहले पढ़ी-सुनी बातें अथवा अनुभूति की बातें कहता गया हूँ। इन सब बातों को शंकरलाल भट्टाचार्य ने विभिन्न समयों, विभिन्न स्थानों और विभिन्न परिवेशों में टेप किया है और बाद में उन्हें लिख रखा है। और इस वजह से इसमें थोड़ी पुनरावृत्ति और वाद-विवाद भी आ गया है। यह आत्मकथा असल में वार्तालाप के माध्यम से आगे बढ़ी है, इसलिए इसमें एक निर्बाध स्टाइल अथवा विन्यास अथवा सटीकता खोजना अन्याय है। अगर ऐसा किया जाये तो आख़िर में पुस्तक का मिज़ाज ही रसातल को चला जायेगा। हालाँकि, इसी दृष्टि से कुछ गुणी-ज्ञानी पाठकों ने इस आत्मकथा को देखा और पढ़ा भी है। और उसी के अनुसार उन्होंने मेरी आलोचना भी की है। और उनकी उस आलोचना से मैं जो सीख सका हूँ उसका अवश्य मैंने इस पुस्तक के परिमार्जन में उपयोग किया है।

किन्तु, इस तरह की समालोचना से भी अधिक मैं यह देखकर अवाक् रह गया हूँ कि कुछ लोग मेरे प्रेम-प्रसंगों और भाव-प्रेम की चर्चा से रुष्ट हो गये हैं। यहाँ पर मैं अपनी एक बात कहे दे रहा हूँ और वह यह कि मैं अपने प्रेम-प्रसंगों की बात न उठाता और न उठाना चाहता ही था। 'राग-अनुराग' में मेरी व्यक्तिगत बातें शंकरलाल ने बार-बार प्रश्न कर, मुझे बार-बार कोंच कर, जिरह करते हुए मेरे मुँह से निकलवा ली हैं। इसमें उनकी एक पत्रकार की प्रश्न पूछ-पूछ कर बातों-से-बात निकालने की प्रवृत्ति काम में आयी है। इसीलिए मेरे जीवन में यह विवेचना सदलबल आकर हाज़िर हो गयी है। फिर भी यह ज़रूर है कि जब सात-पाँच सोचता हूँ, जब यह विचार करता हूँ कि इस आत्मकथा में मैं अपने कितने दोषों को स्वीकार कर सका हूँ, तब मुझे कोई अफ़सोस नहीं होता है। हज़ार बातें हों, मैं कोई देवता तो हूँ नहीं, जो

लोग मुझे देवता माना करते थे, वे अगर आज मुझे एक रक्त-मांस का मनुष्य मानने के बाद भी मुझे चाहते रहेंगे, तभी तो मेरा जीवन सार्थक होगा। ऊँचे पीढ़े पर बैठकर सम्मान पाने की इच्छा मेरी नहीं है। आज तक जितना गाना-बजाना करता रहा हूँ, मनुष्यों को आज तक जितना आनन्द दे सका हूँ, उसके बदले में जितनी श्रद्धा, प्रेम मनुष्य मुझे दे सकेंगे, उसे पाकर ही मैं अपने को धन्य समझूँगा। कारण, जानता हूँ, वही मेरा सचमुच का पावना है। अपने को बढ़ा-चढ़ाकर दिखाने के लिए तो मैंने पुस्तक लिखी नहीं है। व्यक्तिगत बातें कही हैं, इसलिए मेरी जो कुछ निन्दा होगी, उसे सिर झुकाकर स्वीकार करूँगा।

सम्भवतः मैंने कई विषयों, व्यक्तियों एवं शिल्पियों के बारे में थोड़े खुले रूप में चर्चा की है, और उनके बारे में अपना मत व्यक्त किया है। किसी-किसी ने उसी वजह से मेरे अहंकार की बात भी उठायी है, किन्तु, इस बात का उल्लेख उन्होंने बराबर ढके-मुँदे ढंग से किया है, सामान्य रूप से जिस प्रकार इस देश में प्रच्छन्न रूप से आरोपों का उल्लेख किया जाता है या उनके लिखने की प्रक्रिया है। अगर अपेक्षा के अनुसार कुछ प्रस्तुत न किया जाये तो क्या उससे महाभारत अशुद्ध हो जायेगा? थोड़ा कम हिप्पोक्रेसी दम्भ दिखाना क्या इतना बड़ा पाप है? पता नहीं, मैं तो इतना पक्का लेखक हूँ नहीं। सम्भवतः यह पुस्तक लिखकर मैंने भूल ही की है।

इसमें मैंने बहुत-सी बातें कही हैं और बहुत-सी नहीं कही जा सकी हैं। आज भी जीवन का बहुत कुछ बखान करना शेष है, बहुत कुछ देखना और बहुत कुछ सीखना। बहुत से पाठक-पाठिकाओं ने यह दुःख प्रकट किया है कि मैंने यह आत्मकथा इतनी जल्दी क्यों समाप्त कर दी। उन सबको मैं यह भरोसा दिला रहा हूँ कि जैसे ही सुअवसर मिलेगा, मैं और भी कभी कुछ कहूँगा।

अन्त में मैं अपने सभी पाठक वर्ग को धन्यवाद देता हूँ कि उन्होंने मुझे बहुत उत्साह और प्रेरणा दी इसके लिए।

२१ मार्च, ७९ —रविशंकर

दार्जिलिंग

पुस्तक कैसे लिखी गयी ?

आज सवेरे 'राग-अनुराग' का अन्तिम काम समाप्त हो गया। १९७७ के जनवरी महीने में रविशंकर जिस काम में लगे थे, आज सवा दो बरस बाद उन्हें उससे रिहाई मिल गयी। इस पूरी अवधि में रबू दा (रविशंकर) और मैं दोनों ही व्यापक रूप से बदल गये हैं। एक सुविन्यस्त, सुगढ़, सैद्धान्तिक और एक स्मार्ट पुस्तक जिस रचना के होने की बात थी, वह एक आँकी-बाँकी खुली हुई नदी की तरह ऊबड़-खाबड़, ऊँची-नीची होकर रह गयी है, यद्यपि यह है सीधी-सादी आत्मकथा। पहली बार मद्रास में जब मैंने रबू दा को टेप किया था, उस दिन मेरे प्रश्न बँधे-बँधाये, गतानुगतिक थे। नाप-तौल से भरे, टू-द-प्वाइंट, उनसे एक विशेष दूरी बनाये हुए। हालाँकि, रबू दा के लण्दन के चेलसी क्लोयेस्टर्स अपार्टमेंट में जिस दिन अन्नपूर्णा, कमला अथवा स्यू जोन्स के बारे में मैंने प्रश्न किये थे उस दिन वैसी फॉर्मेलिटी, एटीकेट की बात मन में थी ही नहीं। इसीलिए इस पुस्तक को उसके परिवेश से अलग कर देखना भी मेरे लिए सम्भव नहीं है। शायद रबू दा के लिए भी सम्भव नहीं है।

इस पुस्तक को तैयार करने के मामले को लेकर 'आनन्द बाज़ार' संस्थान की तरफ़ से मैं और आनन्द पब्लिशर्स के 'द्विजेन्द्रनाथ वसु' (बादल वसु) २० नं. बालीगंज पार्क रोड पर उस दिन हाज़िर हो गये। तब रविशंकर इस पुस्तक के बारे में काफ़ी द्विविधा में थे। अन्त में बोले, किन्तु मैं तो परसों मद्रास जा रहा हूँ। तुम मेरे साथ चल सकोगे ? फिर वहाँ से भी मेरे साथ दिल्ली चलना होगा। क्या यह सम्भव है ? आगा-पीछा कुछ न सोचते हुए हम दोनों ने कहा, हाँ, हम लोग राज़ी हैं—Done !

उसी दिन शाम को 'आनन्द बाज़ार संस्थान' के मालिकों को इसकी जानकारी

दी गयी। रविशंकर की आत्मकथा अगर तैयार की जायेगी, तो अन्ततः इसमें इतना ख़र्चा आयेगा। 'देश' पत्रिका के लिए प्रस्तावित इस रचना के ख़र्चे के लिए उन्होंने पीछे क़दम नहीं बढ़ाये। सिर्फ़ ख़र्चा ही नहीं, इस पुस्तक की उन्होंने पूरी योजना ही बना डाली। सारे सम्भावित प्रश्नों की भी उन्होंने तालिका बना ली, जिसके ऊपर यह पूरी पुस्तक आधारित होगी। इस पुस्तक का मूल विचार (Idea) अर्थात् विभिन्न विषयों से सम्बन्धित रविशंकर से प्रश्न करना, उनके उत्तर में रविशंकर जो कुछ कहें, उसे लिपिबद्ध करने की प्रक्रिया भी आनन्द बाज़ार संस्थान से जुड़े उन्हीं लोगों की थी। इसीलिए उन लोगों के निर्देशों के अनुसार पूरी रचना ही रविशंकर की टेप की गयी बातों का हूबहू उतार अथवा अनुलेखन है। इसलिए इस पुस्तक के शब्दों, वाक्य विन्यास, अथवा वृत्तान्त अथवा आइडिया की अभिव्यक्ति में किसी तरह का संशोधन, अथवा सुधार या किसी तरह की करामात नहीं दिखायी गयी है। कारण, अगर ऐसा किया जाता तो रविशंकर की सहज आत्माभिव्यक्ति न हो पाती और पाठक भी रविशंकर के मजलिसी मिज़ाज को न पा पाते। इसमें मेरी भूमिका केवल एक अनुलेखक की है। और समय-समय पर रविशंकर को बातों का सूत्र पकड़ा देने की।

उसके बाद इस पुस्तक के मामले में फिर मुझे पीछे नहीं देखना पड़ा। मद्रास, दिल्ली से कुल आठ टेप लेकर उन्हें लिखते-लिखते मुझे चार मास हो गये।

पहले यह बात तय हुई थी कि रविशंकर बम्बई आकर इस पुस्तक के मसौदे को एक बार देख लेंगे। बाद में किसी-न-किसी वजह से वे आ नहीं सके। उन्होंने पत्र लिखकर मुझे लण्दन आने के लिए कहा। बिना देखे अपनी आत्मकथा को प्रेस में देने के लिए वे राज़ी नहीं हो रहे थे। और उनके पत्र के कारण हम लोगों को भी इस रचना को और बड़ा करने का एक बहुत बड़ा सुअवसर मिल गया। कारण, लण्दन जैसी जगह के अलावा और कहीं उन्हें इतने अकेले और एकान्त में पाना सम्भव नहीं है। फिर, अगर यह लण्दन पर्व न आता तो 'राग-अनुराग' का 'अनुराग' अंश तो रह ही जाता। जिस अन्तरंगता के बाद उस तरह का निजी प्रसंग उठाया जा सकता है, रबू दा के साथ, वह वास्तव में लण्दन के केनसिंगटन हाई स्ट्रीट अथवा ऑक्सफोर्ड सरकार के मार्ग पर पायचारी करते हुए निर्मित हो सका था। एक दिन चेलसी के एक रास्ते पर आगे बढ़ते हुए रबू दा ने कहा था—तुम्हें क्या लगता है अपने जीवन में आयी महिलाओं की कथा इस पुस्तक में कहना क्या ठीक रहेगा? मैंने

जवाब दिया, तो फिर मैं इतनी दूर आख़िर क्यों आया? आपके कुछ पाठकों को यह प्रसंग अच्छा लगे या न लगे, पर इसे तो हम लोग इस पुस्तक में रखेंगे ही। वह इस पुस्तक से बाहर नहीं रह सकता है। (वह कान्ट गेट आउट ऑफ़ इट)। मेरी यह बात सुनकर हो-हो कर हँसने लगे 'रबू दा'। कहने लगे, शुभ लक्ष्मी के पति ने ठीक ही कहा था—तुम मेरे पीछे नियति की तरह लगे हुए हो। ओके, अच्छा, मैं उसे देखूँगा, आई विल सी, विल सी (मैं उस पर विचार करूँगा)।

लण्दन में पूरे दिन 'रबू दा' की बातें टेप किया करता था। और रात में उसे लिख डालता था। तीन-चार दिन के अन्तर से उस लिखे हुए को हम लोग रिवाइज़ और एडिट कर डालते थे। अच्छा काम हो जाने पर रबू दा वाह, वाह कर उठते थे। घर में रखा हुआ खाने का जितना सामान था वह मेरे सामने मेज़ पर सजा देते थे। कमला दी कहा करती थीं, रविशंकर का खाना देखते ही मन भर जाता है, कितनी सुघरता से सजाया गया है।

जिस दिन मेरा काम ठीक से नहीं हो पाता था, उस दिन रबू दा स्पष्ट रूप से कुछ न कहकर अपनी असहमति जताते थे। कहा करते थे, तुम लण्दन में आकर मौज-मस्ती करते हुए घूम रहे हो। मुझे तो भूल ही गये हो। इसके अलावा मैं प्रायः काफ़ी रात तक काम करने के कारण सवेरे-सवेरे उठ नहीं पाता था। उसके बाद स्नान आदि करते-करते, स्नानघर से निकलते-निकलते शायद घण्टा भर की देरी हो जाती थी। सबसे पहले 'रबू दा' घड़ी देखते थे, फिर प्रश्न करते थे। फिर कहते थे, तुम्हें लेकर चलना मेरे लिए मुश्किल है। तुम्हारे सात ख़ून माफ़ हैं। इन फेक्ट, इसके बाद मैं जब कभी समय पर पहुँच जाता था, तब वे अचम्भे में पड़ जाते थे। उन्हें अचम्भे में पड़ा देखकर मुझे स्वयं बहुत अच्छा लगता था।

हम लोग पुस्तक के बारे में परामर्श किया करते थे, कभी थिएटर हॉल में बैठकर अथवा किसी घरेलू पार्टी में हाथ में खाना लेकर; अथवा मोटर गाड़ी पर लांग ड्राइव पर जाते-जाते। बाद में वाराणसी में नाव पर बैठे-बैठे अथवा बम्बई सेन्टो होटल के स्वीमिंग पूल के आसपास चक्कर लगाते हुए अथवा दार्जिलिंग में विंड्समेयर होटल के फायरप्लेस के सामने बैठकर इस पुस्तक पर हम लोग काम किया करते थे। कलकत्ता में लोडशेडिंग में मोमबत्ती जलाकर काम करने की चर्चा न करना ही अच्छा है।

‘देश’ (पत्रिका) में सप्ताह–दर–सप्ताह जब ‘राग–अनुराग’ निकल रही थी तब सागर दा का मुँह देखकर ही अनुमान लगा लेता था कि (इस पुस्तक के कारण) उनके हृदय में कितना गर्व है, कितना आनन्द उनके हृदय में क्रीड़ा कर रहा है। एक बच्चे को जैसे बड़े जतन से सँभाला जाता है, उस तरह प्रति सप्ताह सागर दा और आनन्द बाज़ार संस्थान के आर्ट डाइरेक्टर विपुल गुहा ‘राग–अनुराग’ के प्रोडक्शन की देखरेख किया करते थे।

‘राग–अनुराग’ का महत्त्व सचमुच में कितना है, इसे समझने का उपाय अथवा प्रयास मेरे पास नहीं है। हम कितने लोग इस पुस्तक के साथ ओतप्रोत भाव से जुड़े हुए हैं, हमारे लिए इसके लिखे जाने का समय बहुत अन्तरंग, बहुत मधुर है। किस तरह से ‘हे हे’ करते हुए, समय–समय पर विपुल परिश्रम के द्वारा एक पुस्तक आकार लेकर हमारे सामने आकर खड़ी हो गयी। इसीलिए, सेनटोर होटल में जिस दिन इसका अन्तिम शब्द लिखा गया, उस दिन एक अनिर्वचनीय विषाद भी मेरे और ‘रबू दा’ के मन पर छा गया था।

८ अप्रैल, ७९ —शंकरलाल भट्टाचार्य
बम्बई

सितार और नृत्य के गवाक्ष से

मेरा जन्म किसी ऐसे नक्षत्र में हुआ है कि मैं पुस्तकों के अरण्य में घूमता रहा। एक ही सपना देखा कि काश कोई मुझे एक अच्छे पुस्तकालय में घुसा दे और मैं महीनों उसमें पढ़ता रहूँ, बस सुबह-सुबह किसी अच्छे पार्क में टहल लूँ, दो-चार मित्रों से बढ़िया बातचीत कर लूँ, और फिर पुस्तकों के संसार में खो जाऊँ। पुस्तकों का नशा सबसे ज़्यादा ग्रसने वाला होता है।

अब आयें मूल विषय पर। २०१४ का विश्व पुस्तक मेला। हर विश्व पुस्तक मेले में जाने का क्रम मैंने बरकरार रखा है। अब तक एक-दो पुस्तक मेले ही छूटे होंगे—नहीं तो हर पुस्तक मेले का नज़ारा देखा है। पुस्तकें ख़रीदी हैं और अपने को पुस्तकों के संसार में घूमकर तरोताज़ा किया और विश्व मनीषियों के साथ संवाद करने की कोशिश की है।

हिन्दी वग़ैरह के तमाम स्टॉल देखते-देखते भारतीय भाषाओं के स्टॉल में पहुँचा और एक सज्जन से बाङ्ला पुस्तकों के स्टॉल किधर लगे हैं, इसकी जानकारी ली। घूमते-घामते 'निर्मल बुक एजेन्सी' के स्टॉल पर पहुँचा। वहाँ पर शंकर का भ्रमण वृत्तान्त समग्र, 'दरोगा दफ़्तर' के दो खण्ड, अवनीन्द्रनाथ ठाकुर के बाल साहित्य के दो खण्ड—देखने को मिले। उलटे-पलटे, सोच नहीं पा रहा था कि क्या ख़रीदूँ और क्या छोड़ूँ। देखा कि सामने की रैक पर दो पतली-पतली पुस्तकें लगी हैं—झट से उन्हें हाथ में लिया और उलट-पलट कर देखने लगा। दोनों पुस्तकों में खो गया। एक-एक पृष्ठ पर निगाह जाती और वहीं जमकर रह जाती। एक पुस्तक थी रविशंकर के बड़े भाई उदयशंकर के नृत्य अभियान पर और दूसरी थी उस्ताद विलायत ख़ाँ की आत्मकथा 'कोमल गान्धार'—इसकी समीक्षा मैं 'देश' पत्रिका में पढ़ चुका

था। दाम पूछे। अत्यन्त सस्ती। हिन्दी में यही पुस्तकें भारी दामों में मिलतीं। दोनों के दाम चुकाये और चलता बना।

प्रयोजन ? मन में विचार आया कि आख़िर ये पुस्तकें क्यों ख़रीदीं। संगीत का तो मैं क ख ग भी नहीं जानता। फिर क्यों ? एक तो बेहद सस्ती और सस्ते के साथ बहुमूल्य। अनुवाद के लिए ? नहीं। बात आयी-गयी हो गयी।

घर पर कभी-कभी इन पुस्तकों में दिये गये चित्र देख लेता था, बस। जहाँ-तहाँ कुछ पढ़ डाला, पुनः लिफ़ाफ़े में सहेज कर रख दीं। इधर 'संगना' के लिए प्रयाग जी के आग्रह पर 'उदयशंकर' पर रविशंकर के लम्बे संस्मरण का अनुवाद करना पड़ा और उसी पत्रिका के लिए सितारवादक उस्ताद विलायत ख़ाँ पर तीन संस्मरणों का हिन्दी रूपान्तर। इन संस्मरणों का अनुवाद करते समय विलायत ख़ाँ और उदयशंकर के साथ रविशंकर के प्रति भी उत्सुकता जाग गयी—तो उनकी आत्मकथा 'राग-अनुराग' ख़रीद डाली।

मेरे पास बाङ्ला पुस्तकों का अच्छा संग्रह हो गया है। उद्देश्य, इनका कभी अनुवाद करूँगा, यह आशा नहीं है। अनुवाद करते-करते बाङ्ला की अच्छी पुस्तकों के संग्रह की रुचि पैदा हो गयी। अब मेरे पास बाङ्ला की ऐसी पुस्तकें जमा हो गयी हैं—जिनका अनुवाद तो कभी नहीं करना किन्तु, अवकाश और एकान्त के क्षणों में मैं उन्हें पढ़ता ज़रूर हूँ। संस्कृत में एक कहावत है, 'संग्रही नावसीदति'। जो तमाम चीज़ों का संग्रह करता रहता है, वह कभी दुखी नहीं होता क्योंकि पता नहीं, कब किस चीज़ की ज़रूरत पड़ जाये। 'कार्यकाले समुत्पन्ने', संग्रह की हुई चीज़ें ही काम में आती हैं।

इधर इनके अनुवाद का निमित्त कैसे उपस्थित हुआ, अब उसकी कहानी सुनिये।

अशोक वाजपेयी के 'कभी-कभार' में एक प्रसंग पढ़ा कि आधुनिक या समकाल की कविता सामाजिक सरोकारों से इतनी ग्रस्त है कि उससे ऋतुओं का सौन्दर्य ख़ारिज होता चला जा रहा है। मेरे पास प्रभुदयाल मीतल की एक पुस्तक पड़ी थी, 'ब्रजभाषा साहित्य का ऋतु सौन्दर्य'—सो उसकी ज़ीरॉक्स प्रति करके वाजपेयी जी को भेज दी। इस पर उन्होंने एक टिप्पणी भी लिखी। ख़ैर, बात आयी-गयी हो गयी।

एक दिन मेरे युवा मित्र पीयूष दईया का फ़ोन आया कि आपने मीतल जी की एक पुस्तक 'ब्रजभाषा का ऋतु सौन्दर्य' भेजी थी—निर्णय यह लिया गया है

कि यह पुस्तक रज़ा फ़ाउण्डेशन की ओर से छपायी जायेगी और इसकी भूमिका आपको लिखनी है। फिर मैंने वाजपेयी जी को फ़ोन कर हक़ीक़त जाननी चाही। उनका कहना था, पुस्तक आपने भेजी है इसलिए भूमिका भी आपको ही लिखनी है और मैंने इस पुस्तक का शीर्षक कालिदास के वज़न पर बदल दिया है। अब इसका शीर्षक होगा 'ब्रजभाषा का ऋतु संहार'।

भूमिका लिखकर भेज दी। कहावत है ना, शेष होने के बाद भी कहानी शेष नहीं होती है। एक दिन भाई पीयूष दईया का पुनः फ़ोन आया—आपके पास अगर संगीत और नृत्य पर बाङ्ला की कुछ अच्छी पुस्तकें हों तो रज़ा फ़ाउण्डेशन उन्हें छापना चाहेगा। अशोक जी का यह निर्णय है। मैंने उन पुस्तकों का विवरण देते हुए एक लम्बा पत्र लिखा अशोक जी को। फिर पीयूष जी ने एसएमएस से बताया कि आपको इस क्रम से पुस्तकों का अनुवाद करना है—

१. कोमल गांधार—विलायत ख़ाँ की आत्मकथा
२. उदयेर पथे-पथे—उदयशंकर के नृत्य पर केन्द्रित पुस्तक
३. राग-अनुराग—रविशंकर की आत्मकथा।

इनमें से पहली दो पुस्तकों का अनुवाद कभी का मैं भेज चुका हूँ। जो प्रकाशित हो गया है। 'राग-अनुराग' का अब भेज रहा हूँ। इस पूरे अनुवाद कार्य में छह मास लगे। इन पुस्तकों में जिन संगीतविदों, नर्तकों की चर्चा है उनके जीवन और साधना को मुझे भी जानने का अवसर मिला। संगीत साधना 'अहं' के समर्पण की साधना है—अपने गुरु के प्रति, अपने रियाज़ के प्रति, अपनी साधना के प्रति। यही उनकी सफलता का राज है।

मुझे विलायत ख़ाँ की यह बात अच्छी लगी—संगीत शिक्षा केन्द्र सौरभ की ओर से २००१ में उन्हें भुवालका पुरस्कार भेंट किया गया था। अपनी अभ्यर्थना के उत्तर में उन्होंने दो बातें कही थीं—एक अल्लाताला से मेरी यही प्रार्थना है कि यह सम्मान पाकर मेरा 'अहं' कहीं फूलकर कुप्पा ना हो जाये, और मेरे पैर धरती से ही जुड़े रहें। फिर उन्होंने नयी पीढ़ी से कहा था कि किसी एक चीज़ के पीछे लग पड़ो, फिर उसी के पीछे लगे रहो।

और उदयशंकर के नृत्य पर केन्द्रित पुस्तक पढ़ते-पढ़ते मुझे लगा कि उदयशंकर के रूप में कितनी महान् प्रतिभा इस धरती पर विचरण करती रही, उनका अल्मोड़ा में स्थित संस्कृति केन्द्र, उनकी 'कल्पना' फ़िल्म, जिसके लिए

हिन्दी गीतकार नरेन्द्र शर्मा और पन्त जी ने गीत लिखे—कितना बड़ा अभियान—इन आँखों के सामने से गुज़र गया। और रविशंकर सितार में विश्वस्तर की प्रतिभा। उनकी आत्मकथा कई आत्मकथाओं का संकलन है, इतने बड़े सितार वादक होते हुए भी कितने विनम्र। उनकी साधना में आध्यात्मिकता का भी पुट था। उनकी आत्मकथा का सबसे रोचक अंश है उनके अनुराग वाला प्रसंग—अपने प्रेम प्रसंगों की खुली चर्चा और प्रेम के मनोविज्ञान का विश्लेषण।

मैं इन तीनों पुस्तकों पर कोई टिप्पणी नहीं लिखना चाहता। अनुवाद का एक सबसे बड़ा लाभ होता है किसी अच्छी पुस्तक को मनोयोगपूर्वक पढ़ना। अनुवाद में एक-एक शब्द, एक-एक वाक्य, भाषा के पीछे छिपी मूल लेखक की 'टोन', उसका 'लहजा' इन सबको अपनी भाषा में ढालना पड़ता है। यह सुयोग मुझे अशोक वाजपेयी जी के सौजन्य से मिला। मैं उनका हृदय से कृतज्ञ हूँ। साथ ही अपने युवा मित्र पीयूष दईया का भी जो समय-समय पर मुझे टोकते रहे, कितना काम हुआ, इसकी जानकारी लेते रहे। और राजकमल प्रकाशन के अशोक महेश्वरी का भी जिन्होंने इतनी सज-धज के साथ इन पुस्तकों को प्रकाशित किया।

इति नमस्कारान्ते

—डॉ. रामशंकर द्विवेदी

उरई
कार्तिक पूर्णिमा २०७४
नवम्बर, २०१७

राग–अनुराग

देखिये, महाशय, मैं कोई लेखक नहीं हूँ, गाने-बजाने का कारोबार करना ही मेरा काम है। और उसमें ही अभी बहुत कुछ काम करना शेष है। लिखने की बात तो छोड़ ही दीजिये। फिर भी हाँ, काफ़ी दिनों से लोग कहते आ रहे हैं, थोड़ा कुछ लिख भी दीजिये। शायद मेरी भी इच्छा थी कि किसी-न-किसी दिन कुछ लिखूँगा ज़रूर। यदि बाद में किसी दिन समय निकालकर बैठ सका। किन्तु, पुस्तक लिखूँगा, लिखूँगा करते-करते भी, वह पुस्तक लिखी न जा सकी। और, इसके अलावा क्या लिखने जाकर क्या लिख बैठूँ यह चिन्ता भी मन में आती थी। कहा तो नहीं जा सकता है। इसीलिए, बीच-बीच में फिर विचार आता था कि आख़िर ज़रूरत क्या है लिखने की! मेरा जीवन में एक मत रहा है, सितार छोड़कर कथा कहना क्यों? यहाँ तक कि एक समय मन-ही-मन जिस पुस्तक की कल्पना करता था, उसका शीर्षक भी यही देता था, 'वाद्य-यन्त्र छोड़कर कथा क्यों?'

ख़ैर, वह जो भी रहा हो। इस वर्ष ठण्ड के दिनों में मैं लाला श्रीधर के घर में था, २० नम्बर, बालीगंज रोड पर। शंकर, अर्थात् हमारे शंकरलाल भट्टाचार्य, जिन्हें मैं काफ़ी दिनों से पहचानता हूँ। इन्होंने मेरे सुविनियर-ढुविनियर में लिखा था, वह लेख मुझे बहुत अच्छा लगा था। वैसे तो वह चालाक-चतुर लड़का है, किन्तु उसका स्वभाव बहुत मीठा है। तो उसने मुझे कई तरह से घेरा, मुझसे आग्रह किया कि एक पुस्तक लिखना शुरू करना होगा। पहले तो मैंने इस पर इतना ध्यान दिया ही नहीं। किन्तु, देखा कि उसकी इच्छा बहुत ही 'जेनुइन'—सच्ची है। उसका कहना था कि मैं आपका एक इण्टरव्यू जैसा लूँगा, उसी के आधार पर कुछ पुस्तक जैसा कुछ निकाल लूँगा। और फिर उसे

एक पुस्तक के रूप में सजा लूँगा। पहले यह योजना थी कि वह सब एक छोटी-सी पुस्तिका के रूप में होगा। और उस समय मैं बड़ी मुश्किल से उसे एक या दो बैठकों का समय दे सका था। उससे कोई अधिक चीज़ तो दी नहीं जा सकती थी। तब मैंने उससे कहा—देखो, मुझे और समय की ज़रूरत है। तुम तो मेरे साथ यहाँ-वहाँ जा न सकोगे। उन दिनों मेरा टूर हो रहा था मद्रास, दिल्ली और बनारस में। किन्तु, देखा कि वह पीछा न छोड़ने वाला युवक है। कहने लगा—मैं आपके साथ चल सकूँगा। और वह सचमुच में वहाँ जाकर हाज़िर भी हो गया। मद्रास और बाद में दिल्ली में। वहाँ पर हम लोगों ने आठ या नौ बैठकें कीं। उसने मुझसे बातचीत कर काफ़ी चीज़ें भी निकाल लीं। मैं तो बाद में टूर पर चला गया विदेश में। पहले यूरोप और बाद में अमेरिका।

बात यह तय हुई थी कि मैं लौटकर कई दिन के लिए बम्बई आकर उनके द्वारा तैयार की गयी पुस्तक को एक बार देख डालूँगा। अन्ततः छपने के पहले मुझे उस रचना की छानबीन कर देखना ही होगा। जल्दी में मैं पता नहीं क्या कह गया हूँ, बिना देखे मुझे चैन नहीं मिल रहा था। किन्तु, अनिवार्य कारणों से मेरा बम्बई जाना हो नहीं सका। पत्र लिखकर शंकर से यह जानना चाहा कि क्या वह लण्दन आ सकता है या नहीं। इधर उसकी भी इच्छा पुस्तक को थोड़ा बड़ा आकार देने की हो रही थी। और अरे! बस इतनी-सी बात थी। शंकर उसी लण्दन में भी जाकर हाज़िर हो गया। इस घुमक्कड़ की बातें ख़रीदने और बटोरने के लिए। उसके बाद तो दिन-पर-दिन अद्‌भुत-अद्‌भुत मूड, परिवेश और आबोहवा में यह रचना आगे बढ़ने लगी।

यहाँ पर सम्भवतः यह बात एक बार पुनः कह देना ज़रूरी है कि यह रचना बातचीत के ब्याज से बोली और उसी के आधार पर सम्पादित की गयी पुस्तक है। इसीलिए बातचीत के प्रसंग में बहुत कुछ आ गया है इस रचना में। अन्य लोगों, मित्रों और अन्यान्य संगीतशिल्पियों के बारे में। अनिच्छा होते हुए भी कई ऐसी बातें आ गयी हैं, जिनसे शायद कुछ लोगों को दुःख भी हो सकता है। इसीलिए फिर कह रहा हूँ, यह मेरा अभिप्राय नहीं था। कुछ दुःखद व्यापार घट जाये तो उससे दुःख तो मुझे भी और अधिक होगा।

सामान्य रूप से एक क्रम के हिसाब से जैसे पुस्तकें लिखी जाती हैं, शायद वह क्रम इस पुस्तक में पाठकों को नहीं मिलेगा। बातचीत के बहाने, इण्टरव्यू के माध्यम से लिखी जाने के कारण बहुत से विषय पहले, बहुत से विषय बाद में आये हैं। जगह-जगह पुनरावृत्ति भी हो गयी है। और इसकी मूल

सामग्री है मेरी स्मृति और गाने-बजाने के सम्बन्ध में मेरी धारणाओं की कहानी। इन सब बातों के बारे में कहते समय बहुत से गायकों, वादकों तथा शिल्पियों के बारे में मुझे मन्तव्य-टन्तव्य भी करने पड़े हैं। किन्तु, यह सब मैंने किसी को दुःख देने के लिए नहीं किया है। कई व्यक्तिगत घटनायें भी बता बैठा हूँ, जो शायद मेरे मुँह से कभी नहीं निकलतीं। शंकर जिस तरह से पीछा न छोड़ने वाला है, छेड़-छेड़ कर उन बातों को उसने निकाल लिया है। उससे अपने अनेक अज्ञात पापों के लिए मुझे उसी को दोषी ठहराना चाहिए। किन्तु, कभी-कभी स्वयं सोचता हूँ, निरे सितार बजाने को लेकर ही तो मेरा जीवन सीमित नहीं है। उसमें तो प्रचुर व्यथा, वेदना, आनन्द और हँसी की खिलखिलाहट है। बहुत-सा पाना, बहुत-सा ना पा पाना। उन सब चीज़ों को छिपाये रखकर संगीत की एक किताब लिखना ठीक नहीं है। इसीलिए शंकर के उन सब अन्तरंग प्रश्नों के उत्तर देने का मैंने प्रयास किया है। दोष-गुणों से मिलकर ही एक मनुष्य की सत्ता होती है और दोष-गुणों से युक्त ही उसका बजाना भी होता है। इसीलिए यही सब चीज़ों से मिला-जुला है मेरा जीवन और उन सब चीज़ों को लेकर मैंने जो कुछ कहा है, वे सब बातें ही इस

यहूदी मेनुहिन के साथ रविशंकर जुगलबन्दी कर रहे हैं : वह जितना बड़ा मनुष्य है, उतना ही बड़ा शिल्पी है।

मेरे दादा उदयशंकर, बउदी अमला एवं उनका पुत्र आनन्द।

पुस्तक में विद्यमान हैं। खुलकर बात करना भी तो कई बार विपत्ति का कारण बनता है। फिर पाश्चात्य देशों के लोगों की तरह एकदम नंगे होकर बात कहने में भी कोई बहादुरी नहीं है। इस तरह से बात कहने की इतनी प्रतिस्पर्धा विदेशों में देखता हूँ कि वह कभी-कभी मुझे विभीषिका की तरह लगने लगती है। और हमारे यहाँ ठीक इसकी उलटी प्रथा है। वह भी एक तरह से हास्यकर है। एक ख्यातिप्राप्त मनुष्य अपने स्वयं के दोषों को ढकने में सारे जीवन व्यस्त रहता है। दोषों को ढकने में जो परिश्रम किया जाता है, वह यदि अपने चरित्र को निखारने में किया जाये तो उससे हमारा चरित्र ही परिष्कृत बना रह सकता है। यहाँ तक कि किसी बड़े व्यक्ति को ऊँचे प्लेटफार्म पर बैठालकर उसके सारे दोषों को भूल जाना भी तो हमारा राष्ट्रीय चरित्र है।

उसमें कभी एक प्वाइंट बियर पी होगी, यह हम कभी सोच भी नहीं सकते हैं।

एक उदाहरण दे रहा हूँ। यह पुस्तक लिखते-लिखते उस दिन दादा की मृत्यु हो गयी। दादा मेरे लिए क्या थे, इसे मैं प्रयास करके भी किसी दिन पूरी तरह नहीं व्यक्त कर सकूँगा। किन्तु, उनके बारे में जब एक लेख मैंने 'आनन्द बाज़ार' में लिखा, उसमें मैंने उनकी प्रशंसा ही की थी, उसे लेकर काफ़ी वाद-विवाद हुआ। मैंने जैसे दादा को छोटा बना दिया था, उनमें जो सेक्स अपील थी उस प्रसंग की चर्चा करके। उससे कभी-कभी मैं घबड़ा जाता हूँ। सम्भवतः इतना सँभलकर लिखने के बाद भी मेरी निन्दा होगी। मैंने जब भी अपना मुँह खोला है, मुझे गालियाँ ही मिली हैं। काफ़ी दिन पहले जब मैं विदेश के टूर पर था, तब शुरू में वहाँ के श्रोता थोड़े उजबक की तरह थे। इसीलिए मैं उन्हें समझाया करता था, हमारा गाना-बजाना थोड़ा लेन-देन पर निर्भर है। जो बजा रहा है सिर्फ़ उसके ऊपर ही नहीं, जो सुन रहा है, बहुत कुछ उसके ऊपर भी। यह एक तरह का निगेटिव-पॉजिटिव जैसा मामला है। दोनों न मिलें तो बिजली पैदा नहीं होगी। फिर उनसे कहा करता था—उनके मन में पहले से ही जो धारणाएँ बनी हुई हैं—जैसे हार्मनी चाहिए, काउण्टर प्वाइंट चाहिए, डाइनामिक्स चाहिए, मोडूलेशन चाहिए—इन सब चीज़ों को भूलकर उन्हें सिर्फ़ मेलोडी और अनेक तरह की लयों और कलाकारी का हिसाब रखते हुए संगीत सुनना चाहिए। इसीलिए मैं उनसे कहा करता था कि

सत्यजित राय की फ़िल्म में मैं संगीत दे रहा हूँ। सत्यजित पास में बैठे सुन रहे हैं।

बाबा अलाउद्दीन ख़ाँ साहब। मेरे जीवन के आदर्श, मेरी सारी शक्ति के स्रोत। पास में उनकी स्त्री मदीना बेग़म।

वे गाना-बजाना सिर्फ़ दिमाग़ से न सुनें। उन्हें मेरे सितार को हृदय खोलकर सुनना होगा। इसका परिणाम क्या अच्छा निकला, नहीं, हमारे देश में एक संगीत महारथी ने लिख मारा, रविशंकर यह सब क्या कह रहे हैं? हमारे संगीत में क्या सिर्फ़ हृदय का आवेदन है, उसमें क्या विचारशीलता, इंटलेक्ट नहीं है? संस्कृत से सारे उदाहरण दे-दे कर उन्होंने प्रमाणित करने की चेष्टा की कि हमारे संगीत में इंटलेक्ट है। अरे भाई, क्या मैं इतना मूर्ख हूँ, जो मैं यह कहता हुआ घूमूँगा कि हमारे गाने-बजाने में इंटलेक्ट नहीं है? मैंने क्या कहना चाहा था और उन्होंने क्या समझा और देखिये, किस तरह से हमारे ऊपर आक्रमण किया।

इस पुस्तक में भी मैंने पूजनीय बाबा अलाउद्दीन ख़ाँ की चर्चा करते हुए उनके मानवीय पक्ष की बात कही है। इससे बहुत से शायद चौंक उठेंगे, नाराज़ भी होंगे। किन्तु, मेरा वक्तव्य है एक विश्लेषण, उनके चरित्र में कितनी शक्ति थी उसे प्रमाणित करने के लिए। उसके बाद एक मुश्किल मामला लीजिये, शंकर ने बार-बार मुझसे केवल विलायत ख़ाँ के बारे में कुछ कहने का अनुरोध किया। अब तो कई वर्षों से यही प्रसंग चलता आ रहा है। मुझे लेकर कितनी दंगलबाज़ी

हो गयी। फिर भी, शंकर की जिज्ञासा के कारण मैंने अपनी बात कही। हाँ, किसी को आघात पहुँचाने के लिए बिलकुल नहीं। ठीक यही बात कही जाती है, मेरे अत्यन्त आदरणीय और श्रद्धेय भाई अली अकबर ख़ाँ के बारे में भी। अथवा भाई अमीर ख़ाँ के सम्बन्ध में भी। जो आज हमारे बीच में नहीं हैं।

इसके अलावा एक मामला और है। गाने-बजाने के विषय में रात-दिन कितनी ही ग़लत बातें फैलती रहती हैं। कितनी ही बातें तो उठती रहती हैं। अब अगर मैं यह कहते हुए पूरे विश्व में घूमता फिरूँ कि सारे गुण मेरे ही घराने में हैं और बाक़ी घराने ग़लत हैं तो क्या मेरी मूर्खता नहीं होगी? हालाँकि कई अन्य मुखों से कितनी ही बातें सुनता रहता हूँ। उनके सम्बन्ध में भी बातों-बातों में प्रतिवाद आ ही जाता है। वैज्ञानिक दृष्टि और युक्ति की कसौटी पर मैं उन सबको देखने की चेष्टा करता हूँ। विवेचना करता हूँ। अच्छे और भद्र पुरुषों के मुँह से मैंने जो-जो सुना है स्वयं पढ़-सुन कर जो

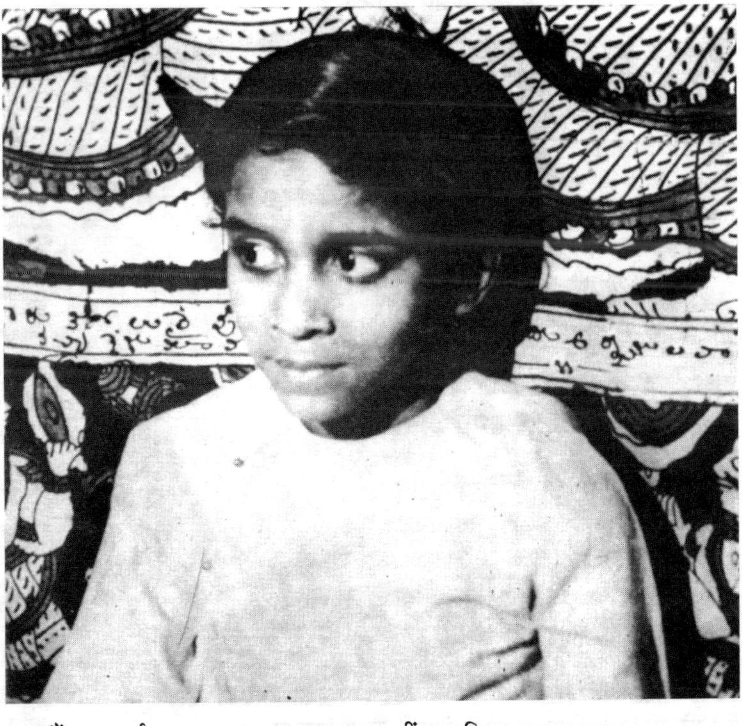

जब मैं सात वर्ष का था। तब गाता-बजाता नहीं था, किन्तु आग्रह था।

हम चार भाई। देवेन्द्र, मैं, उदय और राजेन्द्र।

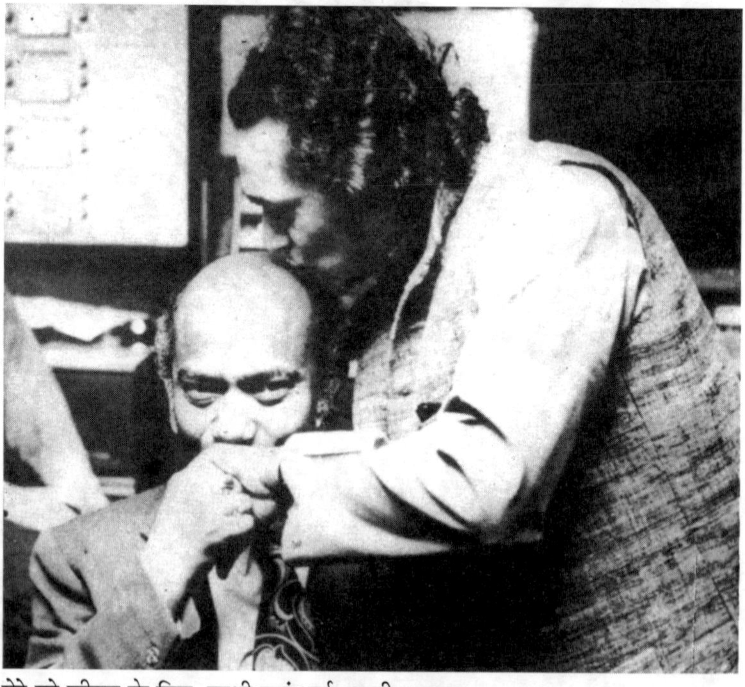

मेरे पूरे जीवन के मित्र, साथी एवं भाई, अली अकबर।

कुछ जान सका हूँ, और स्वयं अनुशीलन करके जो ज्ञान हुआ है, उसी के ऊपर मेरे निष्कर्षों की नींव है। गत चालीस वर्षों की मेरी अभिज्ञता भी इसके पीछे है।

इस तरह का एक प्रसंग उठाया है। जैसे, वीणा किस घराने की है, सुरशृंगार किसने बनायी है, अथवा सुरबहार किसकी सृष्टि है? इन सबको लेकर कई ग़लत बातें चालू हैं। मैं जो जानता हूँ, अथवा जो सत्य मैं सुनता आ रहा हूँ अब तक, उसी को मैंने कहा है।

इस पुस्तक के दो पक्ष हैं। उन्हीं से 'रागानुरागी' शब्द मिला। एक पक्ष है 'राग' के सम्बन्ध में, और संगीत से जुड़े अनेक आनुषंगिक विषयों तथा व्यक्तियों के सम्बन्ध में। ये सब चीज़ें आती हैं 'राग' पर्व में। 'अनुराग' का अंश, वह पहलू है, जिसमें मेरा व्यक्तिगत जीवन है, बन्धुबान्धव हैं, आत्मीय स्वजन तथा प्रेम और भावनाओं की बातें मैंने कही हैं। इन्हीं दो पहलुओं को लेकर ही तो मेरा जीवन है। वही है राग और अनुराग।

इसके पहले भी मैंने एक पुस्तक लिखी थी अँग्रेज़ी में—'माई लाइफ़ माई म्यूज़िक'। किन्तु, मेरी सदा यह इच्छा बनी रही थी कि मैं बाङ्ला में कुछ लिखूँ। मैं बंगाली हूँ, बंगाल का ही लड़का हूँ, इसीलिए पूरे जीवन एक प्यास, एक इच्छा बनी रही कि एक बार बाङ्ला में आप लोगों से कुछ कहूँ। भाषा पर मेरी दौड़ उतनी हो या न हो। इतने दिन बाद जब वह अवसर मुझे मिला, अपनी निजी भाषा में आप लोगों से जो अपने मन की बात कह सका, इससे आज मुझे बड़ा आनन्द मिल रहा है।

मैं जितना जानता हूँ, अथवा अभ्यास और खोज कर जो अनुभव राशि बटोर सका हूँ, वह सब मिलाकर यह है कि आजकल हम लोग जो सब चीज़ें सितार में सुनते हैं, इतनी चीज़ें पहले ज़रा भी सुनायी नहीं देती थीं। इसके मानी मैं यह कहना चाहता हूँ कि किसी एक संगीत-शिल्पी के पास सभी तरह की वेरायटी वाली चीज़ें नहीं मिल सकती थीं। अन्ततः चालीस के पहले की अवधि तक। क्या गायन में, क्या वादन में—वह था एक प्रकार से स्पेशलाइज़ेशन का युग—कई सौ बरसों से यह चला आ रहा था। हर गुणी संगीतकार किसी विशेष अंग को लेकर वर्षानुवर्ष उसी की साधना करता हुआ सिद्धि-लाभ कर लेता था। और उसके उसी विशेषीकरण के कारण उसका नाम और ख्याति होती थी। अपनी वही सम्पत्ति वह अपने बेटे या प्रिय शिष्य

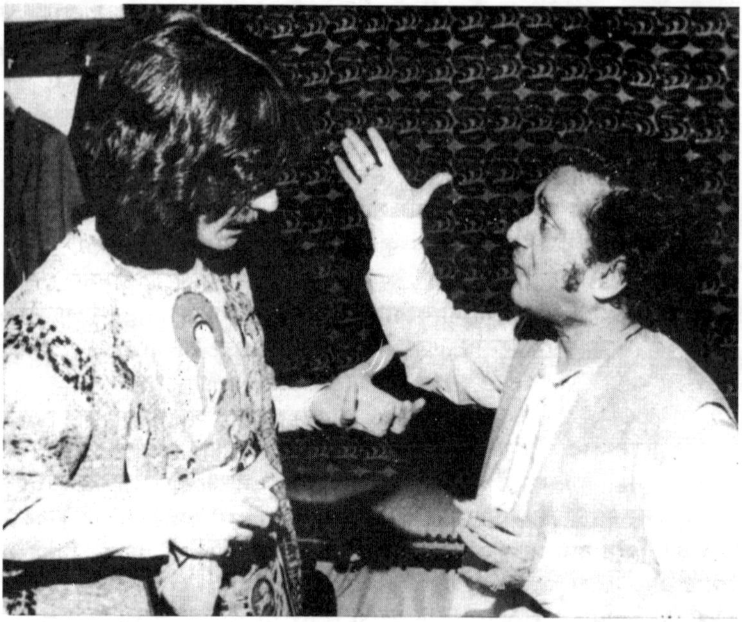

बीटल जार्ज हेरीसन, जब मेरा छात्र था।

को दे जाता था—उसके नाम पर अथवा वह जहाँ रहता था उसी जगह के नाम पर एक घराने का सूत्रपात हो जाता था। और श्रोता और संगीत के पारखी, समझदार लोग बिना किसी द्विविधा के मान लेते थे कि अमुक अंग अथवा ढंग अमुक घराने का विशेषत्व है।

यह तो हम समझते ही हैं कि उस समय मिलने-जुलने की व्यवस्था आज जैसी नहीं थी। हर गवैया-बजैया किसी राजा-महाराजा, ज़मींदार-नवाब के आश्रय में ख़ूब निश्चिन्तता की अवस्था में रहा करता था। विशेष रूप से केवल एक आश्रयदाता को सलाम ठोककर गाना अथवा बजाना सुनाकर उसका जीवन बड़े आनन्द से ही कट जाता था। हमारी तरह जनसमुद्र रूपी देवता को ख़ुश करने का प्रयास और कुछ कठोर, निष्ठुर तथा अकाल परिपक्व समालोचकों का शिकार उन्हें नहीं होना पड़ता था। ग्वालियर में अमीर ख़ाँ, जयपुर में अमृत सेन, करीम सेन, धौलपुर में मनमोहन सितारिया, काशी में वाजपेयी जी, पशुपति जी, रामपुर में कल्लू हाफ़िज़ और नसीर अली इत्यादि सभी दिक्पाल लोग हो गये एक-एक मामले में शिरोमणि।

किन्तु, उस समय भाई, समझदार लोग आजकल की तरह विचार नहीं करते थे कि कौन नम्बर वन का सितारिया है, कौन नम्बन वन का सरोदिया अथवा गवैया और कौन नम्बर दो अथवा तीन नम्बर का है, जैसाकि आजकल हम लोगों को लेकर विचार किया जाता है।

फिर गाना-बजाना तो कोई लॉन टेनिस अथवा बॉक्सिंग है नहीं कि उन खेलों की तरह गायकों-वादकों की बैकिंग की जायेगी। उस युग का हरेक नामी गुणीजन अपने स्वातन्त्र्य के आधार पर समान रूप से सम्मान पाता रहा है। क्या आपको एक बात पता है, उस समय के गायकों की प्रमुखता थी—दरबारों और गुणी समाज में। विशेष रूप से इसकी शुरुआत हुई भी सोलहवीं शताब्दी के प्रारम्भ से ही। वे लोग अर्थात् उस्तादों की मण्डली अपने बोलचाल में अनेक तरह की अजीब टिप्पणियाँ किया करते थे। जैसे एक कहावत थी—'उत्तम गाना, मध्यम बजाना और निकृष्ट नाचना'। हाँ, यह ज़रूर है कि इसे कहने के पहले वे लोग इसे यह कहकर कि 'शास्त्रों में लिखा है'—ख़ूब प्रामाणिक बना लेते थे। ज़रा समझाइये महाशय, किस शास्त्र में यह बात लिखी है? भाग्य से हम लोगों को पता है कि 'भरत नाट्यशास्त्र में, अभिनयदर्पण

यह बहुत दिन पहले का चित्र है। इसमें मेरे छोटे-से हाथों में सितार है। मेरे बायीं ओर तिमिर दा बैठे हुए हैं सरोद लिये। मेरे एकदम दाहिनी ओर विष्णुदास शिराली। मेरे सितार बजाने के एक बहुत बड़े उत्प्रेरक। फिर भी वे कभी-कभी तबला तरंग भी बजाते थे।

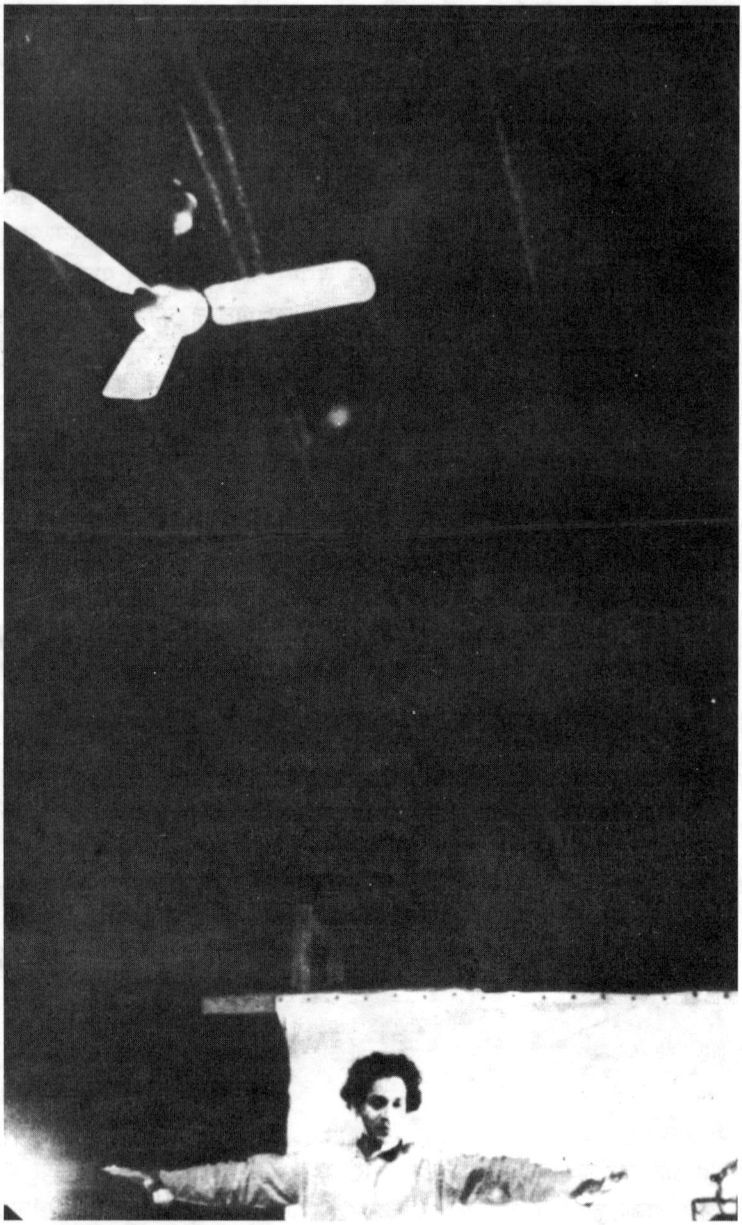

जब एकान्त में था।

में नृत्य, नृत्त और नाटक को कितनी प्रमुखता दी गयी है।'

फिर, इनका उपवर्गीकरण भी किया गया था। बिचारे तबलची और सारंगीवालों का स्थान सबसे नीचे रहता था। बाईजियों के साथ लगभग चालीस-पचास वर्ष पहले तक उनके पीछे खड़े होकर कमर में बाजों को बाँधे हुए उन्हें बजाना पड़ता था। और उन्हें पैसा दो आना अथवा चार आने की दर से मिला करता था। अब तो ज़माना ही बदल गया है। अच्छी तरह सीखकर, मेहनत कर यदि कोई मेधावी संगीत-शिल्पी किसी रसिक और समझदार व्यक्ति का मन हरण करने में सफल हो गया, फिर वह चाहे ध्रुपद गाये या ख़याल गाये, अथवा सितार बजाये या सरोद अथवा शहनाई क्यों न बजाये, सभी को समान रूप से सम्मान मिलता रहा है। मेधा अथवा लोकप्रियता की दृष्टि से उनकी दक्षिणा में अवश्य तारतम्य होता था। ख़ैर, जो भी हो। सितार के प्रसंग पर पुन: लौट आता हूँ। सबसे पहले सितार वाद्य-यन्त्र की बात ही क्यों न ली जाये। कब, किसके द्वारा कहाँ इसका आविष्कार किया गया? सच कहने में कोई हर्जा नहीं है, इस सम्बन्ध में काफ़ी खोज की ज़रूरत है, ऐसा मुझे लगता है। एक वर्ग कहता है यह वाद्य भारत का अपना वाद्य-यन्त्र है। इसका पुराना नाम किसी के मत से चित्रवीणा, किसी के मत से परिवासिनी और किसी के मत से त्रितन्त्री बीना है। और एक वर्ग का कहना है कि पारस्य देश के एक वाद्य-यन्त्र से आइडिया लेकर अमीर ख़ुसरो ने बारहवीं शताब्दी में इसका आविष्कार किया था।

हाँ, यह ज़रूर है, इनके मत से अमीर ख़ुसरो ने शहनाई, दिलरुबा, तबला, ढोलक, ख़याल, तराना, कड़ा, नक्काड़ा, ठाट पद्धति, कुछ राग एवं ताल इत्यादि सभी का आविष्कार किया था। यह क्या एक अतिशयोक्तिपूर्ण बात नहीं है? इसका अर्थ यह है कि हमारे इस भारतवर्ष में सभी उजबक और मूर्ख थे, इसका अर्थ तो यही निकलता है। एकाध संस्कृत श्लोक गाकर, वंशी में फूँक मारकर, बीना बजाकर, खंजड़ी बजाकर, बग़ल बजाकर सभी सोने चले जाते थे—इसका यही अर्थ निकला ना? मुझे तो ऐसा लगता है कि चूँकि ख़ुसरो अलाउद्दीन खिलजी का मन्त्री था, इसलिए उसकी ख़ूब मान्यता थी, इसलिए उस समय के इतिहास लेखकों द्वारा सभी चीज़ों को थोड़ा बढ़ा-चढ़ाकर उसी के नाम से जोड़ दिया गया है। इस बात में अवश्य कोई सन्देह नहीं है कि वह असाधारण प्रतिभाशाली था—उसमें कल्पना से भरपूर रचनात्मक शक्ति थी। साहित्य और संगीत के क्षेत्र में उसके दान को कोई अस्वीकार नहीं

कर सकेगा। फिर भी उसका जन्म तो इस देश में हुआ था, इस देश की संस्कृति, कला और लोगों को वह प्राणों से भी बढ़कर प्रेम करता था। जिस तरह से उसने कविता, गीत आदि की रचना की थी फ़ारसी में, उसी तरह से शुद्ध हिन्दी, देहाती हिन्दी और ब्रजभाषा में उसकी अनेक रचनायें मिलती हैं। हमारे पूरे देश में उस समय अनेक प्रकार की बीनाओं का प्रचलन था। फूँक वाले वाद्य-यन्त्रों, तथा पखावज और मृदंगों (अर्थात् माटी के वाद्य अंगों) का प्रचार था और इसके साथ-साथ प्रचलित थे असंख्य देहाती और आदिवासियों के वाद्य-यन्त्र, जो आज भी बने हुए हैं। ख़ुसरो की जितनी भी प्रेरणायें और रचनायें हैं, उनके लिए उन्होंने यहीं की खदानों से रत्नों को खोदकर निकाला है। सितार के बारे में, मेरी दृष्टि में, उनका विवादरहित दान यह है कि उन्होंने सबसे पहले, हमारी बीना में आदि काल से ही उलटी तरफ़ से तार लगाये जाते थे और आज भी यह उत्तर भारत तथा दक्षिण में कर्नाटक की बीना में देखा जा सकता है। ख़ुसरो ने इन्हें बदलकर तारों को आजकल प्रचलित पद्धति से लगाने की शुरुआत की। दूसरे, बीना में ऊँची-ऊँची काठ की क़तारों या पर्दों का जो व्यवहार होता था और आज भी हो रहा है, उसके स्थान पर उन्होंने लोहे जैसी धातु के पर्दों का प्रयोग करना शुरू किया। जो आजकल सितार में भी प्रचलित है। और तीसरी बात उन्होंने यह की कि उन्हें संख्या में कम कर उन्हें एक सूत से बाँध दिया और पर्दों को ज़रूरत के मुताबिक कोमल और कठोर स्वरों के लिए हटाया जा सके, उन्होंने ऐसी व्यवस्था भी कर दी। हमारी पुरानी बीना और बीना वाद्य-यन्त्र में किन्तु तुम्हें आज भी देखने को मिलेगा कि हर पंक्ति सख़्त मोम से इस तरह कसकर बैठायी जाती है जिससे क्रम से स्केल अथवा अचल ठाट अर्थात् एक-के बाद एक सारे कठोर और कोमल स्वर आसानी से मिल सकें। उसके बाद नामकरण व्यापार के बारे में देखिये—'त्रितन्त्री बीना'। संस्कृत में त्रितन्त्री का अर्थ है तीन तार युक्त और ख़ुसरो ने उसी को नाम दिया है सेह तार—जिसका फ़ारसी में अर्थ होता है तीन तार। इसलिए, हम सामान्य बुद्धि से यह समझते हैं कि ख़ुसरो ने सितार के पूर्वरूप को न खोजकर उसमें संशोधन कर उसके परिष्कृत रूप को हमारे सामने प्रस्तुत किया था। फिर भी उस सितार में धीरे-धीरे आज तक काफ़ी परिवर्तन हो गया है। फिर उसे लगे भी इस परिवर्तन में लगभग सात सौ बरस। कितने शिल्पी, गुणी सोच-विचार कर इसके साइज़ गढ़ने तथा उसे परिवर्धित करने में लगे रहे हैं। तीन तार से आज मुख्य रूप से उसमें सात तार लगाये जाते हैं। उसके ऊपर आज भी जोड़े जाते हैं दोनों तरफ़ ग्यारह से लेकर

तेरह तार। उनकी प्रतिध्वनि ही से तो फूट उठती है एक झंकार, यही तो सितार का विशेषत्व है। हम बंगाली ही तो सिर्फ़ शेतार और पहले दंत्य अक्षर 'स' का हम लोग तालव्य 'श' की तरह उच्चारण कर कहते हैं (Shetar) किन्तु, भारत में और सब जगह इसे सितार ही कहते हैं। पहले अक्षर का उच्चारण होना चाहिए, स्याम बाज़ार में ससी बाबू की तरह।

हाँ, अब सितारवादन की पद्धति लेते हैं, बजाने और उसके क्रमविकास के सम्बन्ध में जो सुना है, उस सम्बन्ध में कुछ कहता हूँ। अमीर ख़ुसरो के समय से सितार का प्रचलन हुआ है, इसे तो हम सभी जानते हैं। किन्तु, वह सीधा-सादा सितार में राग कौन-सा तथा कितना बज पाता था, इसे सटीक रूप में कोई बता नहीं पाता है—यद्यपि पुराने लोगों के मुख से 'ख़ुसरो' बाजे के अन्तर्गत दो-एक मध्य, द्रुत गत ज़रूर सुनी हैं, उसमें एक वही काफ़ी की गत है, जिसमें बाङ्ला का एक प्रचलित गीत भी था : ठाकुर दादा पैयारा खाय, दाड़ी नेड़े—अर्थात् नाना अमरूद खा रहा है, दाढ़ी हिलाता हुआ। फिर मैंने इसकी पैरोडी भी सुनी है, हिन्दी और अँग्रेज़ी दोनों में : नाना मेरा अमृत खाय, दाड़ी नाड़के नाड़के (हिलाते-हिलाते) और [Grandpapa guava takes shaking beard] हाँ, तो मैं क्या बता रहा था? प्रायः दो सौ बरस पहले सितार की इतनी इज़्ज़त नहीं थी। सच कहने में कोई हर्जा नहीं है, प्रायः उन्नीसवीं शताब्दी के अन्तिम दौर तक ध्रुपद-धमार गाने वालों और बीन, रबाब, सुरश्रृंगार, सुरबहार तथा पखावज बजैयों की प्रमुखता थी एवं इनकी क़दर और सम्मान राजा, नवाब, ज़मींदारों के दरबार एवं समझदार समाज में बहुत अधिक थी। जब धीरे-धीरे बड़े-बड़े ख़यालिया, टप्पा-गायक और ठुमरी गायकों के माध्यम से ख़याल, टप्पा और ठुमरी गुणी और जनसमाज में पॉपुलर होने लगा, उसी के साथ चलते-चलते सितार, सरोद, सारंगी और तबला का भी विकास होने लगा। इस विषय में सभी एकमत हैं कि तानसेन के पुत्र विलास ख़ाँ वंश के (जिन्हें रबाबी ख़ानदान का भी कहा जाता है) मसीद ख़ाँ ने सितार को एक नया जीवन दिया। तीन तार के सितार में पाँच तार लगाकर इन्होंने एक वादन-पद्धति शुरू की। विलम्बित ख़याल अथवा बड़े ख़याल का भाव रखकर इन्होंने मासितखानी गत का प्रचार किया जिसमें 'डेरे, डा डेरे डारा, डा डा रा डेरे। डा डेरे डा रा। डा डा रा। इन बोलों का प्रयोग किया जाता था। कुछ दिन पहले तक इन बोलों से युक्त विलम्बित गत को मसीदखानी गत कहा जाता था। फिर भी भाई, सच बात क्या है, यह जानते

हो, उन सब दिनों की जो विलम्बित गतें या ख़याल जिन्हें गुणीजन गाया करते थे या बजाया करते थे, वे असल में थीं मध्य विलम्बित। इन सबका प्रमाण हमें मिलता है पच्चीस-तीस वर्ष पहले तक जो सब प्रसिद्ध संगीत शिल्पी थे, उन्हें सुनकर। ख़याल गायकों में ही उदाहरण के लिए क्यों न लो, एक किराना घराने के गवैये अथवा अल्लादिया ख़ाँ के शिष्यों को अगर छोड़ दिया जाये, सभी गवैये एकताला—तिलवाला, झुमरा में बड़ा ख़याल जो गाया करते थे, उसकी लय, गति मात्र मध्य विलम्बित थी। उसकी तुलना में आज के गायक लोग जब बड़ा ख़याल गाते हैं, वह सिर्फ़ विलम्बित ही नहीं अति अथवा अति अति विलम्बित के वर्ग में आता है। सितार अथवा सरोद की विलम्बित गत के सम्बन्ध में भी मैं यही बात कहना चाहता हूँ। यद्यपि हम सभी लोग अधिकांश क्षेत्रों में 'डेरे। डा डेरे डा रा। डा डारा' बोलों के द्वारा ही विलम्बित गत बजाते हैं, फिर भी पहले की तुलना में वह अत्यधिक विलम्बित लय में और मसीदखानी गत के बदले में सिर्फ़ विलम्बित गत ही उसे कहा जाता है। ख़ैर, जो भी हो, कहा जाता है, मसीद ख़ाँ के बेटे बहादुर सेन एवं उनके वंशधर जयपुर जाकर रहने लगे और उन्होंने सितार को उत्कर्ष की सीमा पर पहुँचाया। ये लोग अधिकतर क्षेत्रों में अपने नाम के आगे 'सेन' पदवी का प्रयोग किया करते थे। शायद यह बताने के लिए कि वे लोग सेनी घराने अर्थात् मियाँ तानसेन के घर के लोग हैं। ख़ैर जो भी हो, इसी घराने के नियामत सेन एवं उनके भाई अमृत सेन ख़ूब गुणी उस्ताद थे। इन्हीं के दो भांजे निहाल सेन एवं विशेषकर अमीर ख़ाँ ख़ूब बड़े सितारिये थे। सुना जाता है कि अमीर ख़ाँ ग्वालियर राज दरबार के बजैया थे। उनके दो बेटों में एक बेटे फ़ज़ल हुसैन ख़ाँ अद्भुत तथा बहुत अच्छे सितार वादक थे, किन्तु, उनकी मृत्यु कम उम्र में हो गयी थी। अमीर ख़ाँ के पट्ट शिष्य थे बरकत उल्ला, मैसूर राजदरबार के बँधे-बँधाए संगीत शिल्पी थे। उनका नाम एवं लोकप्रियता उस ज़माने में बहुत अधिक थी। उनका भोपाली राग में एक बहुत सुन्दर रिकॉर्ड भी है। ठीक उसी ज़माने में मुराद ख़ाँ नाम के और एक सितारिये थे। मियाँ तानसेन की पुत्री सरस्वती के वंशधर बीनकार घराने के निर्मल साहब के शागिर्द थे बन्दे अली ख़ाँ, और उनके शागिर्द थे मुराद ख़ाँ। आजकल के एक बहुत अच्छे सितारवादक अब्दुल हलीम ज़ाफ़र के बाबा के उस्ताद इन्दौर के बाबू ख़ाँ थे, मुराद ख़ाँ के शिष्य। बाबू ख़ाँ ख़ूब प्रतिभाशाली और गुणी थे—सितार के अलावा और भी वाद्य-यन्त्र बजाया करते थे। कुछ पाश्चात्य संगीतज्ञों को सुनकर उन्होंने सितार पर विशेष स्टाइल में तारों पर

उँगली रखकर 'हारमोनिक्स' निकालने के क़ायदे का अभ्यास कर लिया था।

प्राय: पैंसठ वर्ष पूर्व काशी में एक अत्यन्त गुणी एवं दुर्धर्ष सितार वादक थे पन्नालाल वाजपेयी। इनकी तालीम तानसेन के बेटे के घर रबाबी घराने से हुई थी। पशुपति नाम के काशी में और एक विख्यात सितारिये थे। ये गायक भी थे। अपने भाई शिवा के साथ जुगलबन्दी में गाया करते थे। धौलपुर राज्य में मनमोहन सितार वादक बड़े नामी बजैया थे किन्तु, सर्वाधिक नाम किया था इमदाद ख़ाँ ने—पहले सुरबहार बजाकर, बाद में वे छोटा सितार बजाने लगे थे। ठीक जिस तरह से उनके बेटे और वर्तमान काल के दुर्धर्ष और लोकप्रिय सितारिये विलायत ख़ाँ के बाबा इनायत ख़ाँ बजाया करते थे। इनके और इनायत ख़ाँ के सम्बन्ध में बाद में विस्तारपूर्वक कहूँगा। फिर पुराने युग में लौट चलते हैं। मसीद ख़ाँ ने ही अपने एक प्रिय छात्र रेजा ख़ाँ को मध्य द्रुत तथा द्रुत लय में गत बाँधकर बजाना सिखाया और वे यही कुछ दिन पहले तक रेजाखानी गत के रूप में प्रचारित होती थीं। फिर भी इस समय मध्य लय एवं द्रुत लय की गतों में बहुत अधिक उत्कर्ष हो चुका है और उन्हें सिर्फ़ द्रुत लय ही कहा जाता है। क्योंकि रेजा ख़ाँ एवं उनका शिष्य वर्ग लखनऊ अंचल में रहता था इसलिए उनकी गत, तोड़ा आदि को पूर्वी वादन कहा जाता था। और पहले जिन सेनी घराने के संगीत शिल्पियों का उल्लेख किया गया है, चूँकि वे जयपुर में रहते थे, इसलिए उनकी वादन शैली को पछाँह की वादन-पद्धति कहा जाता था। यह एक भौगोलिक वर्गीकरण लगता है। हमने यह भी सुना है कि पछाँह वादन-पद्धति पर रबाबी घराने की रबाबी वादन-पद्धति का प्रभाव था, और पूर्वी वादन-पद्धति पर बीनकार घराने की बीन वादन-पद्धति का प्रभाव था। यद्यपि मसीदख़ाँ ने बड़े ख़याल के ढंग में ढिमा गत का प्रचार किया था और यह मसीदरवानी गत इनके घराने के सभी लोग बजाते थे और कुल मिलाकर ये लोग जयपुर घराने के अन्तर्गत आते थे। किन्तु आश्चर्यजनक व्यापार यह है कि कुछ लोग जो जयपुर से बाहर निकल आये थे—जैसे अमीर ख़ाँ और उनका शिष्य वर्ग—उनकी मसीदरवानी गत में अत्यधिक मीड़ और गमक का प्रयोग होता था। यह क्या उस समय के ख़याल के विधिस्थान ग्वालियर में रहने का प्रभाव था? हालाँकि ख़ास जयपुरी किसी सितारिये को लीजिये,—जिन्हें तीस वर्ष पहले तक हमने सुना था—उनकी वादन-शैली में मीड़ की कोई बला ही नहीं थी। सिर्फ़ पर्दे के ऊपर चढ़े सुर के सितार में मध्य विलम्बित गत बजायी जाती थी। बाबा अर्थात् गुरुदेव

अलाउद्दीन ख़ाँ साहब जब रामपुर में तालीम ले रहे थे, तब वहाँ नामी सितारियों में थे कल्लू, हाफ़िज़ एवं नसीर अली ख़ाँ। कल्लू, हाफ़िज़ बजाया करते थे जयपुरी पद्धति से किन्तु, नसीर ख़ाँ प्रायः सुरबहार की तरह ख़ूब चौड़े डण्डे वाले सितार पर मीड़ युक्त बीन की पद्धति से बजाया करते थे। बाबा इन लोगों के पास बैठकर इन्हें ख़ूब ध्यान से सुनते थे और सीखते जाते थे।

इसके बाद जिन सब सितारियों को मैंने बचपन से लेकर अपनी तालीम के समय तक सुना है, उनकी कथा, उनके सम्बन्ध में बताता हूँ। १९३० ईस्वी में दस वर्ष की उम्र में जब दादा उदयशंकर के साथ उनके नृत्यदल में शामिल होकर पैरिस गया, तब हमारे साथ थे तिमिर दा—अर्थात् तिमिरवरण भट्टाचार्य। उन्होंने शुरुआत में कई वर्ष कलकत्ते के सरोदिये अमीर ख़ाँ के पास सरोद की तालीम ली थी। उसके बाद मैहर जाकर बाबा के पास कई वर्ष रहकर घोर परिश्रम कर शिक्षा प्राप्त की थी। उस समय तिमिर दा के स्तर का कोई बंगाली सरोदिया नहीं था। दादा उन्हें संगीत निर्देशक बनाकर अपने ट्रुप के साथ ले गये थे। साँवले रंग के, अत्यधिक लम्बे, घुँघराले बाल, पौरुषयुक्त चेहरा था तिमिरवरण दा का। दादा के बाद गोरी, स्वेतांगिनी महिला वर्ग में यूरोप और अमेरिका में उन्हीं की अधिक डिमाण्ड थी। ख़ैर जो भी हो, तिमिर दा ही वे पहले व्यक्ति हैं, जिनके द्वारा मैंने पहली बार उच्च स्तर का क्लासिकल संगीत सुना और फिर वह मुझे बहुत अच्छा भी लगने लगा। पैरिस पहुँचने के कुछ मास बाद ही विष्णुदास जी आ पहुँचे—हाँ, हाँ, विष्णुदास शिराली—उन्होंने आकर ट्रुप में सहयोग दिया। बचपन की अवस्था से ही उन्होंने विष्णु दिगम्बर के आश्रय में रहकर गाना सीखा था। तबला एवं तबला तरंग में उनका अद्‌भुत हाथ था। फिर भी मुझे उनका सबसे अच्छा लगता था सितार। अहा! कितना मीठा हाथ था उनका। मिजराफ़ के बोलों का काम तो उनका कम था, किन्तु, बायें हाथ के गाने के साथ मीड़ का काम वे कितना अच्छा करते थे। सितार की शिक्षा उन्होंने कुछ दिन ली थी इन्दौर के एक गुणी सितारिये आष्टेकर जी के पास से। पहले वे तिमिर दा की देखरेख में असिस्टेंट डाइरेक्टर बने, बाद में एसोसिएट डायरेक्टर हो गये, और १९३४ ईस्वी में जब तिमिर दा दादा का ट्रुप छोड़कर न्यू थिएटर्स में शामिल हो गये, तब शिराली जी पूरी तरह दादा के दल में संगीत निर्देशक हो गये। वे काफ़ी दिनों तक दादा के साथ बने रहे थे। एकदम, १९४८ ईस्वी में दादा की छवि 'कल्पना' के रिलीज होने तक।

मैं और माँ (मदीना बेग़म)।

१९३३ ईस्वी में मैं दादा के साथ पहली बार कलकत्ता आया और पहली बार तिमिर दा के भतीजे अमियकान्ति भट्टाचार्य के सितार को सुना। मेरे लिए वह भी एक विशिष्ट अनुभव था। उनके पुकारने का नाम था भोम्बल। सुन्दर, गोरा चेहरा, फिर वे चश्मा भी लगाते थे। मुझसे दो बरस बड़े थे। उनसे मेरी बहुत घनिष्ठता हो गयी थी। ख़ूब तैयारी के साथ बजाते थे। हाथ में काफ़ी ज़ोर था। शिराली जी के मीठे, सुरीले, मीड़युक्त सितार को सुनने के बाद भोम्बल की तैयारी के साथ बाँधी गयी इस तूमड़ी जैसी तैयार की गयी तान ने

एकदम मुझे बाँध ही लिया था। उस समय बड़े बाज़ार की शिव ठाकुर लेन में तिमिर दा का घर था संगीत का एक अखाड़ा। उसे एक प्रकार से संगीत का तीर्थस्थल कहा जा सकता है। तिमिर दा के दादा मिहिर दा का—मिहिरकिरण भट्टाचार्य—कितना सुन्दर चेहरा था। ये एक विराट तान्त्रिक वंश के व्यक्ति थे। और मिहिर दा ने इस तान्त्रिक साधना के अभ्यास को अपने घर में अविच्छिन्न रखा था। उनके शिष्यों में आज भी बहुत से लोग जीवित हैं। मिहिर दा बहुत अच्छा बेहाला बजाया करते थे। तिमिर दा की अनुपस्थिति में मिहिर दा के निर्देशन में रोज़ ही आर्केस्ट्रा का अभ्यास किया जाता था। तिमिर दा के छोटे भाई शिशिर दा—शिशिर शोभन—देखिये कितने सुन्दर, सुन्दर नाम हैं, इन भाइयों के—तबला बहुत सुन्दर बजाया करते थे—लखनऊ के ख़लीफ़ा आविद हुसैन के शागिर्द थे। बाद में दादा के दल में वे भी चले आये थे। और उम्र में मुझसे काफ़ी बड़े होने पर भी शिशिर दा के साथ मेरा ख़ूब भाव और अन्तरंगता थी। और उसके कुछ दिन बाद ही भोम्बल के उस्ताद इनायत ख़ाँ साहब को सुना था। उस समय आख़िर मैं समझ ही कितना सकता था, किन्तु, उनका सितार और सुरबहार सुनकर ऐसा लगा—शायद यही चरम सीमा है। सचमुच में मुझे उनका सितार इतना अच्छा लगा था कि अगले वर्ष अर्थात् १९३४ ईस्वी के मई मास में मैंने यह निश्चय कर लिया था कि गण्डा बाँधकर उनका शिष्य हो जाऊँगा। किन्तु, जिस दिन उनके पास जाने का निश्चय किया था, उसके एक दिन पहले भीषण ज्वर में पड़ गया था। मुझे टाइफाइड हो गया था। नाड़ा बाँधा ना जा सका। विधि ने जहाँ जाकर सीखने के लिए लिख रखा था, वहीं जाकर वह सब हुआ।

ख़ैर जो भी हो, इसके तुरन्त बाद बंगाल के विष्णुपुर घराने के विख्यात गायक गोपेश्वर वंद्योपाध्याय के दादा रामप्रसन्न बाबू के घराने के विशिष्ट छात्र गोकुल नाग महाशय को सुना। नाग महाशय बड़ा चमत्कारपूर्ण एसराज और सितार बजाया करते थे। १९३४ ईस्वी के अन्तिम दौर में दादा और हम सब लोग उस समय कलकत्ते के एलगिन रोड पर पी.सी. मित्र के बग़ल के घर में रहा करते थे। ज़ोरदार रिहर्सल चलता रहता था। दादा उस समय कथकलि के गुरु शंकरन नम्बूदरी को वहाँ लाये थे। उनके पास हमारी कथकलि नृत्य, उसकी मुद्राएँ और अभिनय की शिक्षा चला करती थी। उनकी प्रेरणा से दादा ने एकदम मगन होकर नये-नये बैले, युगल-नृत्य और सोलो नृत्य की रचनाएँ कीं। उस समय हमारे ग्रुप में काफ़ी रद्दोबदल हुई। उसी समय गोकुलबाबू ने

भोम्बल अर्थात् अमियकान्त भट्टाचार्य, इनायत ख़ाँ साहब से सितार सीखते थे। भोम्बल का स्वयं का हाथ भी बहुत सुन्दर था। बीच-बीच में जब वे एक साथ बैठते थे, मैं सुनने जाता था। अत्यधिक प्रभावित होकर यह निश्चय कर लिया था कि इनायत ख़ाँ का शिष्य हो जाऊँगा। वैसा तो फिर हुआ नहीं—रविशंकर।

हमारे ग्रुप में प्रवेश किया एक संगीतकार के रूप में। हालाँकि वे हमारे ग्रुप में मात्र एक वर्ष रहे। मैं और सभी लोग उन्हें नाग महाशय कहकर बुलाया करते थे। उनके बेटे मणिलाल नाग आजकल बहुत अच्छा सितार बजा रहे हैं। नाग

महाशय का सितार मुझे बहुत अच्छा लगता था। उम्र में मुझसे काफ़ी बड़े होने पर भी उनके साथ मेरा बड़ा भाव हो गया था। जब भी अवसर मिलता उनका सितार ज़रूर सुना करता था।

एक बात का ख़ूब प्रचलन है, शायद मणिलाल लोग यह बात कहते रहे हों, हो सकता है नाग महाशय भी कहते रहे हों कि मैंने सितार बजाना इन्हीं से सीखा था। यह बात सत्य नहीं है। वे हमारे दल में थे। उनको सुनना मुझे बहुत अच्छा लगता था। तो भी किसी तरह की तालीम मैंने उनसे नहीं ली थी, उनसे मैंने कुछ सीखा भी नहीं। उस समय मैं सुन-सुनकर ही सब कुछ बजाया करता था। फिर इसके अलावा, कुछ स्वीकार करने में मुझे कोई लज्जा तो है नहीं। मैं तो उस समय छोटा था, और छुटपन में तो व्यक्ति पाठशाला जाता है, अ, आ, क, ख, ग सीखने। इसमें लज्जा की क्या बात है? फिर भी, अगर एक गत भी नाग महाशय से सीखी होती, तो एक बात भी थी। किन्तु, वैसा तो कुछ है नहीं। उस समय तो संगीत में निरा बच्चा था, आज भी बच्चा ही हूँ, फिर भी उस समय तो मैं सचमुच में बच्चा ही था। पता नहीं जीवन में हम कौन-सा काम ठीक करते हैं, कौन-सा ग़लत, समझे भैया? मान लीजिये अगर मैं थोड़ा अथवा बहुत तिमिर दा, शिराला जी अथवा नाग महाशय से सीख पाता तो शायद संगीत में कुछ तो आगे बढ़ा होता बाबा के पास पहुँचने के पहले। अब तुम्हारी बात पर ही आता हूँ। तुम सितार बजाने को लेकर कुछ और भी जानना चाहते हो।

पहले ही कह चुका हूँ कि एक सितार जयपुर घराने का था। छोटा सितार। उनका सितार ख़ूब चढ़े स्वरों में बाँधा जाता था, अर्थात् डी से लेकर डी शार्प स्वर में बँधा हुआ। उस सितार के तार पतले किन्तु उनका स्वर चढ़ा हुआ होता था। जयपुर घराने के लोग पर्दे के ऊपर ही ख़ूब तान खींचकर बजाया करते थे, किन्तु मीड़ का प्रयोग प्रायः करते ही नहीं थे। वे अधिकतर गत बजाया करते थे। और मध्य विलम्बित तीन ताल की गत से ही लोग शुरू करते थे। जैसे, उदाहरण के लिए, लीजिये 'डिरि'। डा डिरि डा रा। डा डा रा डिरि। डा डिरि डा रा। डा डा रा। अत्यधिक तान-टान चला करती थी, तिहाई का ज़रा भी चलन नहीं था उसमें। विशेषकर वे लोग एक तान लेकर मुखड़ा लेकर उठते थे डेरे डा को लेकर। अर्थात् सम पर ना आकर बारह मात्रा का मुखड़ा लेकर। जिसे 'उठान' कहा जाता है। यही था उनका वैशिष्ट्य।

लखनऊ के यूसुफ अली ख़ाँ साहब का बजाना मुझे अच्छा लगता था। कारण, उनकी पृष्ठभूमि में ध्रुपद था। उन्हें इसका अच्छा ज्ञान था, उनके बजाने में डेप्थ थी। बड़ा सितार बजाया करते थे, उसमें सुरबहार का भी ढंग था। उनके अधिकतर आलाप सुरबहार पर आधारित थे। आलाप एवं कुछ जोड़ बजाकर मध्य विलम्बित लय में गत एवं द्रुत लय की गत तोड़ा और झाला वे सब कुछ बजाया करते थे। वे बहुत कुछ ज़मीन सँभाल लेते थे। अमीनाबाद में इनकी सितार की एक दुकान थी। ये थे सैयद, प्राय: छह फुट लम्बे, सफ़ेद मूँछें, गोरे-चिट्टे, उनका बहुत अच्छा स्वभाव था। मुझसे बड़ा स्नेह किया करते थे। मैं १९४१ ईस्वी से जब भी मैहर से लखनऊ ऑल इण्डिया रेडियो में बजाने जाया करता था, तब सितार की ज्वाँरी उन्हीं के द्वारा बनवाता था। वे बाबा को ख़ूब मानते थे और मेरी प्रशंसा भी ख़ूब किया करते थे। सिर्फ़ मेरे सामने ही नहीं, परोक्ष रूप से भी। ऐसे एक व्यक्ति को और देखा था। और इनसे भी और अधिक परिपक्व लगे थे, वे थे रामेश्वर पाठक। अपने जीवन में मैंने जितने सितार सुने हैं, उनमें ठीक इस तरह का सितार सुना है या नहीं इसमें सन्देह है। उनके सितार बजाने में एक अद्‌भुत समन्वय था। जैसा उनका मीड़ और गमक का काम था ठीक वैसी ही तैयारी के साथ बोलों का भी काम था। ठीक वैसा ही उनके झाला का प्रकाश था। कई तरह के झाले। बीनकारों के बाजे के अंग तो उनके बजाने में प्रचुर थे। वे यह कहा करते थे कि तानसेन ने मुस्लिम धर्म स्वीकार किया, इसके पहले उन्होंने एक विवाह और किया था, वे उसी स्त्री के गर्भ से उत्पन्न तानसेन के वंशधर हैं। असल में तानसेन के वंशधरों के बारे में आज भी मतभेद है। ख़ैर, वह जो भी हो, बेचारे रामेश्वर पाठक! अगर वे बार-बार कलकत्ता आकर बजाते, अथवा अपने कुछ शागिर्द छोड़ जाते, अथवा देश के अन्यान्य भागों में घूम-घूम कर बजाते रहते, अथवा रेडियो में बजाया करते तो पता नहीं उनका कितना नाम और यश फैलता। किन्तु, दरभंगा छोड़कर निकलने का उनके सामने कोई उपाय नहीं था। क्योंकि, हर रात उनका सितार सुने बिना राजा बहादुर को नींद नहीं आती थी।

यह हुई मेरी सुनी दो विशिष्ट सितार वादकों के बजाने की कथा। हाँ, यह ज़रूर है कि इन लोगों को सुनने के बहुत पहले मैंने इनायत ख़ाँ साहब को सुना था। कितना अच्छा लगा था। एक रोमाण्टिक गीतात्मकता थी उनके पूरे बजाने में। हाँ, यह ज़रूर है कि उस समय संगीत के बारे में मुझे उतना ज्ञान

नहीं था, फिर भी मैं यह तो समझ ही गया था कि वे बहुत बड़े कैनवस पर काम नहीं करते थे। थोड़ा सुरबहार पर आलाप लेते थे, शायद उस युग के लिए वह चीज़ काफ़ी थी, सुरबहार पर आलाप लेकर छोटा सितार बजाया करते थे।

चिरकाल तक इसी तरह से इनायत ख़ाँ साहब को मैंने—और सिर्फ़ मैंने ही क्यों—सभी ने उन्हें सुना है। और वे जो बजाया करते थे, उनके जो कुछ रिकॉर्ड हैं, उनके माध्यम से उनके संगीत शिल्प पर स्पष्ट रूप से विचार किया जा सकता है। इसी तरह उन पर विचार करना सम्भव है। अच्छा, मैं एक उदाहरण देकर अपनी बात कह रहा हूँ—अहमद जान थिरकवा। वे इस युग के एक विशिष्ट तबला वादक हैं, जिन्हें लगभग आप सभी लोगों ने सुना है। थिरकवा साहब अत्यन्त गुणी व्यक्ति थे एवं इतने तबलचियों के बीच भी उन्होंने एक विराट स्थान पर अधिकार कर लिया है। जितना रसीला हाथ था उनका, वैसी ही उनकी तैयारी भी थी। उनके बजाने के कई, हाँ सब ज़रूर नहीं, रिकॉर्ड आप सुन सकते हैं। उनके रिकॉर्डों में ही उनके बजाने के रूप को पाया जा सकता है। ठीक उसी तरह से इनायत ख़ाँ साहब की वह अद्‌भुत पर्सनेलिटी उनके रिकॉर्डों के माध्यम से प्रस्फुटित होकर बाहर निकल पड़ती है। चढ़े सुर के सितार पर कितनी अद्‌भुत तैयारी के साथ सपाट तान को बजाया करते थे। उनके बजाने में बँधे ढंग का एक चमत्कारपूर्ण आयोजन हुआ करता था। अधिकांश रूप में वे गत में छोटे-छोटे राग बजाया करते थे। जितने बड़े-बड़े राग हैं, उदाहरण के लिए, मुलतानी, भैरों, तोड़ी, पूरिया—जिन्हें हम लोग बड़े रागों के रूप में देखते हैं, इन सबको वे सुरबहार पर बजाया करते थे। आलाप अंग के रूप में। मुझे ख़ूब याद है, उनका बजाना तथा उनके वाद्य-यन्त्र एक-के-बाद एक किस तरह से सुविन्यस्त थे—एक तरह का संहत व्यापार। यह जो बँधा हुआ आलाप बजाने का ढंग है, किन्तु इसे उनके पिता एमदाद ख़ाँ साहब रचना कर रख गये थे। किन्तु, आलाप के बाद जब वे सितार पर गत बजाते थे, तब छोटे-छोटे, मीठे-मीठे राग, जैसे पीलू अथवा खम्बाज अथवा इसी तरह की सारी चीज़ें बहुत सुन्दर, बहुत मधुरता से पेश किया करते थे। यही था लोगों के समक्ष उनका सबसे बड़ा अवदान। एक बहुत विलम्बित गत वे नहीं बजाते थे, अन्ततः मैंने नहीं सुनी है। सिर्फ़ मध्य, द्रुत लय की गत सुनी है, हालाँकि, इन छोटे-छोटे रागों के बजाने में ही वे कैसा कमाल करते थे। उनका हाथ बहुत मीठा और सुरीला

विलायत ख़ाँ के घराने के पाँच लोगों को इस चित्र में हम देख पा रहे हैं। सुरबहार हाथ में लिये भाई इमरत, सितार लिये विलायत। बीच में बड़ी तसवीर में उनके पितामह एमदाद ख़ाँ। बायीं ओर चित्र में पिता इनायत ख़ाँ, दाहिनी ओर चित्र में काका वाहिद ख़ाँ। इनायत ख़ाँ के बजाने में एक रोमाण्टिक गीतात्मकता थी। थोड़ा आलाप करते थे। सुरबहार पर, उसके बाद छोटे सितार पर गत बजाते थे। एमदाद ख़ाँ के चित्र में भी हमें वही चीज़ देखने को मिल रही है। सुरबहार बग़ल में है जिस पर आलाप सीखते हैं, उसके बाद बजाते हैं सितार।

था, उनका मिज़ाज—उनका पूरा सितार बजाना ही सचमुच में कितना अद्‌भुत था कि मैं क्या कहूँ। किन्तु, उनका पूरा कैनवस, जो शायद उस युग के लिए यथेष्ट था, आज के दिन अगर उस पर विचार किया जाये तो वह बहुत

सीमित ठहरेगा। किन्तु, उनका हाथ? उनके हाथ की तुलना नहीं की जा सकती है, जैसी सुरीली, रसीली मीड़ वैसी ही तैयारी के साथ उनका सपाट तान, और वे जो झाला बजाया करते थे, जितना भी बजाते थे, वह अतुलनीय था। मैंने उनको आमने-सामने बैठकर अन्तत: पन्द्रह विभिन्न जलसों में सुना है। जब भी कलकत्ता आता था, तभी सुनता था। इसके अलावा मोम्बुल उनसे सीखता भी था। बीच-बीच में, सवेरे-सवेरे , जब वे लोग सितार लेकर बैठते थे, तब मैं सुनने जाता था। इसके पहले भी मैंने कहा है कि ख़ूब प्रभावित होकर मैंने यह निश्चय कर लिया था कि उनका शागिर्द बनूँगा। जो भी हो, किन्तु वह तो हो नहीं सका।

इसके बाद और एक सितारिये, जिन्होंने इनायत ख़ाँ के मर जाने के बाद देश में ख़ूब नाम किया, वे हैं मुश्ताक अली साहब। मुझसे उम्र में बड़े थे। सितार की उनकी तालीम भी बहुत अच्छी थी। उनके बाबा आशिक अली ख़ाँ काशी के एक विशिष्ट सितारिये थे। उनकी बीनकार घराने की तालीम भी बहुत अच्छी थी। जोड़, आलाप के काम में मुश्ताक भाई का हाथ काफ़ी मीठा था। फिर भी यह बात थी कि विलम्बित गत-टत अधिक नहीं बजाते थे। अधिक स्थानों पर वे मध्य लय से ही जुड़े रहते थे। आलाप बजाते ही मध्य लय की गत छेड़ देते थे। और इससे ही उनके काम का महत्त्व समझ में आ जाता था। मुश्ताक अली भाई के सम्बन्ध में थोड़ा और बताता चलूँ।

कलकत्ता में उस समय उनकी काफ़ी अच्छी पोजीशन थी। रंग साँवला, बिना रिम का नीलाभ चश्मा पहनते थे, बहुत स्मार्ट, सदा बड़े लोगों और सुसंस्कृत शागिर्दों एवं मित्रों के साथ उनका उठना-बैठना था। शिकार के बड़े शौक़ीन थे। उनका व्यवहार जितना नफ़ासत भरा था, वह भद्र पुरुष उतने ही रसिक मिज़ाज के थे। बहुत मज़ेदार व्यक्ति थे। उन्होंने मुझे इलाहाबाद म्यूज़िक कॉन्फ्रेंस तथा रेडियो पर सुना था और मेरी ख़ूब प्रशंसा तथा बहुत स्नेह करते थे। एक बात यहाँ बताता चलूँ, उस समय भी कलकत्ते में मैंने कहीं बजाया नहीं था, मुश्ताक अली भाई ने ही पहली बार एक घरेलू महफ़िल आयोजित की। १९४४ ईस्वी के मई मास में—अपने शागिर्द रतन सरकार की बहू बाज़ार स्ट्रीट वाले घर में। करामत ख़ाँ ने वहीं पहली बार मेरे साथ तबले पर संगत की थी। काशीनाथ बाबू, रथीन बाबू, बिमला बाबू—ऐसे अनेक गायक-वादक उस दिन उस महफ़िल में उपस्थित थे। मुझे ख़ूब याद है, पूरिया कल्याण का आलाप जोड़ बजाकर विलम्बित झपताल में गत बजानी शुरू कर

बाबा के चरणों में प्रणाम निवेदित कर रहा हूँ–रविशंकर।

दी थी। उन दिनों सितार पर मध्य विलम्बित की तीन ताल की गत एवं द्रुत तीन ताल की गत बजाने का ही प्रचलन था। अन्य किसी ताल पर वह गत कोई बड़ा सितारिया सितार पर नहीं बजाता था। याद है उस जलसे में ख़ूब हलचल मची थी। महफ़िल जमी भी ख़ूब ठीक–ठाक थी। ख़ैर जो भी हुआ हो, मेरे कहने का अर्थ यह है कि ये सब शिल्पीगण, ये लोग निश्चय ही बहुत कुछ जानते थे, किन्तु, किन्तु जिस वादन के द्वारा मनुष्य किसी के महत्त्व पर विचार करता है, उस वादन के मामले में ये लोग एक–एक विषय को ही महत्त्व देते थे। कालक्रम से वही उन लोगों का विशेषत्व हो जाता था।

मैं पहले ही कह चुका हूँ कि पहले ज़माने के संगीत में सभी लोग सभी काम

करने नहीं जाते थे; समाज के लोग भी उनसे ऐसी प्रत्याशा नहीं करते थे। शिल्पीगण अपने कुछ विशेष-विशेष कामों में ही अपनी छाप छोड़ जाते थे। इस तरह देखने को मिलता था कि किसी-किसी का सम्भवत: झाला में ही विशेष नाम था। सिर्फ़ झाला के ही विभिन्न प्रकारों को लेकर वे काम कर गये हैं, उसी ने ही उन्हें विशेषत्व दे दिया था, उसी अंग का उन्होंने काफ़ी प्रचार किया था। लोगों की आशा भी उनके इसी बजाने को घेरकर गढ़ उठी थी। किन्तु, यह संगीत शिल्पी पूरे जीवन सिर्फ़ झाला बजाते-बजाते ही शायद चलता रहा। हालाँकि अन्यान्य विषयों में यह देखा गया है कि उनका बजाना बहुत कच्चा था। इस तरह से किसी का नाम शायद गत और तोड़ा में ही देखा जाता था। लगभग तीस वर्ष पहले तक मैंने यह देखा है कि संगीत शिल्पियों में यह प्रवृत्ति उत्पन्न नहीं हुई थी कि सभी को सभी चीज़ें बजानी-गानी चाहिए। उस समय मैंने यह देखा था कि जो विलम्बित बजाने की ओर झुके हुए हैं वे द्रुत की ओर जाते ही नहीं थे। और जो द्रुत की ओर जाते थे वे लोग विलम्बित की दिशा में पैर रखते ही नहीं थे। गायन के विषय में भी यही था और सितार के विषय में भी यही था। संगीत के किसी भी मामले की चर्चा आप क्यों न करें। सभी में यही चलन था। और इसी वजह से एक-एक घराने की सृष्टि हुई है। एक-एक घराने का एक-एक वैशिष्ट्य था। घराने का नाम स्थान के अनुसार रखा जाता था। फिर, कभी-कभी संगीत शिल्पियों की प्रवृत्ति तथा कभी-कभी उनकी विशिष्टता के कारण भी घराने की सृष्टि हो जाती थी। एक-एक शिल्पी को देखा जाता था कि वे संगीत के एक-एक अंग पर ग़ज़ब का काम किये बैठे हुए हैं, लोगों को अपनी कलाकारी से चौंका देते थे। लोग कहा करते थे संगीत की अमुक चीज़ सीखने के लिए अमुक शिल्पी के पास जाओ। तमुक चीज़ सीखनी हो तो तमुक शिल्पी के पास जाओ। राग की बढ़त सुनना हो तो वह किराना घराने के वाहिद ख़ाँ को सुनेगा अगर बोलतान सुनना हो तो वह आगरा घराने के फ़ैयाज़ ख़ाँ को सुनेगा। इसी तरह से लोग विशेष-विशेष संगीत-शिल्पियों के पास विशेष-विशेष संगीत-सम्बन्धी कार्यों के लिए जाया करते थे। जब संगीत का विशाल जलसा शुरू हुआ, बॉम्बे, कलकत्ता, दिल्ली अथवा लखनऊ शहर में और इसके साथ रेडियो भी शुरू हो गया और संगीत-सम्बन्धी कुछ अच्छी किताबें वग़ैरह भी निकलीं, सम्प्रेषण की कई सुविधाएँ भी हो गयीं, तब लोग सहज में ही संगीत के प्रति सचेत हो गये। विशेष रूप से जो अल्पायु के थे, उन्होंने सोचा, क्यों वे लोग अमुक घराने का काम नहीं करेंगे, क्यों वे तमुक घराने का

काम नहीं अपनायेंगे। जो विलम्बित गायक थे, उन्होंने सोचा, क्यों ना वे द्रुत सीखने का ज़रा प्रयास करें। जैसे, ध्रुपद के युग में 'वाणी' नामक एक चीज़ थी। डागर वाणी, खानडा की वाणी, नौहर वाणी, गौहर वाणी। इनमें भी यह चीज़ देखने को मिलती कि एक-एक घराना संगीत के किसी एक अंग अथवा किसी एक प्रणाली पर अधिकार किये बैठा है। ख़ैर जो भी हो, मैं फिर सितार के प्रसंग पर ही लौट आता हूँ।

मैंने जब सीखना शुरू किया था, उन दिनों के जिन लोगों के बारे में मैंने चर्चा की थी, उनमें से प्रायः सभी को मैं सुन चुका था। शुरुआत में मेरी नक़ल करने की एक स्पृहा थी। सोचा करता था, इनकी नक़ल करूँगा, उसकी नक़ल करूँगा। कारण, इसके पहले किसी के सान्निध्य में बैठकर मैंने कोई शिक्षा तो पायी नहीं थी। बाबा से जब शिक्षा लेनी शुरू की, उस समय मेरे सामने एक समस्या थी। एक क्यों, कई समस्यायें थीं। उनमें से एक समस्या यह थी कि बाबा ने यद्यपि रामपुर में रहते समय कल्लू हाफ़िज़, नासिर अली ख़ाँ आदि बड़े-बड़े सितारियों के बजाने एवं और भी अनेक शिल्पियों को बैठे-बैठे सुना था और उनसे तालीम भी ली थी और कई वाद्य-यन्त्रों पर अपना हाथ भी पक्का कर लिया था, किन्तु, स्वयं कभी सितार नहीं बजाया था। अर्थात् बैठे-बैठे जिस तरह वे सरोद अथवा बैहाला या सुरबहार, रबाब पखावज, तबला आदि बजाया करते थे। मैं जब उनके पास पहुँचा, तब मैं एक स्वयंभू उस्ताद था। इस-उस को नक़ल कर बजाया करता था, इससे क़ुछ लोगों को मैं ख़ुश भी कर लेता था, सोचता था, देखिये, मैं क्या क़ुछ नहीं बजा लेता हूँ। वे ही मुझे ठीक रास्ते पर ले आये। मेरा हाथ बहुत ही उलटा-सीधा था, उसे भी ठीक करने में काफ़ी समय लगा। इसीलिए प्रारम्भ में मुझे काफ़ी कष्ट झेलना पड़ा। सबसे पहले, मेरी आँखों के सामने कोई मूर्तिमान उदाहरण नहीं था। इसके अतिरिक्त, मैं अगर सरोद बजाता, तब तो मुझे कोई असुविधा ही नहीं होती। अथवा वे अगर मुझे सितार बजाकर दिखा पाते तो भी शायद कई असुविधाएँ दूर हो जातीं। मुझे इस समय कितना कष्ट भोगना पड़ा। उस बारे में क्या कहूँ! मान लीजिये वे मुझे गाना गाना सिखाते अथवा सरोद बजाना। सितार बजाते-बजाते मुझे अपनी एक निजी टेकनीक बनानी पड़ी थी। आलाप हो अथवा गत सब कुछ बाबा नूम, तूम रि रेना अथवा दे ड़े दा रा दिर दिर, दा द्रोड़ डा—इसी तरह से अपने कण्ठ से गाते हुए सिखाया करते थे। इन शब्दों को वे बोल कहते थे। यह एक प्रकार के संगीत की भाषा

तानसेन के बीनकार घराने के अद्वितीय शिल्पी वजीर ख़ाँ साहब तब रामपुर में विराजमान थे। बाबा उन्हीं के पास जा पहुँचे।

है। बाबा के कण्ठ से सुर के साथ निकले इन बोलों को सीखने में शुरू-शुरू में मुझे बहुत कष्ट झेलना पड़ा। कारण, मैंने ऊपर जैसा कहा था कि मेरे सामने कोई उदाहरण नहीं था।

इसके अतिरिक्त, प्रारम्भ में मेरी एक ज़िद थी, उन दिनों के सबसे विशिष्ट स्टाइल, अर्थात् इनायत ख़ाँ साहब के स्टाइल में मैं नहीं बजाऊँगा। उन दिनों मैं अकसर देखता था कि सभी लोग इसी स्टाइल में बजा रहे हैं या बजाने का प्रयास कर रहे हैं। मेरा विचार था, मैं जो चीज़ बजाना चाहता हूँ, उसके लिए, बाबा की तालीम को बरकरार रखते हुए, अपना एक निजी स्टाइल तैयार करना बहुत ज़रूरी है। बाबा जिन सब चीज़ों को गाकर एवं सरोद बजाकर मुझे सिखाया करते थे, उनका कुछ-कुछ प्रयोग और रूप मैं देख पाता था यूसुफ अली ख़ाँ साहब अथवा रामेश्वर पाठक महाशय के सितार में। उन सबने मुझे प्रचुर प्रेरणा दी थी। एक नये ढंग के विकास ने उन दिनों मेरे ऊपर अधिकार कर लिया था।

ख़ैर, वह जो भी हो, यह तो हुई सितार बजाने की कथा। कारण, सितार-वादन कभी भी एक प्रामाणिक ढंग का बजाना नहीं रहा था, मैंने यही बात समझाने का प्रयास किया था। जयपुर का एक स्टाइल था, जो काफ़ी लोकप्रिय था इस तरफ़। यही जो हैदर हुसैन ख़ाँ, वाहिद ख़ाँ—इसी तरह के कई लोग इधर-उधर फैले हुए थे। एक वलीउल्ला ख़ाँ भी थे, जो बाद में ढाका चले गये थे। वे भी डि रि डा डि रि डा रा डाडा रा—बोलों के द्वारा मध्य लय की गत और इसमें विशेष मीड़ का काम नहीं, ख़ाली पर्दे पर, इसी को लेकर बजाते थे। और इनकी तान ख़ूब तैयार की हुई रहती थी, और ये ख़ूब झमाकेदार काम करते थे—बायें हाथ का, जयपुरी झमाकेदार। उस समय इन्हीं सबका ख़ूब प्रचलन था। जिन तीन लोगों का मैंने नाम लिया है, इनके बारे में थोड़ा और बताता हूँ। वाहिद ख़ाँ सितारवाज रामपुर में ही रहते थे—ख़ूब शुद्ध जयपुरी शैली में बजाते थे। उनके सितार में एक विशेषता थी, एक तीसरा छोटा-सा तुम्बा लगाते थे अपने सितार में, जो उसके पेट के ऊपर टिका रहता था। उनके बजाने ने मुझे विशेष प्रभावित नहीं किया—काफ़ी सीधा-सादा था। फिर भी, हैदर हुसैन—वाह, वाह—सामने बैठकर उन्हें नहीं सुना—दिल्ली रेडियो में स्टॉफ आर्टिस्ट थे—प्रायः बजाया करते थे—उन्हें ख़ूब सुना है। वही छोटा, ऊँचे सुर का सितार—मुख्य रूप से जयपुरी ढंग से ही युक्त था उनका बजाना, किन्तु उनकी 'तनैती' अद्‌भुत थी। अर्थात् मिजराव के दिरि-दिरि बोल चल

रहे हैं मज़े से, किन्तु, बायें हाथ द्वारा बाजे अथवा मध्यम के तार के ऊपर तर्जनी घिसते हुए कितनी तैयारी के साथ अद्‌भुत तान बजाया करते थे। प्रत्येक सुर दाने की तरह सुनायी देता था। इनके बजाने में एक तरह से मीड़ का व्यवहार तो था ही नहीं। वलीउल्ला ख़ाँ का सितार भी ढाका रेडियो से कई बार सुना है। उनके भी बायें हाथ का काम काफ़ी स्पष्ट था, विशेषकर उनका जमजमा, एकदम घी का मोयन देकर बनाये हुए खुस-खुसे खस्ते को खाने की तरह। हालाँकि छुटपन से ही मेरी अधिकतर नज़र थी आलाप की तरफ़, मीड़ की तरफ़—जो किसी गाने की डेफ्थ का मामला होता है। इसलिए मैंने प्रयास किया, बाबा से जो प्राप्त किया, उसे अपने बजाने में विन्यस्त कर निकालूँ। इसके लिए मुझे काफ़ी विचार करना पड़ा, काफ़ी एडजस्ट करना पड़ा। फिर वही बात कहनी पड़ रही है आँखों के समक्ष किसी जीवन्त दृष्टान्त होने की बात। सबसे पहले मैंने सितार के साथ सुरबहार की तालीम भी ली थी बाबा से। सुरबहार भी मैं बजाया करता था। उसे सीखा भी था। सुरबहार बजाते जाने पर क्या हुआ कि मेरा मन आलाप की ओर और भी तेज़ी से दौड़ने लगा। सुरबहार से बुरी तरह प्रभावित हो गया था। उसके आलाप की ओर, जोड़ और झाला तथा अनेक तरह के अंगों की ओर। यहाँ पर संयोगवश ही अंगों का प्रसंग आ गया। यह एक दूसरी ही चीज़ है। यहाँ पर अपने बाबा के बारे में बहुत कुछ कहना पड़ेगा।

वे बचपन से ही संगीत के लिए पागल-से थे। सोचते ही स्तम्भित होना होता है कि किस नशा की वजह से उन्हें आठ बरस की उम्र में ही घर से भागकर संगीत से जुड़ी यह-वह चीज़ें उन्होंने सीखनी शुरू कीं। शुरुआत में वही ढोल अर्थात् बाङ्ला ढोल—बाङ्ला देश की जो अपनी निजी सम्पत्ति है, अपना निजी व्यापार। धीरे-धीरे ढोल से नगाड़ा, शहनाई, बेहाला। सच कहने में कोई हर्जा नहीं है, ऐसी कोई चीज़ नहीं है जिसका उन्होंने अभ्यास न किया हो। उसका भी अलग-अलग गुरुओं से। गायन? नूले गोपाल से सीखना शुरू किया था। ध्रुपद। उन्होंने ध्रुपद सिखाने के पहले ही उनसे कह दिया था, बारह बरस स्वर साधना करो। अर्थात् सरगम, पलटा यही सब चीज़ें। बाबा ने उनके पास पाँच-छह बरस सीखा, उसके बाद उनकी मृत्यु हो गयी। किन्तु, इन कई वर्षों में बाबा ने उनके पास जो कुछ सीखा था उससे उनका नोटेशन-ज्ञान असम्भव रूप से अच्छा हो गया था। वे थे तो असम्भव रूप से जीनियस, बचपन से ही, उसके बाद संगीत के इस अनुशीलन ने उन्हें बाद में काफ़ी

बाबा बचपन से ही संगीत के लिए पागल थे। इस चित्र में उनकी प्रौढ़ावस्था की एक मूर्ति देखने को मिलती है। एक तरफ़ मैं और अली अकबर। दूसरी तरफ़ आशिस ख़ाँ और तबला वादक हीरू बाबू अर्थात् हीरू गांगुली।

सहायता दी थी। उसी कम उम्र में उन्होंने कलकत्ते में रहते समय एक लोवो साहब से बेहाला सीखकर उसे आयत्त कर लिया था। बायें हाथ से वे कितना सुन्दर बेहाला बजाया करते थे। ठीक जिस तरह से वे सरोद बजाया करते थे। स्टार थिएटर पर उन दिनों गिरीश घोष सूर्य की तरह छाये हुए थे। वहाँ पर बाबा बहुत मामूली वेतन पर तबला बजाते थे—उन्होंने अपना नाम प्रसन्न विश्वास रख लिया था। उन्हीं दिनों स्वामी विवेकानन्द के भाई हाबू दत्त के वे बड़े स्नेह के पात्र हो गये थे। उनसे भी उन्होंने कन्सर्ट की गत आदि सीखी थी और अनेक वाद्य-यन्त्रों को लेकर एक आर्केस्ट्रा का गठन, उसका प्रयोग, इन सब विद्याओं का ककहरा भी बाबा ने हाबू दत्त महाशय से सीख लिया था।

इसके बाद उन्होंने अहमद अली ख़ाँ से सरोद सीखा था। उस ज़माने के एक महान् सरोदिया थे अहमद अली ख़ाँ साहब। उसके बाद घूमते-फिरते पहुँच गये रामपुर। रामपुर आप लोग जानते ही हैं, एक ऐसी जगह है, जिसे एक तरह से संगीत की खान ही समझ लीजिये। जाकर पहुँचे वाजिद अली ख़ाँ साहब के पास। बीनकार घराने के अद्वितीय बीनकार वाजिद ख़ाँ साहब उन दिनों नवाब हमीद अली ख़ाँ के गुरु के रूप में बड़े सम्मान के साथ रामपुर में विराजमान थे। बाबा प्रारम्भ में रामपुर में रहते समय वाजिद अली ख़ाँ साहब के शागिर्द होने के बाद भी अढ़ाई वर्ष तक वे केवल गुरु के पास आते-जाते रहते थे, ठीक-ठीक तालीम नहीं लेते थे, किन्तु, उस समय का भी उन्होंने सदुपयोग करना नहीं छोड़ा था। रामपुर में उस समय श्रेष्ठ गाने-बजाने का

एक बार ही अखाड़ा था, लगभग पाँच सौ संगीतज्ञों को लेकर एक बहुत बड़ा व्यापार था। इनमें से पन्द्रह-बीस तो देश के सर्वश्रेष्ठ गवैये-बजैये थे। इस तरह की एक जगह पर रह रहे थे बाबा। अच्छे-अच्छे बीनकार, अच्छे-अच्छे गवैये—गायकों में जैसे इनायत हुसैन सासोयान वाले (मुश्ताक हुसैन ख़ाँ साहब के गुरु एवं ससुर), उनके भाई बीनकार मुहम्मद हुसैन और एक भाई हैदर ख़ाँ गवैये (निसार हुसैन ख़ाँ के पितामह), कल्लू और हाफ़िज़ सितारिया, नासिर अली ख़ाँ—सितारी और सुरबहारी—आदि-आदि। इनमें से हरेक के पास वे सीखते रहे। इस बात का मतलब यह है कि एक व्यक्ति किस तरह से बचपन से लेकर वाजिद ख़ाँ साहब के शिष्य होने तक गढ़ उठा था। उसने इकट्ठे कर लिए कितने गाने और कितनी गतें। फिर गाने का अर्थ क्या है?

मैं (रविशंकर) उस समय निरा नाबालक था। सितार पर इधर-उधर तार बजाता रहता था। इसके बाद शुरू हुई मेरी इस-उस की नक़ल। मन में सोचा करता था कि मैं कितना नहीं बजा लेता हूँ। अपने को एक स्वयंभू उस्ताद मानता था और क्या!

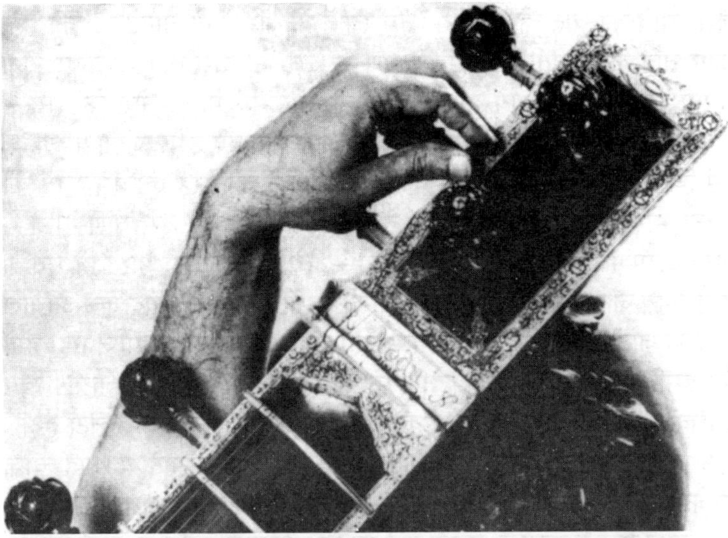

मैंने निश्चय किया कि मैं थोड़े चढ़े हुए सुर में अपना सितार मिलाऊँगा। फिर भी मैंने इतने चढ़े हुए 'सुर' में अपना सितार नहीं मिलाया था जितना चढ़ा सुर इनायत ख़ाँ साहब के सितार में था। वे तो प्रायः डी.डी. शार्प में अपना सितार मिलाया करते थे। किन्तु, मैंने एक नयी आवाज़, एक नयी टोन सितार में ला दी।

ध्रुपद, धमार, टप्पा, ख़याल, ठुमरी, चतुरंग तराना, तिखटू। इन सबको अलग-अलग सीखकर अपने वादन के माध्यम से प्रयोग करना शुरू कर दिया। अढ़ाई वर्ष बाद वाजिद ख़ाँ ने उन्हें स्नेह से, जतन से तालीम देनी शुरू कर दी। बीन तो उन्होंने अपने घर के अलावा और किसी को सिखायी ही नहीं, किन्तु सरोद की तालीम में उन्होंने उनको सभी तरह की शिक्षा दी। रबाब और सुरशृंगार वाद्य-यन्त्र की भी तालीम दी। इन सब वाद्य-यन्त्रों के अलग-अलग कौन से गुण हैं, बीन की निजी चीज़ क्या है, उसके आलाप, कैयद आलाप, बढ़त आलाप, विस्तार आलाप, आचार आलाप आदि की पद्धति, जोड़, मध्य जोड़, द्रुत जोड़, लड़ी, लड़न्त लपेट, लड़गुथाव, झाला, ठोक झाला, कतर, उसकी परन इत्यादि कतर कम नहीं उसके अंग सिखाये।

रबाब और बीन ये मियाँ तानसेन के घर की दोनों निजी चीज़ें हैं। उनके बेटे के घर के सभी लोग रबाब बजाते थे और उनकी पुत्री के घर के सभी लोग बीन बजाया करते थे। इससे उनकी गायन-पद्धति बुरी तरह प्रभावित हो गयी।

जैसे रबाब की बात ही लीजिये। तुम रबाब के बारे में तो जानते हो, काठ के ऊपर ताँत लगी होती है। दाहिने हाथ से जवा के द्वारा ताँत के ऊपर टोना मारना होता है और बायें हाथ की तर्जनी और मध्यमा के पोरों के द्वारा—लगभग नाख़ून के एकदम पास से—ताँत को घिसते हुए उसे बजाना पड़ता है। इस घिसने को घसीट अथवा सूत कहते हैं। बीन की तरह एक मिजराव की ठोकर मारकर मीड़ खींचते हुए अनेक स्वर प्राप्त करना, इस वाद्य-यन्त्र में प्राय: असम्भव है। डाँये डाँ डाँये डाँयेये—अर्थात् एक टोका मारते ही सूत के द्वारा बहुत ज़ोर लगाया तो एक अथवा दो स्वरों की एक के बाद एक आवाज़ बन्द हो जाती है। अंश अथवा श्वास नहीं रहती है संहत स्वर प्राप्त नहीं होते हैं। इसलिए उनकी गायन पद्धति में भी रबाब का प्रभाव आ गया। ख़ूब अधिक मीड़ नहीं। जो बीनकार घराने के लोग थे, उनका ठीक उलटा हुआ। एक टोका मारते ही क्योंकि वे लोग अनेक मीड़ खींच पाते थे। यह चीज़ उनके क्षेत्र में—डा।।।। आ ———डा।।। यह जो अंश अथवा संहत सुर है—बहुत कुछ मिलता है, उनके गाने पर भी उसका प्रभाव पड़ा। इसलिए तुम देखोगे—एक दल गा रहा है ध्रुपद—रि ——ते—— ने ने नूम्, ते ने जैसा—— । यह रबाब का स्टाइल है। फिर बीन के प्रभाव से एक और स्टाइल निर्मित हो गया। वह इस प्रकार है—नू—ऊ—ऊ—ऊम—रि———रे———ने—— की तरह। यह जो श्रुतियाँ हैं, इन्हें बड़े करीने से, बड़ी सुन्दरता से, गोल-गोल दिखाते हुए गाते जाना जिससे इनका प्रभाव प्राणों पर पड़े, यह बीन की विशिष्ट चीज़ है। तानसेन के बेटे के घर के रबाब बजाने वालों में तीन भाई थे—ज़ाफ़र ख़ाँ, पीर ख़ाँ और वासत ख़ाँ। वे लोग काफ़ी दिनों काशी नरेश के पास ख़ूब सम्मान के साथ रहे थे। लड़की के घर के बीनकारों के साथ इनकी ख़ूब प्रतिस्पर्धा तथा ईर्ष्या-डाह चला करता था। बीन की तरह रबाब में मीड़ों का इतना प्रयोग तो हो नहीं सकता है और इस मामले में रबाब बजाने वालों में एक तरह की ग्रन्थि सदा से बनी रही थी। उसे दूर किया ज़फ़र ख़ाँ ने। रबाब के काठ के पटरे अथवा फिंगर बोर्ड के स्थान पर सरोद की तरह उन्होंने लोहे के पत्तर को लगाया, ताँत के स्थान पर उन्होंने तार और सितार की तरह लगायी ज्वाँरी। अर्थात् जहाँ पर रबाब का ब्रिज (पुल) स्थित रहता था चमड़े के ऊपर, वहाँ पर उन्होंने उसे सितार की तरह ज्वाँरी लगायी काठ के ऊपर। इस तरह एक नये वाद्य-यन्त्र का निर्माण हो गया जिसे कहा जाता है सुरशृंगार। शंकर भाई, कैसी मीठी आवाज़ थी उस वाद्य-यन्त्र की! बाबा के हाथ से बजते हुए इसे कितना सुना है और सुनकर कितना नहीं रोया हूँ। और बाबा

कितने भाग्यवान थे, उन्होंने इन सब विभिन्न स्टाइलों के पण्डितों के पास बैठ-बैठ कर इन सब चीज़ों को सीखा। और उनसे भी कितना अच्छा भाग्य हमारा है, कि उन एक अकेले के भीतर ही हम लोग सब पा गये। ध्रुपद आलापचारी की शुद्धता, धमार का आनन्द, इस तरह की एक लयकारी, लयकारी के बारे में क्या कहूँ, बाबा समुद्र थे, राग की कैसी वेदना से भरा विलम्बित का भाव, द्रुत लय का कैसा वेग, ख़याल का कैसा अंग अथवा ठुमरी का अंग, टप्पा का अंग, इसके अतिरिक्त वाद्य-यन्त्र के अनेक अंग, बीन के अंग, सुरश्रृंगार और रबाब के अंग, यहाँ तक कि सुरबहार के भी अंग।

उन्होंने अपना टप्पा किससे सीखा था? देखिये, उन दिनों के गवैये, जो थोड़ा शास्त्रीय संगीत गाया करते थे, वे सभी लोग कुछ-न-कुछ टप्पा की चीज़ें तो गाते ही थे। नहीं, नहीं, नहीं बंगाली टप्पा नहीं। बंगाल में टप्पा तो कुछ विलम्बित हो गया है। बोल माँ तारा आ---आ----आ--- आ इस तरह का टप्पा हमें बाङ्ला में अधिक मिलता है। यही ना? असली टप्पा का अधिकांश भाग किन्तु द्रुत लय में गाया जाता है। एकदम बिजली की तरह—वे मियाँ—यानेवाले। कैसी स्पीड थी। इसके ऊपर तीव्र गति से घूमना-फिरना! यही टप्पा, अर्थात् पंजाबी टप्पा ही असली टप्पा है। बाद में यही टप्पा जब बंगाल में आया, तब उसने एक नया रूप धारण कर लिया। कहा जा सकता है कि उसमें रस और भाव का आधान कर उसे काफ़ी जटिल बना लिया गया। निधु बाबू के टप्पा का एक ढंग है, और एक ढंग का व्यवहार किया जाता है श्यामा संगीत में। हाँ, मैंने काली पाठक का टप्पा ज़रूर सुना है और वह मुझे बहुत सुन्दर भी लगा था। किन्तु, उनकी इस दिशा में अच्छी तालीम भी थी।

ख़ैर, जो भी हो, बाबा के पास मैंने यह चीज़ देखी है कि उनके पास सीखने को इतना कुछ है कि उनकी तुलना समुद्र के साथ ही की जा सकती है। उनसे जब तालीम ले रहा था, तब मेरे दिमाग़ में सदा एक ही बात घूमती रहती थी कि Not that I was completely original. यह बात नहीं कि मैं पूरी तरह मौलिक था। उदाहरण के लिए, यूसुफ़ अली ख़ाँ साहब अथवा रामेश्वर पाठक—वे लोग मेरे पहले भी खरज का तार लगाया करते थे, किन्तु, उनका यह काम और यह चीज़ अधिक लोकप्रिय नहीं थी। उन दिनों इनायत ख़ाँ साहब ही चारों ओर छाये हुए थे। और इधर जयपुर स्टाइल में जो लोग बजाया

करते थे वे लोग छाये हुए थे। किन्तु, मेरा मन इन सब चीज़ों में लगता नहीं था। चूँकि मैंने सुरबहार का अभ्यास किया था, वह मुझे आलाप की ओर खींचती थी, इसीलिए आलाप के प्रति मेरी एक झोंक तैयार हो गयी थी। मैंने अनुभव किया कि अब एक समन्वय की ज़रूरत है, जिससे एक ही वाद्य-यन्त्र से गत भी बजायी जा सके और एक आलाप भी ठीक-ठीक प्रस्फुटित किया जा सके। वो लोग नीचे सुर वाले एक कछवा जैसे चपटे बड़े आकार के सितार को बजाया करते थे (उनका सितार चपटे आकार के तूमे से बनता था)। एकदम नीचे सुर का। कितना नीचा सुर था, इसे मैं कैसे समझाऊँ। वी फ्लेट अथवा वी सुर में बँधा हुआ। मैं उन सब सितारियों के बारे में बता रहा हूँ, जो आलाप भी लेते थे और उसके साथ कुछ गत भी बजाया करते थे। और इस तरह के सितार में पंचम और खरज का तार लगाया करते थे। मैंने निश्चय किया थोड़ा सुर चढ़ाकर सितार मिलाऊँगा; मेरा सितार गोल तूमे का सितार था। फिर भी ऐसा कोई अधिक चढ़े हुए सुर का नहीं होता था, मैं उसे कोई अधिक नहीं चढ़ाता था, जैसाकि इनायत ख़ाँ साहब का सितार होता था। वे तो प्राय: डि डि शार्प में अपने सितार को चढ़ाकर मिलाते थे। मैं उन दिनों अपना सितार 'सि' में मिलाता था। ख़ैर जो भी हो, बाबा के पास सीखते समय उनके आशीर्वाद और उत्साह से मैं सितार में एक नयी आवाज़ और टोन निकालने में सफल हो सका। और इसके साथ इसे तुम एक नयी वादन शैली भी कह सकते हो, जिसमें आलाप, जोड़, विलम्बित गत, तान, मध्य लय, द्रुत लय की गत, तोड़ा, झाला, ठुमरी, धुन—इन सबका एक समन्वय था। श्रोताओं ने, समझदारों ने, सभी लोगों ने मुझे आदरपूर्वक अपनाया। हाँ, उस्ताद वर्ग में किसी-किसी ने मेरे विरुद्ध टिप्पणी करना नहीं छोड़ा कि मैं शुद्ध सितार नहीं बजाता हूँ, सरोद की तरह बजाता हूँ, क्योंकि मेरे गुरु बाबा मुख्य रूप से सरोद बजाते हैं और मैं उनका शिष्य हूँ। इसलिए उन्होंने प्रचार करना शुरू कर दिया कि मैं सरोद की तरह बजाता हूँ।

ओह ! यह सब सुनते-सुनते मेरे कान पक गये थे महाशय, देखता हूँ कितनी युक्तिहीन बातें कह रहे थे। अब तो हम दोनों लोगों का ही अधिकांश लोग अनुसरण कर रहे हैं। एक मुझे और दूसरे विलायत ख़ाँ को। विलायत ख़ाँ को जब मैंने पहली बार सुना, उसके पिता की मृत्यु हुई उसके कुछ दिन पहले। वह १९३९ की बात है। उस समय उसकी उम्र १२ साल की थी। इलाहाबाद की एक कॉन्फ्रेंस में आया था। मैं और अली भाई भी उसमें गये थे। मैं उस

समय सुरबहार बजाया करता था। अली अकबर जी के साथ जुगलबन्दी बजायी थी। राग तोड़ी में, सवेरे-सवेरे।

उन दिनों विलायत काफ़ी छोटा था। उस समय जितनी तालीम पानी चाहिए थी, उतनी तो वह पा ही चुका था। अच्छा बजाया, सुन्दर, चमत्कारपूर्ण, वाद्य के जो सब अंग थे—सपाट तान, इसके अलावा बाप के बजाने की जो शैली थी, अत्यन्त बँधी-बँधी, अत्यधिक सुन्दर, सारी बन्दिशें—वे सब उसने बजायीं। बाप के मरने के बाद उसकी माँ ने उसके पीछे (नेपथ्य में रहकर) किस तरह उससे मेहनत करायी थी, इस बात का बहुतों को पता नहीं है। उसके बाद ज़रूर काफ़ी दिनों तक उससे भेंट नहीं हुई। उस समय उसने माँ के पास रहकर ख़ूब रियाज़ किया था। यह बात वह स्वयं भी स्वीकार करता है। उसके बाद तो अपने नाना बन्दे हुसैन ख़ाँ साहब, जो एक गुणी गायक थे, इनके ढंग और इनके प्रभाव से उसने सचमुच में अपने को ख़ूब तैयार किया था। इसलिए, इसके बाद जिस दफे, जब उसको १९४३ में सुना तब वह एक चमत्कृत करने वाला बजैया तैयार हो चुका था। बहुत सुन्दर बजाता था। उस समय वह दिल्ली के ए आई आर सैंटर की ओर से बजाता था। उस समय उसका बजाना कई बार सुना था। उसके बाद '४३ में ही उसके साथ ख़ूब भाव हो गया था। मेरा ख़ूब सम्मान करता था, दादा कहकर बुलाता था। मैं भी उससे ख़ूब स्नेह करता था। वह मुझसे सात वर्ष छोटा है। दिल्ली में उन दिनों मैं मिसेज़ शीला भरतराम को सिखाया करता था। उनके घर मेरा पहले से ही आना-जाना था। बाबा जब भी दिल्ली जाते थे, उन्हीं के यहाँ रुकते थे। उन्होंने ही उन्हें सिखाने के लिए मुझसे कह रखा था। शीला भरतराम—जिनका बड़ा बेटा विनय भरतराम इस समय मुझसे गाना सीख रहा था और मँझला बेटा अरुण भरतराम सितार सीख रहा था। मैं जिस समय की चर्चा कर रहा हूँ, उस समय मैं कर्जन रोड वाले घर में रहता था। कभी-कभी बड़े सवेरे विलायत वहाँ आ जाया करता था। मैं उस समय सम्भवत: रियाज़ करता होता, वह बैठा-बैठा सुनता रहता था। कभी-कभी कहा करता था, दादा, चलो एक साथ रियाज़ करें। साइकिल पर बैठकर आता था। मुझे वह बहुत अच्छा लगता था। इतनी हँसी, इतना मज़ा, इतनी जीवन्तता, बहुत चमत्कृत करने वाला लड़का था! एक सज्जन रेडियो में काम करते थे, जिनका नाम मुश्ताक भाई था। उस समय वह उन्हीं के घर रह रहा था।

उस समय भी उसके बजाने का पूरा-पूरा विकास नहीं हुआ था। अधिकतर

उसके बाबा का ही उसके बजाने पर प्रभाव था। इसके अतिरिक्त, उसकी बहन के पति—रईश ख़ाँ के बाबा मोहम्मद ख़ाँ के बजाने की भी थोड़ी-थोड़ी छाया थी। इसके काफ़ी दिनों के बाद वह अली अकबर के साथ जाकर कुछ दिनों जोधपुर में रहा था, बीच-बीच में कई बार वहाँ जाकर रहता था। अली भाइयों के साथ जाकर रुकता था, उनका बजाना सुनता था, एक साथ बजाता भी था। यह कोई लज्जा का काम नहीं है। मनुष्य में अगर टैलेंट हो तो वह उसे विकसित करने का प्रयास करता ही है। अच्छी चीज़ सुनकर प्रभावित होना कोई दोष नहीं है। हमारे गाने-बजाने के वर्ग में इसे उस्तादों की भाषा में शिक्षा-दीक्षा और परीक्षा कहते हैं। हम लोग इसका शायद अन्य आशय लगायें। किन्तु, उस्तादों की भाषा में दीक्षा का मतलब हुआ देखना अर्थात् सीखना, चारों तरफ़ देखना, और परीक्षण करना। इस तरह की अनेक बातें ही वे लोग अपनी शैली में कहते हैं। जैसे यह बात लीजिये—'संगीत कर्तव विद्या'। आजकल हम लोग 'कर्तव' का अर्थ कर्त्तव्य से लगाते हैं। अर्थात् संगीत अवश्य सीखने योग्य विद्या है। उस्ताद लोग इसका अर्थ लगाएँगे—'करो—तब'। अर्थात् संगीत का अभ्यास करोगे—तब तुम्हें पता चलेगा कि यह विद्या क्या है। यह होती है फूँक अथवा साँस की ट्रेनिंग। ख़ैर, यह जो भी हो, विलायत ख़ाँ का यह जो क्रम विकास देखा, यह बहुत ही मज़ेदार है। बचपन में पिता की मृत्यु हो गयी, माँ ने ज़िद करके रियाज़ करवाया, उसके बाद उसके और भी दौर बीते हैं, मुहम्मद ख़ाँ, उसके बाद उनके नाना बन्दे हसन ख़ाँ, उसके बाद अमीर ख़ाँ का भी प्रभाव पड़ा उसके ऊपर, कुछ हमारे घराने का, और बाद में मेहनत करते हुए एक, कितने विराट वाद्यकार के रूप में उन्होंने अपने को गढ़ डाला। विभिन्न पृष्ठभूमि का रस एवं ज्ञान मिलाकर उन्होंने अपना जो निजी काम किया है, इसकी सचमुच में कोई तुलना नहीं हो सकती है—ही इज़ फेन्टास्टिक—वह बहुत ही श्रेष्ठ है। मेहनत करके, चारों ओर की सम्पत्ति बटोरने के साथ कुछ अपनी—इन सबको मिलाकर वह सचमुच में एक असामान्य शिल्पी है। कहा जा सकता है कि मैं उनका एक भारी प्रशंसक हूँ।

तब तक इधर मेरा भी काफ़ी नाम हो चुका था—उसकी भी ख़ूब प्रसिद्धि हो चुकी थी। वैसे भी हम दोनों में ख़ूब प्रेम-भाव था। वह सदा मुझे दादा कहकर बुलाता था। उसके लिए मेरे मन में जो श्रद्धा और स्नेह है उसे मैं बराबर ही व्यक्त करता आया हूँ। हालाँकि, लोग, विशेषकर उसके भक्त और शिष्य

विलायत ख़ाँ का एक शिल्पी के रूप में गढ़ उठना ही ख़ूब प्रशंसनीय एवं बहुत महत्त्वपूर्ण है। बड़े घराने का बेटा होना ही सब कुछ नहीं है, इस बात पर निर्भर करता है कि कौन किस तरह उसको काम में लाता है, एवं इसके पीछे की जो बात है अर्थात् उसकी माँ ने उससे कैसी मेहनत करायी थी, बहुत से लोग इस बात को जानते ही नहीं हैं।

वर्ग—उनके बारे में मत पूछिये! हाँ, मैंने अपने शिष्यों को अवान्तर कथा कहने से बराबर मना किया है। मैं तो लोगों से सदा ही कहता रहा हूँ। मेरे सामने बैठकर अगर तुम विलायत ख़ाँ की निन्दा करो और यह समझो कि मैं

उससे ख़ुश होऊँगा, ऐसा ज़रा भी नहीं होगा। मैंने उस चीज़ को कभी प्रोत्साहित नहीं किया। उनके अन्ध-भक्त उनके चमचों को लेकर बैठे-बैठे यह सब सुनना, आलोचना करना अच्छा समझते हैं। पता नहीं, वे क्या कहेंगे—पर इससे उनका अहंकार स्फीत हो जाता है—अहंकार को इससे सन्तोष मिलता है। वे लोग उसी को लेकर रहते हैं। इसलिए अपने और विलायत ख़ाँ के बीच एक दरार बनाने की चेष्टा लोगों में मैं बहुत दिनों से देख रहा हूँ। और, इस समय भी शायद वह रुकना नहीं चाहती है।

याद है बम्बई में १९४३ ईस्वी में विक्रम की बीसवीं शताब्दी के उपलक्ष्य में जो कॉन्फ्रेंस हुई—जी हाँ, विक्रमादित्य के नाम से ही वह हुई थी—उसमें अल्लादिया ख़ाँ साहब ने गाया था, उसमें बड़े ग़ुलाम अली साहब भी आये थे, बाबा भी गये थे, मेरे भी बजाने की बात थी, किन्तु, अन्त में, मुझे ज्वर हो गया, मैं उसमें जा नहीं पाया। उसमें दो लोगों ने बहुत बड़ा नाम किया था। दोनों लोगों के गाने और बजाने से हलचल मच गयी थी। बड़े ग़ुलाम अली साहब और विलायत ख़ाँ।

विलायत अली ख़ाँ का इस स्तर तक गढ़ उठना बहुत प्रशंसनीय, बहुत ही महत्त्वपूर्ण है। बड़े घराने का बेटा होने से कुछ नहीं होता है, यह इस बात पर निर्भर करता है कि किसने किस रूप में उसका उपयोग किया है। विलायत ख़ाँ की अन्ततः तीन पीढ़ियों को हम प्रत्यक्ष रूप से जानते हैं। उसके पिता, उसके पितामह ये सभी बड़े सितारिया थे। वे अवश्य सात पूर्व पुरुषों की बात कहते हैं—हम इतना नहीं जानते हैं। तीन पुरुषों तक हमें जो मिलता है, इससे पता चलता है कि उनका बड़ा घराना है। इमदाद ख़ाँ तक हम लोग जानते हैं। इसका गाने और बजाने के क्षेत्र में प्रत्यक्ष प्रमाण है। इस समय उसके बजाने में पूर्व पुरुषों का जो प्रभाव आया है, उसकी मैं बहुत प्रशंसा करता हूँ, फिर मैं उसी बात को कह रहा हूँ। उसके बजाने में मुझे एक अद्‌भुत गीतिधर्मी तत्त्व मिलता है, एक रोमाण्टिक एप्रोच, एक प्रफुल्लता और ओज रहता है। Combination of romanticism and buoyancy (प्रफुल्लता तथा ओज का समन्वय) उसके बजाने की यह असली शक्ति है। तकनीक की दृष्टि से भी वह अपूर्व है। उसका कारण है, उसका हाथ, इतना परिष्कृत है, इतना साफ़ है, तानें इतनी स्पष्ट हैं, तान के साथ मीड़ को जोड़कर, जिसे वह गायकी का अंग कहकर प्रचारित करता है, उसका प्रभाव भी बहुत सुन्दर पड़ता है, सुनने में अच्छा भी लगता है। उसके बाद उसके बाबा का भी जो

झाला था, वह झाला उसके पास भी है। ख़ूब स्पष्ट झाला है उसके पास। झाला के द्वारा जो चीज़ निर्मित की जा सकती है, वह है एक आबोहवा, एक उत्तेजना। उसके बारे में मैं एक ही बात कह सकता हूँ कि वह एक ख़ूब बड़ा आर्टिस्ट है। समय नहीं है, सुयोग भी नहीं है, नहीं तो उसका बजाना सुनने की मेरी बहुत इच्छा होती है। फिर भी, यह तो मैं पहले भी कह चुका हूँ, अब भी कह रहा हूँ कि उसके बजाने के द्वारा मैं प्रभावित नहीं हूँ और होना भी नहीं चाहता हूँ। कारण, रागों की शुद्धता के प्रति मेरा जो दृष्टिकोण है, मेरी जो एप्रोच है, जिसे कहना चाहिए मेरे और विलायत के बीच जो स्पष्ट सीमा रेखा है—ध्रुपद, ख़याल तथा अन्यान्य विषयों में—लोगों के सामने बजाने जाने पर अवश्य कई बार मूड के वश में होकर सम्भव है मुझसे बहुत-कुछ उलटा-सीधा हो जाये किन्तु मैं इसके प्रति सचेत रहता हूँ, I am concious of it. एक होता है नियम बिना जाने उसको तोड़ना और एक होता है जानते हुए भी उसे किसी कारण से तोड़ना। मैंने जब कभी किसी नियम को भंग किया है तो उसे पूरी तरह अपने संज्ञान में, क्योंकि भाग्यवश मुझे अच्छी तालीम मिली थी। उदाहरण के लिए, मैंने उस दिन वह खम्बाज राग बजाया था, नेताजी स्टेडियम में। कई राग हैं, अकेला केवल मैं ही नहीं कह रहा हूँ, सभी कह रहे हैं—जैसे तिलक कामोद, खम्बाज, पीलू गारा जिन सबकी विलम्बित गत को हम लोग ख़याल के अंग में ही मान लेते हैं—यह होते हुए भी उसमें थोड़ा ठुमरी का स्पर्श, जिसे दिलीप राय ठुमरी ख़याल कहा करते थे, अर्थात् उसके भीतर थोड़ी रंग की छाया लाना, चिरदिन से ही यह बात मानी जाती थी। जिसे विहाग में नहीं गा सकूँगा, जिसे बड़े राग में गाना भी नहीं चल सकता है, हालाँकि जिसे हम लोग खम्बाज, गारा या तिलक कामोद में बजा सकते हैं। फिर भी अगर आप झिंझिंटी की बात कहें, तो मैं कहूँगा, उसमें वो दिशाएँ हैं। उसमें बड़ी ही पतली सीमा रेखा है, जिसका उल्लंघन करने पर सारा गोलमाल हो जाता है। दूसरी दृष्टि से यदि कहने जाऊँ तो कुछ-कुछ रागों में कुछ लचक, कुछ हरकत उसे और भी खोलने में सहायता करती है। जिन सब रागों में मान लीजिये ठुमरी गायी जाती है, उन रागों में आप थोड़ा-बहुत ठुमरी का भाव ला ही सकते हैं।

ये सब चीज़ें पहले से ही हैं, जिन्हें आप राग के आरोह-अवरोह में नहीं प्राप्त कर पायेंगे। यही जैसे एक समालोचक ने मेरी आलोचना करते हुए कहा था कि आप शुद्ध नि धा पा के द्वारा खम्बाज में क्यों घूमते-फिरते हैं ? मुझे भी

पता है कि अवरोही में कोमल 'नि' होती है—ग म प ध न स ण ध म प ध म ग। किन्तु, अनेक रागों के आरोही-अवरोहियों के बँधे नियम होने पर भी दो-एक चीज़ें, जो शायद कुछ क्षणों के लिए आ ही जाती हैं। The whole world Knows you can not use Re Ma in Bageshri—पूरे संसार को पता है कि आप बगेश्री में रे म का प्रयोग नहीं कर सकते—क्या ऐसा नहीं है? It should be Sa Ga Ma —यह होना चाहिए स ग म। किन्तु आप पुराना रिकॉर्ड सुनिये, पुराने गुणियों को सुनिये, आप देखेंगे एक जगह ऐसी है जहाँ व म लगता है। जैसे उदाहरण के लिए—१-ध न स म, म ग वम मगवस। अथवा—२—न ध म प ध मग—वम मगवस। हाँ, यह ज़रूर है कि र म के प्रयोग की रीति का अगर कोई विश्लेषण करे तो यह देखने को मिलेगा कि र म व अवरोही क्रम में लगता है एवं मध्यम में लौटकर 'स' में चला जाता है। एक नम्बर उदाहरण असल में ध न स मगव, मगवस है। फिर दो नम्बर जाकर हुआ—नध मगध गव मगवस। इसीलिए कोई अगर व म, व म सदा बजाता है, यह ग़लत होगा। हाँ, यह ज़रूर है कि बीच-बीच में खम्बाज में यदि न ध प लगाना पड़े तो वह आरोही-अवरोही के किसी विश्लेषण में नहीं आता है, वह केवल सौन्दर्य का एक विकास मात्र है। किन्तु, इन समालोचकों की बात अलग है। ये ज़रा सीमा से अधिक समझते हैं क्योंकि, इनकी पोथी वाली विद्या अधिक होती है। बेचारे मियाँ तानसेन अगर आज जीवित होते और गाया भी करते—तो उनको भी ये लोग क़त्ल करना न छोड़ते। हाँ, यह ज़रूर है, जिन्हें ये लोग मानते हैं या जिनसे ये लोग प्रेम करते हैं उनके सात ख़ून भी माफ़ करते हैं। फिर जिसे प्रतिकूल देखते हैं उसका चलन टेढ़ा होता है। उस तरह से खम्बाज में भी कभी-कभी नि ध प निश्चय ही लग सकता है सौन्दर्य के कारण। किन्तु, वहाँ भी यह देखना होगा कि पूरी चीज़ें किस तरह लगायी जा रही हैं। आप कुछ अन्यथा नहीं लेंगे, यह जो एक कहावत है ना, अल्प विद्या भयंकरी, वह कई क्षेत्रों में ज़रूरी लगती है। रागों पर यदि विचार किया जाये—रागों के चलन में आज भी इतना मतभेद है—उसे विभिन्न घरानों में कहिये, अथवा विभिन्न गायन-वादन-पद्धतियों के कारण कहिये—वे जो कई क़िस्म के अलग-अलग प्रयोग हैं। जैसे, दरबारी राग में हम लोग प स में किसी भी दिन नहीं जायेंगे, हालाँकि सारा जगत् प स में जा रहा है। अब इसको लेकर अगर मैं समालोचक हो जाऊँ और कहूँ कि वह ग़लत गा रहा है, तो वह तो बड़ी मुश्किल हो जायेगी। There are quite a few different approaches—संगीत के बारे में बहुत थोड़े ही मतभेद हैं—समझे ना? स

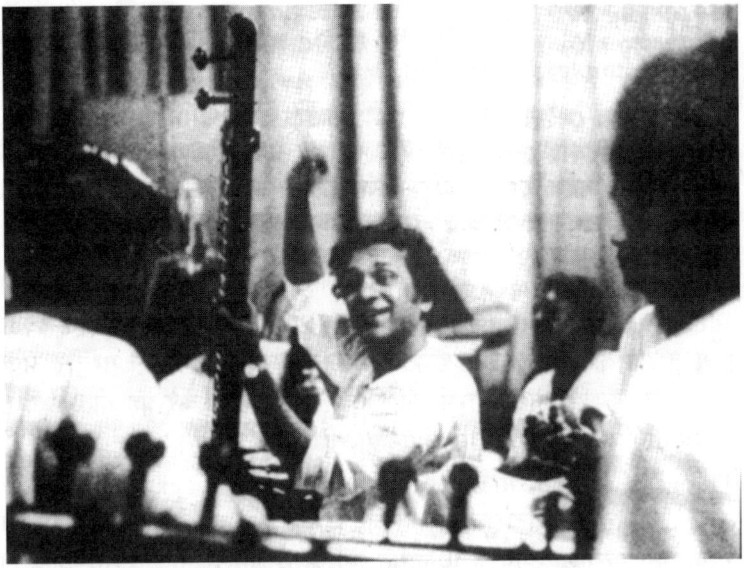

पचासवें दशक में तपन सिन्हा की फ़िल्म में संगीत दे रहा था।

गव मग, गवस—गौड़ सारंग में प व सभी लगा रहे हैं। हम लोग उसे नहीं लगाते हैं, कारण, बीनकारों के घराने में उसका चलन नहीं है। हम लोग इस तरह चलते हैं : न स गव मग, पमग, मग, गम, वग, वमग, पमग, मग-वस। इस मगवस में व ख़ूब क्षीण रूप में लगाया जायेगा। किन्तु कोई क्रिटिक यदि इसी तरह सीखकर यह कह बैठे—दूसरे का प्रयास ग़लत है तो फिर वह मार खायेगा। कारण, इतने लोग प व लगा रहे हैं। इस समय इन राग-रागिनियों के इस वाद-विवाद में कौन पड़ेगा? अर्थात् वह कौन कर पायेगा? मान लीजिये सुरेश चक्रवर्ती महाशय यदि जीवित होते, और अगर वे क्रिटिक होते, वी आर देवधर यदि क्रिटिक होते, ज्ञानप्रकाश घोष यदि क्रिटिक होते, तो फिर उनकी आलोचना का एक मूल्य होता। यहाँ तक कि संगीत शिल्पीजन भी उनके मतामत और समालोचना को मानने को विवश होते। वे लोग ख़ुद भी कुछ गाते और बजाते। इसके अलावा उनका संगीत विषयक ज्ञान इतना विराट था, वे इतने लोगों के साथ घुलते-मिलते थे, अभ्यास करते थे, समझते भी थे और उन्हें सुनते भी थे, उनकी एक भी बात हम लोग हवा में नहीं उड़ा पाते थे। किन्तु, मान लीजिये, जिसने थोड़ा सीखा है, एक-आध बार सुना भी है, और

अधिक पुस्तकें पढ़ी हैं If he too pokes his nose into the serious matters of music, particularly in the controversial and techinical things–than that is unfair—अगर ऐसा व्यक्ति संगीत जैसे गम्भीर विषयों, विशेषकर विवादास्पद और तकनीकी मामलों में अपनी टाँग अड़ाता है तो यह अनुचित है। विशेषकर उन चीज़ों में जिनमें एक शिल्पी व्यक्ति ने अपनी जीवन भर की साधना से नाम कमाया है और सम्मान प्राप्त किया है।

अमीर ख़ाँ का गाना सुनने जाकर अगर जो व्यक्ति उनसे 'नूम्-तूम्' सुनना चाहे, धमार सुनना चाहे, ख़याल में बोलतान सुनना चाहे, तो वह मूर्ख है। और फ़ैयाज़ ख़ाँ के गाने में जो व्यक्ति अमीर ख़ाँ साहब से ध्यान गम्भीर अति विलम्बित लय में राग की गम्भीरता एवं बढ़त की आशा करे वह भी एक गधा है। ये दोनों ही शिल्पी अपने-अपने राज्य में बड़े हैं। इसे जानना ज़रूरी है, Things you admire in my playing you should not expect in vilayat khan, अर्थात् मेरे सितार बजाने में जिन चीज़ों की आप प्रशंसा करते हैं, उन चीज़ों की प्रत्याशा आपको विलायत ख़ाँ के बजाने में नहीं करनी चाहिए। इसका उलटा भी सत्य है। You should not expect me to play like Vilayat Khan—विलायत ख़ाँ जिस तरह बजाते हैं उस तरह की बजाने की आशा आपको मुझसे भी नहीं करनी चाहिये।

तुम फिर से विलायत ख़ाँ के प्रसंग पर जा रहे हो। मुझे पता है, तुम क्या कहना चाहते हो। यही अँग्रेज़ी पत्रिका का लेख ही तो है जिसका प्रसंग तुम उठाना चाहते हो? कितने बड़े झूठ को ये लोग अपने शारीरिक बल पर प्रमाणित कर सकते हैं, उसके बारे में ज़रा विचार करो। बजाना तो मिल-जुल कर होता है, अब वह हो गया है एक प्रतियोगिता। शुरू-शुरू में उस लेख को पढ़कर मुझे क्रोध ज़रूर हुआ था। किन्तु, बाद में सोचा कि जो लेख इतना यथार्थ से परे, जो इतना वाहियात है, उसका कोई प्रतिवाद करना भी तो एक तरह की मूर्खता है। विशेषकर जब यह पता चला कि जिस भद्रपुरुष ने यह लिखा है, वह वहाँ पर उपस्थित ही नहीं था। और इतना एकपक्षीय, एकांगी लिखा है कि उस पर टिप्पणी करने की कोई ज़रूरत ही नहीं है। कारण देखिये। बजाना हुआ था लोगों के अनुरोध पर, और विशेषकर विलायत के आग्रह पर। हम तीन लोग, अर्थात् भाई अली अकबर, मैं और विलायत एक साथ बजाने बैठे। विलायत की पसन्द के अनुसार राग और पद्धति के द्वारा हम लोगों ने बजाना शुरू किया। शुद्ध खम्बाज में ठुमरी अंग को बजाना था। साथ में तबले पर थे

किशन महाराज और करामत ख़ाँ। एक बात ठीक इसी समय की यह है कि जैसे ही बजाना शुरू किया उसके साथ ही टेंशन शुरू हो गया था। श्रोताओं के एक दल ने जैसे ही विलायत ने अपने सितार के तार मिलाये वैसे ही 'आहा, 'ओ हो' करना शुरू कर दिया। और कुछ लोगों ने जैसे ही मैंने बजाना शुरू किया वैसे ही मेरी तारीफ़ करनी शुरू कर दी। किन्तु, विश्वास करो शंकर, उस दिन ऐसा कुछ भी नहीं हुआ जिससे किसी की हार या किसी की जीत का प्रश्न उठ सकता हो। उसने अपनी तेल की डिब्बी में घिसकर जैसे ही तान मारी अथवा वह जहाँ पर अत्यन्त तीव्रता से अपने 'सा' पर पहुँचा, वहाँ पर मैं अति तार के 'रे' पर पहुँच गया और इस तरह की चीज़ करने से किसने कितनी तालियाँ बटोरीं यह क्या कोई ऐसी चीज़ है जिस पर विचार करना चाहिए? फिर भी यह ज़रूर है कि वह जहाँ पर अतिद्रुत तान पर गया वहाँ पर मैंने अधिक न बजाकर उसकी आधी तान बजायी अथवा उसने जब झाला में सितार पर चार आघात किये तब वहाँ पर मैंने इतने आघात न करके तीन से ही काम चला लिया—इस तरह के निरे मिथ्या का मैं क्या प्रतिवाद करूँ, बताओ ज़रा मैं भी तो देखूँ। फिर भी, तुम्हें पता तो है कि इस बजाने के बाद बम्बई में कुछ लोगों ने यह मिथ्या प्रचार करना शुरू कर दिया कि विलायत ने मुझे सितार बजाने में हरा दिया। तब मैं सचमुच में नाराज़ हो गया था। और सीधे-सीधे विलायत को एक प्रतिद्वन्द्विता—एक प्रतियोगिता के लिए आमन्त्रित किया था। शर्त थी—मेरी पसन्द के अनुसार राग और उसकी पसन्द के अनुसार ताल अथवा इसका उलटा—उसकी पसन्द का राग और मेरी पसन्द की ताल रहेगा। और वह शुरू होगा विलम्बित आलाप से द्रुत गत और झाला में अन्तिम अवधि तक। उस समय मैं जहाँ रह रहा था—बॉम्बे के ताड़ देव इलाक़ा में—अपने परम मित्र जोशी पुजारी जी के घर में विलायत अपने छात्र अरविन्द पारीख को लेकर वहाँ आया था। वहाँ और भी लोग उपस्थित थे, भाई अली अकबर, किशन महाराज और स्वर्गीय गायक यशवन्तराव पुरोहित। विलायत ने उस दिन मेरी नाराज़ी देखकर काफ़ी कह-सुनकर उस पूरे मामले को रफ़ा-दफ़ा कर लिया। और उस दिन विलायत ने मुझसे कहा कि कृपा कर लोगों की बातों पर ध्यान मत दीजिये दादा, आप शान्त हो जाइये। हम लोगों की इस तरह की लड़ाई करना ठीक नहीं है। वह जो उसके कहने पर मैं शान्त हो गया, वह आज भी शान्त बना हुआ हूँ। फिर किसी दिन इस तरह के लड़ाई-झगड़े की बातों पर ध्यान नहीं दिया। फिर भी दुःख तब होता है, जब कोई बिना विचारे, कोई विश्लेषण किये बिना अथवा प्रत्यक्ष अनुभव के

बिना, ये सब बातें लिखता है। हाँ, यह ज़रूर है कि बीच-बीच में लोगों के मुँह से सुनता हूँ कि, विलायत आज भी यहाँ-वहाँ क्या कुछ कहते हुए घूमते रहते हैं। पता नहीं यह सब सच है या नहीं। मैं इस बात पर तभी विश्वास करूँगा, जब विलायत स्वयं आकर मुझसे ये सब बातें कहेंगे। तब तक मैं उनकी उसी पूर्व प्रतिश्रुति पर आस्था रखे रहूँगा।

यह बात भी सुनने को मिलती है कि दो-एक जगह उस प्रोग्राम से वह हट गया, जहाँ पर मुझे प्रोग्राम के अन्तिम शिल्पी के रूप में चुना गया हो। उसका कारण, उसका यह दावा है कि एक सर्वश्रेष्ठ सितारिया होने के कारण अन्त में उसी को बजाना चाहिए। देखो, यह कितने बचपने की बात है बताओ तो! काश! यह बात सचमुच में सत्य होती।

मैं अपने बजाने के सम्बन्ध में अपने मुँह से क्या कहूँ, हाँ, यह ज़रूर है कि प्रयास कर रहा हूँ। I am kind of trying to lift myself above myself. मैं वैसा व्यक्ति हूँ जो अपने को अपने से भी ऊपर उठाने का प्रयास कर रहा है। मैं एक अन्तर्मुखी संगीत को पसन्द करता हूँ। संगीत के प्रति मेरी यही एप्रोच है और यह चीज़ मैंने बाबा से पायी है। बाबा की एक चीज़ मैं आपको बताता हूँ, उसे मैं अप्रासंगिक नहीं कहूँगा, यह बात प्रसंग के रूप में ही मेरे दिमाग़ में आयी है। सोचते हुए भी मुझे काफ़ी तकलीफ़ होती है। वे पूर्वी बंगाल के व्यक्ति थे, आजकल जिसे बाङ्‌लादेश कहा जाता है। वे एक देहात के रहने वाले थे, एक ग्रामीण व्यक्ति। वे उसी बाङ्‌लादेश की ही तरह भाषा बोलते थे, उसी में बातें करते थे। शुरुआत में धोती पहनते थे, वह भी घुटने के ऊपर तक नहीं पहुँच पाती थी। उसके बाद सिर पर एक टोपी, थोड़ी छँटी हुई दाढ़ी और मूँछें। इसी रूप में वे रामपुर से अपनी अन्तिम शिक्षा लेकर आये थे। उस समय कितना कष्ट उन्होंने नहीं उठाया था। उस्ताद मण्डली और उनके भक्तजन उनकी कितनी हँसी नहीं उड़ाते थे। किस तरह से लोग उनका उपहास किया करते थे। सरोदिया करामतउल्ला ख़ाँ साहब के भक्तगण, अमीर ख़ाँ सरोदिया के भक्तजन, हाफ़िज़ अली ख़ाँ साहब के भक्तजन—जब ये संगीत-शिल्पी कहीं जाते हैं, तो इनके भक्त भी साथ-साथ चलते हैं। और इधर बाबा को देखिये, समाज में अपनी उपस्थिति कैसे दर्ज करानी चाहिए, कैसे खड़ा होना चाहिए, अपने को ठीक से कैसे खड़ा करना चाहिए, इस ओर कोई चेष्टा ही नहीं करते थे। सदा यही कहते रहते थे कि 'मैं कुछ नहीं जानता हूँ', 'मैं कुछ नहीं कर पाता हूँ'—उनका यही कहना रहता था।

उत्तर पाड़ा की राजबाड़ी में संगीत की एक महफ़िल में उस्ताद अलाउद्दीन ख़ाँ साहब के साथ गोकुल नाग महाशय और मैं। अन्य दो व्यक्ति हैं रामेन्द्रनाथ मुखोपाध्याय एवं सुधा मुखोपाध्याय।

आजकल लोग जिस तरह से 'मैं यह कर सकता हूँ', 'मैं वह कर सकता हूँ', कहते हुए लोगों को कनविंस करते हैं, वे इसका उलटा कह–कह कर लोगों को उलटी दिशा में प्राय: कनविंस कर डालते थे। हालाँकि उन्हें जीवन में ऐसा कभी अवसर ही नहीं मिला जिससे वे यह दिखा पाते कि उनके भीतर क्या–

क्या छिपा हुआ है ? बाद में यह देखा गया है कि उसी कलकत्ते में आने पर उन्हें शायद हीरू बाबू के साथ बैठाया जाता था अथवा कण्ठे महाराज के साथ बैठाया जाता। मैंने तो देखा है, उसी एक लय को बार-बार दुहराना—उसी को पीटना। अलाउद्दीन ख़ाँ का अर्थ था वही पीटापीटी। और वे थे भी बड़ी नर्वस प्रकृति के व्यक्ति। Hyper sensitive and extremely nervous–बहुत अधिक संवेदनशील और जल्दी निराश हो जाने वाले। और अत्यधिक क्रोधी। It all worked, you know, one after another—ये सब मनोभाव एक-के बाद एक उनकी चेतना में काम करते रहते थे। इन सब मामलों में नर्वस होकर और भी नाराज़ होकर तार तोड़ डालते थे, और सब बीभत्स काण्ड होने लगता था। क्रमश: यह सब काण्ड मिल-जुलकर उनके बजाने में यही सब कार्यकलाप बड़े हो जाते थे। किन्तु, यह कितनी बड़ी भूल थी, इसे हमने अपनी आँखों से देखा है। हम लोगों ने तो उनसे सीखा है। देखा है, दो मिनट के भीतर किसी की आँखों में आँसू कैसे ला देते थे। सरोद में हो, बेहाला में हो अथवा सुरशृंगार में हो, यह तो भाई मैंने आज तक किसी के भी बजाने में नहीं पाया। हम लोग जब मैहर में सीखते थे, तब देखा है कि बाजा लिये वे ही रो रहे हैं और हम लोग भी रो रहे होते। इस समय मैं दृढ़-विश्वास के साथ कह सकता हूँ कि उनका बजाना कितना अच्छा था, कितना सुरीला हाथ था उनका, राग में कैसा था उनका ध्यान, इसे शब्दों में कहना कठिन है। लोग उनके इस पक्ष को नहीं देखते हैं। वे उन्हें अन्य भाव से चाहते थे, वे भी उत्तेजित होकर उनके इसी व्यापार में लग जाते थे। ऐसा करते हुए उन्होंने चेहरा ही बदल डाला था लगभग।

बाबा की यही सब बातें सोच रहा था। उनके बजाने में, उनकी मेधा में जो एक अपूर्व तपस्या की छाप थी, उसी ने मुझे मुग्ध कर रखा था। सदा की तरह मेरे अपने बजाने में भी मेरा ध्यान अधिक होने लगा। 'इस संगीत में ही ईश्वर को पाया जा सकता है', 'नादब्रह्म'—सिर्फ़ मुँह से कहने भर को नहीं है। उनसे शिक्षा पाने के बाद ही मैं इसका अनुभव कर सका हूँ कि संगीत में जो गम्भीर आनन्द पाया जा सकता है अथवा बहुतों को दिया जा सकता है, वही है संगीत की उच्च स्तर की एप्रोच। अपने स्वयं के बजाने में मैंने चूँकि सुरबहार कुछ दिन बजायी थी और उसे सीखा भी था, इसलिए आलाप के प्रति चिरकाल से मेरी थोड़ी अधिक झोंक बनी रही थी। लय के ऊपर, ताल के ऊपर—जो तालाध्याय है, उसे भी मैं बहुत चाहता हूँ। वह शायद बचपन में मैं दादा के साथ था, उनके साथ नाचता था—इन सब कारणों से हो, अथवा जिस किसी

रबाब हाथ में लिये अलाउद्दीन ख़ाँ साहब। उन्हें जीवन में इसका मौक़ा ही कम मिला कि वे यह दिखा पाते कि उनके भीतर क्या है।

कारण से हो, मुझमें ये सब चीज़ें आ गयी थीं। विशेष रूप से इन सबमें जो एक अनुपात का, हिसाब–किताब का मामला रहता है, उसका जो एक अलग से सौन्दर्य होता है, वह सब मुझे बहुत अच्छा लगता था। इसीलिए, एक ओर

मुझे याद है मेरी एक प्रिय बान्धवी ने कहा था, मैं तुम्हारे पंचम=से=गारा होना चाहती हूँ। वह जो तुम गारा का मुखड़ा बजाते हो, उसके बाद कहाँ-कहाँ चले जाते हो, कितने अन्य रागों, अन्य धुनों, तानों में जाकर घुल-मिल जाते हो, उसके बाद किस तरह से बीच-बीच में लौट आते हो उसी पंचम=से=गारा के मुखड़े पर।

आलाप, और एक ओर जोड़ का अंग। मुझे लगता है इस जोड़ के मामले में मैंने विशेषत्व प्राप्त किया है। ऐसा दूसरों का भी कहना है यह मैंने सुना है। काफ़ी देर तक आलाप बजाने के बाद जोड़ बजाना पड़ता है। जोड़ माने क्या है ? जोड़ देना। एक-एक फेज़ बजाया जा रहा है। धीरे-धीरे उस 'विलम्बित जोड़' से 'मध्य जोड़', उसके बाद 'मध्य द्रुत जोड़', फिर 'द्रुत जोड़'। उसके बाद भी अनेक अंग आ जाते हैं—जैसे 'लड़ी', 'लड़लपेट', 'लड़गुथाव', 'झाला', 'ठोक झाला' उसकी 'परन' आदि आते हैं। बीन के जो विभिन्न अंग हैं, सब मुझे बहुत प्रिय लगते हैं। ये मेरे प्रिय अंग हैं। मुझे तो लगता है, ये सब चीज़ें बजाने के बाद गत बजाने की कोई आवश्यकता ही नहीं रहती है। शुरू में आलाप, उसके बाद सारी लयों का आनन्द और उसके जितने विचलन हो सकते हैं, उन्हें जोड़ों के माध्यम से दिखाया जा सकता है। और इससे आपका बजाना भी ख़ूब जम जाता है। मेरा सबसे प्रिय अंग यही आलाप और जोड़ है, ऐसा आप कह सकते हैं। उसके बाद मेरा बहुत प्रिय अंग है, विलम्बित गत। इसलिए अच्छी लगती है कि आलाप और जोड़ में विशुद्धता है, एक स्प्रिचुअलिटी अथवा एक आध्यात्मिकता का भाव है, एक भक्ति भाव है। देखिये, इसका अर्थ यह है कि एक बात के बाद दूसरी बात आ जाती है, इसलिए यह कह रहा हूँ। मुझे ख़ूब विश्वास है कि यह बात हम हिन्दू लोगों की है। अर्थात्, आजकल के कुछ छद्म हिन्दुओं की बात मैं नहीं कर रहा हूँ, जो हमें शिक्षा देते हैं कि मद्य मत पियो, जुआ मत खेलो, रेस में पैसा मत लगाओ, इधर मत देखो, उधर मत देखो, मैं बात कर रहा हूँ उस युग की जो मुसलमानों के राज्य के पूर्व तक था। उस समय के हिन्दुओं की जीवनधारा कहो अथवा फिलासफ़ी कहो, देखो कितनी अद्‌भुत थी उनकी जीवनधारा, मैं देख रहा हूँ। जीवन को वे कितनी सुन्दरता से सजाना जानते थे। एक ओर गीता, वेद, उपनिषद्, पूजा-अर्चा, होम-यज्ञ, और दूसरी तरफ़ खजुराहो, कोणार्क गढ़ा जा रहा है—कामसूत्र, कुमारसम्भव, गीतगोविन्द भी लिखा जा रहा है। भोग, सम्भोग और त्याग के माध्यम से कितना कुछ बनाया है उस युग के ऋषि, मुनि, शिल्पियों, मूर्तिकारों, संगीतज्ञों, नर्तकों और अभिनेताओं ने। वे मानते थे और जानते भी थे कि अति उच्च स्तर पर आध्यात्मिकता और ऐन्द्रियता दोनों परस्पर सम्बद्ध हैं, उनका एक मिलन बिन्दु है। एक सीमा रेखा है। मुस्लिम युग की धारा और बाद में अँग्रेज़ों के शासन काल में यह मामला मानो किस तरह से बदल गया उसका रूप कैसा हो गया। धीरे-धीरे हमारी दृष्टि-भंगी ही बदल गयी। उनके प्रभाव और उनके भय से कहा जा सकता है, हम लोग भूलने लगे उस खुले

हृदय के उसी भावोच्छ्वास, वसन्तोत्सव, जीवन को सहज और सरल भाव से उपभोग कर पाने की वह कला। हमारे मन में भय भर गया, ढोंग, आडम्बर और विवेक की ताड़ना भर गयी। फिर भी यह याद रखना होगा कि हम लोग ही वह जाति हैं, जिसने वेद, उपनिषद्, भगवान में अटल विश्वास लेकर गढ़ डाले थे खजुराहो और कोणार्क, लिख डाला था कामसूत्र। इससे यह समझ में आ जाता है कि हमारे विचारों में कोई कमी नहीं थी। सारी चीज़ों का हमारे यहाँ पूर्ण रूप था। जीवित रहते हुए भी वह सब कुछ मैं पूर्ण रूप से जीवित रह सकता था, यद्यपि भोग में त्याग भी करता था—भोग है इसलिए वह उसी में बँधा नहीं रहता था। अर्थात् सब कुछ में उसने एक मध्य-बिन्दु, एक मध्यम पथ खोज लिया है। यह समन्वय अद्‌भुत है। चिरदिन इस पर हमारा विश्वास बना रहा था। और वही हम पाते हैं अपने संगीत में। और उसी को हम अपने बजाने के माध्यम से प्रकाशित करने की चेष्टा करते हैं। ना, ना, ठीक चेष्टा भी नहीं करते हैं। वह मानो अपने आप ही व्यक्त होता है। अब आप उस आलाप को ही लीजिये, पूरे जोड़ों के साथ,—इन सबमें तो है ही, इसके अलावा यह विलम्बित गत में—तुरन्त ही आप एक चौंकाने वाले क्षण में इसे देख लेंगे। उसी सीमा रेखा—बॉर्डर लाइन पर आ रहा हूँ—थोड़ा इधर न थोड़ा उधर। एक ओर एक आध्यात्मिक संयम, एक गाम्भीर्य, फिर दूसरी तरफ़ आती जा रही है एक रोमाण्टिक एप्रोच। जैसे ही तबले के साथ विलम्बित में ताल शुरू हुआ, उसी के साथ वह लपेट और मिलाप का भाव। विलम्बित गत की वही बढ़त हो रही है, और उसी के बीच लय की एक ठोकर, लय का एक आघात, एक धक्का। वह एक अद्‌भुत दीप्ति है, अद्‌भुत छाया, वहीं पर एक ऐन्द्रिकता की अभिव्यक्ति हो रही है, वही रोमाण्टिक भाव एवं उससे विलम्बित गत के अन्त तक, मेरे अत्यन्त प्रिय सब अंग—जहाँ पर तबला उपस्थित है। और यह निरी वादन-पद्धति भर नहीं है—यह पूर्ण सांगीतिक प्रभाव की निष्पन्नता है। यह इस विलम्बित गत का फेज़ है, यह मेरा प्रिय अंग सिर्फ़ यह कहकर इसे समझाया नहीं जा सकता है। यह असल में मेरे बजाने का एक विशेष प्रिय क्षण है, एक विशेष काल। हाँ, यह ज़रूर है कि लोग अत्यन्त द्रुत लय सुनना चाहते हैं, मुझे बजानी पड़ती है, बजाता भी हूँ वह फिर चाहे तीन ताल की हो या एक ताल की हो। गत तोड़ा, तोड़ा के द्वारा, फिर झाला के द्वारा, उसका अन्त किया जाता है। यह सब मैं करता हूँ। तब वह सब जाकर हो जाती है आपकी चटनी, अथवा पायस की तरह। फिर भी मैं व्यक्तिगत रूप से इन सब चीज़ों को बजाने को मुख्य चीज़ नहीं मानता

हूँ। लोगों को ज़रूर उन सब चीज़ों से अधिक मज़ा मिलता है। जनता की बात कह रहा हूँ। द्रुत चीज़ ऐसी है जो सभी को आन्दोलित कर देती है। ज़ोरदार तान, उसके साथ ख़ूब तैयारी, साफ़-साफ़ झाला, लोग उससे उत्तेजित हो जाते हैं। इन सब चीज़ों का रेस्पान्स तुरन्त मिलता है। मैं भी इन्हें नहीं बजाता हूँ, ऐसा नहीं है, निश्चय ही बजाता हूँ। फिर भी वह मेरे संगीत का प्रिय अंश नहीं है। फिर भी संगीत का एक और फेज़ मुझे बहुत प्रिय है। वह है ठुमरी अंग में राग मालिका अथवा कोई धुन बजाना। कोई चीज़ जब पूरी तरह बजा लेता हूँ उसके अन्त में जिसे सुना जा सकता है। ठुमरी बजाते समय मन पर ट्रेडीशन का कुछ दबाव अथवा अतीत की ओर कुछ खिंचाव रहता ही है। वह पीलू, काफ़ी खम्बाज, माँज खम्बाज अथवा सिन्धु भैरवी—चाहे जो राग क्यों न हो। वही बँधे-बँधाये कुछ पैटर्न, मरोड़, जिनको सुनने के लिए रसिक श्रोता उत्सुक रहते हैं। जैसे ही शुरू होता है, वैसे ही आहा, ओहो करते हुए लोट-पोट हो जाते हैं। किन्तु, पता है धुन बजाना क्या है ? जेट प्लेन पर चढ़कर ख़ूब ऊँचाई पर जाकर नीचे कभी देखा है ? घनी रूई की तरह सफ़ेद मेघ, सिर्फ़ असंख्य मेघ। ऐसा लगता है उनके ऊपर दौड़ते हुए चला जा सकता है। उसका कोई अन्त नहीं, जैसे कोई स्वप्न राज्य हो। कोई एक बाङ्ला गीत का मीठा सुर अथवा उत्तर प्रदेशी कोई गीत, पंजाबी, राजस्थानी, काठियावाड़ी, किसी भी प्रान्त के ग्राम गीत की पहली लाइन से शुरू किया। साथ में अल्लारखा के जादू भरे हाथ का कहरवा, दादरा अथवा चाँचर का ठेका चल रहा है—ठीक जैसे कोई निपुण प्रेमी सुन्दरी नारी की देह पर हाथ फेर रहा हो। उसी पहली एक लाइन को सामने रखकर अर्थात् पूरा जगत् घूमकर, उसी पहली लाइन को बजाने की जो सिहरन है। मुझे याद है, मेरी एक प्रिय बान्धवी ने मुझसे कहा था, मैं तुम्हारे 'से गारा' होना चाहती हूँ। उसका आशय मेरी समझ में नहीं आया। तब उसने कहा था—"वह तुम जो पंचम 'से' गारा का मुखड़ा बजाते हो, उसके बाद कहाँ-कहाँ चले जाते हो, कितनी अन्य धुनों, तानों और रागों में जाकर मिल जाते हो, फिर किस तरह से बीच-बीच में लौट आते हो उसी पंचम 'से' गारा के मुखड़ा पर।" सिर्फ़ मैं ही नहीं, बड़े ग़ुलाम अली को देखा है, अली अकबर भाई, विलायत भाई को देखा है कि इसी धुन अथवा ठुमरी से मिली हुई धुन के राज्य में मानो हम कल्पना के पंख खोलकर बीच-बीच में त्रिलोक दर्शन करने और कराने में सक्षम हैं प्रेमी श्रोताओं को। बस! यही है अपने बजाने के सम्बन्ध में अपना निजी कुछ मत। अब आइये, मेरी तकनीकी दिशा की ओर, अर्थात् अपने बजाने में मैं क्या करता हूँ।

पहले वाद्य-यन्त्र की ही बात लेता हूँ। पहले भी मैं कह चुका हूँ कि किस तरह से मैंने पहले की अपेक्षा सितार को छोटा कर—हालाँकि एकदम छोटा नहीं—न तो एकदम ढीले सुर, ना एकदम चढ़े सुर—इस तरह का एक कम्बीनेशन कर अपने सितार की आवाज़—एकदम दूसरे तरह की आवाज़ को प्रतिष्ठित कर लिया। यह आवाज़ सिर्फ़ मेरे सितार में ही थी। साउण्ड की यह क्वालिटी पहले किसी भी सितार में नहीं थी। आज भी आप उसे देख सकते हैं। फिर भी जो मेरा अनुसरण करते हैं उनकी बात अलग है। हाँ, खरज के तार का पहले भी कोई-कोई प्रयोग करता था। यह जो मैंने रामेश्वर पाठक की चर्चा की, उनका तो वही बड़ा सितार था। यूसुफ अली ख़ाँ भी बड़े सितार का प्रयोग करते थे। फिर भी वे सब सुरबहार जैसे ही थे। शायद और लोग भी बड़े सितार का प्रयोग करते रहे हों। मैं शायद के साथ कह रहा हूँ। फिर भी वे आलाप के ऊपर ही अधिक ज़ोर दिया करते थे। अथवा हो सकता है थोड़ा विलम्बित गत बजाया करते थे। वे द्रुत गत अथवा तान झाला भी नहीं बजाते थे ऐसा भी नहीं है। विशेष रूप से रामेश्वर पाठक और यूसुफ अली ख़ाँ। मैंने सितार को छोटा कर, थोड़ा चढ़ाकर, सितार और सुरबहार में थोड़ा कम्प्रोमाइज करके, जिससे गत तोड़ा भी बजाया जा सके और आलाप का पूरा रूप भी खुलकर प्रस्तुत किया जा सके। इन्हीं सब नाना दिशाओं में मैंने अपने सितार को खड़ा किया। जिससे इसी तरह मैं सब कुछ पा सकूँ। मैंने विचार किया कि सिर्फ़ आलाप बजाकर अन्त कर दूँ, यह ठीक नहीं है, कारण, मैं गत का भी आनन्द लेना चाहता हूँ। साथ ही विलम्बित बजाने के साथ-साथ तैयारी भी बजायी जा सके। इसी वजह से मैंने कनाई लाल एण्ड सन्स के द्वारा ऐसा सितार तैयार कराया। तब कनाई बाबू, बलाई बाबू और निताई बाबू वस्तुतः उन तीनों भाइयों ने ख़ूब आदर-जतन से मेरे सितार को बनाकर खड़ा कर दिया। इसके पहले मैं दूसरे के सितार का प्रयोग किया करता था, विशेषकर बाबा अलाउद्दीन ख़ाँ साहब के भाई आयत अली ख़ाँ साहब द्वारा तैयार किये गये सितार का। साइज़ में थोड़ा वह बड़ा था। उसके बाद मैंने इन्ट्रोड्यूज़ किया हुक् हुक् सिस्टम। क्योंकि, ख़ूब तैयारी के साथ बजाते समय खरज का यह तार और इसी खरज का पंचम तार काफ़ी परेशान करता है। और अगर थोड़ा ज़ोर का आघात पड़े तो वह बेसुरा सुनायी देने लगता है। इसलिए मैंने अपना सितार ऐसा कर लिया जिससे उसे गेग कर सकूँ, उसे रोक सकूँ। हालाँकि जिससे उसका प्रयोग भी किया जा सके और उससे सुर भी निकाला जा सके। इसीलिए ऐसा किया कि जब विलम्बित बजाना-टजाना हो गया हो,

तो उसे अटकाकर ऐसा किया जा सके जिससे उससे राग के हिसाब से पंचम गांधार, मध्यम धैवत आदि जिस किसी भी सुर को पाया जा सके। जिन लोगों ने मेरी नक़ल की वे उसी तरह से बजाते हैं, वे इसी सितार का प्रयोग करते हैं।

उसके बाद आप बजाने की पद्धति पर आइये। मैं पहले ही आपसे कह चुका हूँ कि जयपुरी बजाने की शैली में वे लोग तिहाई-टिहाई कम बजाया करते थे। फिर वे क्या करते थे, तान-टान न बजाकर गत की बारह मात्राओं से जो उठान होती है वहाँ से गत का मुखड़ा डेरे डा डेरे डा रा डा डा रा बजाते हुए उठान लेते थे। मैंने उसी को और भी परिष्कृत रूप में गढ़ डाला है। अनेक तरह की तिहाई की अनेक क़िस्मों को लेकर। यह अत्यन्त जटिल प्रक्रिया है, किन्तु बौद्धिक दृष्टि से अत्यन्त तृप्तिदायक है। उन्हीं अनेक तरह की चीज़ों को लेकर मैं बजाता रहता हूँ। इसे तुम मेरी एक निजी शैली कह सकते हो।

दक्षिण भारत जैसी हमारे हिन्दुस्तानी संगीत में भी एक म्यूज़िक अकादमी जैसी किसी संस्था की ज़रूरत है। संगीतज्ञ लोग जहाँ मिल-जुलकर संगीत पर चर्चा कर सकेंगे, पुराने सिद्धान्तों और तथ्यों को सुरक्षित रखने का प्रयास करेंगे। यदि एक तटस्थ और रचनात्मक दृष्टिकोण लेकर काम किया जाये तो आज भी बहुत-सी चीज़ों को बचाना सम्भव है। एक जलसे में संगीत के बारे में मैंने दो-चार बातें कही थीं। वहाँ पर उपस्थित थे तबलावादक अल्लारक्खा, पत्रकार मनुजेन्द्र भंज एवं संवाददाता निर्मलकान्ति घोष।

आजकल तो उसे सभी बजा रहे हैं। उन्होंने यह ढंग किससे लिया है या नहीं लिया है इसे वे स्वीकार करें या न करें। सभी बजा रहे हैं। मैं बचपन से ही अनेक चीज़ों से प्रेरित होता रहा हूँ, दक्षिणी अर्थात् कर्नाटकी संगीत सुन-सुन कर। मुझे इस कर्नाटकी संगीत ने काफ़ी उद्‌बुद्ध किया है। पता है, इसमें मुख्य चीज़ क्या है? वह है लय की सच्चाई। लय की प्रक्रिया वे बहुत सुन्दर प्रदर्शित करते हैं। उन लोगों में एक कहावत प्रचलित है—'कलाप्रमाणम्'। इसका अर्थ होता है लय की एक सत्यता अथवा उसका पक्का वज़न। मान लीजिये, जिस लय में बजाना अथवा गाना शुरू हुआ—ताल नहीं, लय, उसी लय को वे शुरू से आखीर तक बरकरार रखेंगे। उसी लय में वे दुगुन से शुरू कर अठगुन, सोलह गुन जहाँ तक सम्भव हो बँटवारा करते रहेंगे, किन्तु उनकी जो आधार भूमि, भित्ति है, उससे इधर-उधर नहीं होंगे। हमारे यहाँ इस समय लय का काम थोड़ा अच्छा हो गया है, किन्तु कुछ दिन पहले भी जब बड़े तबलिया बजाया करते थे, तब यह देखने को मिलता था कि ये थोड़ा बढ़ गये हैं, ये थोड़ा कम गये हैं—इस जगह थोड़ा बढ़ गये हैं, उस जगह थोड़ा कम गये हैं। हमारे संगीत में भी इस तरह की कुछ लोच थी। हाँ, यह ज़रूर है कि वह ख़याल के ज़माने से शुरू हुई है। फिर भी हमारे ध्रुपद धमार के युग में ख़ूब सूक्ष्मता और शुद्धता थी। ध्रुपद, धमार, पखावज कथक के गुणीजनों में आज भी तुम देखोगे कि अत्यधिक शुद्धता है। फिर भी ख़याल के उदय के साथ-साथ लय के ऊपर 'होल एप्रोच'—पूर्ण दृष्टि एकदम कम गयी। और सिर्फ़ वही नहीं, तबला को ख़याल के इस युग में कहा जाता था दो आने, चार आने का व्यापार। तबला बजाने वाला पीछे बैठेगा, उससे कहा जायेगा, तुम ठेका लगाओ—ना धिन धिन ना और क्या, बस इतनी ही! पुराने दिनों की बात छोड़ ही दी है। आज भी ऐसे बहुत से लोग हैं जो तबला को पसन्द ही नहीं करते हैं, तबला वादकों से सिर्फ़ ठेका ही चाहते हैं। अगर ज़्यादा बजायें तो यह एक तरह का अन्याय होगा। तथाकथित ऐसे अनेक संगीत रसिक हैं जो तबला को सहन ही नहीं कर पाते हैं। वे सिर्फ़ आलाप ही सुनना चाहते हैं। किसी तरह तबला ज़रा भी बजा कि अथवा लय की ज़रा भी जटिलता हुई, उन्हें लगेगा कि यह सब जैसे संगीत ही नहीं। वह तो मानो कठोर है, काठ जैसा कुछ हो गया। हाँ, यह ज़रूर है कि मैं यह बात अवश्य मान रहा हूँ कि कई बार लय की यह सब जटिलता और ताल की लड़ाई ऐसे धूम-धड़क्के में पहुँच जाती है कि वह एक विभीषिका-सी लगने लगती है! एवं इसी तरह से ध्रुपद धमार का मार-खेल शुरू हो जाता है। ध्रुपद गायक 'हा-हू' करते हुए

जो मार-पीट गाने में छेड़ देते हैं, उसी से उनका सर्वनाश हो गया है। एवं धरो-मारो पद्धति के धमार अथवा धुर-धुर क़ायदे के ध्रुपद ने ही ख़याल के युग को और पास ला दिया है।

किन्तु, इसके होते हुए भी यह कहना पड़ेगा कि ताल-लय गायन-वादन का एक-एक अंगांगि व्यापार है। सिर्फ़ एक को सुनूँगा, दूसरे को नहीं, यह एक तरह का छुआछूत जैसा कारोबार है, एक तरह के दम्भ का लक्षण है यह, जिसे पूरी तरह अ-सांगीतिक कहा जा सकता है। हालाँकि इन सब छोटी-मोटी त्रुटियों को देखते हुए हम एक और क्षेत्र में जो हम एक बड़े सर्वनाश को ले आ रहे हैं बुलाकर, इसकी ख़बर कितने लोगों के पास है? गाने का सारतत्त्व और तथ्य तो नीचे चला जा रहा है, और हम लड़ते जा रहे हैं मामूली विषयों को लेकर। हम लोग विचार कर भी नहीं देख रहे हैं कि किसी दिन यह घरानादारी, मारपीट, श्रोताओं में लड़ाई, और समझदारों में वाग्-वितण्डा, गाने-बजाने में सबसे बड़ा हो जायेगा। हमारे संगीत की जो प्राचीन धारा है, वह कितने दंगलबाज़ लोगों के हाथों में पड़कर रह जायेगी। इसलिए आजकल जिसकी आवश्यकता है, वह यह है : जो संगीतज्ञ हैं, वे मिलजुल कर यह विचार करें कि झगड़े की बजाय हम ऐसा करें जिससे संगीत को संरक्षण मिले। कई पुराने लोगों की मृत्यु हो गयी है। जिनके पास अद्भुत ख़ज़ाना था, आज वे नहीं हैं। किन्तु, आज भी कुछ लोग हैं, सुअवसर भी है, इतना ही पर्याप्त है। यदि तटस्थ और रचनात्मक दृष्टिकोण लेकर आज भी काम किया जाये, तो मेरा विश्वास है, बहुत-कुछ बचाया जा सकता है। दक्षिण में कर्नाटकी संगीत को लेकर बहुत कुछ किया गया है, म्यूज़िक एकेडेमी, हर वर्ष उनके यहाँ संगीत-संगोष्ठियाँ होती हैं, सवेरे-सवेरे बैठकर लोग चर्चा करते हैं, और वे तमाम समस्याओं को हल करते हैं, वाद-विवादों को सुलझाते हैं, इस तरह का यदि हिन्दुस्तानी संगीत को लेकर भी हो सकता तो मैं समझूँगा कि सचमुच में कुछ काम किया गया। और जब तक ऐसा नहीं होता है तब तक 'नाना मुनियों के नाना मत' जैसा चलता रहेगा। बीच से एक बार ही कोई धरती फोड़ संगीतज्ञ कह उठेगा, यह ठीक नहीं है, वह ठीक नहीं है। यहाँ तक कि श्रुति को लेकर भी यही सब चलता रहेगा। श्रुति का विचार! मुझे याद है एक बार मैं 'श्री' राग बजा रहा था। यहाँ पर हजरत मैं एक बात कह दूँ मैं अच्छा या बुरा जो भी क्यों न बजाऊँ, एक बात गर्व के साथ कह सकता हूँ कि, संगीत की शिक्षा के प्रारम्भ से बाबा के निर्देश के अनुसार और ख़ुद भी

काफ़ी सोच-विचार के बाद, अन्यों को सुनकर राग की शुद्धता बनाये रखने के सम्बन्ध में, किस राग में किस श्रुति का कौन-सा अनुपात होगा, इस विषय में मैं बहुत सचेत हूँ। इस चीज़ को मैं अपने बजाने में चिरकाल से ही बरकरार रखे हुए हूँ। इस मामले में मेरा पूरा आत्मविश्वास निहित है। जो कुछ भी हो, जो कहना था, वह कह डाला। मेरा 'श्री' राग सुनकर (जिसमें मैं अत्यन्त कोमल 'रे' स्वर का प्रयोग करता आ रहा था) समालोचक महोदय ने सीधे-सीधे लिख डाला था, मेरा 'रे' ठीक जगह नहीं लगता है। पता नहीं किस मापदण्ड पर नाप कर उन्होंने समझ लिया था कि मेरा 'रे' ठीक जगह पर नहीं लगता है। हर व्यक्ति अलग तरीक़े से गाता-बजाता है। दरबारी का गांधार, तोड़ी का गांधार, श्रीराग का रेखाव, मियाँ की तोड़ी का गांधार धैवत, मारवा का रेखाव, कितने लोग ठीक-ठीक लगा रहे हैं या नहीं। किन्तु, वे लोग (आलोचकगण) शायद दुर्भाग्य से अँग्रेज़ी नहीं जानते हैं अथवा बाङ्ला भी अच्छी नहीं लिख पाते हैं—क्रिटिक की पोस्ट तो वे ले नहीं सकते हैं। आजकल हुआ क्या है, संगीत समालोचना का जो मापदण्ड है, उसके अनुसार They have to Know Language. उन्हें भाषा तो जाननी ही चाहिए। कुछ दिन पहले भी एक भद्र पुरुष थे, सक्सेना, किसी यूनिवर्सिटी में पढ़ाया करते थे, ख़ाँ साहब का संग-वंग किया करते थे। फिर भी, संगीत कितना समझते थे, मैं नहीं जानता। किन्तु, उनके लेखों में एक अद्‌भुत व्यापार यह था कि वे जब-तब किसी-न-किसी प्रकार हो, त्रुटि ज़रूर ढूँढ़ लेते थे। मान लीजिये, जैसे ही उन्होंने किसी गवैये या बजैये को सुना, वे लिखा करते थे—Exactly at nine-forty five and thirty five seconds he used a wrong ganhar—one 'shrutiless' अथवा कुछ इस तरह से कुछ—'wrong note' अथवा 'mistake in the raga', अथवा उसका हाथ इसी समय फिसल गया था। अब एकाध बार तो किसी भी आर्टिस्ट का हाथ फिसल सकता है। वह मेरा भी फिसल सकता है और सभी का फिसल सकता है। जलसे में बैठने का अर्थ तो और मेहनत करते हुए एक बँधे-बँधाये फॉरमेट प्रदर्शित करना नहीं है, वह तो केवल एक शिक्षार्थी का काम है। जैसे मैं अपने शब्दों में कहता हूँ कि बँधी चीज़ अथवा बन्दिश मैं बहुत कम बजाता हूँ, एक नया कुछ प्रयास किया, एक शायद 'मिस' (फिसल) हो गया, फिर से प्रयास करने पर वह आ गया। भारतीय संगीत का तो यही सौन्दर्य है। यद्यपि इन्हीं सक्सेना महोदय ने मेरे और अली भाई के एक वादन अनुष्ठान पर लिखा था—त्रिवेणी कला संगम की ओर से आयोजित दो दिन का एक अनुष्ठान था। उसी पर उन्होंने

लिखा था। उन दिनों जिन्होंने हमारी जुगलबन्दी सुनी है, उन्हें निश्चय ही याद होगा कि हम लोग अपने बजाने के माध्यम से कितना आनन्द नहीं लेते थे। मान लीजिये, अली अकबर भाई एक पैटर्न को लेकर उपज (Improvise) करने लगे, मैंने उसी से प्रेरित होकर एक उत्तेजक टिप्पणी कर दी, जैसे उनके कविता पाठ या संगीत प्रदर्शन में बघार लगा दिया हो। उससे उत्तेजित होकर वे और भी जटिल और कठिन-कठिन कम्बीनेशन करने लगे—कितने असम्भव रूप से सुरों का जाल बुनना उन्होंने शुरू कर दिया। मेरे सितार की 'पर्दानशीन' अथवा पर्दे के अधीन तो सरोद नहीं है—वहाँ पर पर्दे की कोई बाधा ही नहीं है—निर्लज्ज की तरह कहीं भी, जहाँ ख़ुशी हो हाथ से पर्दा दबाकर मनचाहा स्वर निकाला जा सकता है। पहले दिन के बजाने में तो वही हुआ। उसके कई अमानवीय पैटर्न की नक़ल करते समय शुरू में दो-एक बार मेरा हाथ अटक गया, किन्तु बाद में किसी तरह मैं अपना हाथ चलाता रहा। ख़ैर जो भी हो, दूसरे दिन सक्सेना साहब ने लिखा—At 10-45 P.M. Ravishanker's fingers slipped twice अर्थात् रात में १० बजकर पैंतालीस मिनट पर रविशंकर की उँगलियाँ तार पर से दो बार फिसल गयीं। दूसरे दिन फिर हम लोगों को बजाना था। पूरा मामला ही उलटा हुआ। मज़ेदार घटना। मैं एक चीज़ बजा रहा था, अली भाई उसका जवाब दे रहे थे।—बजाते-बजाते अली भाई ने तब ऐसे एक दुर्धर्ष पैटर्न पर हाथ लगाया, कि मैं क्या कहूँ, उफ़! किन्तु यह बजाते हुए उनका तीन बार हाथ फिसल गया। मैंने तुरन्त अपना सितार नीचे रख दिया और माइक्रोफ़ोन से कहा—The time is exactly 11-20 P.M. and 35 seconds. Ali Akbar Bhai has made three slips just now. Mr. Saxena, Please take note, if you are sitting there ! अर्थात् इस समय ठीक रात के ग्यारह बजकर बीस मिनट और पैंतीस सेकेण्ड हुए हैं। इसी बीच अली अकबर भाई का हाथ तीन बार फिसला है। अगर श्रोताओं के बीच सक्सेना साहब बैठे हों तो इसे नोट कर लें। अब बेचारे जाते कहाँ! यह सुनकर उपस्थित श्रोताओं ने हो-होकर हँसना शुरू कर दिया। उसका कारण है सक्सेना जी के इस पाण्डित्य की बात दिल्ली के सभी लोग जानते थे।

उसके बाद एक दिन 'हिन्दुस्तान टाइम्स' के कार्याध्यक्ष देवदास गाँधी से भेंट हुई, मैंने उनसे कहा—देखिये—I am not at all complaining about myself, but please believe me your music critie— उसके बारे में क्या कहूँ उसका रुख़ ज़रा भी ठीक नहीं है। Why don't you keep some one who knows and understands more, instead of one who just tries to show off, criticism is not merely an exercise in language. एक taxture, एक filigree, और इसी तरह की शब्दों की जितनी खिलवाड़ हो सकती है वह—jugglery of words—gossamer, nuances—और सब bombastic words शब्दाडम्बर पूर्ण शैली ! इन सब चीज़ों को लिखने से ही तो आलोचना नहीं हो जाती है। इस पर देवदास गाँधी ने कहा—Give me a man who knows English well, where his language need not be corrected. उन्होंने कहा—मुझे एक ऐसा व्यक्ति दीजिये जो अच्छी अँग्रेज़ी जानता हो, जिसकी अँग्रेज़ी में सुधार न करना पड़े। इस पर मैंने कहा कि—Is that your critarian for a music critic ? अर्थात् एक संगीत समीक्षक के लिए आपका यही मानदण्ड है कि वह अच्छी अँग्रेज़ी जानता हो, संगीत का उसे ज्ञान हो या न हो, इस पर वे बोले—What can I do—मैं क्या कर सकता हूँ ? I am willing to accept a better person, just suggest someone to me मैं एक अच्छा व्यक्ति चाहता हूँ, कृपया किसी अच्छे व्यक्ति का सुझाव दें। समझ गया कि जो सच है, वे ठीक ही कह रहे हैं। क्योंकि, ढूँढ़ने पर बहुत कम लोग ऐसे मिलेंगे, जिनके भीतर संगीत समालोचक होने के सारे गुण मौजूद हों, यद्यपि उसके साथ भाषा पर उनका अधिकार भी हो। एक संगीत समारोह सम्भवतः रात दस-ग्यारह बजे तक समाप्त हुआ—इसके बाद ही एक संगीत समालोचक को अपनी टिप्पणी सहायक सम्पादक को देनी थी, जिसे उसकी भाषा सही है या नहीं इसकी बिलकुल चिन्ता नहीं थी, उसने उसे तुरन्त छपने को भी दे दिया। ऐसा कितने लोग कर सकेंगे ? इसीलिए समझिये, यह एक दुःखद प्रसंग है। यद्यपि मैं मानता हूँ, कई वर्ष पहले की तुलना में अब चीज़ें ठीक-ठाक हो रही हैं। I see many of the younger music critics having a more knowledgeable approach. Only they have to study more, have a more respectful attitudes towards a senior artist and his music some love and encouragement for younger artists without any prejudice or bias towards any gharana or individual. अर्थात् मुझे ऐसे अनेक युवा संगीत-समीक्षक दिखायी दे रहे हैं, जिनके पास संगीत की अच्छी जानकारी से सम्पन्न दृष्टि है, हाँ, उन्हें अभी संगीत का और अध्ययन करना पड़ेगा और वरिष्ठ संगीतज्ञों के प्रति उनमें अधिक सम्मान का भाव होना चाहिए साथ ही उनके संगीत के प्रति भी, और जो युवा कलाकार अच्छे संगीत शिल्पी बनने की कोशिश कर रहे हैं

उनके प्रति उनमें थोड़ा अधिक प्रेम और पूर्वग्रह से रहित भाव होना चाहिए। उन्हें किसी घराने अथवा व्यक्ति के प्रति कोई दुराग्रह भी नहीं होना चाहिए। मुझे लगता है ऐसा यदि हो तो यह अधिक रचनात्मक होगा और इससे संगीत समालोचना का स्तर भी बढ़ जायेगा।

अच्छा तुम मुझे बार-बार कुरेद रहे हो कि मैं अमुक अथवा तमुक संगीतकार के सम्बन्ध में अपना मत प्रकाश करूँ, तो फिर मैं दो बातें पहले से ही बताये दे रहा हूँ। पहली बात तो यह है जिस पर मैं चिरकाल से विश्वास करता आ रहा हूँ और जिसका मैं अपने जीवन में पालन भी करता आ रहा हूँ। वह है मेरा एक व्यावसायिक दृष्टिकोण, एक व्यावसायिक अभिवृत्ति। चूँकि मैं सितार बजाता हूँ, इसलिए अन्य किसी गायक या वादक के सम्बन्ध में, फिर वह चाहे बच्चा हो या प्रौढ़ संगीतज्ञ हो, कोई अवान्तर टिप्पणी नहीं करूँगा। दूसरी बात, यह मेरे स्वभाव में भी नहीं है। मैं तुरन्त अथवा चटाक से मनुष्य का बुरा पक्ष देख ही नहीं पाता हूँ। इस वजह से जीवन में काफ़ी दुःख भी उठाया है, काफ़ी मूल्य भी चुकाया है। भाग्यवश मैं संगीत समालोचक नहीं बना! अगर होता तो हर शिल्पी को अधिक नम्बर देकर नौकरी पा लेता। यहाँ तक कि जो चीज़ ख़ूब साफ़ है, जिसे कुल मिलाकर सारे रसिक जानते हैं, उन चीज़ों को भी कहने में मुझे द्विविधा होती है। बाद में किसके धानों पर मई (पटला) फेरूँ। यह धारणा क्यों है, अगर तुम विलायत ख़ाँ के बारे में न पूछते तो ये बातें शायद उठती ही नहीं। अपने हृदय से तो मैं उसकी प्रशंसा करता ही रहता हूँ, पहले भी मैंने की है। फिर भी अगर तुम छोड़ ही नहीं रहे हो तो ...! देखो बाबू, बाद में मार तो नहीं खाऊँगा? फिर भी यह बात उसके बजाने के बारे में ज़रा भी नहीं है। यह उसके बोलचाल के बारे में है। बीच-बीच में वह एक बच्चे की तरह बहुत कुछ कह बैठता है। कैसी तैयारी के कारण उसका कितना साफ़ हाथ है, ठीक उसने कैसा रियाज़ किया है, रियाज़, रियाज़ और अनवरत रियाज़। फल यह हुआ कि उसके हाथ के साथ सितार का एक अन्तरंगता का भाव है। उसका मीड़युक्त द्रुत तान का जो भाग है, उसके बारे में मैं यह कहना चाहता हूँ कि इस समय तो सभी सितार वादक उसे बजा रहे हैं, मैं भी कभी-कभी इसे परिचित भाव से शुरू से ही बजाता आ रहा हूँ, किन्तु विलायत ख़ाँ ने इस पर काफ़ी ज़ोर देकर 'गायकी का अंग' कहकर इसे प्रतिष्ठित कर दिया है। इससे मैं किसी को हेय अथवा छोटा नहीं बना रहा हूँ; सिर्फ़ मुझे यही कहना है कि मैं अथवा अकबर भाई अथवा मेरे घराने का कोई

व्यक्ति मुँह से गाते हुए कोई सितार नहीं बजाता है। जो बजाना चाहिए, उसे मैं बजा रहा हूँ, सोचकर जो समझने योग्य है उसे समझ लीजिये। फिर भी देखिये महाशय, मैं यह कर रहा हूँ, वह कर रहा हूँ यह बीन का अंग है अथवा यह मैं लयकारी कर रहा हूँ, यह डेढ़ पर जा रहा हूँ, अब सवाई पर जा रहा हूँ, ताल देकर देखिये, आप ताल दे पाते हैं या नहीं, इस तरह की हठ से भरी हुई बातें मैं कभी नहीं कहता। मुझे पता है ऐसी बातों से बहुत से लोग बहुत प्रभावित होते हैं। जिन्हें संगीत का ज्ञान कम है, जिनके समझने का स्तर भी कम है, उनके सामने इस तरह का प्रचार करते हुए बजाने से, इसके साथ-साथ उनका ज्ञान बढ़ जाता है, वे उनकी बुद्धि का लोहा भी मान लेते हैं। किन्तु, ऐसा मैंने कभी नहीं किया है। और इस तरह का करना भी मुझे पसन्द नहीं है। इसे आप समझ तो रहे हैं? अक्षरशः गायकी शब्द का अर्थ क्या है? 'गायकी अंग' कहने से क्या आशय निकलता है? उसका यही अर्थ है कि गायक लोग गाना गाते हुए जिस तरह से अपने को, अपने कण्ठ के, अपने गाने के द्वारा व्यक्त करते हैं, गाने के उसी ढंग को 'गायकी अंग' कहते हैं— यही हुआ ना अर्थ? इस समय दुनिया में कितने हज़ार गाने हैं, लाख तरह के

मान लीजिये अली अकबर भाई कोई एक पैटर्न लेकर उपज बजाने लगे, मैंने उसमें बघार लगा दिया। उससे उत्तेजित होकर उन्होंने और भी कठिन-कठिन मिश्रित राग बजाने शुरू कर दिये, कितने असम्भावित सुरों के जाल उन्होंने बुनना शुरू कर दिये।

हैं, उन्हें तो मैं छोड़े ही दे रहा हूँ। हमारे शास्त्रीय संगीत के भीतर जो गाने हैं उन्हीं को लीजिये। ध्रुपद गायन क्या गीत नहीं है ? वह भी गाना है। ख़याल गाना भी गाना है। ठुमरी भी गाना है। इनका हम लोग वर्गीकरण करते हैं शास्त्रीय अथवा अर्ध-शास्त्रीय वर्ग में। फिर अगर एक-एक गायन को अलग से देखा जाये तो फिर इस ध्रुपद के राज्य में भी तो गाने के अलग तरह के ढंग होते हैं। अनेक तरह की वाणियाँ हैं। वे चार तरह की होती हैं। कथायुक्त बन्दिश अस्थायी, अन्तरा, आभोग, संचारी, (कुछ लोग संचारी, आभोग अथवा भोग, आभोग कहते हैं)। गाने के पहले आलाप गाना पड़ता है 'अनन्त हरि नारायण', 'अनन्त हरि ओम्', 'अनाप्ति रि ते रे ने नूम' आदि बोलों के माध्यम से आलाप लेना पड़ता है। काफ़ी विस्तार से आलाप के बाद शुरू होता है लयबद्ध 'नोम तोम'। पूरा अति विलम्बित से द्रुत तक गढ़ उठता है। तो फिर ध्रुपद अंग का पूर्ण रूप हुआ आलाप नोम, तोम और ध्रुपद की बन्दिश का गाना—जो चूँकि पखावज के साथ चौताल, ब्रह्मताल, सुरफाँकताल आदि तालों में उसका अधिकांश भाग गाया जाता है। जो ध्रुपद गान गाते हैं, वे लोग सामान्य रूप से ध्रुपद की बन्दिश गाकर धमार ताल में 'होली धमार' की बन्दिश गाते रहते हैं। ध्रुपद गानों की कम्पोजीशन में देव-देवियों का वृत्तान्त मिलता है, इसके साथ प्रकृति वर्णन अथवा विख्यात राजे-महाराजाओं, नवाबों, साधु-सन्तों, पीरों की स्तुति-प्रशंसा। 'होली धमार' में मुख्य रूप से कृष्ण का होली खेलना, रास, राधा एवं गोपियों के साथ प्रेम की व्याख्या। उस युग के प्रारम्भ में बीन, रबाब, सुरश्रृंगार और बाद में सुरबहार में भी इस ध्रुपद और धमार गाने का सब कुछ नक़ल किया होता था। आजकल प्रचलित वाद्य-यन्त्रों की 'गत' उस समय नहीं बजायी जाती थी, वरन् अनेक लोग ध्रुपद और धमार गानों की बन्दिश भी वाद्य-यन्त्र पर बजाया करते थे। दक्षिण भारत में उसे हम आज भी देख सकते हैं। वहाँ पर 'गत' नाम की कोई चीज़ ही नहीं है। बीना, बाँसुरी, नादस्वरम् में, यहाँ तक कि बेहाला में भी सभी लोग त्यागराज स्वामी, दीक्षिता और श्यामा शास्त्री की रची हुई कृतियों, गानों को ही बजाते रहते हैं, और उनके आधार पर ही यथासम्भव उनके रूपों का विस्तार करते रहते हैं। बाबा ने ही पहली बार विस्तृत रूप से सरोद पर इस विराट ऐश्वर्य का संग्रह कर हमारे सामने प्रस्तुत किया और हमें सिखाया। अली अकबर भाई ने सरोद पर और मैंने सितार पर इसका पहली बार प्रचार किया। लयबद्ध आलाप, जिसे ध्रुपद गायक नोम-तोम, अथवा नूम-तूम कहते हैं, वाद्य-यन्त्र पर उसकी नक़ल को ही जोड़ कहा जाता है। हाँ, यह

ज़रूर है धीरे-धीरे रबाबी एवं बीनकार लोग गाने की पूरी-पूरी नक़ल करने के अलावा भी दाहिने हाथ से जवा के द्वारा अन्यथा उँगली में मिजराव पहनकर कितनी तरह के बोलों की सृष्टि नहीं कर देते! वाद्य संगीत में इन बोलों के वैशिष्ट्य को अगर छोड़ दिया जाये तो उसमें क्या रह जाता है ? सभी तो सुर अथवा गाने की नक़ल हैं। इसके बाद आया ख़याल का ज़माना। साथ-ही-साथ जाति में ऊपर हो गया और लोकप्रिय हो गये सितार, सरोद, सारंगी एवं संगत के लिए बायाँ तबला। इसी ख़याल के ढंग के ऊपर गत बजाने की प्रथा शुरू हुई मुख्य रूप से सितार पर। ढिमा तिताला पर सबसे पहले गत चालू की रबाबी घराने के मसीत ख़ाँ ने। कुछ दिन पहले तक यही सीधी और सरल मध्य विलम्बित गतों को कहा जाता था मसीतखानी गत। इसके कुछ समय बाद मध्यलय गत का प्रचलन किया लखनऊ अंचल के रेजा ख़ाँ ने। बीस-पच्चीस वर्ष पहले तक मध्य एवं मध्य द्रुत लय के बोलयुक्त गतों को कहा जाता था रेजाखानी गत। ध्रुपद गायक जिस तरह से ध्रुपद की बन्दिश गाकर रंग-रस के लिए होरी धमार की रचना गाया करते थे, ठीक वैसे ही कुछ ख़याल गायक, बड़े ख़याल, छोटे ख़याल (विलम्बित और द्रुत) गाने के बाद आदि रसात्मक ठुमरी की बन्दिशें गाया करते थे एवं आज भी गाते रहते हैं। हाँ, यह ज़रूर है कि नामी ख़याल गायक जन ठुमरी नहीं गाया करते थे। उसे असम्मानजनक मानते थे। जिस तरह, उदाहरण के लिए, इस युग में भाई अमीर ख़ाँ अन्त तक अपना यही अभिमत क़ायम रख गये हैं। मुझे जहाँ तक जानकारी है अथवा जहाँ तक मैंने सुना है वह यह है कि एमदाद ख़ाँ साहब ने ही सितार पर ठुमरी गाने का प्रचलन किया है। ख़ैर, जो भी हो, भाई मैंने जो इतना कहा है, उसका उद्देश्य इतना ही समझाना है कि भाई अली अकबर और मैं गत चालीस वर्षों से जो बजाते आ रहे हैं, वह झाला बोलों के काम को छोड़कर और सब गानों के ऊपर ही आधारित है।

वही शुरू हुआ ध्रुपद अंग का आलाप, वही प ध अथवा नि से मीड़ खींचते हुए सा में आना, बाद में सब कुछ गाने के अंग में मीड़ के ऊपर विस्तार करना एवं मन्द्र, मध्य और तारसप्तक में अस्थायी अन्तरा आभोग संचारी बजाते हुए ठीक गाने की तरह उसे शुरू किया गया। जोड़ के विस्तार में भी कई तरह के गाने के अंग में मीड़ और गमक का प्रयोग किया जाता है। उसके बाद ख़याल अंग की अति विलम्बित गत जिसमें बाद में बड़े ख़याल के गाने के अनुसार स्वर की बढ़त, क्रम-क्रम से राग का विस्तार, अस्थायी, उसके बाद अन्तरा

एवं उसके बाद नियमानुसार डिबढ़ी (डेढ़), दुगुन, अढ़ाई, चौगुनी, सवाई इत्यादि बजायी जाती है। बाद में मीड़, गमकयुक्त तान, उसके बाद और भी द्रुत में विभिन्न तानें। यह सब बजाने के बाद द्रुत लय में गत, तान, तोड़ा बजाते हुए झाला के द्वारा उपसंहार। सबसे अन्त में ठुमरी अथवा कोई धुन बजाकर अन्तिम रेखा खींच देना।

मुद्दे की बात यह है कि समझदारों के लिए इशारा ही काफ़ी है। किन्तु, देख रहा हूँ वैसा तो है नहीं। मैंने कितने गायकी के अंग बजाये उन्हें आपने सुनकर भी समझा नहीं, जब तक आपके दिमाग़ पर हथौड़ी ना मारी जाये, एक गाने की अस्थायी अथवा तान को वापसी सुर में गाकर, दूसरे ही क्षण उसकी नक़ल वाद्य-यन्त्र पर बजाकर अथवा एक तरह की तान ही विभिन्न रूपों में अनेक क्षणों तक बजाकर और मुँह से कह-कह कर यह समझाया जाये कि यह गायकी का अंग है। तो भी हाँ, मैंने तो यह बार-बार कहा है कि, विलायत अनेक तरह की मीड़ खींचता हुआ, द्रुत लय में ख़याल ढंग की तान के जो रूपान्तर करता है, वह अपूर्व और एक चमत्कार है तथा वह उसकी एक निजी चीज़ है, ऐसा तुम कह सकते हो। अवश्य, वह गान का ही एक अंग है। किन्तु, बार-बार उसी को लेकर यह कहा जाये कि गायकी अंग बजा रहा हूँ, गायकी अंग बजा रहा हूँ, उसका अर्थ हम लोग तब क्या गायकी अंग बजाते नहीं हैं? तो क्या हम लोग तब ढोलक अंग, करताल अंग बजा रहे हैं? लोगों को यह समझना चाहिए कि मुख्य रूप से गान अथवा गायकी अंग हम सभी बजा रहे हैं। गाने से मुक्त हम किस तरह हो सकते हैं? हमारे सारे संगीत की भित्ति गान में है। गले से कुछ गाकर चट से वाद्य-यन्त्र पर नक़ल करना ही क्या वह गायकी का अंग होगा? गाना मैंने भी बहुत सीखे हैं और उन्हें जानता भी हूँ। फिर भी मुझे लगता है कि क्या दरकार है यह सब पाण्डित्य दिखाने की? हम लोग तो यन्त्र मात्र हैं। फिर भी हाँ, कोई एक बड़ा अथवा अप्रचलित राग बजाते समय बाबा को देखा है और पुराने गुणियों को भी सुना है, उस राग में शायद कोई ध्रुपद, धमार अथवा एक कड़ी या शायद पूरा ही गाकर सुनाया हो। और वह भी सदा-सर्वदा, सार्वजनिक रूप से नहीं, यदि सामने कुछ पुराने गुणी-ज्ञानियों को बैठे हुए देखा हो तभी। और यह सुहाता था उम्र में पुराने संगीतज्ञों को ही। मैं शुरू से ही यह कहता आ रहा हूँ कि कुछ दिन पहले तक जयपुरी स्टाइल में छोटा सितार जो लोग बजाया करते थे, उसमें पर्दे के ऊपर ही जमजमा, कुन्तन आदि तथा तैयार की हुई तानें बजायी जाती थीं। मीड़

अथवा गमक का व्यवहार प्रायः था ही नहीं। इस वजह से उनके बजाने में गायकी अंग सचमुच में अनुपस्थित था। किन्तु, बीनकारियों की तालीम पाकर जो लोग सितार बजाया करते हैं, अथवा उनके घराने के जो-सो सभी सितार पर गायकी अंग बजाते हैं। उसी पुराने युग के अमीर ख़ाँ, बरकत उल्ला ख़ाँ, वाजपेयी जी, मनमोहन सितारी, एमदाद ख़ाँ की बात कहिये अथवा इस युग के रामेश्वर पाठक, इनायत ख़ाँ, बाबू ख़ाँ, युसुफ अली—ये सभी लोग उसी में आते हैं। यह हो सकता है कि किसी की गायकी अंग में ध्रुपद का प्रभाव अधिक है, किसी की गायकी पर ख़याल का, फिर किसी पर ठुमरी का।

ख़ैर, जो भी हो, कर्त्तव्यवश इस विषय में बहुत कुछ कह डाला। और तुम्हारी वजह से। अनेक वर्षों तक हमारे चुप रहने से पता है लोगों के मन में एक ग़लत धारणा पैदा हो गयी थी। उसे दूर करना अच्छा ही रहा।

अच्छा आओ, अब अन्य एक अंग के प्रसंग में बात करूँ, वह निरा वाद्य-यन्त्र का अंग है। मिजराव अथवा जवा के द्वारा बोलों का काम गवैये भी नक़ल करते आ रहे हैं। पहले यह देखो, ध्रुपदिया गायक अपने नूम-तूम अंश को जब द्रुत लय में गाया करते थे, तब वे बीना के जोड़ अंग एवं झाला की नक़ल करते थे—नूम तूम ता ना ना ना, ता ना ना ना, रि रे ना ना आदि शब्दों के माध्यम से। ख़यालिया लोग जब तराना गाते थे, तब वे सितार के बोल, विस्तार का व्यवहार करते हैं। किन्तु, पहले ज़माने में यह नहीं था। इस युग में निसार हुसैन ख़ाँ एवं विनायक राव पटवर्धन द्रुत लय में दिर दिर दिर दिर ख़ूब गाया करते थे। हाँ, कई लोगों का मत इससे उलटा है, अर्थात् तराना गाने की नक़ल कर सितार पर रेजाखानी गत अथवा द्रुत गत का उद्भव हुआ। इस समय शंकर भाई कौन यह कह पायेगा कि अण्डा पहले हुआ या मुर्गी। ये सब पोथीगत व्यापार संगीत-गवेषकों के ही काम हैं। मैं इसके लिए दादा, माफ़ी चाहता हूँ।

तुम एमदाद ख़ाँ के बारे में जानना चाहते हो? विलायत भाई दावा कर रहे हैं कि उनका सात पुरखों से सितार बजाने वालों का घर है। अथवा हो भी सकता है। हम लोग तो उनके घराने को उनके पितामह एमदाद ख़ाँ साहब तक ही जानते हैं। उन्हें सुना है, जो उन्हें जानते थे, ऐसे कुछ गुणी-ज्ञानियों के मुँह से

सुना है कि वे प्रारम्भ में सारंगी बजाया करते थे, बाद में उन्होंने सितार बजाना शुरू किया। सितार में उनकी साधना रियाज़ तो एक किंवदन्ती प्रतिम बन गया था। वे रियाज़ कर रहे थे, उधर उनकी पुत्री की मृत्यु हो गयी। एक आत्मीय ने आकर कहा—'ख़ाँ साहब, आपकी बेटी ने प्राण त्याग कर दिये हैं। चलिये उठिये।' ख़ाँ साहब ने सुन लिया, किन्तु उनका हाथ रुका नहीं, आँखों से कुछ बूँदें ज़रूर निकल पड़ीं, किन्तु बजाते रहे, जिस सपाट तान की साधना कर रहे थे। कहा—'तुम लोग चलो, मैं आ रहा हूँ। मेरा रियाज़ अभी बाक़ी है, उसे ख़त्म करके ही आ रहा हूँ।' अरे रे! ऐसी घटना क्या कहीं सुनी है? राजा टैगोर के आश्रित अद्वितीय सुरबहारी सज्जाद मोहम्मद का बजाना सुन-सुनकर सुरबहार बजाना उन्होंने शुरू किया था। दुर्धर्ष रियाज़ करते हुए उन्होंने एक अद्भुत वादन-पद्धति की सृष्टि की थी। कितना लालित्य, सौन्दर्य सितार में उन्होंने ला दिया था। उनके भीतर ख़याल का गाना, सारंगी की सावलील गति और ठुमरी का कैसा माधुर्य था! इसके ऊपर उन्होंने उसमें मिश्रित कर दिया था मिजराव के बोलों का शक्तिशाली काम; और द्रुत गति के अन्त में उनका वह अपूर्व झाला, उसको भी वे बहुत उत्कर्ष पर पहुँचा गये हैं। देश भर के गुणी समाज ने उन्हें स्वीकार कर लिया था और उनके नये प्राण, आनन्द और स्फूर्ति भरे सितार बजाने को। फिर भी सारे संगीतज्ञ एकमत हैं कि सुरबहार उनका क़िला नहीं था (Was not his fort)। वे सभी जगह सुरबहार पर आलाप बजाकर, उसे एक ओर रख, उसके बाद सितार पर गत बजाया करते थे। ठीक यही काम उनके पुत्र इनायत ख़ाँ साहब किया करते थे। तुम देखना चाहो तो देख सकते हो, एमदाद ख़ाँ साहब का पुराना रिकॉर्ड है, इनायत ख़ाँ साहब का भी रिकॉर्ड है। एकदम जिसे फ़ोटोकॉपी वाला ढंग कहते हैं, हूबहू वही। इसके बाद अगर इमरत ख़ाँ जो सुरबहार बजा रहे हैं, उसे सुनो, तो तुम्हें उसमें बड़ा अन्तर मिलेगा। इससे यह प्रमाणित होता है कि मनुष्य सुन-सुन कर अपने को गढ़ने में कितना समर्थ हो सकता है। और यही हमारे भारतीय शास्त्रीय संगीत की विशेषता है। इन दो हज़ार वर्षों से अधिक संगीत की यही धारा प्रवाहित होती हुई आ रही है। उसकी प्रस्तुति की एक शैली तथा उसका सुधार-संस्कार होता रहा है—इससे वह और भी परिष्कृत हो गयी है। वह कितनी आगे बढ़ चुकी है। पहला वंश और शिष्य परम्परा इसी धारा में प्रवाहित होता हुआ आ रहा है। किन्तु, आज संचार माध्यमों के कारण परस्पर मिलने-जुलने के अवसरों के क्रमिक संयोग-सुयोग में उन्नति हो जाने के कारण मनुष्य के लिए बहुत कुछ जानने, सुनने, देखने और समझने के अनेक

एक मनुष्य और एक संगीत-शिल्पी के रूप में मेरे आदर्श थे अमीर ख़ाँ। श्रोताओं के साथ आँख मिलाकर प्रशंसा पाने की ज़रा भी चेष्टा नहीं। ऐसे बजाते हैं जैसे आँख बन्द कर पूजा कर रहे हों। बजाते समय ऐसा रहता है उनका ध्यान गम्भीर भाव। आह! उनका अभाव किसी भी दिन पूरा नहीं होगा।

सुयोग तैयार हो गये हैं। इसलिए, मुझे लगता है, गत चालीस वर्षों के भीतर हमारे संगीत में एक डाइनेमिक (गतिशील) क्रान्ति हो गयी है। यद्यपि कई

दम्भी लोग मेरी इस बात को स्वीकार नहीं करेंगे। उदाहरण के लिए, तुमने जो सीखा है, जो किया है, देख-सुनकर तुमने जिन विचारों को आत्मसात् किया है, अपने बजाने को तुम उनके द्वारा ही तो प्रस्तुत करोगे।

दूसरों को सुन-सुन कर, विभिन्न स्थानों से विचार कर, सोच-समझकर, अपनी आवश्यकता के अनुसार ग्रहण कर एक संगीत-शिल्पी, अपने गाने अथवा बजाने का कितना उत्कर्ष कर सकता है, अपने शिल्प का कितना विकास कर सकता है, इसके कुछ प्रमाण हमारे संगीत में विद्यमान हैं। इसके एक दृष्टान्त उस्ताद अमीर ख़ाँ हो सकते हैं। इन्हीं अमीर ख़ाँ साहब का गाना मैंने मान लीजिये पहली बार १९३८ ईस्वी में सुना था। फिर १९४१ तक की बात मुझे याद है। ये दिल्ली से रेडियो पर गाया करते थे। उन दिनों एक बार ही दूसरी तरह के गाने गाये जाते थे। आजकल के गाने उस समय थे ही नहीं। अपने पिता के पास सीखे स्टाइल के अलावा उनके पास देवास के रज्जब अली ख़ाँ के गाने का स्टाइल था। इसके अलावा अमान अली नाम के भी एक सज्जन थे। ये अमान अली ख़ाँ एक अत्यन्त विचित्र गवैये थे। गुणी अथवा गवैये वर्ग के अलावा इन्हें कोई जानता नहीं था। दिल्ली के भिण्डी बाज़ार घराने के छज्जू ख़ाँ, नज़ीर ख़ाँ आदि गवैयों ने बाद में बम्बई जाकर अपना आवास बनाया। उनके ही घराने के बेटे अमान अली थे। अन्तिम उम्र में ये पूना में रहने लगे थे। मैंने ही पहली बार उन्हें दिल्ली बुलाकर १९५२ ईस्वी के अन्तिम दौर में उनका प्रोग्राम कराया था। उस समय उनकी उम्र ६७-६८ की थी। यहीं कई दिन मुझे उनके सान्निध्य का लाभ मिला था। घर में बैठकर उनके अनेक गाने सुने थे। मुझसे बड़ा स्नेह करते थे। अब्दुल क़रीम ख़ाँ की तरह ये भी दक्षिण के कर्नाटक संगीत से ख़ूब प्रभावित थे। बड़ी चमत्कारपूर्ण सब रचनाएँ की थीं, सरगम भी कर्नाटक स्टाइल में दुहराया करते थे। सर्वाधिक प्रसिद्ध लोकप्रिय उनकी रचना है राग हंस ध्वनि में—'लागी लगन पति सन'—दक्षिण का सर्वाधिक चालू गाना है, 'वातापी गूणपतिम् भजे' के ऊपर एकदम जैसे उसे छापकर बैठ गया हो। उसी राग पर उनकी अन्य रचना है, 'जय माता विलम्ब ताज दे'। उनके सबसे प्रिय छात्र हुए हैं अत्यन्त सुदर्शन गायक शिवकुमार शुक्ला। आहा, विगत पचासवें दशक में लगातार आठ-दस वर्षों तक कितने अच्छे-अच्छे प्रोग्राम किये हैं शिवकुमार ने! बड़े चमत्कारपूर्ण। अब आजकल सुनायी नहीं पड़ते हैं; सम्भवतः बड़ौदा में सिखाया करते हैं। ख़ैर, जो भी हो, जो कह रहा था। अमीर ख़ाँ ने अपने पिता से अर्थात् इन्दौर के एक गुणी सारंगीवादक

इस युग में निसार हुसैन ख़ाँ द्रुतलय में दिर दिर दिर दिर ख़ूब गाया करते थे। साथ में हैं कनाई दत्त।

शमीर ख़ाँ से तालीम तो पायी थी, उसके बाद रज्जब अली ख़ाँ की तालीम और प्रभाव एवं बहुत कुछ अमान अली ख़ाँ का प्रभाव उनके ऊपर पड़ा था। अन्तिम दौर में अमान अली की रचनाएँ कितने सुन्दर ढंग से वे गाया करते थे। वे सन् '४० के प्रारम्भ में कभी-कभी लाहौर जाकर रहा करते थे। उन दिनों वाहिद ख़ाँ किराना घराना के एक ख़लीफ़ा की तरह सूर्य जैसे छाये हुए थे। वे कोई अधिक लोकप्रिय गायक नहीं थे, फिर भी वे संगीतकारों के भी संगीतकार थे। उनकी शिष्या, हीराबाई को ही लोग अधिक जानते थे। वाहिद ख़ाँ साहब लाहौर रेडियो से नियमित रूप से गाया करते थे। मैंने शायद ही उनके किसी कार्यक्रम को मिस किया हो। कितनी अद्‌भुत राग की बढ़त किया करते थे। कैसा सिलसिला था उनका। एकदम हमारे बीनकारों के घराने के रँगीला ढंग जैसा। यहाँ पर किराना घराने से जुड़ी हुई एक कहानी सुनाता हूँ। मेरे बाबा के गुरु वाजिद ख़ाँ साहब के प्रपितामह थे बीनकार उमराव ख़ाँ साहब। उनके घर

में कुछ ऐसे लोग थे, जिन्हें कहा जाता था 'बीनवरदार', अर्थात् उनका काम ही था वाद्य-यन्त्रों की देखरेख करना। ये लोग भी पूर्वपुरुषों की परम्परा के अनुसार बीनकार घराने से जुड़े हुए थे। किशोर बन्दे अली ख़ाँ थे उसी वंश के। देखने में अत्यन्त सुन्दर थे। बहुत प्रतिभाशाली और संगीत के लिए पागल। जब उन्होंने मिलने की इच्छा प्रकट की तब शुरू में तो उमराव ख़ाँ ने हँसकर ही उड़ा दिया था। किन्तु उनकी असम्भव कोटि की ज़िद और सीखने की झोंक देखकर बाद में उनको तालीम दी थी। क्या बीन में, क्या गले में, बन्दे अली ख़ाँ बहुत सुरीले थे। उनका यही सुरीला और रोमाण्टिक भाव देखकर उमराव ख़ाँ ने उन्हें जिस ढंग से सिखाया था उसे कहा जाता है रंगारंग। अर्थात् वह सब होता है, बीनकार घराने के जैसा सिलसिला अथवा नियम है, उसके अनुसार विलम्बित बढ़त आदि, फिर भी उसमें ठुमरी का

भीमसेन जोशी गाने में मग्न।

गंगूबाई हंगल।

एक अप्रत्यक्ष संस्पर्श रहता है। अर्थात् बीच-बीच में एक-एक स्वर में ठुमरी का मामूली कन या खटका अथवा हरकत का प्रयोग। जो रूढ़िवादियों के मत से शुद्धवाणी में ज़रा भी प्रयोज्य नहीं है। इन्हीं बन्दे अली ख़ाँ को ही किराना घराने के एक स्थपति के रूप में माना जाता है। इस युग में इस घराने के दो लोग दिक्पाल थे। उनमें पहले हैं अब्दुल क़रीम ख़ाँ। शुरुआत में शुद्ध किराना शैली में बजाया करते थे। और आहा! कैसे सब शागिर्द तैयार कर गये थे वे, सवाई गन्धर्व, रोशनारा बेग़म, हीराबाई बरोदकर, सुरेश बाबू माने आदि। किन्तु, उन्होंने जीवन के अन्तिम आधे भाग में कर्नाटकी ढंग और महाराष्ट्रीय नाट्य संगीत मिलाकर एक निजी स्टाइल तैयार कर डाली। इस तरह का लोकप्रिय गायक शायद अब जन्म नहीं लेगा। महाराष्ट्र में एवं अन्तिम दिनों में—पूरे भारत के लोग उनकी पूजा किया करते थे, ऐसा कहा जा सकता है। द्वितीय दिक्पाल थे वाहिद ख़ाँ। कान से कम सुनते थे, इसलिए उन्हें बहरे

वाहिद ख़ाँ कहा जाता था। किन्तु, वे बहुत कट्टर थे। चिर दिन के लिए अपनी तालीम के अनुसार एक अपना निजी ढंग बरकरार रख गये हैं। उन्होंने ख़याल गाने के बाद फिर ठुमरी जीवन में कभी नहीं गायी। उनका यह प्रभाव भी अमीर ख़ाँ के ऊपर पड़ा था। उसी अति विलम्बित झूमरा लय के अन्त में ते रे के टे से गाने का मुखड़ा उठाकर सम पर आना, उसके बाद ख़ूब चैन के साथ एक-एक सुर का प्रयोग होता था। पूरा अस्थायी अन्तरा गाकर, उसके बाद छोटी एवं बड़ी गमक युक्त मुश्किलात तान। अधिकतर बड़े-बड़े राग ही वे गाया करते थे—जैसे दरबारी, कान्हड़ा, मालकोस, मारवा, आभोगी कान्हड़ा इत्यादि। यह था उनके गाने का वैशिष्ट्य। हाँ, यह ज़रूर है कि वे छोटा ख़याल भी गाया करते थे। वाहिद ख़ाँ अपनी उम्र के अन्तिम दौर में हाँफी के कारण स्वरों को इतने दीर्घ समय तक नहीं लगा पाते थे। और कानों से कम सुनने की वजह से तानपूरा स्वयं ही बहुत ज़ोरों से बजाया करते थे। वे इस युग में गाने के भीतर पाण्डित्य और लालित्य मिलाकर एक अपूर्व वस्तु दे गये हैं। सवाई गन्धर्व अब्दुल क़रीम ख़ाँ के तरुण वय के शिष्य थे, और उनके गानों के भीतर वाहिद ख़ाँ की भी छाप थी। उसी असीम धैर्य के साथ एक बड़े राग के भीतर एक या दो स्वर लेकर, तरल स्नेहमय व्यवहार, और बढ़त करना, अर्थात् आगे बढ़ना। एक बार याद है, उनकी रेडियो पर मुलतानी सुनी थी,—आधा घण्टे का प्रोग्राम था। ऐसा लगा जैसे अभी पाँचेक मिनट ही हुए हैं। और वे अभी-अभी पंचम पर पहुँचे थे। कितना सुन्दर गाते थे सवाई गन्धर्व। तुम्हारे भाग्य ख़राब हैं जो तुमने उन्हें सुना नहीं है। उनके महत्त्व का परिचय मिल सकता है उनकी शिष्या गंगूबाई के भीतर और बहुत कुछ भीमसेन जोशी में। हाँ, लौट आता हूँ पुनः भाई अमीर ख़ाँ के प्रसंग पर। उनके गायन के क्रम-विकास और उनकी पूर्ण परिणति को समझाने के लिए मैंने अब तक इतना कुछ कह डाला है। वे थे तो एक विराट प्रतिभा के धनी, जीनियस गवैये, नाम भी काफ़ी कमाया था। अमानत अली, दुर्धर्ष गवैये थे। रज्जब अली ख़ाँ के भतीजे। दुःख का विषय है टी.बी. के कारण छोटी उम्र में ही मर गये। ख़ैर जो भी हो, चाहे जो कारण हो, अमीर ख़ाँ साहब लगता है उस समय अपने गायन से पूरी तरह सन्तुष्ट नहीं थे। कुछ तलाश में रहते थे। वे कुछ दिन लाहौर में रहे थे, और सन् '४० के प्रारम्भ में वहाँ आया-जाया करते थे। उस समय बहरे वाहिद ख़ाँ को ख़ूब सुना करते थे। यद्यपि गण्डा बाँधकर उनसे सीखा नहीं था, किन्तु पूरी तरह उनके गायन से प्रभावित हो गये थे। तभी से धीरे-धीरे प्रस्फुटित हो उठा उनके गानों में वही दरबारी राग, मारवा, मालकोस,

आभोगी, कोमल रिषभ, असावरी इत्यादि राग। अति विलम्बित झूमरा ताल की बन्दिश और वही बढ़त। किन्तु, वही छोटे-मोटे कन और हरकत लगाकर हर सुर में मानो और भी प्रेम ला देते थे। लोगों के मन में घुस जाते थे और दर्शकों के प्राण क्रन्दन कर उठते थे। और क्या तुम्हें पता है, किसी भी गवैये को इस तरह बैठना और भाव-भंगिमा उन जैसी दिखायी नहीं देती थी। गाना गाने बैठते थे, उनकी कोई लपक-झपक नहीं, हाथ मटकाना, मुँह बनाना इस तरह की कोई चेष्टा नहीं, श्रोताओं से आँख मिलाकर किसी तरह की प्रशंसा पाने की कोई चेष्टा नहीं, आँखें बन्द कर जैसे पूजा कर रहे हों, ऐसा एक ध्यान गम्भीर भाव। आहा, मेरा आदर्श था यह व्यक्ति—as an artist—एक शिल्पी के रूप में। क्यों, क्यों एक अकस्मात् दुर्घटना में यह व्यक्ति मारा गया? भगवान का क्यों यह अन्यायपूर्ण विचार है? अन्य गवैयों-बजैयों की तुलना में एक व्यक्ति के रूप में भी वह भला मनुष्य था। काफ़ी आत्मसम्मान था उसमें, बड़ा परिष्कृत व्यवहार था उसका। शुरुआत में पता नहीं क्यों मेरे साथ थोड़ी ग़लतफ़हमी थी। ख़ूब सद्भाव नहीं था। फिर भी लगभग १९६८ ईस्वी से हम लोग काफ़ी नज़दीक आ गये। अन्त में तो इतना भाव हो गया था कि हमारे हर प्रोग्राम में आया करते थे, काफ़ी समय हम लोगों ने साथ-साथ बिताया है। उनका अभाव केवल संगीत जगत् का ही अभाव नहीं है, मेरे मन की भी क्षति है। मुझे तुम्हारी बहुत याद आती है, तुम्हारा अभाव मुझे बहुत खलता है। भाई, अमीर ख़ाँ, जहाँ भी रहो, मेरे मन की इस वेदना को समझ लो।

उनका अभाव किसी भी दिन पूरा नहीं होगा। अमीर ख़ाँ यद्यपि किराना घराने की शैली को और भी परिष्कृत और परिवर्धित रूप में गाया करते थे, जिसे उन्होंने वाहिद ख़ाँ से अर्जित की थी, किन्तु उसे वे खुलेआम स्वीकार नहीं करते थे। यह ग्रन्थि किन्तु, ख़ानदानी गवैयों-बजैयों में ख़ूब देखी जाती है, विशेषकर जो नामी बाप के बेटे हों या जो बड़े घरानों के वंशज हों। दूसरों को सुनकर कोई अच्छी चीज़ पाकर, उसकी हूबहू नक़ल करने के बाद भी वे इसे किसी भी दिन स्वीकार नहीं करते हैं, क्रेडिट देते हैं अपने घराने को। पहले इस तरह की चीज़ थी नहीं। वे स्वीकार करते थे कि अमुक चीज़ जो मैंने गायी या बजायी, यह तान या यह फिरत् यह उनकी है। न करने की उनमें हिम्मत नहीं थी। मान लीजिये, आप चाहे जितने बड़े घर के गवैये क्यों न होओ, किसी जलसे में बैठकर एक विशेष अंग की तान लगाने या उसमें कम्बीनेशन करने का एक विख्यात गवैये का विशेषत्व है। वे यदि उस सभा

में हाज़िर होते, तुरन्त उठकर खड़े होकर सिंह गर्जना कर उठते थे, गवैये से सीधे-सीधे पूछते थे—'यह तुम किसका अंग गा रहे हो?', 'किसकी तान और फिरत् कर रहे हो?' गायक महाशय यह सुनकर सिकुड़कर स्वीकार करते थे, 'जनाब यह आप ही की है।' यह कहते हुए पॉकेट से दस, बीस, एक सौ, दो सौ रुपया, अथवा जितनी सामर्थ्य हुई, उतने तुरन्त निकालकर नज़राना पेश कर उस झमेले को तुरन्त समाप्त कर डालते थे। किन्तु, अब ज़माना बदल गया है—दिन-दोपहर डकैती पड़ने लगी है। तुम्हारी ही नक़ल करेगा और तुम्हारे ही सामने छाती फुलाकर गायेगा-बजायेगा—स्वीकार अथवा फिकर करने की कोई बला ही नहीं।

हालाँकि, मैं पहले भी कह चुका हूँ कि यह ज़रा भी अश्रेयस्कर नहीं है। वही उस्तादों की वाणी—'शिक्षा दीक्षा परीक्षा।' वरन् इसे मैं बहुत बड़ी बहादुरी कहूँगा कि अपने काम के ऊपर अन्य की अच्छी चीज़ ग्रहण कर एक बहुत सुन्दर काम निर्मित कर लेना। अरे भाई, जो समझते नहीं हैं अथवा कम समझते हैं, उनकी बात तो छोड़ ही दीजिये, किन्तु, जो सचमुच में समझदार हैं, वे तो समझ ही लेते हैं कि किसके भीतर किसका प्रभाव है—कितना भिन्न, कितनी तरह की चीज़ों का सुन्दर मिलन घटित हुआ है। तो भी हाँ, यह भी समझता हूँ कि हमारा अहंकार ही इसे स्वीकार नहीं करने देता है।

राग

संस्कृत में एक उक्ति है—'रंजयति इति रागः'। जिसका मोटा अर्थ यह है : जो मन को छुए अथवा जो मन को रंग दे, उसी को राग कहते हैं। तो फिर जिस तरह से एक मधुर संगीत, जैसे कोई गाना, वह भी तो मन को रंग सकता है। सिर्फ़ इस वजह से ही वह 'राग' तो नहीं हो जायेगा। अथवा एक भजन सुनकर मनुष्य द्रवित हो जाता है भले ही वह किसी भी सुर पर आधारित हो, तो इसी के कारण वह राग तो नहीं हो जायेगा। राग का अर्थ होता है रंग, अनुराग आदि—वह तो तुम्हें रवीन्द्रनाथ की व्याख्या में भी मिलेगा। राग प्रेम भी हो सकता है। फिर भी मुझे लगता है, एक रूप—जो सुरों का एक कम्बीनेशन हो, जिसमें एक आरोही-अवरोही धारा हो, जिसे हम विचार-विश्लेषण कर प्राप्त कर सकते हों, मुख्य रूप से जो सुरों का एक ढाँचा है,

'राग' का अर्थ है रंग, अनुराग आदि। यह अर्थ तो हमें रवीन्द्रनाथ की व्याख्या से भी मिलता है। संस्कृत में भी यही अर्थ है। राग का अर्थ प्रेम भी हो सकता है।

जिस पर तुमने अपने मन की भावना को प्रतिष्ठित किया है। अर्थात् सुर के माध्यम से तुमने अपने मन का एक भाव, एक आवेग या एक रंग व्यक्त किया है, और चूँकि वह भी एक विशेष राग के माध्यम से और इसी वजह से एक विशेष सुर-शृंखला में। और मोटे रूप में यही होता है राग। फिर हमें पूरी वस्तु को विशृंखलित कर, उसे तोड़कर देखना होगा।

सबसे पहले तुम यह देखोगे कि कोई भी राग हो वह एक विशेष ठाट के ऊपर आधारित होगा। ठाट शब्द—अर्थात् भातखण्डे जी जिन दस ठाटों का परिचय दे गये हैं—उनके ऊपर ही हमारे सारे रागों की नींव है। फिर भी मैं मानता हूँ, और भी अनेक लोग मानते हैं, जैसाकि पण्डित ओंकारनाथ माना करते थे कि दस ठाटों में हमारे सारे रागों का वर्गीकरण नहीं किया जा सकता है। अर्थात् सबसे पहले तो ठाट को ऐसा होना चाहिए, जिससे उस पर एक राग अच्छी तरह बैठ सके। ऐसे अनेक राग हैं जिन्हें किसी एक ठाट पर ज़बरदस्ती

समाविष्ट नहीं किया जा सकता है। जैसे ललित एक राग ऐसा है जिसे ज़बरस्ती शायद स्थापित किया गया है मारवा ठाट पर अथवा पूर्वी ठाट पर। जो उसे जैसा देखता है उसने वैसा किया है। वैसा ही एक राग पटदीप है। शुद्ध 'नि' और कोमल गांधार का राग है। यह हमारे दस ठाटों में से किसी भी एक ठाट में नहीं आता है। इस तरह के अनेक राग तुम्हें मिलेंगे। जैसे अहीर भैरों। इसीलिए मेरा विश्वास है कि मेल पद्धति में—बहत्तर ठाट कहो, महत्तर मेल कहो—उनके भीतर सभी सम्भावित रागों का मेल आ जाता है—जो किसी भी राग को रूप दे सकता है। इन बहत्तर साँचों में उन्हें किसी-न-किसी स्थान में डाला जा सकता है। तो सबसे पहले हमें यह देखना पड़ेगा कि जब हम विश्लेषण करते हैं तब यह पता चलता है कि ठाट ही एक राग का पहला गोत्र वर्ग होता है। ठाट के भीतर से ही निकले हैं सोलह हज़ार से ऊपर राग। अर्थात् सारे सम्भावित क्रमिक परिवर्तनशील मेलों का यदि निर्धारण किया जाये तो रागों की संख्या निकल आती है। संख्या आदि की जब यह बात उठ खड़ी हुई है, तब तुम यह जानना चाहोगे कि तो फिर ठाट क्या चीज़ है? उदाहरण देकर कह सकता हूँ ठाट असल में एक देश है। जैसे यह भारतवर्ष। इसी भारतवर्ष का एक उप-देश हमें मिला है पश्चिम बंग। उसी में हमें मिला है यह कलकत्ता। उसके बाद अगर तुम अपने घर का ठिकाना बताने के लिए कहो तो होगा इतना नम्बर हरीश मुखुज्जे रोड अथवा जो भी हो। फिर यह ढूँढ़ना पड़ेगा कि घर के किस कमरे में तुम रहते हो। तभी ना मैं तुम्हें पा सकूँगा। उसके बाद भी शायद यह देखने को मिले कि तुम इधर-उधर घूम रहे हो। जहाँ ख़ुशी हो वहाँ ही जा सकते हो। तब तुम्हें ढूँढ़ा और एक कोने में पाया। इसी तरह से ठाट तोड़कर, चलन के द्वारा राग का अनुसन्धान किया जाता है। इसीलिए ठाट का एक विवरण होगा स्वरगोत्र का एक परिचय। एक उदाहरण और लीजिये, आज भी कई पुराने लोग हैं जो एक अभिभावक की तरह पूछते हैं, 'महाशय, आपका निवास कहाँ है?' वे कुरेदते हुए जानना चाहेंगे कि तुम किस देश, किस शहर, किस गाँव के व्यक्ति हो। किस मुहल्ले के हो उनकी यह भी जिज्ञासा है। अन्त में पिता का नाम आने पर वे ठहर जायेंगे। इसी माध्यम से वे जातगोत्र का परिचय भी प्राप्त कर लेंगे।

ठाट के बाद जो क्रम हमें मिलता है वह भी एक प्रकार का ढाँचा या साँचा है। जिसे कहा जाता है आरोही-अवरोही। वह एक विशेष ठाट में आता है, किन्तु उसका एक स्वतन्त्र आना-जाना होता है। सुर जिस तरह से ऊपर जाता है,

उसी तरह से लौटता भी है। और इसी को तुम रागानुसन्धान का द्वितीय स्तर कह सकते हो। जब सुर ऊपर चढ़ता है, तब उसका एक क्रमिक सुर लगता है—Succession of note's. उसके बाद जो वर्गीकरण किया जा रहा है वह होगा इस प्रकार : यदि सात सुर का राग हुआ तो पूरा राग, छह सुर का हुआ तो षाड़व, पाँच का हुआ तो औढ़व। उसके बाद भी अनेक मिश्रित व्यापार होते हैं। आरोह के समय यह पाँच सुर में ऊपर गये, और सात सुर में अवरोह किया। फिर छह सुर में ऊपर जाकर सात में लौटे। इस तरह के विचित्र मिश्रण से हमको मिले औड़व सम्पूर्ण, षाड़व सम्पूर्ण, सम्पूर्ण सम्पूर्ण, औड़व-षाड़व आदि तरह के राग। उसके बाद भी एक मिश्रित गोत्र है, जिसके अन्तर्गत राग समष्टि को हम लोग कहते हैं संकीर्ण राग। इसमें सम्भवतः सात सुर ही लगते हैं किन्तु टेढ़े-मेढ़े रूप में। इसलिए यह हुआ आरोही-अवरोही और उसका वर्गीकरण।

इसके बाद आता है चलन। हर राग का एक निजी चलन होता है। वह आरोही-अवरोही से भिन्न होता है। आरोही-अवरोही तो आने-जाने का एक सामान्य नियम है। चलन होता है किसी राग के व्यक्तित्व का विशेष प्रकाश। उसकी खोज। यह केवल आरोही-अवरोही के माध्यम से नहीं मिल सकता है। इसका एक संवेदनशील स्पर्श होता है। चलन के बाद हमें और भी जो एक विशेष चीज़ मिलती है, वह है मुख। हाथ, पैर, शरीर—ये सब होते हुए भी मनुष्य की पहचान होती है, उसके चेहरे से। उसकी आँख, नाक, केश की जो समवेत छाप होती है, उसी से तो एक मनुष्य हमारे सामने प्रस्फुटित हो जाता है, एक आकार के रूप में। उसी से मनुष्य का व्यक्तित्व, और उसी को हम लोग कहते हैं पकड़। पकड़ का अर्थ है उसे पकड़ लेना, उसकी पहचान कर लेना। पहचान के किन लक्षणों द्वारा हम एक मनुष्य को पहचान सकते हैं। अब हमारे सामने उपस्थित हो गया राग का पूरा ढाँचा। उसके बाद भी एक वर्गीकरण और है—वादी, संवादी, विवादी और अनुवादी। वादी का अर्थ है राग का सबसे बड़ा, मुख्य, राजा स्वर। किसी विशेष राग में जो स्वर सबसे अधिक ध्वनित होता है। इसके बाद वाले विशेष स्वर के बारे में बताता हूँ, जो वादी से चार या पाँच स्वर के बाद ही बना रहता है—उसे संवादी कहते हैं। उसके बाद बाक़ी सुर अनुवादी कहे जाते हैं। एवं जो सुर नहीं लगाना चाहिए, लगाने पर राग का रूप नष्ट हो जाता है, उसे कहते हैं विवादी। वह हुआ तुम्हारा राग के ढाँचे का विश्लेषण। अब यहीं आ जाता है, वही है असली

साधना तो असीम और अथाह है। राग को जीवन्त तो करता है जीवन किन्तु मनुष्य के सामने उसे खोलकर रख देना तभी सम्भव है जब गुरु का सब कुछ लेकर एक शिक्षार्थी अपने निजी जीवन के द्वारा रागसाधना में निमग्न रहे। तस्वीर किशोरवय के आशिस ख़ाँ की है। इस समय तो वह हमारे घराने के सरोद वाद्य के प्रतिनिधि हैं। बहुत अच्छा बजाते हैं।

व्यापार। कारण, अब तक जो हुआ है, उसे तुम पियानो पर भी बजा सकते हो, किसी भी की-बोर्ड वाले वाद्य-यन्त्र से निकाल सकते हो। किसी साहब को भी दे दो, या किसी संगीत-शिल्पी को, जिसमें सामान्य विद्या-बुद्धि है, उसे लिखकर दे दो, तुम्हें पता नहीं चलेगा कि उसने भी बजा दिया है। किन्तु, भाई वह तो राग नहीं हुआ—वह तो उसका कंकाल मात्र है। उसे एक मृतदेह कहा जा सकता है। एक सुन्दर वस्तु है, किन्तु, उसमें प्राण नहीं हैं। यह प्राण किसने दिये ? सबसे पहले तो तुम्हारा गुरु तुममें प्राणों का आधान करेगा। इसीलिए हमारी संस्कृति में गुरु का इतना बड़ा स्थान है। फिर उसे चाहे संगीत कहो,

शास्त्र कहो अथवा कला की किसी भी धारा को कहो। अथवा हमारे आध्यात्मिक जीवन की ही कथा लो। भातखण्डे की पुस्तक में सब कुछ तो लिखा हुआ है। तुम जो भी राग चाहो (वह सब कुछ)। किन्तु, इस पुस्तक को लेकर क्या तुम एक शिल्पी हो सकते हो? वहाँ पर तो संगीत के ढाँचे को तोड़कर उसको दिखाया भर गया है किन्तु, उससे तुम्हें क्या लाभ? हाँ, भातखण्डे अथवा अन्यान्य लोगों की संगीत की पुस्तकें हैं, जिनमें अनेक गानों एवं रागों के चलन की स्वर-लिपि दी गयी है—किन्तु, उन सबसे लाभ वही उठा सकते हैं, जिन्होंने पहले ही अच्छी शिक्षा प्राप्त की है। अर्थात् गुरु जब तक तुम्हें किसी राग का असली सत्य, जिसे हिन्दी में 'जान' कहते हैं, नहीं बताता है, तब तक तुम्हारे संगीत में प्राण आ ही नहीं सकते हैं। ठीक जिस प्रकार कोई मन्त्र। कई तो पुस्तकें निकल रही हैं। सारे गूढ़ मन्त्र, जिनके उच्चारण की शक्ति जनसामान्य के सामने किसी में भी नहीं थी पहले, उन सबको तुम पुस्तकों में प्राप्त कर सकते हो। यहाँ तक कि गुप्त प्रेम के पत्रा में तान्त्रिकों के मन्त्र, श्रीविद्या के मन्त्र, अमुक मन्त्र, तमुक मन्त्र, आजकल सभी छापे के अक्षरों में विद्यमान हैं। किन्तु, उन सबका तुम रात-दिन जप करो तो क्या तुम अपना अभीष्ट प्राप्त कर सकते हो? वही गुरु उस मन्त्र के जप करने की प्रक्रिया बतायेगा, तुम्हारे कान में गुप्त रूप से इसके जपने की ठीक प्रक्रिया बता देगा—जिसे लोग बीजमन्त्र कहते हैं। कान में मन्त्र फूँकने की प्रथा है ना? वही बतायेगा एक मन्त्र का हर पदबन्ध, हर अक्षर, हर शब्द तुम्हें शरीर के किस चक्र पर प्रतिष्ठित करना होगा। सात चक्रों के साथ वे सारे सुर बँधे हुए हैं। उसके बाद यह जानना श्वास की किस क्रिया के साथ उसका उच्चारण करना होगा, मन-ही-मन उसका चिन्तन करना होगा। पूरक, रेचक, कुम्भक—प्राणायाम में श्वास लेने की जो तीन प्रक्रियायें हैं, उनके माध्यम से। गुरु से प्राप्त मन्त्र का ही वास्तव में अभ्यास किया जा सकता है। राग-रागिनी की प्रक्रिया भी ऐसी ही है। जब तक तुम इसे गुरु से नहीं सीखोगे, बार-बार समझते हुए, अनवरत सुनते हुए—तब तक तुम उस असली वस्तु का किनारा नहीं पा सकते हो। राग के प्राण तुम्हें नहीं मिलेंगे। उसके बाद भी मान लीजिये तुमने गुरु से काफ़ी तालीम ले ली, राग में प्राण-प्रतिष्ठा कैसे की जाती है, इसका सूत्र भी तुमने जान लिया, श्रुति के भेद, उसके सूक्ष्म भेद, तथा किस राग में कौन-सी श्रुति, किस तरह से लगती है—किन्तु, अब आती है तुम्हारी स्वयं की साधना की बारी। एक दिन में रागधारी भाई, हुआ नहीं जा सकता है। काफ़ी मेहनत करने को है, काफ़ी समय देना पड़ता है। अक्लान्त साधना

हर राग का एक अपना रूप होता है। हर राग की एक विशेष छवि भी होती है। फिर भी शास्त्र में जैसा लिखा हुआ है अथवा जिस तरह से राजस्थानी या कांगड़ा कला में चित्रित किया जाता है, वही ना। वह जिस रागिनी की साधना कर रही है, कोई लड़की हाथ में बीना लेकर, वह है किसी राग का भौतिक रूप, एक थीम (कथ्यगत) का चित्र। संगीत निर्भ्रान्त रूप से मन का, आत्मा का प्रकाश है। स्वर और लय के माध्यम से प्रेम की अभिव्यक्ति।

(करनी पड़ती है)। मास-पर-मास, वर्ष-पर-वर्ष तुम्हारी साधना चलती रहती है। यह साधना ही तुम्हारी सिद्धि का मूल है। क्योंकि राग को जीवन्त कर, उसके प्राणों को लोगों के सामने प्रस्तुत करना, यह तभी सम्भव हो सकता है, जब गुरु की सारी शिक्षा लेकर एक शिक्षार्थी अपने स्वयं के जीवन को समर्पित कर राग साधना में निमग्न रहे।

इसलिए, मेरे सामने एक राग, विश्वास करो शंकर, जैसे तुम या और कोई जाना-पहचाना व्यक्ति हो, वैसा ही है। एक-एक राग मेरे लिए एक-एक मनुष्य की तरह है। मनुष्य का कहना भी मेरा ठीक कहना नहीं है, बल्कि एक-एक जीवन्त पात्र है, विशिष्ट व्यक्तित्व, एक जीवन्त सत्ता। उसका एक निजी रूप है। विशेष-विशेष राग की विशेष-विशेष छवि है। तो भी शास्त्र में जिस तरह से उसका उल्लेख किया गया है, अथवा जिस तरह से राजस्थानी अथवा काँगड़ा क़लम में उन्हें चित्रित किया गया है—वही ना! वही एक रागिनी की जो साधना कर रही है, एक महिला हाथ में बीना लिए, वह होता है किसी राग के काव्य से सम्बन्धित भौतिक रूप—एक थीम से सम्बद्ध चित्र। वैसा एक श्लोक भी तुम्हें मिलेगा। कृष्ण अथवा राधा झूले पर बैठे हुए हैं, अथवा उनकी देह का रंग हरा है अथवा वे एक तलवार लिये हुए हैं, अथवा एक वर्षण-मुखर दिन में आकाश की ओर देख रहे हैं, आदि आदि—इस तरह के तुम्हें बहुत से चित्र मिलेंगे। ये सब राग के विषय के रूप हैं, विषय का चित्रण है, उनकी छवि है। किन्तु, राग का और भी एक पक्ष है, जिसका निरे शब्दों द्वारा वर्णन करना मुश्किल है। हालाँकि, हर राग की अपनी एक गतिविधि होती है। एक मौलिक शक्ति एवं उसका एक व्यक्तित्व होता है।

फिर यह भी ठीक ही है कि जिस स्थापित या सिद्ध सूत्र को हम उपलब्ध करते हैं अर्थात् जिन सब बातों को लेकर पुस्तक लिखी गयी है—वह तुम भरत नाट्यशास्त्र से देखो अथवा नारदमुनि की शिक्षा अथवा मातंग मुनि की पुस्तक अथवा अन्त में वही विराट समृद्ध पुस्तक, शास्त्र समूह में, जिसे 'संगीत रत्नाकर' कहते हैं शारंगदेव की और उसके बाद भी हमें जो अच्छे-अच्छे 'संगीत दर्पण' मिलते हैं उनमें तुम्हें जो मिलेगा और गत दो अढ़ाई सौ वर्ष पहले तक जो सब टीकाएँ लिखी गयी हैं, वे सब आज भी शास्त्रीयता की दृष्टि से प्रामाणिक मानी जाती हैं। हालाँकि हमारा संगीत तो दो-अढ़ाई सौ वर्ष पहले के युग तक आकर तो ठहरा नहीं (आगे बढ़ता रहा)। इस समय कितने विचित्र रूप से गायन-वादन गढ़ उठा है, संगीत ने कितने सुन्दर-सुन्दर

मार्ग चारों ओर ले लिये हैं। कितने विचित्र रूप से जगह-जगह बदलता जा रहा है, बदल गया है, ऐसा तुम कह सकते हो अथवा यह भी कि वह बरबाद हो गया है। यहाँ पर मैं थोड़ी दूसरी दिशा में जा रहा हूँ, कैसा रहेगा?

एक विशेष युग तक शास्त्रों के साथ एक संगीत-शिल्पी का विशेष सम्बन्ध था। यहाँ पर शास्त्र का अर्थ है पुस्तक, संस्कृत भाषा एवं हमारी प्राचीन संस्कृति। संगीत शिल्पियों को इन्हीं पुस्तकों से ज्ञान अर्जित करना पड़ता था, इस वजह से उस समय के शिल्पी संगीत की दृष्टि से थोड़े शिक्षित भी होते थे। वे लोग जो राग गाते थे उसका ध्यान कैसे किया जाता था, इसका उन्हें ज्ञान था। हरिदास स्वामी के जीवन वृत्तान्त में हमें इसका स्पष्ट प्रमाण मिलता है अथवा बैजू बावरा की संगीत साधना अथवा मियाँ तानसेन के जीवन में। तानसेन तो प्रारम्भ में हिन्दू ही थे, बाद में मुसलमान हो गये थे। इसीलिए हिन्दू शास्त्रों के अनुशीलन का अभ्यास उनके जीवन के प्रारम्भिक दौर में अच्छा ही रहा था। अभी उस दिन तक उनके वंश की संगीत धारा में, उनके गायन के माहात्म्य को लेकर, उनके घराने की शिक्षा-दीक्षा को लेकर जो लोग जीवित थे, उनके बारे में सोचिये। बहुत बुरी तरह शास्त्र के बन्धनों में वे लोग जकड़े हुए थे। कैसी विचार-भावना थी उनकी। संगीत का कैसा कन्सेप्शन था उनका। वे लोग प्राणायाम करते थे, योग-साधना किया करते थे। वाजिद ख़ाँ साहब तक हम लोगों ने यह देखा है। फलस्वरूप, संगीत और शास्त्र में एक सुन्दर सम्बन्ध वे लोग बरकरार रखे रहे। ओत-प्रोत भाव से निमग्न रहने की यह वस्तु है। किन्तु, यह चीज़ तभी तक रही थी, जब तक हमारे गाने-बजाने में ध्रुपद धमार की प्रधानता थी। जब ख़याल की प्रधानता हुई तभी से हम लोग अनेक कारणों से सारी चीज़ों को उलट-पलट रूप से होते देखने लगे हैं। उसका मुख्य कारण यह है कि उस युग के गवैये-बजैये अपने राजाओं को ख़ुश करने में मग्न रहते थे। यहाँ पर मैं प्रभु शब्द से बताना चाहता हूँ राजे-रजवाड़े, नवाब और वजीर आदि को। संगीत मानो पूरी तरह उनके दरबार की ही वस्तु होकर रह गया। वहीं जाकर ठहर गया। वहीं पर गाने का अखाड़ा लगने लगा था। हाँ, यह प्रवृत्ति ध्रुपद युग में बिलकुल नहीं थी, ऐसा नहीं है। फिर भी ख़याल के युग में ही यह चरम सीमा पर पहुँच गयी थी। उस समय यदि कुछ लोगों की चर्चा छोड़ दी जाये, जैसे जयपुर के राजा रामसिंह, इन्दौर के राजा अथवा रामपुर के नवाब, जो सचमुच में गुणी थे, संगीत समझते थे, उससे प्रेम करते थे, जिस तरह से बंगदेश और बिहार के कई ज़मींदारों ने

कितने गुणीजनों को धन और सम्मान देकर उनको और उनकी संगीत कला को ज़िन्दा रखा था। इन संगीतकारों को अधिकतर इन्हीं लोगों ने पोषण किया था—एक तरह से ये संगीतकार, इन लोगों के लिए एक तरह के स्टेटस सिम्बल (प्रतिष्ठा के प्रतीक) हो गये थे। जैसे कुछ लोग हाथी अथवा मुर्ग़ों को पालते हैं अथवा कुछ संरक्षिताओं को रखते हैं। जिस तरह से आजकल कुछ लोग केडिलक, मर्सिडीज अथवा रोल्स-राइस को रखते हैं। कुछ विवेकहीन, भोले-भाले राजा नवाब-बहादुरों ने संगीत को, शिकार कसा, मुर्ग़ों की लड़ाई कराना, अथवा बाईजी रखने के स्तर तक ला दिया। इनके यहाँ पहलवान रहते थे, जो कुश्ती लड़ते थे, इन्हें गायकों की भी ज़रूरत थी, संगीत को लेकर पहलवानी कराने के लिए। उस ज़माने में बेचारे कितने गवैयों को गाने की इस लड़ाई में उतार दिया था, कि मैं क्या कहूँ। वे लोग एक व्यक्ति की जय और दूसरे की पराजय देखकर ख़ूब मज़ा लेते थे। वे एक सितारिये को एक तबलची के साथ लगा देते थे, अथवा एक गवैये के साथ एक सारंगिया को। उनका भाव यह रहता था कि कौन किस सीमा तक अपनी कला का प्रदर्शन करता है, कौन किस सीमा तक जाता है, यह देखा जाये। देखा जाये कौन किसको पछाड़ता है। और यहीं से शुरू हुई हमारे गायन के भीतर पहलवानी। संगीत और पहलवानी या जुगलरी में कोई सम्बन्ध नहीं। पहलवानी तो उसी को कहते हैं जिसमें शरीर के दाँव-पेच के करतब होते हैं। संगीत तो निर्भ्रान्त रूप से मन का काम है। आत्मा का प्रकाश है। स्वर और लय के भीतर से प्रेम का प्रकाश है। गाने को कभी शारीरिक बल के द्वारा नहीं गाया जा सकता है। यह तो तुम मानोगे ही कि विदेश के चाहे वे जादूगर हैं अथवा हमारे देश के अन्य कोई, हाथ की करामात तभी तक शोभा देती है और गले की करामात भी तभी तक श्रोता स्वीकार करते हैं, जब तक एक विशेष कलात्मक उद्देश्य की पूर्ति के लिए गाने में उसे स्थान दिया गया है। क़ायदा तभी तक सह्य होता है, जब तक वह गाने का मिज़ाज बढ़ा देता है, उसे महफ़िल में जमा देता हो। उसके बाद उसे एक जगह पर आकर तो रुकना ही पड़ता है। वह भी कलात्मक भंगिमा की एक विशेष माँग पर। जिस तरह से अति विलम्बित की गायन में चमत्कारपूर्ण अपेक्षा होती है, उसी तरह से अति द्रुत की भी ख़ूब ज़रूरत होती है। दोनों के मिलने से ही गाने में भरावट आती है। इसीलिए सिर्फ़ क़ायदे के निर्वाह के लिए साँ-साँ करते हुए यदि कोई अतिद्रुत में गा रहा है, तो इससे तो मनुष्य के मन में कोई हिल्लोल तो पैदा होगी नहीं। सभी की एक सीमा रेखा होती है, अगर उसका उल्लंघन

किया गया तो सब मटियामेट हो जाता है। संगीत ही बरबाद हो जाता है। यह झकमारी और झगड़ा-झंझट के साथ बजाने से राग-रागिनी तक हमारे सामान्य अर्थों में एक राग अर्थात् क्षोभ बन जाता है। यहाँ पर राग का अर्थ है क्रोध। अर्थात् संगीत को आपने क्रुद्ध कर दिया। दाँतों और मुँह को खींचते हुए इसे दिखाकर अनेक लोगों को चौंधिया देना। इस भाव-भंगिमा में वह या तो तबलची को मारने का प्रयास कर रहा है अथवा तबलची का प्रयास हो रहा है तबला पीट-पीट कर बजैये के बाजे को जहन्नुम में भेजने के लिए। अथवा ऐसी सब लयों का कारोबार शुरू हो गया कि वह बजाने के अन्त तक एक तरह की पहलवानी हो जाती है। दुःख का विषय यह है कि अन्तिम दौर में ध्रुपद धमार में भी यही चीज़ आ गयी थी। वे लोग भी पखावजबाज़ के साथ मिलकर हूँ-हाँ करें ऐसा भद्दा व्यापार करने लगे कि ध्रुपद सचमुच में मार खाकर रह गया। कई गवैयों-बजैयों ने तो धमार का अर्थ ही यह लगा लिया था कि पकड़ो और मारो। और शारीरिक बल पर गाने-बजाने का यह व्यापार शुरू हुआ नवाब बहादुरों के दरबारी कार्यकलापों से। और एक विशेष अर्थ में ख़याल के उत्थान के समय से ही। जैसे ही मनुष्य की नज़र तैयारी की ओर गयी वैसे ही यह शास्त्रीय बुद्धि का अनुसरण धीरे-धीरे लुप्त होना शुरू हो गया। तैयारी के इस कार्य ने ही एक अच्छे वादन में टेंशन शुरू कर दिया। इस तनाव ने, इस मानसिक उत्तेजना एवं उत्कण्ठा ने धीरे-धीरे संगीत के रस को ही बहुत कुछ घायल कर दिया है। कह सकते हो, गत डेढ़ सौ बरसों में गाने-बजाने में यह टेंशन निर्मित हो गया है। लोगों ने शास्त्र पढ़ना बन्द कर दिया। जो जिसका मार्ग था, उसी पर चलने लगा, अपने घराने के मार्ग पर चलकर विकसित होने लगा, दूसरे का अगर कुछ लेता भी है तो वह उसे अपने घराने का है, यह कहकर चलाने लगता है। वह जो गा-बजा रहा है, वह कितना शास्त्रसम्मत है, इस सम्बन्ध में उसे ज़रा भी पीड़ा नहीं है। सिर्फ़ तैयारी के बल पर ही क़िला फ़तह करना चाहता है। शास्त्र का पठन-पाठन और भी कम हो गया, कारण, शिल्पी लोग लिखने-पढ़ने के रास्ते पर ही नहीं गये। फिर उन्हें समय ही कहाँ से मिलेगा ? सारी जाग्रत अवस्था तो चली गयी रियाज़ में, रियाज़ और रियाज़।

फिर भी एक बात यहाँ और आ जाती है, बाप-बेटा, अथवा गुरु-शिष्य। उसी प्राचीन युग से ही बाप से बेटा और गुरु से शिष्य यह व्यापार ज़रूर चला आ

रहा है। इतना खटकर, इतनी मेहनत कर कोई शिल्पी जो सीखा करता था, उसका सर्वतोभावेन यह प्रयास रहता था कि उसे गुप्त रखा जाये। अपने घर की दौलत समझकर उसे छिपाकर रखना। इस मनोभाव को अवश्य समझ लेना चाहिए। लगभग सभी घरानों के गायन में तुम जो अपने-अपने रूप पाओगे वे सब असल में इसी गुप्त रखने के प्रयास से ही सम्भव हुए हैं। इसके अलावा हर गुरु की इच्छा अपनी शिक्षा सुपात्र को देने की होती है। यह बहुत कुछ कन्यादान जैसा कार्य है। सत् पात्र को दान देना यह पुरानी प्रथा है। और वह संगीत-गुरुओं में अच्छी तरह प्रचलित थी। सामान्य रूप से यह सत् पात्र होता था उनका अपना बेटा। बेटा अगर ना हो तो भाई या बहन का बेटा अथवा घर का कोई भी दिमाग़दार बेटा। कहीं-कहीं लड़कियों को भी यह शिक्षा दी जाती थी। घर के बाहर गुरु केवल प्रिय शिष्यों को ही सिखाया करता था और आगे चलकर ये शिष्य ही उनके गुरुकुल के व्यक्ति हैं, इस नाम से समाज में चिह्नित हुआ करते थे। इस देने-लेने में अवश्य एक तारतम्य तो बना ही रहता था। इसीलिए इस शिक्षा-दीक्षा में बराबर हमें एक ही चीज़ मिलती रहती थी। गुरु अपने बेटे को ख़ाँटी, बिना पानी मिली विद्या सिखाता था। शिष्य को थोड़ा पानी मिलाकर दिया करता था। दोनों लोगों को एक ही राग सिखाता था, किन्तु शिष्य को शायद दो तुक नहीं देता था। अस्थायी अन्तरा देता था हालाँकि आभोग संचारी नहीं देता था। अथवा एक ही राग एक ही व्यक्ति को सिखाया रूपक ताल में और एक व्यक्ति को एक ताल में। अथवा एक ही राग एक व्यक्ति को बताया नायिकी कनाड़ा और एक व्यक्ति को सहाना कनाड़ा। ये चीज़ें हमें बार-बार देखने को मिलती हैं। कई बार ऐसा भी हुआ कि बेटा मर गया। किसी को ठीक से सिखाने का अवसर ही नहीं मिला। तब एक दो तीन शिष्य गण एक ही गुरु के गाने को लेकर, एक ही राग को लेकर पूरे जीवन झगड़ा करते हुए मरते रहे। इस तरह हम देखते हैं, हमारे शास्त्र की कई असली चीज़ें अर्थात् तथ्य पर आधारित रूप अथवा बन्दिश लुप्त हो गयीं। शायद उनका नाम रह गया है किन्तु उस नाम से हमें मिली दूसरी चीज़। जो जिस दृष्टि से देख रहा है, उसी दृष्टि से उसे ले रहा है। कोई यह नहीं बता सकता है कि कौन-सी चीज़ असली है अथवा कौन क्या है। मालकोंस अथवा इमन लेकर दो मत नहीं हैं, इस-उसमें थोड़ा हेर-फेर है किन्तु जैसे ही तुम लाचारी तोड़ी अथवा बहादुरी तोड़ी पर आओगे, अथवा लच्छा साख या देवसाख देखोगे अथवा रामदासी मल्हार या मीराबाई मल्हार या छर्जू अथवा मल्हार तब पाँच-सात तरह के ढंग आकर उपस्थित हो

कुछ दिन पहले तक देखता था कि कुछ लोग सिर्फ़ गायन के गुणों को ही लेकर पड़े रहे। कण्ठ का अभ्यास उतना किया ही नहीं। इसलिए उनके कण्ठ में एक तरह की कर्कशता आ गयी। फिर, दूसरी तरफ़ एक ग़ुलाम अली ख़ाँ हो गये, एक अमीर ख़ाँ हो गये। गायन में जिनकी चमत्कारपूर्ण तैयारी थी, यद्यपि सुनने में कितना अच्छा लगता था। पूरे गाने को ही ये अपने सामने साकार देख लेते थे। एवं उसी तरह से उसके रूप को प्रस्फुटित कर देते थे।

जायेंगे। इसके गाने का ढंग यह है, उसके गाने का ढंग यह। इस तरह के कितने ही काण्ड होते हैं। कभी-कभी तुम देखोगे कि बन्दिश भी सम्भवतः एक जैसी हो सकती है, देखोगे कथा के अन्त में 'कहत मियाँ तानसेन', अथवा 'कहत हरिदास' या 'सदारंग' इत्यादि पंक्ति गायी जाती है। किन्तु दोनों में अन्य सब मामलों में बहुत बड़ा फ़र्क़ पड़ जाता है। फिर बात उठती है सदारंग की चूँकि वे सवा लाख से भी ज़्यादा गाना गा गये थे। ईश्वर ही जानता होगा कि ये सब गाने उन्हीं के हैं या और किसी के। हो सकता है उनके शिष्यगण ने अपनी इच्छा से बनाये गये गानों को उनके नाम से चला दिया हो। थोड़े ध्यान से देखा जाये अगर वो स्टाइल एवं तकनीक के हेर-फेर से इस तथ्य को अवश्य पकड़ा जा सकता है। फलस्वरूप, आजकल एक शिल्पी और शास्त्र में हमें जो मिलता है वह पहले की अपेक्षा बहुत भिन्न है। शायद, असली वस्तु तो कहीं खो नहीं गयी है। अगर एक स्थान पर हमें नहीं मिलती है, तो बिखरी हुई यहाँ-वहाँ तो सब कुछ विद्यमान है, फिर भी तुम्हें उसे खोजना पड़ेगा। खोजकर उसे प्राप्त करना होगा। इस बिखरावट का दायित्व बहुत कुछ हमारे संगीत गुरुओं का ही है। एक ही चीज़ एक स्थान पर एक नाम से और दूसरी जगह दूसरे नाम से चलायी जा रही है। इसीलिए अनेक झगड़े-झंझटों के मूल में वही लोग हैं। फिर भी भरोसे की बात यह है कि संगीत कभी रुकता नहीं है। नष्ट होकर जहन्नुम में नहीं जाता है। इसीलिए आज हमें अपने गायन-वादन का देश घूमकर, लोगों को देखकर सब कुछ मिल जाता है। एक तरह से पुनः प्राप्त कर लेते हैं। हमारा परिश्रम बढ़ गया है, हमारा काम भी बढ़ गया है, किन्तु, अगर हम अपना प्रयास जारी रखें, तो संगीत का तत्त्व और तथ्य हमें खोजने पर निश्चय ही मिल जायेंगे। और ऐसा निरी पहलवानी करने से नहीं मिलेगा। प्रत्यक्ष मेधा सीधे-सीधे बुद्धि, प्रज्ञा, विचार, चिन्तन, अध्यवसाय और अभ्यास-अनुशीलन के माध्यम से मिल सकता है। मेर घराना ही सब कुछ कहने वाला है, मूर्खता यहीं पर है। सब कुछ कहने का मैं ही अधिकारी हूँ, मूर्खता यहीं पर है। जहाँ संगीत में बड़े होने की बात है, वहीं पर विनय की भी उसमें ज़रूरत है। हाँ, दूसरे की चीज़ लेकर अपने घराने की कहकर चलाना यह दूसरी बात है। अब इसके बारे में नये रूप में मैं क्या कहूँ।

जगलरी अथवा पहलवानी के प्रसंग पर पुनः आता हूँ। निश्चय तुमने पहले की बोलियों या बातों को सुन रखा होगा। जैसे कत्थक कैसे सीखोगे? क्या जल में उतरकर। छाती भर पानी में खड़े होकर रियाज़ करोगे? कारण, पानी

में पैर चलाने में काफ़ी तकलीफ़ होती है। और एक दल ने कहा कि सीखने के और भी अच्छे रास्ते हैं। पाँच सेर के घुँघरू एक पैर में, और पाँच सेर के घुँघरू दूसरे पैर में। उसके बाद कहा गया है कि हाथों में दो सेर के कड़े पहनकर वाद्य-यन्त्र का रियाज़ करो। ये सब काम इतने बचपने से भरे हुए हैं कि बताओ क्या कहूँ! इससे रियाज़ करने में सुविधा क्या मिलती है, पता नहीं, अन्ततः संगीत की तो कोई उन्नति नहीं होती है। फिर, उसके बाद पहलवानी के बारे में मेरा कहना है, पहलवानी के द्वारा एक संगीतज्ञ व्यक्ति और सुर के लिए पागल एक प्रेमी श्रोता को कितने लोग आजकल ख़ुश कर पाते हैं? सामान्य श्रोता और समझदारों में इन सबको आज के दिन कितने लोग प्रसन्न कर सकते हैं? ऐसे लोगों को उँगलियों पर गिना जा सकता है। क्या ऐसा नहीं है? उसका कारण है, कुछ दिन पहले तक देखा करता था—बड़े घराने का गायक, जिसे सब जानते हैं, वह गाने की डोर लेकर ही पूरे जीवन पड़े रहे। सुर का अभ्यास फिर उन्होंने किया ही नहीं। परिणाम यह हुआ कि उनके स्वर में एक कर्कशता आ गयी। इसलिए, जो समझदार लोग थे, सिर्फ़ वही लोग उनको सुनने जाते थे। और जो शेष लोग थे उन्होंने भागकर उनसे अपनी जान बचायी। उनकी तानें कितनी भयंकर लगती थीं। सुनने में ही अच्छी नहीं लगती थीं। और दूसरी तरफ़ देखो, कैसे एक गुलाम अली ख़ाँ हो गये हैं, कैसे तो एक अमीर ख़ाँ हो गये हैं। जिनमें चमत्कृत करने वाली तैयारी देखने को मिलती थी, हालाँकि सुनने में कितना अच्छा लगता था। पूरे गाने को ही ये लोग सामने देखने लगते थे और उसी भाव से उसका रूप प्रस्फुटित कर देते थे। क्या ऐसा नहीं है? इसलिए, मुझे लगता है, किसी गुणी पर अगर विचार करना हो तो उसके पूरे अवदान को लेकर ही विचार करना चाहिए। किसी का गला ख़राब हो जाये, तो सिर्फ़ गुणों के कारण उसकी पूजा करना—यह तुम्हें पश्चिम में कभी नहीं मिलेगा। सचमुच में जो बड़ा गुणी होता है, वह सभी के लिए बड़ा होता है। इसी जगह उसका महत्त्व होता है। पाश्चात्य देश का एक बेहालावादक यदि अपने बेहाला की छड़ के द्वारा धीरे-धीरे रिंदा चलाता जा रहा है तो उसे ये लोग कभी स्वीकार नहीं करेंगे। और यही तर्कसम्मत काम होगा। कारण, रसगुल्ले का स्वाद उसके खाने से जो तृप्ति मिले उसी में है। ख़राब गायक, यद्यपि पण्डित हो, तो वह शिक्षक तो हो सकता है, अगर वह कुछ भी न हो सके तो एक झगड़ालू या विवादास्पद संगीत समीक्षक तो हो सकता है, किन्तु एक शिल्पी कभी नहीं हो सकेगा। किन्तु, हमारे देश में मामला एकदम दूसरा है। चूँकि वह बड़े गुरु का

शागिर्द है इसलिए उसे सुना जाता है। फिर वह चाहे जितना अरसिक हो। चाहे जितना बेसुरा हो। अन्य जो लोग उसके साथ बजाते हैं वे सिर्फ़ उसकी छलपूर्ण कलाकारी को सुन पाते हैं अथवा सिद्धान्त आदि को जानने के कारण, किन्तु, सामान्य श्रोता उसे क्यों सुनेंगे? उससे उन्हें क्या मिलेगा? यद्यपि हम लोग लोगों को धीरे-धीरे समझाते जाते हैं कि तुम लोग भी उसे सुनो। वह अमुक घराने के अमुक स्टाइल का उत्तराधिकारी है। अच्छा ना लगे तो भी सुनो। अगर पैसा लगे तो पैसा उड़ेल दो। अरे भाई, कैसी विपत्ति है। जो समझता भी नहीं है, जिसे मज़ा भी नहीं मिला उसे इस झमेले में बुलाकर क्यों लाते हो भाई!

आओ, फिर राग के प्रसंग पर लौट चलें। पहले मैंने कहा था कि एक राग मेरे लिए एक सजीव मनुष्य की तरह है। यद्यपि, मैं यह नहीं बता सकूँगा कि रामकली का चेहरा इस तरह का है। विलासखानी का चेहरा ऐसा है। फिर भी, उनके भीतर की जो आत्मा है, आत्मा का जो रूप है—यदि आत्मा का रूप कहने पर सचमुच में कोई अर्थ निकलता हो, उसे मैं अपने अन्तस्थल से अनुभव करता हूँ। और वह भावना ही उस समय मेरे लिए राग का रूप है। क्योंकि, मैं सितार बजाता हूँ, इस सितार के भीतर से उस राग का अनुभव करते हुए वह राग और मैं सब दोनों एक हो गये। मेरे पूरे शरीर में तब एक राग चलता रहता है। रक्त प्रवाह के साथ-साथ शिराओं-उपशिराओं में। और सितार के द्वारा जो निकल रही है, वह उस भावना का साकार रूप होता है। उस समय मैं यह नहीं सोचता हूँ कि मैं तो सितार बजा रहा हूँ, मैं तो सुर लगा रहा हूँ, यह सुर नहीं लगाऊँगा। उसे भीतर ही समझ लेता हूँ। शिक्षा का जो अंश आत्मा में प्रवेश कर गया है, वही उस समय व्यक्त होता रहा है भाव में, रस में और सुर में। उस समय फिर किसी आरोही-अवरोही का विचार आता ही नहीं है। सिर्फ़ ध्यान। उस समय राग ध्यान के माध्यम से शरीर के सारे चक्रों में आकर ठहर जाता है। जीवन की सारी व्यथा-वेदना, उस समय इस राग में, इस सुर में, इस अनुभव में मूर्त हो उठती है। जब ग़ुलाम अली ख़ाँ, अथवा अली अकबर ख़ाँ, अथवा अमीर ख़ाँ गाया करते या बजाया करते थे, उनके उस संगीत में, उनके जीवन की समस्त व्यथा, वेदना, आनन्द, अनुभूति ठीक-ठीक फूट उठती थी या फूट उठती है। उनके गाने में इसीलिए एक राग, एक चरित्र रहता है, एक जीवन्त सत्ता रहती थी। एवं राग कहने का जो अर्थ होता है, ठीक वही समझ में आता था। वे लोग तो केवल बन्दिश सुनाते नहीं थे, सिर्फ़ गुरु की शिक्षा क़दम-क़दम पर खोलकर रख नहीं देते थे, वे गाने के

माध्यम से अपनी सारी सत्ता ही उड़ेल देते थे। और इसी वजह से उनके गाने में एक तरह के परे की बात रहती थी, जो सिर्फ़ शिक्षा, अभ्यास में नहीं रहती थी। कारण, राग असल में एक शिल्पी का एकदम निजी मामला होता है। अपने बेटे को मनुष्य बनाने की तरह, बड़े जतन से उसे गढ़ना पड़ता है। अपने को राग में एकदम विलीन कर देना होता है। तभी ना एक राग, एक शिल्पी का नाम लेते ना-लेते श्रोताओं के मन में उद्भासित हो उठता है।

इसीलिए अन्त में जाकर वह राग हो उठता है, उस मन का ही एक रंग। एक ढाँचे के विचार से राग तो एक माध्यम मात्र है। उसमें प्राणों का आधान करना ही एक शिल्पी का काम है। क्योंकि, शिल्पी के अपने प्राण ही उसमें बड़ा व्यापार होता है। स्वयं में अगर उसका प्रेम और प्राण न हों तो फिर वह राग में प्राणों का आधान कैसे करेगा ? राग तो प्रस्फुटित करने के लिए चाहिए विनय। राग की छाती पर चढ़कर यह कहना तो चल नहीं सकता है कि देखो मैं यह राग बजा रहा हूँ। राग तो मेरा ग़ुलाम है आदि-आदि। तब वह हो जाता है आरोही-अवरोही मात्र। तब तो मैं केवल ठाट बजा रहा होता हूँ। राग के सामने जो सिर झुकाना जानता है, जो राग का दास हो सकता है, रागानुरागी, वही राग के प्राणों की अभिव्यक्ति कर सकेगा—राग की महिमा प्रकाशित कर सकेगा। वही अपने मन का रंग दूसरे के मन में लगा सकेगा। रवीन्द्रनाथ के गीत में ही इस तरह की एक बात है, एक व्यथा है—उन्होंने कहा था—'देखाते पारिने केन प्राण'—मैं अपने प्राणों को क्यों नहीं दिखा सका। उनकी एक और पंक्ति याद आती है और एक गाने से—"आज सभी के रंग में रंग मिलाना होगा—" सबार रंगे रंग मेलाते हवे। यही मुख्य बात है। सभी को अपने रंग में नहीं रंग सका, तो फिर मैं कर क्या सका ?

यह तो हुआ राग के मामले में शिल्पी का अपना पक्ष। राग की अनुभूति का कुछ दायित्व श्रोता के ऊपर भी आता है। राग बाजे से कितना प्रस्फुटित हुआ उसे आत्मसात् करने और उसका स्वाद लेने का बहुत-सा भार बहुत कुछ श्रोता का अपना भी है। इस दृष्टि से श्रोताओं के बीच हम दो तरह के बड़े भाग कर सकते हैं। एक दल ऐसा है जिसमें अनेक गायक और वादक भी आ जाते हैं, जिन्होंने गायन सुना है, उससे प्रेम भी करते हैं, अथवा बहुत से ऐसे हैं जो स्वयं गाते नहीं हैं, किन्तु गाने-बजाने का जिन्होंने रस लिया है। वे शायद मालकोंस के स्वरूप को तो जानते हैं, किन्तु, यह नहीं बता सकते कि यह मध्यम लगा अथवा नहीं लगा। अथवा इसी तरह से उनके हृदय में प्रविष्ट

होते रहते हैं इमन कल्याण अथवा केदारा आदि राग। और एक दल इनसे थोड़ा आगे रहता है। वे यह समझ सकते हैं कि कौन-कौन से स्वर लगे हैं। इसके और भी आगे की ओर बढ़ने पर हमें वही दल मिलता है, जो स्वयं भी संगीतज्ञ हैं और उसे ख़ूब गहरायी से समझते भी हैं। समझदारों में इसके होते हैं तीन भाग। वे हमारी राग-रागिनी को दूसरी दृष्टि से लेते हैं। वे मन और हृदय इन दोनों का ही प्रयोग कर मेरे राग में प्रवेश करते हैं। और बाक़ी जो बच गये, वे पूरे सितार बजाने को आवेग और इमोशनली आत्मसात् करते हैं। इसके साथ सितार बजाने में उन्हें एक दृश्यात्मक प्रक्रिया भी देखने को मिलती है। अर्थात् तान कैसी जा रही है और सितार पर हाथ किस तरफ़ जा रहे हैं। उँगलियों की ऊपर-नीचे कैसी दौड़ है। उन्हें शायद इसका आभास नहीं मिल पा रहा है कि इस दौड़ में कितने सुर बेसुरे लगे, अथवा जो गमक गतिशील हुई, उसके सभी सुरों में कितने ठीक लगे अथवा नहीं लगे। इनके लिए पूरी चीज़ ही एक दृश्य-श्रव्य व्यापार है। एक चौंकाने वाली चीज़। गवैये के मुँह खींचने और हाथ फटकारने, फैलाने के साथ तान निकालने में भी इनका एक मुग्ध करने का प्रयास रहता है।

इसीलिए श्रोताओं में भी एक प्रकार का वर्गीकरण होना चाहिए। समझदार श्रोताओं में भी एक दल ऐसा रहता है, जिसका भाव ऐसा होता है,—मैं संगीत को ख़ूब समझता हूँ। वे आवाज़ उठाते हुए मजलिस में सदा सुनते रहते हैं। ज़ोर-ज़ोर से वाह-वाह करने के पीछे इनका मन्तव्य रहता है अन्य श्रोताओं को चौंका देना। अन्य लोग जिससे यह ना सोचें कि इस भद्रपुरुष ने ज़रा भी नहीं समझा है। यह एक प्रकार का अहमात्मक व्यापार है। वे संगीत समझते हैं यह सच है, किन्तु, समझने में भी एक तरह के विनय की अभिव्यक्ति आवश्यक है। उनके तारीफ़ करने का ढंग ऐसा होता है कि देखो, शिल्पी भी जानता है कि मैं कैसा पण्डित हूँ। मैं उसके साथ-साथ चल रहा हूँ। वह सिर्फ़ गा-बजा लेते हैं, मैं ऐसा नहीं कर पाता। इन मास्टर मोशाई; अथवा विचारक वर्ग के श्रोताओं के सामने बजाने में बैठते ही मेरा तो भाई गाने का सब रस ही भीतर समा कर रह जाता है। ये लोग तो बजाना नहीं सुनना चाहते हैं, ये लोग तो अवसर मिलते ही त्रुटि पकड़ने के लिए बैठे रहते हैं।

एक दूसरा दल और होता है, जो समझता तो सब कुछ है किन्तु, मुँह से उतना व्यक्त नहीं करता है और इन्हीं में एक संख्या ऐसे लोगों की होती है, जो पूरी तरह से संगीत के रसिक होते हैं। वे लोग आँख बन्द कर मन के भीतर रस को

एकदम निचोड़कर उसे निःशेष कर डालते हैं। वे समझते हैं किन्तु किसी तरह की स्फीति उनमें नहीं होती है, वे बकते नहीं हैं। 'मैं इतना समझता हूँ'—यह विचार उनके मन में कोई जगह नहीं प्राप्त कर पाता है। यह रसिक दल ही मेरा सबसे प्रिय श्रोता है। और मुझे लगता है किसी भी गवैया-बजैया का भी। ये लोग शायद हर चीज़ में आहा-आहा नहीं करेंगे, यह देखिये गांधार लग गया, बजाने के साथ-साथ ऐसा नहीं कहेंगे—क्या कहने, वाह-वाह, क़सम ख़ुदा पाक रसूल की, सुभानाल्लाह, अहा, क्या गांधार लगा दिया आदि-आदि। और जो रूढ़िवादी हिन्दू श्रोता हैं, वे कहेंगे, बलिहारी हैं। फिर वे लोग तो संस्कृत भाषा के अलावा और कुछ कहेंगे ही नहीं। अथवा, 'साधु। साधु।' कहेंगे। यह जो भड़ैती का भाव है, यह मेरे लिए अत्यन्त पीड़ादायक है। किन्तु, कोई—फिर वह चाहे लड़की हो, लड़का हो, बूढ़ा हो, सुन्दर हो या असुन्दर हो, वह अगर उतना ही समझदार और रसिक हुआ तो उसकी आँखों में वही प्रेम फूट उठेगा। वह तुम्हारी ओर टकटकी लगाये हुए है और तुम समझ रहे हो उसका मन आनन्द से कैसा सिक्त हो गया है। मैं अगर किसी की तरफ़ देखूँगा तो मेरी नज़र उसी पर पड़ेगी। उसकी आँखों से ही मैं समझ जाऊँगा कि वह समझ रहा है और आनन्द ले रहा है। उसके साथ मेरे प्राण घुले-मिले जा रहे हैं। इससे बढ़कर प्रेरणा मेरे लिए और कुछ नहीं है। यही होते हैं रागानुरागी। इन्हीं के बीच एक राग को व्यापकता दी जा सकती है, उसे फैलाया जा सकता है। अपने मन का राग इनके मन में भी ढाला जा सकता है।

मेरे प्रिय गान

जिसे हम लोग सौन्दर्यतत्त्व अर्थात् एस्थेटिक्स कहते हैं—एवं चिन्तन-मनन—इन दोनों का योगायोग जिस गाने में होता है, मैं उसी को एक सार्थक गाना कहूँगा। मैं वैसे ही गाने से प्रेम करता हूँ। इन दोनों के मिश्रण के साथ-साथ मैं और भी जो चीज़ चाहता हूँ, वह है गाने की एक आध्यात्मिक शक्ति, उसे तुम एक स्प्रिचुअल एटमोसफियर—आध्यात्मिक परिवेश—कह सकते हो। इन तीनों का समन्वय यदि तुम घटा सको, तो तुम्हें एक उच्च स्तर का गाना मिल जायेगा। उस गीत से पूर्ण आनन्द मिल सकता है। हाँ, यह ज़रूर है कि हमारे ध्रुपदी गान सुनकर अगर तुम्हें यथार्थ आनन्द पाना हो तो तुम्हें बहुत पहले से ही अपने मन की तैयारी करनी होगी। यह बात मैंने पहले भी कई बार कही है कि एक व्यक्ति का गायन या उसका बजाना सुनने के दौरान अगर

तुम अन्य किसी ढंग का गाना सुनना चाहते हो तो यह तुम्हारी भूल होगी। यह तुम्हारे अपने लिए ही क्षतिकारक होगी। कारण, इस स्थिति में गाना सुनकर तुम्हें पर्याप्त आनन्द नहीं आयेगा।

इस समय मैं अपने कुछ प्रिय गायकों के प्रसंग पर लौट आता हूँ। जैसे, फ़ैयाज़ ख़ाँ साहब। उनके गाने मुझे सदा अच्छे लगे हैं। हिन्दुस्तान रिकॉर्ड डिस्क में तीन, साढ़े तीन मिनट का रिकॉर्ड है, किन्तु, उसमें ही उनके गायन की विशेषता लक्षित की जा सकती है। उनकी एक शक्तिशाली एप्रोच थी, जिस वजह से वे बड़े पुरुषत्व के साथ राग पर आक्रमण किया करते थे। राग के प्राणों को बड़े चमत्कृत ढंग से वे पकड़ पाते थे। इसके अलावा वे बड़े बलिष्ठ अन्दाज़ में गाया करते थे इसीलिए उनके प्रस्तुतीकरण में एक बड़ा सुन्दर प्रभाव रहता था। उसमें उनका स्वयं का व्यक्तित्व प्रस्फुटित हो उठता था। विशेषकर उनके गायन का 'नूम तूम' अंश मुझे ख़ूब प्रिय लगता था। उनकी आलापचारी का भाग न तो हमारे बीनकारों के ढंग का है, न रबाबियों जैसा है, दोनों को मिलाकर उनकी अपनी एक चमत्कारपूर्ण वस्तु हो गयी है। उसके बाद वे जो जोड़ गाया करते थे, उसकी क्या बात है, आहा। हम जोड़ उसे कहते हैं जो वादन के अंग से लिया जाता है, किन्तु, उनके लिए वह था 'नूम तूम'। आलाप के बाद का जो क्रम है अर्थात् लयबद्ध आलाप के रूप में वे जो गाया करते थे—मुझे सचमुच में ख़ूब अच्छा लगता था। गले से वैसा गाना गाते मैंने और किसी को सुना नहीं है। हाँ, उनकी नक़ल करते हुए कई-कई लोग गाते हैं, किन्तु, उनके और उन लोगों के उस गायन में क्वालिटी का बहुत बड़ा अन्तर बना रहता है। उसके बाद उनके धमार को लीजिये। वे जो धमार गाया करते थे, वह अधिक विलम्बित लय में नहीं गाया करते थे। थोड़ा उससे बढ़ाकर ही गाया करते थे। फिर भी उनका हिसाब इतना सुन्दर था, इतनी सुन्दरता से प्रारम्भ पर आते थे, फिर वाणी को लेकर उसे दुगुन, चौगुन करते हुए गायन को सजाते थे—कि यह एक चमत्कार होता था। ख़ाँ साहब बड़े रागों को ख़ूब अच्छी तरह गाया करते थे, फिर भी चाहे जो राग हो, उसके प्रति उनकी एप्रोच एकदम दूसरी तरह की होती थी। उनके सुर लगाने का ढंग खड़ा-खड़ा था। शायद इसके पीछे एक कारण रहा हो, वह था हारमोनियम का प्रभाव। मेरे एक प्रिय शिष्य शमीम अहमद के पिता ग़ुलाम रसूल फ़ैयाज़ ख़ाँ साहब के गाने के साथ हारमोनियम पर संगत किया करते थे। मैंने सदा लक्षित किया है, उनकी संगत ख़ाँ साहब को बहुत उत्प्रेरित किया करती थी।

अब्दुल क़रीम ख़ाँ मेरे एक और प्रिय शिल्पी हैं। उनके गायन में एक जो विस्मयकारी तत्त्व था, वह था उसमें क्रन्दन का भाव। इसे वे कैसे साकार करते थे, इसे भगवान ही जानते होंगे। ऐसा प्रतीत होता था, जैसे रो रहे हों। ऐसा लगता था जैसे उस व्यक्ति के हृदय में सारे जगत् की वेदना जमी हुई है।

एक सुर से अन्य एक सुर को मिलाकर मीड़ खींचते हुए आगे बढ़ना—यह उनका कोई कम काम नहीं था। थोड़ा ज़ोर लगाकर गाया करते थे और एकदम सीधे सुर लगाया करते थे। इसी वजह से, सच कहने में कोई हर्जा

नहीं है, उनका दरबारी मेरे प्राणों को इतना स्पर्श नहीं कर पाता था। उसका कारण है, दरबारी राग में जिस गांधार को हम बहुत महत्त्वपूर्ण मानते हैं, वह उससे लिपटा हुआ अत्यन्त कोमल गांधार होता है, वह एक हिल्लोल और कम्पन के साथ लगाया जाता है, उसे मैं लक्षित करता था कि वे सीधे, खड़े रूप में लगाते थे। सम्भवत: अति कोमल गांधार ही लगाते थे, किन्तु, जिस तरह से सीधे-सीधे लगाते थे कि सुनने में मुझे दूसरी तरह का लगता था। अच्छा, अब दरबारी राग को लो। गाने में मुझे सवाई गन्धर्व, सुरेश बाबू माने, वाहिद ख़ाँ साहब और अमीर ख़ाँ का दरबारी अच्छा लगता है। दरबारी राग कई बार गाते हुए गंगूबाई को भी सुना है। मेरे सितार में, सच कहने में कोई हर्जा नहीं है, हमारे घर अर्थात् बीनकार सेनिया घराने को छोड़कर पूरी तरह दरबारी राग किसी का भी अच्छा नहीं लगता है। उसका कारण है, दरबारी का जो वैशिष्ट्य है, जिसे सुन-सुन कर, साधना करके हम लोगों ने आयत्त किया है, उसे समझा है, अर्थात् गांधार का जो अमोघ प्रयोग है, वह हमें कहाँ मिलता है? दरबारी को लेकर हँसी-विनोद करना अलग बात है, उसे सुर में लेकर इधर-उधर हिलाना-डुलाना। फिर भी इस राग के जो प्राण हैं, जो करुणा है, जो भव्यता है, वही हाथी की तरह धीर-मन्थर चाल, उस हाथी को लेकर अगर कोई अब हरिण की तरह दौड़ाने लगे तो वह तो एक भद्दा व्यापार हो जायेगा। हम लोग इसे ख़ूब मानते हैं कि तेत्तमन्त के मत से—'तेत्तमन्त मत' अर्थात् तानसेन का जो मत था उसके अनुसार इन सब राग-प्रयोगों के नियमों की ख़ूब सटीक व्याख्या और विवेचना मिलती है। कौन राग सिर्फ़ विलम्बित होगा, एवं किस राग में सिर्फ़ मध्य विलम्बित होगा, उससे अधिक नहीं होगा अथवा किस राग में विलम्बित हो ही नहीं सकता है, यह सब पहले से ही निर्धारित है। अब कोई यदि आड़ाना राग लेकर शरीर के ज़ोर से विलम्बित आलाप लेना शुरू कर दे, तो वह अन्याय है। इसी तरह से दरबारी का भी एक फ़ासला है, उसकी भी एक परिधि, अथवा सीमा रेखा है, उससे अधिक द्रुत लय में उसे गाया जाये, तो फिर उसमें दरबारीपना नहीं रह जायेगा। असावरी, दरबारी तथा ऐसे ही कुछ और भी भारी-भारी राग एक विशेष सीमा तक जाते हैं, उसके बाहर जाने पर उस राग का चरित्र नष्ट हो जाता है। वह गाम्भीर्य, वह स्वरूप उसका भ्रष्ट हो जाता है। दरबारी में ही क्यों ना गाना शुरू करो—क्योंकि गाने तो बहुत से हैं। किन्तु, वे गाने ही बड़ी बात नहीं हैं। ध्यातव्य जो विषय है, वह है गायक की एप्रोच। सिर्फ़, गाने में सत्य कुछ नहीं है। वही मुबारक बाँदिया, दरबार तोरो, घुँघटाके पटल खोल, एक-एक गायक के मुँह

से तुम सुनोगे कि बड़े चमत्कृत करने वाले शब्दों का प्रयोग करने के बाद ऐसा लगेगा जैसे उसने राग को घोड़ा बना लिया है और उसे दौड़ाये लिये जा रहा है। और कोई वहीं पर ख़ूब सीधी-सादी वाणी के जाल में राग को प्रतिष्ठित कर डालता है। इसीलिए गाने की बन्दिश की बात ही हमारे संगीत में बहुत बड़ी बात नहीं है। उस बन्दिश को किस तरह निबाहा जा रहा है, किस तरह अंजाम तक पहुँचाया जा रहा है, वही लक्षित करने योग्य बात होती है। चूँकि दरबारी राग मुझे बहुत अच्छा लगता है, जो गायक किनारा पद्धति से गाते हैं, उनको सुनने में। विशेष रूप से इस युग में मुझे अच्छा लगता था अमीर ख़ाँ के कण्ठ से सुनने में। ख़ैर जो भी हो, फ़ैयाज़ ख़ाँ के प्रसंग पर फिर लौटा जा रहा हूँ। उनके गाने में जो मुझे विशेष अच्छा नहीं लगता था, वह था उनका विलम्बित ख़याल। उनके मध्य द्रुत लय के ख़याल अर्थात् छोटे ख़याल ही अद्‌भुत थे। उनके धमार गाने की गुणवत्ता का उल्लेख तो मैं पहले ही कर चुका हूँ। उनके ख़याल में बोलतान का काम मुझे मुग्ध कर देता था। जिसे तुम लोग धमार का एक अंग कह सकते हो। गीत के बोलों को लेकर वे उसका रूपान्तर करते हुए इस तरह चलते रहते थे कि उससे उनका एक निजी ढंग ही गढ़ उठता था। उनकी तान-टान भी ख़ूब दाना बाँधकर, भारी गले और मर्दाने स्वर में इतनी अच्छी तरह उतारती थी, जिसे जबड़े से लगायी जाने वाली तान कहते हैं। हलक से निकलने वाली उनकी तान भी ख़ूब अच्छी थी। एक और व्यापार भी था। शायद उसकी स्पीड इतनी अधिक नहीं थी, किन्तु उनकी तानें बारूद के गोले की तरह चलती थीं। प्राणों को छूने की बात कह रहे हो? फ़ैयाज़ ख़ाँ के गाने में प्राण छूती थी उनकी तूम तूम और कुछ-कुछ उनके आलाप का अंश। उसके बाद उनके नट विहाग, राग को लीजिये। 'झन झन पायल बाजे' इस रिकॉर्ड में नट विहाग का कितना सुन्दर प्रयोग किया है, ज़रा सोचकर देखिये। सभी में उनका एक पुरुष जैसा भाव है। ठुमरी में भी उनका यही भाव था। और जो चीज़ तुम्हें मैजुद्दीन के रिकॉर्ड में मिलेगी, उसी का कुछ-कुछ अंश तुम्हें फ़ैयाज़ ख़ाँ में मिलेगा। यह भी समझ जाओगे कि मैजुद्दीन का प्रभाव कहाँ तक है।

अब अब्दुल क़रीम ख़ाँ के प्रसंग पर आओ। मेरे और एक अत्यन्त प्रिय गायक जिसे मैं उनका रिकॉर्ड सुन-सुनकर ही समझ सका हूँ। जो गाने वे सवाई गन्धर्व और इस-उसको दे गये हैं, स्वयं उन गानों को वे एक बार भी नहीं गाते थे। उनका फिर क्या हुआ, क्या पता! कई बार मुझे ऐसा लगा है कि राग-

रागिनी के मामले में वे यथेच्छाचार करते थे। फिर उनके गानों में जो एक विस्मय का तत्त्व था, वह था, क्रन्दन का भाव। वे ऐसा कैसे करते थे, इसे भगवान ही जानता होगा। उनका गाना सुनकर ऐसा लगता था, जैसे वे रो रहे हों। मानो उस व्यक्ति के मन में पूरे संसार की वेदना इकट्ठी होकर बैठ गयी थी। सुना है वे बड़े प्रेमी जीव थे। कई लोगों से उन्होंने प्रेम किया था। अनेक बच्चे भी हुए थे विभिन्न स्त्रियों के गर्भ से। और इतने प्रेम-प्यार के बीच भी, जिस प्रेम की व्यथा को लेकर इतने डूबे रहते थे कि क्या कहूँ, आहा! वैसी व्यथा गाने में कौन दिखा सकता है ? प्रेम-जीवन में उन्हें जो मिला, जो नहीं मिला, वही वे गानों के सुर में खोलकर प्रस्तुत कर देते थे। उनका रिकॉर्ड सुनकर ही तुम इस चीज़ का आभास पा जाओगे। इतनी धीमी आवाज़ किन्तु कितनी सुरीली थी और कितने सुर में! तो भी वे उस समय और राग-रागिनी के बन्धन में नहीं रहना चाहते थे। इस तरह का एक भाव आ जाता था। उनके बड़े-बड़े रागों के गाने सुनकर इसीलिए उतना मन भरता नहीं था, जितना छोटे-छोटे रागों के काम से भर जाता था। जिस क्षण तुम 'यमुना के तीर' अथवा 'पिया बिना आबत नहिं चैन' सुनोगे तुम्हारा दिमाग़ ख़राब हो जायेगा। दुनिया के चिरकालीन श्रेष्ठ गानों के भीतर उनके ये गाने आते हैं। कोई किसी भी दिन इन्हें भूल नहीं पायेगा। आज तक ऐसा नहीं हुआ है और आगे भी नहीं होगा। उनके इन्हीं गानों में प्राणों का जो आह्वान वे जो मरोर पैदा कर गये हैं, वैसी चीज़ या तो ठुमरी में हो सकती है या मिश्र ठुमरी के माध्यम से, किन्तु अगर उसे किसी बने-बनाये साँचे में डाला जाये तो उसकी कोई अर्थवत्ता नहीं रहेगी। उनका जँगला ? देखो, वह तो एक नाम का मामला है। अलग-अलग व्यक्ति अलग-अलग नाम से एक ही वस्तु को पुकारते हैं। जंगली कहने के जो अर्थ हैं—बर्बर, जंगली, आदिवासी—इन सबको लेकर अनेक वाद-विवाद हैं। जैसे हम लोगों को जो जंगली, वन्य सुर मिला है, वह क़रीम ख़ाँ से थोड़ा भिन्न है। कारण, नाम से कुछ आता-जाता नहीं है। असली बात तो होती है गायन। उनका गाना बहुत सुन्दर था। वे पीलू, खम्बाज, कुछ मराठी सुर में कुछ दक्षिणी राग में जो सब गाने गा गये हैं, उनकी सचमुच में कोई तुलना नहीं है। उनके गायन पर दक्षिणी रागों का ख़ूब प्रभाव पड़ा था। कुल मिलाकर वे जो गाया करते थे, उसे सुनकर ऐसा लगता था कि राग-रागिनी का विचार करने की क्या ज़रूरत है ? वे उस समय हमें सब कुछ पूरी तरह भुला देते थे। राग-रागिनी के नियम-क़ानून के विधि-निषेध तक हमारे मन में फिर नहीं आते थे। उस तरह का अन्तर्मुखी कर देने वाला गायन, जो

हमारे प्राणों को छू ले, हृदय में बस जाये, उस पर विचार करने बैठना ठीक नहीं है। ये रिकॉर्ड सुनकर ही मैं समझ सका हूँ। यथेच्छाचार लेकर भी वे ही पार जा पाते हैं, जो गाने को एक अन्य स्तर पर ले गये हों। बहुत अधिक लोग ऐसा नहीं कर पाते हैं। इस वर्ग में मैं अधिक लोगों को नहीं डालूँगा। अगर मेरा प्रेम पाना हो तो सभी को राग के नियमों के किनारे से आना होगा।

मुझे सुनने में बहुत अच्छा लगा था—यह बात मैं पहले भी कह चुका हूँ—उस्ताद बड़े ग़ुलाम अली ख़ाँ से। स्वर पर वैसा पूर्ण नियन्त्रण सोचकर भी और कहीं नहीं मिलता है। पटियाला घराने की विशेषता जो द्रुत तैयारी के साथ तान है, उसे उन जैसा आज तक और कोई नहीं गा सका है। शायद स्पीड तो बहुतों के पास होती है, फिर भी वैसे सुर और सौन्दर्य-बोधात्मक दृष्टि से ख़ाँ साहब की तरह और कोई गा नहीं सकेगा। फिर भी उनके बारे में यह भी कह सकता हूँ कि उनके बड़े-बड़े सब राग सुनकर अधिक तृप्ति मुझे नहीं मिलती थी। और बहुतों को भी यही बात कहते हुए सुना है। ऐसा भी महसूस होता था कि उन्हें स्वयं भी बहुत आनन्द नहीं मिलता था। दरबारी अथवा मालकोंस जब वे गाया करते थे—निःसन्देह बहुत अद्भुत गाया करते थे। राग में कोई चूक नहीं होती थी, एक गाने में जितने गुण हो सकते हैं सभी उपस्थित रहते थे, फिर भी उसमें एक चंचलता का भाव बना ही रहता था। बड़ी जल्दी समाप्त कर डालते थे, अधिक देर तक गाना ही नहीं चाहते थे। गा सकते थे किन्तु, गाते नहीं थे। हालाँकि जैसे ही वे ठुमरी अंग का गाना शुरू करते थे, उस समय समझ में आ जाता था जैसे उनकी पूरी सत्ता जाग उठती थी। 'याद पिया की आय' अथवा 'आये ना बालम' अथवा 'हरि ओम् तत्सत्' नामक गीत जिन्हें वे गाया करते थे—इस तरह के उनके कई गाने हैं—जिन्हें गाकर वे एक ऐसे स्तर पर पहुँच जाते थे, जो सारे नियम-क़ानून से परे है, महत्त्व का यह निजी इलाक़ा है। फिर वह चाहे गान हो, अथवा सुर हो, पंजाबी हो, लचाऊ हो, ख़याल हो अथवा ठुमरी हो—वह सबसे परे होता था। तब सुरों को लेकर, किस तरह उन्हें प्रेम करते हुए वे पूरे भाव में घुस पड़ते थे, उसे भाई, शब्दों में कहकर समझाना मूर्खता है। यह सुनने के बाद ही उसका अन्दाज़ा लगाया जा सकता है। इसीलिए ग़ुलाम अली ख़ाँ भी एक दिशा हैं, एक स्वतन्त्र शैली है। उन जैसा, ठीक उन जैसा और कोई मुझे कभी नहीं लगा। रवीन्द्रनाथ के शब्दों में सभाभंग के काशीनाथ के समान सिर्फ़ सात सुर ही नहीं, बारहों सुर भी उनके पालतू पक्षी थे। स्वरों पर इस तरह का कण्ट्रोल किसी के कण्ठ में आज

तक मैंने नहीं देखा है महाशय!

यहाँ पर मैं ख़ाँ साहब की एक ख़ुद की ही कई बातें कहना चाहता हूँ। किसी राग को ज़बरदस्ती खींचते हुए बहुत देर तक गाते रहने के वे पक्षपाती नहीं थे। कहा करते थे, ज़रूरत पड़े तो मैं भी दिखाने के लिए एक राग को बहुत देर तक गा सकता हूँ। लेकिन मुझे अच्छा नहीं लगता कि एक ही फिरत को, स्वर के कम्बीनेशन को, बेर-बेर दुहराना। अरे भाई मैं तो एक ही राग को जितनी देर तक मज़ा आये, अच्छा लगे, उतनी देर गाता हूँ। आजकल के गाने-बजाने को सुनकर कई लोगों के बारे में ख़ाँ साहब की यह बात खरी उतरती है ऐसा मुझे लगता है।

अमीर ख़ाँ के बारे में मैंने पहले भी कहा है एवं अमीर ख़ाँ में मुझे जो मिला है, उसके पहले वही मुझे मिला था सवाई गन्धर्व में। किराना घराने की यह जो अद्‌भुत बढ़त है उसके माध्यम से इमोशन भाव की जो अभिव्यक्ति है, क्रीड़ा है—यह मुझे सवाई गन्धर्व में भी ख़ूब मिली थी। वे गाया करते थे किराना घराने के प्रचलित ढंग से। वाहिद ख़ाँ को जब सुना तो वे भी बहुत अच्छे लगे थे। ये मेरे एक और प्रिय शिल्पी हैं। बड़े-बड़े रागों को इतने सुन्दर ढंग से गाते गायकों में मैंने और किसी को नहीं सुना है। फिर वह चाहे दरबारी हो, मालकोंस हो, अथवा आभोगी कान्हड़ा हो, या मारवा हो, चाहे पूरिया हो, अथवा मान लीजिये मुलतानी हो, अथवा सवेरे गाया जाने वाला कोमल ऋषभ असावरी हो, सभी बहुत ललित होते थे। कितने अद्‌भुत! यही आठ-दस राग—किन्तु उस तरह से उनकी डेप्थ और उनके नियम बरकरार रखते हुए, यद्यपि उन्हें इमोशन से भरपूर बनाकर प्रस्तुत करना। अच्छे न लगने का कोई कारण ही नहीं था। और वाहिद ख़ाँ के इस गाने की पूर्ण परिणति बाद में अमीर ख़ाँ में हुई। इसीलिए मैं बार-बार कह रहा हूँ, अमीर ख़ाँ मेरे हृदय के एक प्रिय गायक हैं। मेरा चिरकाल से जो लक्ष्य था, वह मुझे उनके ही गानों के भीतर मिला। वह जो एक विराट समष्टि है, यही गायन को इतना बड़ा कर सकती है। अर्थात् ख़ाली तैयारी की दिशा में नहीं, ख़ाली विलम्बित की दिशा में नहीं, ख़ाली राग-रागिनी को घोंटने से नहीं—इन सबको लेकर भी—इन सबके परे गाने की जो संहत मूर्त्ति है, उसे पकड़ पाना—गायक का यही मूल लक्ष्य होना चाहिए। इससे क्या होगा? नहीं, जो समझ नहीं पा रहा है, उसे भी मज़ा मिलेगा। अच्छे गाने का ऐसा ही आकर्षण होता है। और जो उसे समझ सकता है, वह तो निश्चय ही और रस में डूब जायेगा। और जो व्याकरण का

किनारा ठीक-ठीक रखकर नहीं चला है, उसे भी तृप्ति मिलेगी गाने के पूर्ण कलेवर से। अमीर ख़ाँ के बारे में एक बात यहाँ अवश्य आ जाती है। अमीर ख़ाँ को तुम एक पॉपुलर गायक तो कह नहीं सकते हो। कह सकते हो क्या? कारण, जीवन में उन्होंने कई चीज़ें नहीं कीं। हाँ, यह ज़रूर है कि वाहिद ख़ाँ ने भी नहीं कीं। वे जलसे में ठुमरी कभी नहीं गाते थे। अमीर ख़ाँ यदि गाने के अन्त में इसे चटनी की तरह ठुमरी के माध्यम से देते तो शायद वे और भी अधिक लोकप्रिय होते। किन्तु, ऐसा उन्होंने किया नहीं। अब यह अच्छा रहा या बुरा इस सम्बन्ध में मैं कुछ कहना नहीं चाहता हूँ। क्योंकि यह मामला विवादास्पद है। उन्होंने अपनी समझ से जो किया, अच्छा ही किया है। मेरे क्षेत्र में यह बात बिलकुल भिन्न है। इस सम्बन्ध में मैं अपनी बुआ जी की बात ख़ूब मानता हूँ। जो राँधती है वह क्या केश नहीं बाँधती है? ठुमरी गाने से कोई जात भ्रष्ट, कुल भ्रष्ट हो गया, इस बात में मुझे विश्वास नहीं है। और इसीलिए मेरे जो आदर्श हैं—वह रवीन्द्रनाथ से शुरू कर बाबा अथवा दादा—इनमें से किसी में भी नाक सिकोड़ने का भाव नहीं था। अगर ऐसा होता तो रवीन्द्रनाथ जैसे एक व्यक्ति के लिए उचित था सिर्फ़ ध्रुपद अंग के गीतों की रचना करते जाना। कहाँ, वह तो उन्होंने किया नहीं। वही ग्राम्य गीति, ठुमरी आलापना, ख़याल गाना—इनसे लेकर कुछ भी तो नहीं छोड़ा रवीन्द्रनाथ ने। उनका कैनवस क्या था, इसके बारे में ज़रा सोचकर देखिये। कितना विशाल है, किस तरह सम्पूर्ण है। फिर भी यह उपमा देकर मैं अमीर ख़ाँ साहब को ज़रा भी छोटा नहीं करना चाहता हूँ। उन्होंने जो कुछ किया, वह उनका निजी मत अथवा निजी सिद्धान्त है। सम्भवत: उनके गाने के पक्ष में वही अच्छा था। हरेक तो अपने निजी मामले में स्वयं सबसे बड़ा निर्णायक होता है। इसलिए उन्होंने जो नहीं किया, उसको लेकर उनकी आलोचना करना अन्याय है। उनके गाने में जो था, जो उन्होंने किया, वह मेरे मत से the highest degree in musical development—संगीत के विकास में श्रेष्ठ स्तर का था। इस युग में वे जो प्रदर्शित कर गये हैं, उसे वे ही कर सकते थे। मेरे मत से उनका 'मारवा' का रिकॉर्ड चिरकालीन श्रेष्ठ गानों में आता है। उस एक तरफ़ के रिकॉर्ड में ही तुम पूरी तरह अमीर ख़ाँ और किराना घराने के गानों के सार को पा जाओगे।

इसके बाद एक और संगीत-शिल्पी हैं जो मुझे बहुत अद्‌भुत लगे थे, उनका नाम है ओंकारनाथ ठाकुर। ओंकारनाथ के पास था ईश्वरप्रदत्त एक कण्ठ।

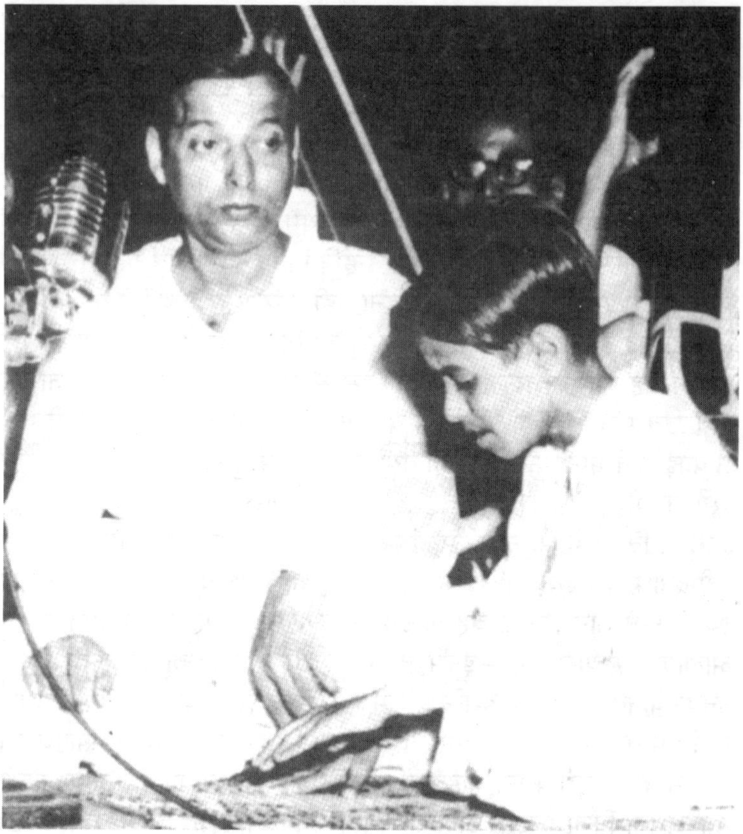

बहुत कम गायक ऐसे होते हैं जो खुले गले से गाते हैं, यद्यपि उनके भीतर सुरीलेपन का भाव प्रवाहित होता रहता है। इस तरह का कण्ठ था एक गायक तारापद चक्रवर्ती महाशय का। उस बंगाली की स्मृति ईश्वर करे सदा बनी रहे।

बहुत कम लोग ही वैसा कण्ठ लेकर जन्म लेते हैं। जैसा उनका रेंज था, वैसा ही सुर था और वैसा ही उनके कण्ठ में माधुर्य था। आवाज़ को वे कभी दबाकर नहीं गाते थे। खुले गले और अद्‌भुत सुर में गाया करते थे। वह एक अद्‌भुत घटना होती थी। ऐसे दो दृष्टान्त आपको बता रहा हूँ। सुर में गाते समय कई गायक अपना कण्ठ दबा लेते हैं। जिसे अब्दुल क़रीम ख़ाँ भी करते थे। अमीर ख़ाँ भी ऐसा करते थे। यह धीरे-धीरे गाते हुए सुर के साथ अन्तरंग

पहचान करते हुए आगे बढ़ना—यह एक प्रकार की गायन के प्रति एप्रोच होती है। बहुत कम लोग ही मिलेंगे जो खुले गले से गाते हों यद्यपि उनके भीतर वही सुरीला भाव प्रवाहित होता रहता है। ऐसा गला मुझे और भी एक व्यक्ति का मिला था। बनी हुई है उस बंगाली की स्मृति! सचमुच में बहुत अच्छा गला था उनका। अर्थात् तारापद चक्रवर्ती महाशय। उनके भीतर भी मुझे ओंकारनाथ का यह गुण मिला था। इसीलिए उनका गाना मुझे बहुत अच्छा भी लगता था। तारापद बाबू की तालीम क्या थी, क्या था उनका ढंग,

ओंकारनाथ काफ़ी अच्छा सुर लगाते थे। इसके अलावा किसी के कण्ठ में जितने गुण हो सकते हैं, वे सब उनमें थे। गाने में भी थे।

यह बात अलग है। किन्तु, उनकी आवाज़! आहा! ऐसी फुल फ्लेज्ड—अर्थात् फैली हुई आवाज़, फिर भी सुर में। मन को बहुत छूती थी वह। ओह, हाँ। और एक शिल्पी की थी यह आवाज़। वह भी बंगाली थे। सौभाग्य से उनकी याद आ गयी। तो भी उन्हें मैंने सिर्फ़ रेडियो पर सुना है। फिर भी जो कुछ सुना, उससे समझ गया कि उनका गला कैसा है। चूँकि यही भारी सुरीला गला उनके गुरु राधिका गोसाईं का भी था। चौंतीस साल के अन्तिम दौर में उसी सीनेट हॉल में सुना था और एक तुलनारहित बंगाली का। भीष्मदेव चट्टोपाध्याय को। अपूर्व प्रतिभाशाली थे भीष्म बाबू। जैसी तैयार की हुई तान, वैसा ही मीठा ज़ोरदार गला। और अद्‌भुत कल्पना शक्ति। कैसे चमत्कृत करने वाले राग प्रधान गाने गाये थे इस भद्रपुरुष ने। वैसा ही संगीत भी देते थे फ़िल्म में।

ओंकारनाथ की अपील भी वही थी। सुर इतना अच्छा लगाते थे कि पूछो मत। इसके अलावा गले का हर गुण उनमें था। गाने का भी। उनको बड़ा दम्भ भी था, काफ़ी मिज़ाजी भी थे, इन सबकी चर्चा ना करना ही हमारे लिए बेहतर है। एक मनुष्य के रूप में तो बहुतों के अनेक गुण-दोष तो बने ही रहते हैं। उनके गायन के माध्यम से हमें क्या मिला, वही सोचकर देखना हमारा कर्तव्य है। और गाने के विचार से वे भी अपने पथ के एक अद्वितीय शिल्पी थे। फिर उनके ऊपर हमारी प्रभूत श्रद्धा है। साढ़े तीन मिनट के ७८ की स्पीड में उनके कई अच्छे रिकॉर्ड हैं—उनमें नीलाम्बरी राग में 'मितवा' गाना मुझे अत्यन्त प्रिय है।

दराज़ गले की बात जब तुम पूछ ही रहे हो तो मैं भीमसेन जोशी का नाम लूँगा। ख़ूब दराज़ गला, फिर भी सुर में। इस युग के हिसाब से कह सकते हो ख़ूब खुला हुआ कण्ठ था उनका। फिर भी मैंने इसके पहले जिन कई लोगों का नाम लिया है, वे लोग किसी युग की सीमा में बँधे हुए नाम नहीं हैं। एकदम प्रकृति से ही उनका अकृत्रिम सुरीला और खुला हुआ गला। उन लोगों का वर्ग ही बहुत अलग है। फिर भी भीमसेन का ऐसा ही मामला है। इस युग के शिल्पियों में यद्यपि अपनी एक सनक की वजह से कभी-कभी क्रोध के कारण प्रोग्राम नष्ट कर बैठते हैं—किन्तु उनमें गुण बहुत हैं। जैसा प्रियदर्शन चेहरा है, वैसी ही दम-खम और वैसी ही तैयारी और तान के ऊपर अधिकार भी। कई वर्षों से वे बहुत लोकप्रिय भी हो गये हैं। और बातें तो छोड़ो उनका भाग्य तो देखो। बड़े-बड़े गवैये तो प्रायः सभी तो चले गये हैं, इसलिए रसिक समाज के लिए वे भीमसेन

ही एक टिके (जब यह पुस्तक लिखी गयी—१९७८ में अनुवादक), हुए हैं। उनके कई अच्छे एल.पी. रिकॉर्ड हैं।

इस युग के और एक व्यक्ति का खुला, दराज़ गला है, हालाँकि अत्यन्त सुरीला—वह है गंगूबाई हंगल का। इस महिला पर मेरी बड़ी श्रद्धा है। आजकल की गायिकाओं में मैं प्रायः हरेक को पहचानता हूँ, एवं इनमें से हरेक का स्नेह और प्रशंसा भी मैंने प्राप्त की है। उनमें केसरबाई से लेकर हीराबाई तक। रोशनारा के साथ भी मेरा परिचय हुआ था। हीराबाई-गंगूबाई के साथ तो मेरा गम्भीर भाव है। मधुबाई के साथ भी। इनमें से हरेक को मैं बहुत मानता हूँ। ये सभी श्रद्धा की पात्र हैं। यह मैं इनके स्त्री भाव होने के कारण नहीं कह रहा हूँ, शिल्पी के रूप में ही इनमें से हरेक एक विराट परिघटना हैं। ये सचमुच में गायिका हैं। जलसा में पुरुषों का एकाधिपत्य भंग करने के लिए ही केवल उसमें नहीं आती हैं। किन्तु इनमें से हरेक को थोड़ा विश्लेषण कर देखने की ज़रूरत है। जैसे केसरबाई। एकदम पूरी ठस बुनाई की तरह गानेवाली हैं, महफ़िल में जैसे पुरुष गायक होते हैं, ये भी वैसी ही हैं। अल्लादिया ख़ाँ साहब की तालीम के द्वारा अद्‌भुत कूट तान के प्रयोग को आयत्त कर लिया था। और वैसी ही ताक़त भी है। यह उनके घराने का विशेषत्व है जो तुम्हें मल्लिकार्जुन मंसूर में मिलेगा। इस विलम्बित आड़ा चौताल अथवा तिलवारा ताल में एक ही साँस में तान लेते हुए किस तरह प्रारम्भ पर आना—यह वे कितनी सुन्दरता से करती थीं! इसके अलावा उनकी जो तानें हैं—ख़ास तानें जैसे कूट तीन तान अंग की—एवं इनके गाने भी अधिकांश समय अनेक कूट राग—केसरबाई को भी जैसे देखा है। ये लोग जैसे नट शाउनी गाने जा रही हैं, शाउनी, नट कल्याण अथवा नायिका कानाडा—और ये सब बिलकुल अन्य शैली में—जिस शैली में अन्य सब गाते हैं। उस शैली में नहीं। केसरबाई के गायन को और भी स्मरणीय बना दिया था उनके व्यक्तित्व ने। मैंने तो जीवन में किसी महिला को गुणी, ज्ञानी, श्रोताओं—सभी से ऐसा सम्मान पाते नहीं देखा है। वे अधिकांश समय उन्हीं ओंकारनाथ की तरह एक दर्प की भावना लेकर चलती थीं। वही अधिकाधिक फीस लेना, अपना ठाट-बाट लेकर चलना, ये सब चीज़ें वे बरकरार रखे रही थीं। जीवन के अन्तिम दौर में फिर उन्होंने कभी रेडियो पर नहीं गाया था। कहती थीं फिर तो पान की दुकान पर भी मेरा गाना बजने लगेगा। यह मैं नहीं चाहती हूँ। इसे तुम उनका अहंकार कह सकते हो। फिर भी मैं उनकी इस भावना की प्रशंसा

केसरबाई थीं पूरी-पूरी ठस बुनाई की गायिका। महफ़िल में जैसे पुरुष गायक ठसक वाले होते हैं, वैसे ही वे भी थीं। अल्लादिया ख़ाँ साहब की तालीम के कारण उन्होंने कूट तान के अद्‌भुत प्रयोग को आयत्त कर लिया था। और वैसी ही उनमें दम थी।

करता हूँ। उनका निर्भीक स्वभाव उनके गाने में भी झलकता था। यह एक तरह का उद्धत व्यापार था, किन्तु, उनके पूरे जीवन एवं गानों के स्वभाव के साथ घुल-मिल गया था।

उसके बाद हीराबाई को लीजिये। हीराबाई एक अद्‌भुत आर्टिस्ट हैं। जैसा

हीराबाई एक अद्‌भुत आर्टिस्ट थीं। जैसा सुन्दर, मीठा स्वभाव था, वैसा ही उनका गाना था। सचमुच में ऐसे लोग होते नहीं हैं। उनके गानों में भी वैसा ही रंग और रस था।

सुन्दर, मधुर स्वभाव है, वैसा ही उनका गाना है। वैसे लोग सम्भवतः अधिक नहीं होते हैं। सचमुच में। गाने में भी वैसा रस और रंग। फिर भी उन्होंने गाने के एक बड़े दर्ज़े पर पहुँचने का प्रयास नहीं किया। एक बार वाराणसी में एक व्यक्ति के घर में उनका गाना सुनकर मैं मुग्ध हो गया था। समझ गया, इस

महिला ने सचमुच में ख़ूब अच्छी तालीम प्राप्त की है। मैंने उस दिन उनसे पूछा भी था, अच्छा, क्या आपने वाहिद ख़ाँ साहब से शिक्षा प्राप्त की है? उन्होंने कहा था—हाँ। अर्थात् उस दिन उन्होंने अपनी सच्ची तालीम का गाना गाया था। दरबारी एवं और भी कई बड़े-बड़े राग। उस दिन ही उनके पहली बार धीरे-धीरे बढ़त करते हुए गाने को मैंने अच्छी तरह से लक्षित किया था। कारण, वे रेडियो या जलसों में सामान्य रूप से जो गाती थीं, वह ख़ूब मिठास भरा और सुनने में सुखद लगता था। किन्तु, उसमें मुझे राग की वह गम्भीरता नहीं मिली थी। उसी दिन यह समझ में आया कि उनके गायन का एक दूसरा पक्ष भी है। उनके गाने में सौन्दर्य-बोधात्मक पक्ष प्रबल है यह मैंने लक्षित किया है। अद्भुत सुरीली तथा सुर में सिक्त आवाज़। यह सुन्दर आवाज़ एवं अपने गानों के द्वारा प्राय: तीस वर्ष तक वे एकाधिपत्य कर गयी थीं महिला गायन के जगत् पर। बचपन से ही तो मैं उन्हें सुनता आ रहा था। उसके बाद आयीं रोशनारा। रोशनारा मानो सभी को उन्मत्त कर गयीं। कई गायिकाओं के ऊपर उनका प्रभाव पड़ा। सभी एक-एक तरफ़ से उन पर मुग्ध हो गयीं। फिर भी यह सिर्फ़ आठ-दस वर्ष की घटना है। कारण, उसके बाद ही भारत का विभाजन हो गया, रोशनारा पाकिस्तान चली गयीं। कोकिलकण्ठी कहने का जो अर्थ होता है, रोशनारा ठीक वही थीं। बहुत ऊँची, चढ़ी हुई आवाज़ थी उनकी—ख़ूब सुरीली और विविधापूर्ण थी। एवं उसके भीतर भी वही मिश्रण मिलता था। किराना घराने का कुछ विलम्बित, बहुत अच्छी तरह गाया करती थीं। बाद में अब्दुल क़रीम ख़ाँ के स्टाइल में कुछ ठुमरी वग़ैरह भी गाया करती थीं, होरी आदि भी गाती थीं, और सुर या कण्ठ को भी बड़े सुन्दर ढंग से तोड़ती या मरोड़ती थीं। उनकी तान का अंश अवश्य कभी-कभी मुझे थोड़ा सीमा से बढ़ा हुआ लगता था। जैसे थोड़ा लिमिट से बाहर जाने पर क्या कर्कश नहीं लगेगा? यही और क्या? तो भी, इसको अगर छोड़ दें, तो वे एक दुर्धर्ष गायिका तो थीं ही। रोशनारा आज भी गाती हैं, पाकिस्तान में रहती हैं। (जब यह पुस्तक लिखी गयी—१९७८ में—अनुवादक।)

फिर भी इन गायिकाओं में जिस महिला ने मुझे अत्यधिक इम्प्रेस किया था, जिससे मेरी जान-पहचान भी ख़ूब है, एक व्यक्ति के रूप में जिस पर मैं श्रद्धा भी करता हूँ, वे हैं गंगूबाई। मैं हुबली में उनके घर जाकर ठहरा भी था। तब देखा, ठीक गृहस्थिन की तरह मराठी शैली में काँच लगाकर साड़ी पहने हमारे लिए भोजन बना रही हैं। मैं और अल्लारखा दो लोग थे। वही पत्तागोभी

की तरकारी-रोटी वग़ैरह बनाकर खिलायी। उस समय उनकी विनय देखकर कौन कहेगा, वे इतनी बड़ी कलाकार हैं। वे इतनी महान गायिका हैं, उस समय यह सब कहाँ चला गया था? एकदम सीधी-सादी ग्रामीण महिला। कितना सुन्दर भाव था उस समय उनके मुख पर। कहने लगीं, आप लोगों के सामने आख़िर मैं क्या गाऊँगी? इस तरह की व्यक्ति हैं गंगूबाई। उनके गाने में मुझे जो चीज़ मिली है वह उन्होंने सवाई गन्धर्व से प्राप्त की थी, यह जो तालीम है—वह उनके नज़दीकी सवाई गन्धर्व की ही दी हुई थी, जिसमें इतना खटखटा, जमजमा नहीं था, जिसे बाद में अमीर ख़ाँ अपने गायन में ले आये—फिर अमीर ख़ाँ ने वह वाहिद ख़ाँ के प्रभाव से ली। वह भी किराना घराना की थी, फिर भी उसमें थोड़ी अधिक मात्रा में खटका, कन, हरकत आदि का प्रयोग था। इससे वह शायद और भी अधिक सुन्दर लगती थी, तो भी जो लोग अधिक परम्परावादी थे, उन्हें शायद वह अतिशयोक्तिपूर्ण लगती थी। शुरू में तो मुझे भी वह अतिशय बढ़ी हुई लगती थी, अब वह वैसी नहीं लगती है। फिर भी गंगूबाई में यह चीज़ नहीं थी। वे उसी विलम्बित की बढ़त को बड़े अद्‌भुत ढंग से किया करती थीं। झूमरा कम गाया करती थीं, किन्तु एक ताल काफ़ी विलम्बित में गाती थीं—अर्थात् एक मात्रा प्रायः आठ मात्रा के समान होती थी।

कई लोगों का कहना था कि गंगूबाई का गला पुरुष जैसे भाव से भरा हुआ था। और किसी हद तक यह सच भी था। खुले गले का गाना, और उस पर काफ़ी बलिष्ठ भाव। थोड़ा पुरुष जैसा भाव तो उसमें मिलता ही था, किन्तु वे ख़ूब क़ायदे से गाती थीं। एक पद्धति से गाती थीं। विशेष रूप से उनके विलम्बित का अंश मुझे ख़ूब अच्छा लगता था। अद्‌भुत था उनका गाना।

एक व्यक्ति का गाना आजकल के लोगों ने बहुत कम ही सुना है। अल्लादिया ख़ाँ साहब के घराने का उनका गाना मुझे बहुत अच्छा लगा था। मधुबाई, जिनकी पुत्री हैं किशोरी—किशोरी अमोनकर—ख़ूब नाम कमाया है इन्होंने। और बहुत अच्छा गाती हैं किशोरी। तो भी किशोरी की माँ, सच कहने में कोई हर्जा नहीं है, अद्‌भुत व्यक्तित्व और उनकी तालीम भी ख़ूब अच्छी थी। फिर भी वे केसरबाई के द्वारा सदा दबी रह गयीं। उसे केसरबाई का भाग्य कहो, व्यक्तित्व कहो, अथवा संयोग कहो, वे दुर्दान्त नाम करते हुए चली गयीं, किन्तु, उनकी तुलना में मधुबाई का उतना नाम नहीं हुआ, अधिक लोग उन्हें पहचानते भी नहीं हैं। किन्तु, वे संगीतकारों की भी संगीतकार थीं। मधुबाई

को जिन्होंने पास बैठकर सुना है, ध्यानपूर्वक सुना है, उनमें से बहुत से यह स्वीकार करते हैं कि वे केसरबाई से भी श्रेष्ठ थीं। फिर भी अल्लादिया ख़ाँ साहब बड़े मज़ेदार व्यक्ति थे। एक बार उन्हें दूर से देखा था, किन्तु, परिचय नहीं हुआ था। उनकी मृत्यु हो गयी। १९४६ ईस्वी में—याद है। मैं उस समय बम्बई में था। अल्लादिया ख़ाँ एक बहुत बुद्धिमान संगीतज्ञ थे। उन्होंने स्वयं गाकर बड़ा नाम किया हो, ऐसा नहीं है। फिर भी वे काफ़ी गुणी थे। दुर्धर्ष गायक शायद उतने नहीं थे, किन्तु उनका ज्ञान दुर्धर्ष ज़रूर था। उन्हें कितना ज्ञान था, इसकी कोई सीमा नहीं थी। इस पर इतनी अच्छी तरह सिखाया करते थे। कितने अच्छे-अच्छे शागिर्द वे बना गये हैं। किन्तु वे एक काण्ड भी कर गये हैं। पता है उन्होंने क्या किया है? नहीं, पाँच लोगों को उन्होंने पाँच चीज़ें सिखायीं, जो मूल रूप में शायद एक ही थीं। उनमें से एक में थोड़ा हेर-फेर कर एक व्यक्ति से कहा, यह अमुक राग है, और दूसरे व्यक्ति से कहा, यह अमुक राग है, एक व्यक्ति को सिखाया रूपक में शायद, और एक व्यक्ति को सिखाया एक ताल में—यह करते हुए अन्त में ऐसा कर गये कि वे सभी लोग आपस में झगड़ते हुए मरने लगे। अपनी चीज़ें लेकर आपस में ही झगड़ा-झंझट, मारकाट, यह दुख का विषय है। किन्तु, अल्लादिया ख़ाँ स्वयं बड़े गुणी थे। उनके पास ध्रुपद की भी तालीम थी, धमार की भी तालीम थी, ख़याल की भी तालीम थी। कुल मिलाकर उन्होंने अपनी एक ऐसी निजता तैयार कर ली थी जिसे किसी घराने में शामिल नहीं किया जा सकता था। अलादिया घराना के अलावा उसे और कोई नाम देने का उपाय नहीं है। और उनके घराने के प्रतिनिधि के रूप में सबसे बड़ा नाम किया था केसरबाई ने। किन्तु, ख़ाँ साहब के पुत्रगण कितने अद्‌भुत थे! एक पुत्र का नाम था मंजी ख़ाँ। एवं छोटे बेटे का नाम था भुर्जी ख़ाँ। भुर्जी ख़ाँ को मैंने काफ़ी सुना है, और काफ़ी मिला भी हूँ उनसे। कोल्हापुर में। वे स्वयं कोई विशेष नहीं गाते थे। किन्तु उनके कुछ अच्छे शागिर्द ज़रूर बन गये थे। उनमें से एक हैं निवृतबुआ सरनायक, उसके बाद अहल्याबाई नाम की एक शिष्या थीं, उसके बाद लक्ष्मीबाई नाम की एक और महिला कोल्हापुर की थीं। फिर भी मंजी ख़ाँ यदि जीवित बने रहते, तो सभी का कहना है, जिन्होंने एक बार भी उनका गाना सुना है कि वे गायन के मुहल्ले में एकच्छत्र सम्राट जैसे ज़रूर होते। विराट गायक थे मंजी ख़ाँ। जैसा गला, जैसा व्यक्तित्व और वैसा ही गाना प्रस्तुत करने का ढंग। अल्लादिया ख़ाँ साहब ऐसे बुद्धिमान थे कि महाराष्ट्र में जाकर उन्होंने लोगों को इतना वश में कर लिया था। अन्तिम उम्र में वे जनेऊ

हाय-हाय! क्या आर्टिस्ट थे मल्लिकार्जुन मंसूर। एक महान् शिल्पी होने का जो अर्थ समझा जाता है, उसके एक दृष्टान्त थे। यह भद्रपुरुष बड़े सम्मान का पात्र था।

वग़ैरह पहनने लगे थे और धोती पहना करते थे। इसे देखकर लोग तो आह्लाद से उन पर निछावर ही हो जाते थे। यह देखने की चीज़ होती थी। इसे मैं हिप्पोक्रेसी नहीं कहूँगा—जब जहाँ पर रहे, वहाँ के रीति-रिवाज़ों को मानकर एडजस्ट करते हुए गाने की सिद्धि की ओर बढ़ते गये। बहुत कुछ विनय का भी परिचायक है यह। जो भी हो, उन्होंने यह किया था। दो लोगों ने महाराष्ट्र के लोगों को इस तरह वश में किया था अपने-अपने इलाक़ों में। एक तो हैं अल्लादिया ख़ाँ साहब और दूसरे हैं अब्दुल क़रीम ख़ाँ साहब। दोनों

लोग ही ख़ूब सम्मान प्राप्त कर चले गये। उसके बाद उनके घराने के सर्वाधिक सम्मान के पात्र—आहा! जीवित बना रहे यह भद्रपुरुष—मैं उन पर अद्‌भुत श्रद्धा करता हूँ, हाय, कैसे असाधारण आर्टिस्ट हैं। मल्लिकार्जुन मंसूर! वे भी अपनी तरह के एक दृष्टान्त हैं, बड़ा शिल्पी कहने का जो अर्थ होता है। उसी के दृष्टान्त। शायद कई लोग यह कहेंगे कि उनके गाने के समय अमुक-अमुक मुद्रा आ जाती है। उन सब चीज़ों को अलग कर दो। हमारे संगीत में वे सब छोटी-मोटी त्रुटियाँ अवश्य क्षमा योग्य हैं। अनेक अच्छे-अच्छे गवैये तुम्हें मिलेंगे जिनमें कोई-न-कोई मुद्रा दोष बना ही रहता है। फिर मुद्रा दोष की बात ही अगर करते हो तो कितने की तरह के देखे और सुने हैं लोगों के मुख से। यही देखो आगरा घराने के अनेक गवैयों को अभ्यास है कि बोल तान के समय जो बाँट-विभाजन करते हैं तब हाथ घुमाते-घुमाते ऐसी ताली बजाते हैं कि अनेक टिप्पणी करने वालों के शब्दों में, देखो, 'कैसी चपाती बना रहे हैं।' पंजाब में एक बहुत अच्छे गवैये थे, कि वे गाने के समय इस तरह मजीरा बजाने की मुद्रा में उँगलियाँ नचाते थे कि दर्शकों को ऐसा लगता था कि जैसे वे मच्छर मार रहे हैं। बाद में तो उनका नाम ही पड़ गया था मच्छर ख़ाँ। उसके बाद ग्वालियर के एक श्रद्धेय गायक की बात लीजिये। गाने के समय उनको एक ऐसा अभ्यास था, गाने में ज़ोर लगाने के समय दोनों हाथों से सामने की दरी, अथवा चादर या गलीचा खींचकर पकड़ लेते थे। और छोटे-मोटे जलसे में सामने उपस्थित पाँच-छह लोगों को गाने के द्वारा नहीं शारीरिक बल के माध्यम से अन्ततः अपने पास खींच लेते थे। हाः। हाः। हाः। हाः। पतंग उड़ाने, मछली पकड़ने, तैरने, हट निगोड़ी कहने, इस तरह की हाथों की मुद्राएँ तो हम लोग हमेशा ही दखते हैं आजकल के गायकों में। किन्तु, यहाँ पर हम लोग गायन को लेकर ही चर्चा कर रहे हैं, छोटे-मोटे दोषों को लेकर नहीं। चूँकि मंसूर ने मंजी ख़ाँ से सीखा था। एवं उनके गानों में तुम्हें अल्लादिया ख़ाँ के गाने का वही रूप मिलेगा, वही मूर्च्छना, जो तुम्हें केसरबाई में मिलेगी। उनमें प्रचण्ड दम था। बाप रे! वही एक साँस लेकर, विलम्बित की एक आवर्तन तान लेकर जो प्रारम्भ पर आना, वाह भाई, क्या चीज़ थी, किन शब्दों के द्वारा उसे समझाऊँ। यह जो सुन्दर ढंग से प्रारम्भ पर आना, यह उनके घराने का एक विशेषत्व है। और उनकी कूट तानें कितनी स्पष्ट थीं। और सुर में आवाज़। मुझे तो ख़ूब अच्छी लगा करती। निवृत बुआ के भी बहुत अच्छे गाने थे। किन्तु, गाने में और भी मिठास ला देती थीं। विशेषकर विलम्बित वे बहुत अच्छा गाया करती थीं। उनके गाने में एक झीम

का भाव ख़ूब अधिक आता है। और उनकी तान का अंश भी ख़ूब अच्छा, ख़ूब संहत रहता है।

अख़्तरी बाई थीं एक संस्थान। उनके साथ किसी की भी तुलना नहीं की जा सकती है। वे स्वयं ही अपना दृष्टान्त हैं। बड़ी सांघातिक टैलेन्टेड महिला थीं। सिर्फ़ उनकी तालीम के ऊपर चर्चा करना उचित है। सम्भवतः सबकी एक खिचड़ी बनाकर वे गाया करती थीं। अगर ठीक तरह से उनके बारे में तुम विचार करो तो उनके गाने को तुम ग़ज़ल भी नहीं कह सकोगे, प्योर क्लासिकल भी नहीं, फिर ठुमरी भी नहीं फिर उसमें कुछ देहाती ढंग, सुर भी मिला-जुला रहता था। किन्तु, कुल मिलाकर वे अपने जिस निजी ढंग से गाया करती थीं, उसके मानी, वह क्या था, फिर उस तरह से वे किसी दिन नहीं गायेंगी, और आगे चलकर कभी वैसा गायेंगी, इसका भी कोई विश्वास नहीं था। उनके गाने में जो चीज़ थी वह था उनका आवेदन। थरथराते गले से यह आवेदन अत्यन्त सुरीले कण्ठ से विषय-वस्तु को वे इस तरह प्रस्फुटित कर देती थीं कि पूरा गाना ही एक व्यक्तिगत मामला हो जाता था। एक पर्सनल इमेज—वही ना? तुम सुन रहे हो, और सोचने लगते हो कि अख़्तरी मानो तुम्हें लक्ष्य कर ही गा रही हैं। तुम्हीं मानो उसके प्रेमी हो। यह हालत हॉल में बैठे सभी श्रोताओं की हो जाती थी। हर कोई उनके गाने में एक व्यक्तिगत सन्देश पा लेता था। यह कार्य कितनी सिद्धि का है, यह बात किसी श्रोता को व्याख्या कर समझाने की ज़रूरत नहीं है। यह बहुत बड़ी चीज़ है, मैं यह गाने-बजाने की दृष्टि से ही कह रहा हूँ। यह सभी नहीं कर सकते हैं। अधिकांश क्षेत्रों में गाना या तो बहुत सामान्य हो जाता है या बहुत ऊर्ध्वमुखी हो जाता है। जहाँ पर भगवान श्रीकृष्ण ही प्रेरणा हो जाते हैं। अब तुम उस गाने को अगर अपने को कृष्ण मानकर सुनो, तो यह अलग बात है। हाः। हाः। हाः। किन्तु, बेग़म की तरह गाने को व्यक्तिगत स्तर पर बनाये रखना, बहुत बड़ी शक्ति का परिचायक है। अन्दर ही अन्दर कोई कितना रोमाण्टिक होने पर यह सम्भव है, मैं यही सोचकर देखता हूँ। जिससे तुम प्रत्येक शब्द के माध्यम से हर प्रेमी को कुछ न कुछ दे रहे हो। इस तरह का एक कामोद्दीपक भाव मैंने मिडिल ईस्ट के कुछ-कुछ कलाकारों के गानों में सुना है। उम कुलसुम में यह चीज़ थी। और भी कई गायकों में यह चीज़ देखी है। आवाज़ में ही बड़ी उत्तेजना का भाव रहता है। अख़्तरी में भी यही था। और इसी के साथ उनमें जो था—

जिस वजह से वे हिन्दी और उर्दू में गाया करती थीं—उन शब्दों को वे इतना जीवन्त बना देती थीं कि—घूम-फिर कर मैं वही एक बात कह रहा हूँ, The whole thing used to become very personal—कि पूरी चीज़ एकदम व्यक्तिगत हो जाती थी। कोयलिया तो उनका एक अविस्मरणीय गाना था। और भी कई अच्छी-अच्छी ग़ज़लें उनकी हैं। उनके लगभग सारे गाने ही मैंने सुने हैं। इतने अधिक उनके अच्छे गाने हैं कि याद भी नहीं रहते हैं।

मुझे रसूलन के गाने भी बहुत अच्छे लगते थे। रसूलन परम्परावादी, ओर्थोडक्स मत से भी गाया करती थीं। रसूलन के पास जो थी, वह है बनारस की ख़ास ठुमरी, पूर्वी, कजरी, दादरा आदि। वे बहुत छोटे से वृत्त में गाया करती थीं, फिर भी उनका कण्ठ इतने सुर में गाता था कि उसमें इतना लालित्य फैल जाता था कि एक बार सुनने के बाद, दुबारा ना सुनने तक प्यास बनी ही रहती थी। इन तीन लोगों को मैं जब लखनऊ रेडियो पर बजाने जाया करता था, तब अच्छी तरह जान गया था; थोड़े दिनों में ही हमारे बीच काफ़ी हार्दिकता पैदा हो गयी थी—सिद्धेश्वरी बाई, अख़्तरी बाई और रसूलनबाई में। इन तीनों को ही तुम तीन रानियाँ कह सकते हो। जैसे ही बजाने जाता था, इनसे भेंट हो जाती थी। इन सब लोगों की भी महफ़िल रहती थी। एक दिन देखा कि वे तीनों लोग ही बैठी हुई हैं, मेरा प्रोग्राम सुनेंगी इसलिए। स्टूडियो में। उन दिनों मुझे प्रसिद्ध लोगों के सामने झट से बजाने में लज्जा का अनुभव होता था। विशेष रूप से गायिका वर्ग की महिलाओं के सामने, जिनका थोड़ा नाम हो। मुझे सचमुच में एक तरह की जड़ता का अनुभव होता था। उस दिन तो मैं सिर नीचा कर बजा रहा था। और वे काफ़ी तारीफ़ वग़ैरह करती जा रही थीं। यह सन् १९४२ की बात है। लखनऊ तो नियमित रूप से जाता था प्रोग्राम करने। ख़ैर जो भी हो, बजाने के बाद उनके साथ अच्छी तरह से बातचीत हुई। वे तो ख़ूब मुग्ध थीं। उन जैसे लोगों को एक जगह पाकर मुझे भी बहुत अच्छा लगा था। उसी से उनके साथ बातचीत भी ख़ूब जमकर हुई। उसके बाद तो उन तीनों के साथ मेरा ख़ूब अच्छी तरह से समय व्यतीत हुआ।

ख़ैर जो भी हो, जो कह रहा था, उसी पर आता हूँ। उनमें से दो लोगों का गाना ख़ूब अपीलिंग था। बेग़म तो बहुत अद्‌भुत थीं और रसूलन भी ख़ूब मज़ेदार थीं गाने में। सिद्धेश्वरी के गाने में तुरन्त प्रभाव कम लगता था। सिद्धेश्वरी की जिस कमज़ोरी को सभी लोग मानते थे, वह थी उनकी शुरुआत में ख़याल गाना चाहना। किन्तु लोग उनसे जो सुनना चाहते थे, वह थी उनकी ठुमरी,

अख़्तरी बाई अपने आप में एक संस्थान थीं। उनके साथ किसी की भी तुलना नहीं की जा सकती है। वे स्वयं ही अपना दृष्टान्त हैं। अपने आप में एक व्यक्तिगत छवि, वही ना?

इसी में उन्हें विशेषत्व हासिल था। किन्तु, चूँकि उन्होंने बड़े रामदास जी से अच्छी तालीम पायी थी, सिद्धेश्वरी ख़याल से ही शुरू करती थीं। और अगर विचार किया जाये तो सिद्धेश्वरी काफ़ी गुणी थीं। सच कहने में कोई हर्जा नहीं है, गुणों की दृष्टि से सिद्धेश्वरी अन्य दो गायिकाओं से बहुत बड़ी थीं।

इसका कारण है, उनका राग, भाव, शिक्षा, तालीम—इन सबको लेकर उनमें अजस्र विविधता थी। किन्तु, यह सब ख़याल आदि गाने के बाद जब वे अन्त में शुरू करती थीं—गला अधिक गरम हो जाने के बाद—उसकी तो भाई कोई तुलना ही नहीं थी। वे खुले गले से गाकर शुरू में तो नहीं जमा पाती थीं—किन्तु जब ख़याल आदि गाकर वे ठुमरी लेकर जमाना शुरू करती थीं उस समय सचमुच में उनका कोई जवाब ही नहीं था। उस समय सिद्धेश्वरी सिद्धेश्वरी होती थीं। विश्वास कीजिये, उन जैसा गाना मैंने किसी का भी, कभी नहीं सुना। उस ठुमरी के भीतर से कैसी बढ़त हो सकती है—सभी गानों में शास्त्र की भी एक दिशा होती है—सिद्धेश्वरी की यह ठुमरी, यह शास्त्रीय बढ़त—It was on the borderline of dhrupad—यह थी ध्रुपद की सीमा रेखा पर। उसमें इतने नाज़, नखरे अथवा इतनी अधिक हरकत नहीं होती थी, किन्तु, उसे वे कैसे नियमों के भीतर शब्दों को आगे लिये जाती थीं—वही जो 'चैन' के साथ 'भाव' और बोल बनाने का ढंग है—इस रहस्य को वे ख़ूब जानती थीं। यह अंग एकदम उठा जा रहा है। दुःख का विषय है, आजकल सब कुछ इतना अधिक पंजाबमुखी हो गया है कि शुद्ध ठुमरी के रूप में हम जिसे समझते हैं, जिसे वाराणसी का पूरब अंग कहा जाता है, वह एक बार ही लुप्त हो गया है। किन्तु, उसे सिद्धेश्वरी अपने जीवन के अन्त तक बचाये रख रही थीं।

बिरजू की ठुमरी भी चमत्कारपूर्ण होती थी। अच्छा गाता है। किन्तु, उस प्रसंग पर आते समय कहूँगा, बोल बनाना और भाव बताना यह सुना है बिरजू के काका लच्छू महाराज का। प्रायः सत्तर वर्ष की आयु में नायिका का भाव लेकर गले में दुपट्टा डाले गा रहे थे अपनी सुरीली, परिष्कृत आवाज़ में 'कैसे जादू डाला'। इसके बाद 'झमा झम पानी'। हर बोल के साथ कैसा अद्‌भुत अभिनय जो कर रहे थे। यह हुई ख़ासी 'भाव बताई'। बहुत सुन्दर लगी थी। उनके भीतर था पूरब का भाव। कारण, लखनऊ और वाराणसी का एक गम्भीर सम्पर्क था उस युग में। बिरजू की कथा भी कहूँगा, अगर वे पूरी तरह ठुमरी में डूबे रहते, तो वे निश्चय ही बहुत अच्छे ठुमरी गायक होते। हल्की, छोटी आवाज़, सुरीली आवाज़। किन्तु, अगर बड़ी महफ़िल में गाना हो तो बड़ी आवाज़ में प्रस्तुत करने की ज़रूरत होती है। फिर भी इसी के भीतर वे जो करते हैं, वह भी अच्छा है। विशेषकर जब वे भावों का प्रदर्शन कर दिखाते हैं, तब अद्‌भुत लगता है।

तो भी आजकल ठुमरी के बड़े दुर्दिन हैं। इन बड़ी तीन गायिकाओं, और बड़े ग़ुलाम अली और बरकत अली के चले जाने से ठुमरी का जगत् तो कितना फीका-फीका हो गया है। किसी को भी आजकल दिल खोलकर बड़ा नहीं कहा जा सकता है। सभी चीज़ों का इस तरह से घालमेल हो गया है कि सचमुच के टैलेण्ट को पहचान पाना बहुत कठिन है। हमें कुछ भी समझ में नहीं आ रहा है। पूरब के हैं यह कहकर जो गा रहे हैं उनमें भी कैसा तो कई तरह की मिलावट का भाव है। फिर मेरे लिए इन्हें तुरन्त मान लेना भी ख़ूब कठिन है। अच्छी ठुमरी क्या है यह तो आज भी मेरे कानों में झंकृत हो रही है। जब तक कोई अब्दुल क़रीम ख़ाँ जैसा ना हो—जो कुछ भी करते थे, वह सब अच्छा लगता था। अथवा बड़े ग़ुलाम अली ख़ाँ को लीजिये। इस समय अगर उस स्तर का कोई आर्टिस्ट हो जो विचार के बाहर चला जाये। इसलिए इस समय जो कलाकार हैं, वे जो ख़ुशी हैं, जैसा मन चाहता है, वही गाये चले जा रहे हैं। इन सब लोगों को बिना विचार करे कैसे सुनूँ? तो फिर पूरी परम्परा को ही पानी में फेंक देना होगा। और विश्लेषण का प्रयास करने पर जितना मुग्ध होना चाहिए, उतना हो नहीं पाता हूँ। बड़ी मुश्किल है।

अब एक अन्य ढंग के एक गायक के बारे में बता रहा हूँ, जो मुझे गत बीस बरसों से बहुत अच्छा लग रहा है। वह है कुमार गन्धर्व। कुमार को मैं बहुत दिनों से पहचानता हूँ, जब वह निरा बच्चा था। मुझसे उम्र में छोटा है। देवधर स्कूल में वह रहता था उन दिनों, बॉम्बे में। मैंने अपना सितार १९३९ में पहली बार बजाया था देवधर स्कूल में। वह सवेरे का समय था। कमोराव मंगेशकर तबले पर था। दुर्धर्ष तबलचिया था कमोराव। उजड्ड व्यक्ति, किन्तु, ख़ूब लयदार। और मेरा वह बजाना बहुत अच्छा हुआ था। अपने मुँह से ही कह रहा हूँ—उस वक़्त भी तो मैं सीख ही रहा था—वह बजाना बहुत अच्छा हो गया था। हलचल मच गयी थी। और उसी समय कुमार से मेरा परिचय हुआ। कुमार भी उस समय देवधर स्कूल में रहता था। फिर उसके सम्बन्ध में जानते हो? अद्‌भुत चमत्कार! कहाँ से सीखा, भगवान जाने। वही आठ-नौ वर्ष की उम्र से कॉन्फ्रेंसों में गा रहा है। और उस समय सिर्फ़ नक़ल करता था। मान लीजिये, सामने सभी बैठे हुए हैं, यहाँ पर ओंकारनाथ, वहाँ पर फ़ैयाज़ ख़ाँ, उस तरफ़ अब्दुल क़रीम ख़ाँ, कहीं पर वाहिद ख़ाँ अथवा कहीं रज्जब अली ख़ाँ—वह छोटा-सा बच्चा है, एक-एक बार, एक-एक व्यक्ति की ओर हाथ से इशारा कर रहा है, और हूबहू उन्हीं के ढंग से तान मारकर उन्हीं के मुख पर

सिद्धेश्वरी की यह ठुमरी, यह शास्त्रीय बढ़त, यह सब ध्रुपद की सीमा रेखा पर होता था।

सुनाये दे रहा है। इसका अर्थ है कि तुम सोच नहीं पाओगे, यह क्या मामला था। भागवत प्रदत्त व्यापार। किन्तु, उसके बाद यह देखने को मिला कि वह वहीं पर अटक कर रह गया। अपूर्व प्रतिभाशालियों के साथ जैसा होता है। उसे यदि ठीक से बढ़ाया ना जाये, उसे ठीक तरह से तालीम ना दी जाये—

असल में माँ–बाप ही ऐसे बच्चों को नष्ट कर देते हैं। थोड़ा अच्छा गा–बजा रहा है, उस समय माँ–बाप क्या काण्ड कर डालते हैं देखो, पड़ोसियों को बुला–बुला कर नींद से बच्चों को उठाकर बच्चों के भविष्य को नष्ट कर डालते हैं। यही प्रतिभा के घोर शत्रु होते हैं। क्या इस बंगाल में, क्या पंजाब में, सभी जगह ऐसा ही है। तारीफ़ कर–करके, और लोगों के सामने हाज़िर कर–करके बच्चों का दिमाग़ खाना तो थोड़े दिनों का काम है। तो कुमार के साथ भी वही हुआ। संगीत की दृष्टि से जड़ हो गया। सिर्फ़ नक़ल करता रहा, गाने

डी.वी. पलुस्कर मुझे बहुत अच्छे लगते थे। अद्भुत सुर में अद्भुत गला है इनका। इनमें मुद्रादोष नहीं था। हँसते हुए गाया करते थे। हालाँकि इतनी कम उम्र में मर गये।

कभी एक चमत्कार था कुमार गन्धर्व। और अधिकतर ऐसे चमत्कृत करने वाले प्रतिभाशालियों का जो हश्र होता है, वही उसका भी हुआ। शिल्प की दृष्टि से विकास नहीं कर सका। उसके बाद उसे टी.बी. हो गयी। बीमारी के समय लेटे-लेटे उसने बहुत दिनों तक विचार किया। बाद में एक गायक के रूप में कुमार का नया जन्म हुआ। वह एक बहुत बड़ा गवैया हो गया।

की तालीम नहीं मिली। एवं सौभाग्य से उस समय वह वी.आर. देवधर के हाथों पड़ गया। देवधर जी ने उसे बड़े स्नेह के साथ अपने पास रख लिया। और उसके वहाँ रहने की वजह से उसके लिए बहुत अच्छी सुविधा भी हो गयी। देवधर जी का स्कूल उस समय एक तीर्थक्षेत्र की तरह हो गया था। मैंने इस तरह का एक स्थान बहुत कम ही देखा है। जहाँ पर ऐसा कोई पण्डित नहीं, ऐसा कोई ख़ाँ साहब नहीं, हिन्दू हो अथवा मुसलमान, गवैया हो या

बजैया—जिसे एक ना एक बार, कहीं गाने-बजाने जाते समय, अवसर पाते ही वहाँ झाँका ना हो। वहाँ पर कोई-कोई दो-चार दिन के लिए ठहर भी जाते थे। कई लोग तो सिर्फ़ अड्डा मारने के लिए ही जाते थे। मैं वहाँ जब जाता था, तो देखता था, सवेरे ग़ुलाम अली ख़ाँ आ रहे हैं, तो दुपहर में सिन्धे ख़ाँ आ रहे हैं तो रात में अमीर ख़ाँ आ रहे हैं। इसी तरह का मामला था वहाँ का। तो वहाँ रहने से कुमार के लिए यह सुविधा हो गयी कि सभी उससे स्नेह किया करते थे। उसे सभी का सान्निध्य मिल जाता था, सभी का गाना-बजाना सुनकर उसे विचार करने का भी एक सुअवसर मिल जाता था। सभी से वह इस समय तत्त्व ग्रहण करने लगा, नक़ल नवीसी छोड़कर। महाराष्ट्र के जितने गुणी गवैये थे, सभी वहाँ आया करते थे। उसने उन लोगों से चीज़ें लीं। स्वयं देवधर से चीज़ें लीं। तो भी वह ठीक-ठीक सीख नहीं पाता था। देवधर ने मुझसे कहा था, उसे सिखाऊँ क्या? वह तो प्रायः सभी जानता है। उसे सिर्फ़ यह कह देता हूँ—यह मत करो भाई, यह ग़लत है। यह जो तुमने किया, यह ठीक है। बस, इतना ही। यह कहना ही उनके लिए काफ़ी रहता है। मूड में आकर शायद वह कुछ गा रहा है, सहसा उसने राग के ग़लत रूप को पकड़ लिया, वैसे ही देवधर ने उसे बता भी दिया। और यही थी उसकी गाइडेन्स और इसी वजह से देवधर के पास उसकी शिक्षा चल रही थी। हठात् काफ़ी दिनों के बाद सुना उसे टी.बी. हो गयी है। इतना दुःख हुआ कि क्या कहूँ। रो पड़ा।

तब तो मुझे बहुत अच्छे लगते थे टी.वी. पलुस्कर। अद्भुत गायक थे भाई। हालाँकि बहुत कम उम्र में ही मर गये। अद्भुत कण्ठ था, अद्भुत सुरीला। उनमें कोई मुद्रादोष भी नहीं था, हँसते हुए गाया करते थे। और सीधी एप्रोच। किसी तरह का छल नहीं। यह जो दस बार सुर मिलाना, ज़बरदस्ती बालों को खींचना, अनेक तरह के काण्ड करते हुए सुर मिलाना, उनमें ये सब बातें नहीं थीं। शुद्ध आवाज़, बनावटी आवाज़ नहीं थी, हालाँकि कितनी सुरीली और सुर में भी। और उसमें कैसा तो भाव रहता था और तान भी कितने सुर में निकलती थी। एवं ठीक मरने के पहले, दो-एक बरसों तक उनके गाने का ढंग भी काफ़ी बदल गया था। दूसरों को सुन-सुन कर उन्होंने अपना भी एक सुन्दर गम्भीर ढंग विकसित कर लिया था। तुम उनके श्रीराग को रिकॉर्ड पर सुनकर देखो। देखोगे एक अन्य ढंग, उनके पहले के ढंग की तुलना में। मृत्यु के कुछ दिन पहले शायद यह रिकॉर्ड बनाया गया है। वे मुझे बहुत ही प्रिय थे।

ख़ैर जो भी हो, कुमार के बारे में कह रहा था। तो कुमार को हो गयी टी.बी.। अल्पायु में इस कलाकार की अकाल मृत्यु की आशंका से हम सभी लोग ख़ूब निराशा में पड़ गये थे। उसके बाद तो काफ़ी दिनों तक हम लोगों ने उसे सुना नहीं। किन्तु, इस ट्रेजडी के कारण उसके जीवन में एक विराट सौभाग्य आ जुटा, जो प्राय: किंवदन्ती की तरह था। उसका एक फेफड़ा तो टी.बी. से चला गया। जो लड़की उसकी सेवा कर रही थी, उसने जतन से, प्रेम से अपनी सेवा के द्वारा उसे ठीक कर लिया। बाद में उसके साथ कुमार का विवाह भी हो गया था। उसके बाद तो कई वर्ष बीत गये। सहसा एक दिन सुना कि कुमार ने पुनः गाना शुरू कर दिया है। देवास में एक घर बनाकर उसने रहना शुरू कर दिया है। और यह जो इतने वर्ष एक रोगी के रूप में अस्पताल में रहा था, उन दिनों में भी उसने संगीत पर काफ़ी विचार किया था। इस मालवा अंचल में वह रह रहा था, वह शुष्क और हरी-भरी जगह। वहाँ रहते समय, वहाँ के लोकगीतों की लय वग़ैरह सुन-सुनकर अनेक तरह के विचार उसके दिमाग़ में प्रवेश कर गये। गाने का एक अद्‌भुत ढंग, मेरे भाई उसने गढ़ डाला। जिसे सुनकर कई लोग तो नाक-भौं सिकोड़ने लगे, कुछ उसकी आलोचना करने लगे। किन्तु मेरे लिए तो प्रसंग यह आया कि इस मिश्रण करने का अधिकार उसे है या नहीं, वह इस काम का उपयुक्त पात्र है या नहीं। थोड़ी देर पहले जो बात मैंने कही थी, जीनियस लोगों का निजी इलाक़ा। और किसकी हिम्मत है यह कहने की कि कुमार को वह अधिकार नहीं है—He was a genius. He was talented from the very beginning— वह प्रतिभाशाली था, वह बचपन से ही प्रतिभाशाली रहा था। किन्तु, बाद में राग-रागिनी की तालीम और उनकी भीतरी भावना के द्वारा उसने अन्त में जो किया, उसकी प्रशंसा ना करने का कोई उपाय नहीं है। उसके गुणों को तुम्हें स्वीकार करना ही होगा। और आजकल वह जो गा रहा है उसकी तो कोई तुलना ही नहीं है। उसके गाने एकदम स्वतन्त्र हैं, उनका एक निजी वर्ग है। रिकॉर्ड में सुनो उसके विभिन्न सन्तों के भजन हैं—बड़े अद्‌भुत हैं। उसके गानों पर तुम देखोगे ओंकारनाथ का प्रचुर प्रभाव है। अब्दुल क़रीम ख़ाँ का भी प्रभाव है। किन्तु, सभी के प्रभावों को आत्मसात् कर उसने निजी बना लिया है। हालाँकि जब वह बागेश्री गाता है, अथवा मान लीजिये विहाग गाता है, वह कितने शुद्ध भाव से गाता है, मैं क्या कहूँ। आहा, उसकी तान कितनी साफ़ जाती है। कैसी तैयारी है उसकी। कैसा और कितना

इण्टलेक्चुअल है उसका पूरा पैटर्न। और जब संचारी अथवा इसी तरह का लोकगीत से मिलता-जुलता कोई राग गा रहा हो, वह भी उसका एक ढंग है, उसका एक मूड है। शंकर, वह बहुत अच्छा गवैया है।

मैंने तो अपने जीवन में बड़े-बड़े तबला वादकों को सुना है। इनमें से एक अद्वितीय शिल्पी हैं अहमद जान थिरकवा साहब। उनके हाथों में कैसा जादू था। वही चीज़ शायद तुमने पचास बार, अस्सी बार, एक सौ बार सुनी हो, किन्तु, जैसे ही वह बजाना शुरू करते थे, ऐसा लगता था कि जैसे किसी अन्य जगत् से उनका बजाना उतरता आ रहा है। आहा! उनके हाथों में कैसी ध्वनि की सर्जना थी। फिर वैसा ही दायें-बायें में सामंजस्य। तबले में एक अद्भुत व्यक्तित्व थे वे। फिर भी मुझे सदा यही लगता था कि उन्होंने जो भी किया है वह अच्छा ही है। उनके भीतर एक अद्भुत लयदारी या हिसाबी चीज़ थी, बड़ी-बड़ी लयों के भीतर की जटिलता अथवा उपज शायद नहीं थी, किन्तु, वे जो भी बजाते थे, वही तीन ताल, वही गत, क़ायदा, टुकड़ा अथवा परन—उसे मानो एक नयी महिमा मिल जाती थी। जिस चीज़ को वे बजाया करते थे—अधिकतर—ऐसा सुनने को मिलता था—रिपीट ख़ूब करते थे, हालाँकि हर बार नया लगा करता था। अद्भुत वादक थे। पुनः कह रहा हूँ यह शब्द—वादक। किन्तु, और भी कई वादकों के अच्छे-अच्छे कामों को मैंने सुना है। जैसे अजीम ख़ाँ नाम के एक सज्जन थे। उनका हाथ बड़ा सख़्त था, किन्तु ख़ूब गुणी थे। उपज बजाया करते थे। उपज जानते तो हो? खोल अर्थात् सुधार की गयी अथवा तुरन्त तैयार की गयी। यही नहीं, सभी बाँधी गयी चीज़ों को बजाया करते थे, उसमें थोड़ा पखावज का प्रभाव था पूर्वी स्टाइल में। ऐसे ही कई अच्छे-अच्छे वादकों को मैंने सुना है। एक सज्जन जहाँगीर थे—अत्यन्त वृद्ध। वे भी मुझे बहुत अच्छे लगते थे। बजाने में अनेक पद थे, उन्हीं में मग्न रहते थे। उसके बाद मेरे मन को जो प्रिय थे, वे हैं कण्ठे महाराज। कण्ठे महाराज के सम्बन्ध में अनेक लोगों के अनेक मत थे। परिणाम यह होता था कि शुरू-शुरू में मैं उन्हें समझ नहीं पा रहा था। उनके हाथ की पोजीशन थोड़ी अन्य तरह की थी, अ-परम्परावादी, उनकी उँगलियाँ थोड़ी टेढ़ी थीं। और पहली बार बजाने बैठने पर हाथ गरम होने में उन्हें थोड़ा वक़्त लगता था। इसलिए घण्टा-डेढ़ घण्टा बजाने के बाद उनका हाथ खुलता था। किन्तु, क्या बताऊँ तुम्हें, उनका ऐसा भी बजाना मैंने सुना है जो भूलने का नहीं—तबला में ऐसे गुणी और इतनी खुली आवाज़, और उपज का अंग

बजाया करते थे। वे जब दादरा बजाते थे, उस समय भी वैसा ही, तो वही कहरवा अथवा पंचम सवारी, अथवा शिखर ताल अथवा सत्रह मात्रा अथवा पन्द्रह मात्रा अथवा तेरह मात्रा, अथवा ग्यारह मात्रा। फिर तीन ताल की तो बात ही निराली थी। और वैसी ही अद्‌भुत तैयारी और वैसी ही डपट। लय और छन्द के तो राजा थे वे, सिर्फ़ समझदार ही नहीं, जो कम समझ वाले थे, उन्हें भी आनन्द से नचा देने की क्षमता थी उनमें। इसके साथ-साथ उनमें एक नाटकीय अन्दाज़ भी था,—वही उनका हाँ करना, अथवा घुटनों पर बैठ जाना। सच कहने में कोई हर्जा नहीं, वे लय, छन्द में डूब जाते थे, आनन्द के साथ मग्न होकर, मौज लेते हुए वे बजाया करते थे, तबले पर अपने हाथों से निकाली गयी हर आवाज़ के भीतर एक आशय खोज लेते थे और स्वयं ही उसमें लीन हो जाते थे। बड़े-बड़े सुन्दर दोनों नेत्रों से प्रेम उमड़ा पड़ता था, हँसी से उनका मुखमण्डल उद्‌भासित हो जाता था। इस तरह की एक पर्सनैलिटी संगीत के क्षेत्र में अत्यन्त दुर्लभ है। गवैये-बजैये, विशेषकर ख़ाँ साहब लोग, उनके इन सब हाव-भावों को लेकर काफ़ी हँसी-मज़ाक़ उड़ाया करते थे। और मुझे सिर्फ़ यही दुख होता था कि उस व्यक्ति के गुणों की अवज्ञा कर लोग इन सभी चीज़ों की चर्चा अधिक करते थे। अनेक संगीतज्ञ भी इन टीका-टिप्पणियों में शामिल रहते थे। कोई अच्छा गा रहा है, उसे लक्षित ना कर वे लोग शायद प्रश्न करते थे, वे गहना क्यों पहनते हैं ? आँखों में काजल क्यों लगाते हैं ? यही सब भद्दी चर्चा। कण्ठे महाराज का सुन्दर चेहरा था, चमत्कृत करने वाले व्यक्तित्व के होते हुए भी, इस दुर्विनीत आलोचना की बलि उन्हें होना पड़ा था। एक मनुष्य के रूप में भी वे एक नयी घटना ही थे। एकदम भगवान शंकर की तरह भोले। काशी का जो वैशिष्ट्य है, वही पुरातन वाद्य जिस पर पखावज का प्रचुर प्रभाव विद्यमान रहता है, वह उनमें अपनी पूरी शक्ति के साथ उपस्थित था।

उसके बाद याद आते हैं अनोखे लाल। अनोखे लाल में नाना चीज़ों का सुन्दर समन्वय था। उनमें बनारस का बहुत कुछ होने पर भी उन्होंने ध्वनि प्रोडक्शन अथवा हैण्ड पोजीशन इतनी अच्छी की थी कि सुनकर बहुत तृप्ति मिलती थी। वही एक मात्र ऐसे हिन्दू आर्टिस्ट थे, जिन्हें सभी पसन्द किया करते थे, ख़ाँ साहब लोग भी उनकी तारीफ़ किये बिना नहीं रह सकते थे। और इसका मूल कारण थी उनकी आवाज़, तैयार हाथ—विशेषकर उनका ठेका। उस तरह का तीन ताल का ठेका—ना धिन धिन ना, ना धिन धिन ना—स्पष्ट चारों

कण्ठे महाराज का मैंने ऐसा बजाना सुना जो भूलने योग्य नहीं है। तबले में भी वे ऐसे गुणी थे और ऐसी ही क्रीड़ा करती हुई आवाज़ थी। और उपज अंग में बजाया करते थे।

एक अद्वितीय शिल्पी थे अहमदजान थिरकवा साहब। उनके हाथों में कैसा जादू था। कैसा साउण्ड प्रोडक्शन था। और वैसा ही दायें-बायें का समन्वय।

आवाज़ें—अर्थात् इस ज़माने में। एक ज़माने में हम लोग बीरू महाराज का नाम सुनते थे, बीरू महाराज। उनको मैंने स्वयं नहीं सुना है, फिर भी उनकी प्रशंसा सभी करते हैं, वे भी काशी के ही थे। फिर भी अपने ज़माने में जिन्हें हम सुनते आये हैं, उनमें अनोखे लाल जी की तरह ऐसा प्रभावशाली धा नि धाड़ा, धेरे-धेरे अथवा धेरे धेरे केटेताक रेला किसी को भी बजाते हुए नहीं देखा। जो जिस तरह से चाहे जितनी द्रुत गति से क्यों ना जाये, झाला में वे भी

वहाँ उपस्थित रहते थे, और उसी सुर और वैसा ही विस्मय लेकर। फिर, कैसा तो था उनका प्रभाव।

उसके बाद अपनी ही उम्र के अच्छे-अच्छे कई तबला वादकों को सुना है। जैसे मान लीजिये करामत ख़ाँ भाई को। यह रचना प्रेस में भेजने के पहले ही

किशन महाराज में कण्ठे महाराज की सारी ख़ूबियाँ हैं। किशन एक दुर्धर्ष व्यक्तित्व थे। लय में भी वे बहुत सुन्दर थे। इस वजह से वे मुझे बहुत प्रिय लगते थे।

अनोखेलाल में वाराणसी का बहुत कुछ होते हुए भी ध्वनि सृजन और हथौटी की दृष्टि से वे इतना अच्छा काम करते थे कि सुनकर बहुत तृप्ति मिलती थी।

सुना कि करामत ख़ाँ ने देह त्याग कर दी है। ठीक इसके कई दिन पहले मेरे अति स्नेह भाजन कनाई दत्त भी मर गये। आह रे! १९७७ के ये तीन मास क्या से क्या हो गया। विशेषकर गवैयों-बजैयों के लिए—पूरा संसार। तुम लोगों ने करामत भाई को कितना पाया है इस समय? किन्तु एक समय वे क्या थे? उनके समय में उनकी तो अद्भुत कद्र थी सर्वत्र। उनके पिता भी ख़ूब अच्छे गुणी एवं शिक्षक थे। करामत ख़ाँ में जो चीज़ सुन्दर ढंग से खिल उठती थी वह था उनका रोमाण्टिक मूड। जो विविधतापूर्ण होते हुए भी उनके चमत्कृत करने वाले साउण्ड प्रोडक्शन से आया करता था। और उनमें था एक सुन्दर परिमिति भाव। वे एक कलाकार को भी ख़ुश कर सकते थे। यह चीज़ एक संगीतकार में भी तुरन्त नहीं मिलती है। जितने बजाने की ज़रूरत है, उतना ही बजाकर करामत ख़ाँ ख़ुश हो जाते थे। उसी में उनके पास जितनी करामात थी, वे उतने में ही दिखा देते थे। असली बजाने का अतिक्रमण कर अपने को ज़ाहिर उन्होंने कभी नहीं किया। अगर चाहते तो वे कई लोगों को काहिल सिद्ध कर सकते थे। किन्तु, वे उस रास्ते पर कभी चले ही नहीं। एक अलग बच्चा बजा रहा हो जब, उसके साथ भी संगति बिठाते हुए बजाना, एवं उस थोड़े में ही अपना काम दिखा देना, करामत की यही सबसे बड़ी सम्पत्ति थी। और उसी के साथ था उनका अद्भुत तैयारी वाला सुरीला हाथ। उनके हाथ का माधुर्य बहुत कुछ अनोखे लाल जी की ही तरह था। तो भी अनोखे लाल जी में एक महफ़िल को जमाने वाला काम भी था। ज़रूरत पड़ने पर वे दुर्धर्ष भी हो सकते थे, क्षुब्ध होने पर वे प्रतिस्पर्धा और युद्ध में भी उतर सकते थे। आजकल के दिनों में वैसी प्रतिद्वन्द्विता अब बहुत कम हो गयी है। और यह बहुत अच्छी प्रगति है। तो भी करामत ख़ाँ कभी भी इस प्रत्याक्रमण से युक्त बजाने की ओर नहीं गये। फिर भी उनके रोमाण्टिक मूड में कभी दरार नहीं पड़ी। मनुष्य को मुग्ध करने की ओर ही उनकी एकमात्र चेष्टा रहती थी। अपने को ज़ाहिर करना नहीं।

चतुरलाल, जिनके साथ मैंने काफ़ी बजाया है, मेरे छात्र के समान थे। उसे अपने घर रख कर चार-पाँच घण्टा रोज़ मेहनत कराता था। उस समय शुरुआत में तो मैं यह जानता ही नहीं था कि वह कौन-सा बाजा बजायेगा। ख़ैर जो भी हो, मेहनत कर तैयारी कराकर मैंने ही उसे पहली बार बाहर भेजा। हमारे भी जाने की बात थी, किन्तु, मैं जा नहीं सका। १९५५ की बात है। एक कमिटमेंट होने के कारण मैं अटक गया था। बन्धुवर यहूदी मेन्युहिन ने मुझे

करामत ख़ाँ के बजाने से जो प्रस्फुटित हो उठता था वह था उनका रोमाण्टिक मनोभाव। जो बहुत कुछ उनके ध्वनि सृजन के माध्यम से आता था। और उसी के साथ था उनमें परिमिति बोध।

निमन्त्रण देकर भेज दिया न्यूयार्क एक विशेष जलसे में बजाने के लिए। स्वयं ना जा पाने के कारण मैंने व्यवस्था कर भेज दिया भाई अली अकबर और साथ में तबला की संगत करने के लिए चतुरलाल को। अब तक चतुरलाल ने मेरे साथ पाँच-छह बरस भयंकर मेहनत कर अपना बहुत सुन्दर हाथ तैयार

कर लिया था। उस समय उसके हाथ में संगत करने की अनेक टेकनीक आ गयी थीं। फिर वैसे भी चतुरलाल बहुत मज़ेदार लड़का था। बड़ा ख़ुशमिज़ाज। देखने में उसका रंग थोड़ा मलिन था, किन्तु, ख़ूब चमकदार उज्ज्वल, उसके चेहरे में ही एक व्यक्ति को ख़ुश करने जैसी प्राणशक्ति थी। एक आकर्षक युवकोचित गुण थे उसमें। अगले वर्ष जब मैं विदेश गया, उसे भी लेता गया। थोड़े दिनों में ही बजाते-बजाते उसका बड़ा नाम हो गया। हाँ, कोरा नाम ही नहीं प्रचार की कारसाजी भी उसने नहीं की। नाम के साथ-साथ उसने अपने को एक बहुत अच्छे तबला वादक के रूप में विकसित कर लिया। फिर भी मुझे आज लगता है कि अगर यह काम हठात् ना होकर धीरे-धीरे होता तो अच्छा रहता। उसने अपने को अनेक क्रिया-कलापों से जोड़ लिया, एक तरह

जीवन के अन्तिम तीन-चार बरसों में कितना सुन्दर बजाते रहे थे चतुरलाल। जैसा लय का हिसाब-किताब वैसी ही उसकी तैयारी।

से अपने को खो दिया, अगर वह ऐसा ना करता तो उसे अकाल में ही ना चले जाना पड़ा। चतुरलाल की मृत्यु के बाद मुझे ऐसा लगा कि उसके साथ-साथ जैसे मेरा एक छोटा भाई चला गया। और सचमुच में अन्तिम तीन-चार वर्षों में उसने कितना सुन्दर बजाया था। जैसा उसका लय का हिसाब था, वैसी ही उसकी तैयारी भी थी। आज अगर वह जीवित रहता तो तबले के क्षेत्र में उसका स्थान बहुत ऊँचा होता। उसके लिए मेरे प्राण बहुत रोते हैं। उसे मैं बहुत प्यार किया करता था।

किशन महाराज में कण्ठे महाराज के सभी अच्छे गुण हैं। कण्ठे महाराज में इतने दिनों की साधना के कारण जो दर्प था—उम्र हो जाने पर अधिकतर लोगों में वैसा होना स्वाभाविक है—उसे किशन महाराज ने उत्तराधिकार सूत्र से प्राप्त किया था। एक सुन्दर दुर्धर्ष व्यक्तित्व। दारुण लय। इसी वजह से वे मेरे बहुत प्रिय हैं। उन्हें मैं १९४५ ईस्वी से ही पहचानता हूँ। बॉम्बे में मजहर ख़ाँ के स्टूडियो में अनिल विश्वास के साथ काम करते थे। अद्‌भुत सुन्दर चेहरा, बजाने में उसका एक विशिष्ट ढंग था। उन दिनों उसे किशन मालिक के रूप में ही सभी लोग जानते थे। मैंने ही उससे सबसे पहले कहा था मालिक छोड़कर महाराज लिखने के लिए। इसके बाद वह मेरे साथ पूना और कोल्हापुर में रहा। हम दोनों लोग एक साथ ख़ूब अच्छे दिखते थे और फबते भी ख़ूब थे। एक साथ प्रोग्राम भी ख़ूब मिलते थे। चारों ओर हलचल मच गयी। उसी समय हम लोग लाला बाबू के आमन्त्रण पर ऑल बंगाल कॉन्फ्रेन्स में बजाने कलकत्ता गये। अरे बाबा! आग लग गयी हो जैसे—The programme was an instant success—पूरा कार्यक्रम ख़ूब सफल रहा। गुरु के आशीर्वाद से कलकत्ता में मेरी उस सफलता का सिलसिला आज भी जारी है। कलकत्ता के लोगों का इतना प्रेम दिन पर दिन पाता रहा हूँ कि वह मेरे लिए एक तीर्थ की तरह हो गया। उसके बाद तो गुणी-ज्ञानी-मान्यों का प्रेम, आदर अन्य जगह भी पाता रहा हूँ। फिर भी, कलकत्ता में मानो एक जादू है। १९४९ तक किशन भाई के साथ लगातार प्रोग्राम करता रहा हूँ। उसके बाद तो मैं चला गया बॉम्बे छोड़कर दिल्ली। रेडियो की विदेश सेवा में संगीत निर्देशक होकर। हाँ, उसके बाद भी किशन ने मेरे साथ आठ-नौ बरस कहीं न कहीं बजाया ज़रूर है। किन्तु, यह अलग-अलग रहने के समय ही मैंने चतुरलाल को तैयार किया था। किशन मैंने देखा है अत्यन्त प्रतिभाशाली व्यक्ति है। वह बहुत अच्छे चित्र बनाता है, अच्छी कविता लिखता है, अच्छी

बन्दूक चलाता है, अगर ज़रूरत पड़े तो अकेले ही चार–पाँच लोगों को मार सकता है। भय नाम की उसमें कोई चीज़ ही नहीं है। उसके इस आत्म-विश्वास को कई लोग दम्भ समझते हैं। शायद उसमें थोड़ी और विनय होती तो अच्छा रहता। किन्तु उसके जीवन की पृष्ठभूमि में एक ग्रन्थि थी, ठीक वैसा ही जैसा कहा जाता है ओंकारनाथ जी के बारे में।

पुंखानुपुंख विचारकर मैं कुछ कहना नहीं चाहता, फिर भी मुझे कितनी वेदनादायक परिस्थितियों से गुज़रते हुए अपने को गढ़ना पड़ा है, उसके बारे में मैं क्या कहूँ।

भाई शंकर, यहाँ पर एक बात याद आ रही है, किन्तु, वह बहुत नाज़ुक है। फिर भी मैं कह रहा हूँ। मैं जब से—यही मान लीजिये १९३९-४० से गाने-बजाने के क्षेत्र में, इस लाइन में आ गया हूँ, तभी से मैंने यह देखा है कि हिन्दुस्तानी संगीत के क्षेत्र में—एक काशी, बिहार एवं महाराष्ट्र प्रदेशों को

अल्लारक्खा में जो कुछ है, वह है उनके हाथ की आवाज़ की मनोहरता, आकर्षण—पंजाब स्कूल के अच्छे-अच्छे गुणों की जो सम्पदा है, जो स्निग्धता है, वह सब उनमें है, वे मेरे भाई की तरह हैं।

छोड़कर—एकदम मुस्लिम कलाकारों की प्रधानता है। उनका और उनके भक्त वर्ग का चारों ओर ऐसा गुट बन गया है कि उनके बीच में घुसकर सिर ऊँचा कर खड़े होना किसी भी हिन्दू कलाकार के लिए बहुत मुश्किल था। किन्तु दिगम्बर जी के तीन शिष्यों की प्रतिष्ठा ख़ूब थी। ओंकारनाथ, पटवर्धन और नारायणराव व्यास। इधर-उधर कुछ विख्यात हिन्दू गायक भी थे। और काशी के कण्ठे महाराज, अनोखेलाल और सारंगिया गोपाल मिश्र आदि की भी ख़ूब ख्याति थी। मैं इस विषय में ख़ूब गहरायी में जाकर कुछ नहीं कहना चाहता हूँ भाई, फिर भी मुझे जिस वेदनादायक परिस्थितियों के बीच जाकर अपने को निर्मित करना पड़ा उन स्थितियों के बारे में मैं क्या कहूँ! प्रायः १९५० के दिनों में। एकमात्र ओंकारनाथ जी ऐसे दोर्दण्डप्रतापी, निर्भीक मर्द थे जो सारे ख़ाँ साहबों का मुक़ाबला कर पाये थे और अपनी क्षमता के बल पर प्राप्त कर लिया था, अपना वही उच्च सम्मान एवं वही दक्षिणा—सभी कलाकारों में गाने-बजाने के लिए हाईयेस्ट फीस। थोड़ी देर पहले मैंने जो बात कही थी कि किशन महाराज में भी ऐसा एक तेज और ज़िद थी। ख़ाँ साहबों की तरह ये लोग भी अगर ज़रूरत हो तो अपनी बात कहकर, भाषण देकर, अपनी शक्ति प्रदर्शित कर अपना सम्मान प्राप्त कर सके थे। उनके पीठ पीछे कोई कुछ भी कहे, सभी गवैये-बजैये उनका सम्मान करते हुए चलते थे, उन्हें अपदस्थ करने का साहस नहीं कर पाते थे। मैंने किसी भी दिन इन जैसे बोलचाल की अपने में आदत नहीं पड़ने दी। काम के द्वारा, धीरे-धीरे और अपने यात्रा-पथ में, नामी तबलचियों के जलसे में घायल (अवश्य अपने सितार वादन के द्वारा) कर अपनी जगह पर पहुँचा हूँ। फिर भी जो थोड़ी देर पहले कहा है—भाई बड़ी ज्वाला-यन्त्रणा पायी है। इन उस्तादों गवैयों-बजैयों तथा उनके भक्तों के द्वारा। हमारे इन बंगालियों को ही उदाहरण के रूप में लीजये ना। अभी कई शिल्पियों के मन में यह बात घुसी हुई है, यह धारणा बनी हुई है कि मुसलमान शिल्पी अगर ना होते या नाम के पीछे अगर ख़ाँ ना लगा हो तो उसके गाने-बजाने में वह भव्यता या रंग आ ही नहीं पायेगा। अब सोचकर हँसी आती है कि कई दिन पहले यह सब कार्य-कलाप देखकर क्रोध और दुःख से यह सोचने लगा था कि अपना नाम रविशंकर बदलकर रब्बन ख़ाँ रख लूँ। कई लोगों को व्यंग्य करते हुए सुना है—'प्याज़-लहसुन' की गन्ध जब तक ना हो, तब तक कहीं गाना होता है। थोड़ा तकनीकी दृष्टि से देखा जाये तो यह ठीक ही है कि कुछ दिन पहले तक एक सौ में पचहत्तर-अस्सी गवैये-बजैये मुसलमान थे। किन्तु, तुम बताओ, ऐसा

क्यों हुआ ? विश्लेषण कर देखो। यह तो हम सभी लोगों को विदित है कि हम लोग कोई अरबी–फ़ारसी संगीत का तो अभ्यास कर नहीं रहे हैं, यह संगीत तो इसी देश की आदिकाल से चली आयी एक अकृत्रिम सम्पत्ति है। हाँ, यह अवश्य है थोड़ा–बहुत प्रभाव, और रंग आदि फ़ारस, इराक से आया है। किन्तु, वह भी ऐतिहासिक खोज की वस्तु है। किसने किसके काम से कितना लिया, कब लिया, इसकी गहरी चर्चा में जाये बिना कह रहा हूँ, हमारे तानसेन के समय से ही लीजिये ना, लगातार कितने हिन्दू गवैये–बजैये धर्मान्तरित हुए। मैं धाड़ी कव्वालों की बात नहीं कह रहा हूँ, मैं कह रहा हूँ तानसेन, मिश्र, सिंह एवं इन्हीं के स्तर के कितने विराट–विराट गुणियों के सम्बन्ध में। इनमें से कई लोगों को धर्मान्तरित किया गया था। यहाँ तक कि डेढ़–दो सौ वर्ष पहले भी यही सब हुआ है। बाबा अलाउद्दीन ख़ाँ साहब के कई पूर्वजों के पहले के प्रपितामह लोग हिन्दू थे। अनेक गवैये-बजैये आज भी हैं—मैं विलायत ख़ाँ को भी इन्हीं में लेता हूँ—जिनके पूर्व पुरुष हिन्दू थे। ख़ैर, जो भी हो, तुम यह भी देखोगे कि मुसलमान होने के बाद ये सब कलाकार और भी कट्टर हो एकमात्र अपने बच्चों और वंश की सन्तानों में ही गाने–बजाने को सीमित कर रखते रहे। और यही सब करते हुए संगीत के जो सब अलग–अलग घराने बनने लगे, यही हुआ उसका प्रारम्भ। कोई कितना भी मेधावी क्यों ना हो, किसी हिन्दू शिल्पी के लिए इन सब घरानों में भर्ती होकर शिक्षा प्राप्त करना असम्भव हो गया। हाँ, यह बात ज़रूर स्वीकार करनी होगी कि धर्म के कारण हो अथवा खाद्य वस्तुओं के सेवन की वजह से हो, मुसलमान शिल्पियों के भीतर एक ऐसी ज़िद, प्रचण्ड ज़िद, अथवा जेहादी मनोभाव रहता है कि वे जिस विषय में ही हाथ डालते हैं, उसमें ही उन्हें अत्यन्त उत्तम सफलता मिलती है। वह चाहे गलीचा बुनना हो अथवा मुरादाबादी बर्तनों में सूक्ष्म कारीगरी का काम हो अथवा पहलवानी हो, क्रिकेट हो, अथवा गाने–बजाने का क्षेत्र ही हो। एक उदाहरण दे रहा हूँ। हम लोग प्राय:यह बात सुनते हैं जो सत्य भी है कि मुसलमान शिल्पियों में 'चिल्ला लेने' अर्थात् ज़िदपूर्वक एक व्रत लेने की प्रथा थी। गवैया अथवा वाद्य–यन्त्री हो तो एक विशेष तान लेकर, तबलची हो तो एकमात्र क़ायदा लेकर नौ दिन, इक्कीस दिन या चालीस दिन का व्रत लेता है। अर्थात् एक छोटे से कमरे में बैठकर, चारों ओर से उसे बन्द कर सिर्फ़ यही एक चीज़ लेकर निरन्तर उसका अभ्यास करते जाना, इसी को बार–बार रगड़ना। खाने के समय आत्मीय जन में से कोई खाने को दे गया। पानी दे गया। प्रातर्विधि आदि प्राकृतिक इच्छाओं से निपटने

के लिए थोड़ी देर के लिए बाहर निकलना। ज़ुबान अथवा हाथ बिलकुल नहीं चल रहे हैं। देह अवसन्न है, आँखें बन्द होने को आयीं, नींद बुरी तरह छायी हुई है पूरे मस्तिष्क पर, फिर से हड़बड़ाकर उठ बैठना और शुरू कर देना उस काम का दुहराना। क्य तुम सोच सकते हो, यह करने के लिए कितनी ज़िद की ज़रूरत है? और ऐसा करते हुए वह बड़ा क्यों नहीं होगा? उस विशेष अभ्यास के ऊपर उसका निजी दर्प, स्वायत्तता और अधिकार तो पैदा होगा ही। बात यह हो रही है कि जो मेहनत करेगा, वह फल तो पावेगा ही। फिर वह उक्ति है ना, संगीत कर्तव, विद्या, करोगे, तभी पाओगे। काशी के हिन्दू संगीतज्ञों में भी चिल्ला लेने (अर्थात् एकान्त में व्रत पालन करने) की यह प्रथा थी। एवं वहाँ पर भी अद्वितीय रियाज़ी और गुणी लोग भी समय-समय पर हुए हैं। अनोखेलाल को ही लीजिये। मुझे याद है चालीस या अड़तालीस ईस्वी में जब मैं मैहर में रहता था, काशी जाना हुआ था एक विशेष काम से। तीव्र इच्छा हुई अनोखेलाल से मिलने की। उसके एक आत्मीय से यह सुना कि दूसरे ही दिन वह आठ बजे की ट्रेन से बाहर जा रहा है। मैंने अन्दाज़ लगाया और अपने ममेरे भाई जगू के साथ उसके घर मैं बड़े सवेरे छह बजे पहुँच गया उसके रामापुर वाले घर में। उसके एक आत्मीय ने बड़ी खातिरदारी के साथ बैठकख़ाने में हम लोगों को बैठाल दिया। बैठते ही पास के कमरे से अभी तबले की धीमी आवाज़ सुनने को मिली। अर्थात् तबले पर कपड़ा रखकर कोई जैसे रियाज़ कर रहा है। सोचा कोई उसका शागिर्द-वागिर्द होगा। बाद में उसके आत्मीय से जो सुनने को मिला उससे तो मैं घबड़ा गया। पता चला कि अनोखेलाल पूरी रात किसी जलसे में बजाने के बाद भोर चार बजे के लगभग लौटा है। और घर लौटकर, हाथ-मुँह धोकर सवेरे के रियाज़ में जिससे नागा न हो इसलिए रियाज़ पर बैठा हुआ है। फिर भी थोड़ी देर बाद उसे पुनः ट्रेन पकड़नी है, इसीलिए उसे उठना है। सोच सकते हो? उसके थोड़ी देर बाद ही वह उठ बैठा और बैठकख़ाने में आकर मुझे देखते ही ख़ूब ख़ुश हो गया, मैंने भी इस विराट साधक को अपने सामने पाकर भावावेश में उसे गले लगा लिया। अब तुम समझ तो रहे हो, यहाँ पर हिन्दू अथवा मुसलमान होने को लेकर कोई बात ही नहीं उठ रही है। हम लोग अगर किसी क्षेत्र में मार खाते हैं तो रियाज़, ज़िद एवं कठोर साधना के अभाव में। हाँ, कई बार तो तालीम के अभाव में भी। फिर भी जिसने मेहनत की है अथवा कर रहा है, वह फल पायेगा ही और पा भी रहा है। इसके साथ इसके उलट बात भी सुनो। दक्षिण भारत के संगीत के क्षेत्र में फिर ब्राह्मणों की प्रधानता है।

सिर्फ़ हिन्दू होने से ही काम नहीं चलेगा। कुछ पिल्लई अथवा नायडू को छोड़कर, जिसे भी तुम देखोगे, वह या तो अय्यर, आयंगर या शास्त्री होगा। वहाँ पर भी इसका एक ही कारण है। उन लोगों ने संगीत के सारे तत्त्व अथवा तथ्यों को अपने वंश अथवा ब्राह्मण छात्र वर्ग में ही सीमित कर रखा है। वहाँ के भी कुछ लोग इसीलिए कहते हैं तंजौर की कावेरी नदी का पानी बिना पिये कहीं गाना-बजाना होता है। अरे भाई, यह बात तो बंगाली लोग भी कह सकते हैं। वही प्रारम्भ से ही देखो ना—वह विष्णुपुर घराने के रामप्रसन्न, वंद्योपाध्याय, गोपेश्वर वंद्योपाध्याय, उसके बाद लीजिये राधिका गोसाईं, गिरिजा शंकर चक्रवर्ती, अघोरनाथ चट्टोपाध्याय आदि और भी कितने ही हैं! फिर इस युग में देखो भीष्मदेव चट्टोपाध्याय, तारादेव चक्रवर्ती, चिन्मय लाहिड़ी, प्रसून एवं मीरा वंद्योपाध्याय। वाद्यकारों में देखो वीरेन्द्र किशोर, राधिका मैत्र, यह अधम रविशंकर, निखिल वंद्योपाध्याय—और कितनों के नाम लूँ? फिर तुम्हीं बोलो शंकरलाल भट्टाचार्य, लेखक के रूप में वही बंकिम चटर्जी, रवीन्द्रनाथ (वे लोग भी तो एक ज़माने के ब्राह्मण हैं। शरत् चटर्जी, माणिक बाँडुज्जे, ताराशंकर बॉडुज्जे, विभूति बाँडुज्जे। अब, इसे लेकर क्या कहना उचित होगा कि अगर कोई ब्राह्मण ना हो तो बड़ा गायक-वादक अथवा लेखक नहीं हुआ जा सकता है? यह क्या कोई बात हुई।

हिन्दुओं के एक बड़े दोष की बात भी मैं यहाँ कहना चाहता हूँ। उसी मुग़ल युग से पृष्ठपोपकता का अभाव हो, अथवा आपस में गहरी गुटबन्दी हो और किसी तरह के रियाज़ के बारे में एक अवहेलना की प्रवृत्ति के कारण हो, इन हिन्दुओं ने गाने-बजाने में युग-युगों तक मार खायी है। गाने-बजाने में बिना परिश्रम के उन्नति का कोई उपाय नहीं है। किन्तु, धर्म के कारण हो अथवा समाज-व्यवस्था के प्रभाव से ही हो, हिन्दुओं में यह कट्टर अनुशासन कहीं नहीं था। जहाँ पर था, वही काशी, महाराष्ट्र एवं दक्षिण देश में देखो वहाँ कैसा गम्भीर पाण्डित्य है इनका संगीत में। यद्यपि उत्तर भारत में इन्हें क्या हो गया है, कौन जाने! और यह सब मैं अपने अनुभव से ही कह रहा हूँ। किस परिमाण में मुझे नहीं लड़ना पड़ा है इन मुसलमानों की संगीत गोष्ठी के विरोध के सम्मुख, उसे मैं शब्दों के माध्यम से कहकर और समझा नहीं पाऊँगा। और अपने को स्थापित करने में मुझे कम कसरत नहीं करनी पड़ी है। और यह सब झंझट मुख्य रूप से इसलिए था कि मैं हिन्दू हूँ। अत्यन्त सुख की बात यह है कि भाई कि आजकल यह म्यूज़िकल पॉलिटिक्स, दंगलबाज़ी और प्रतिद्वन्द्विता

मैंने आशिक अली ख़ाँ साहब एवं आज के दिनों के सलामत अली ख़ाँ को ख़ूब सुना है धमार, सूलफाक्ता, दरबारी आदि ध्रुपद अंग में ख़याल गाते हुए।

संगीत के जगत् से कम हो गयी है। यद्यपि दुर्भाग्य से एकदम गयी नहीं है। फिर भी, ईश्वर और अल्ला को धन्यवाद देता हूँ। फिर एक चीज़ विशेष लक्षित करने योग्य है। सिर्फ़ गायक-वादक ही नहीं, मुसलमान मात्र को ही तुम देखोगे कि वे अद्‌भुत और सुन्दर बात कह सकते हैं। वह चाहे ग़रीब हो या अशिक्षित ही हो अथवा लिखना-पढ़ना जानने वाला रईस ही क्यों ना हो, तुम देखोगे उसके भीतर एक 'तमीज़' है, एक आदर का भाव होगा ही। उसके द्वारा वह अपने वक्तव्य को इतनी सुन्दरता से विन्यस्त कर पेश करेगा। यह शायद उर्दू भाषा और मुग़लों के अदब-क़ायदे से युक्त तरीक़ों का प्रभाव है। गवैये-बजैयों में तो यह चीज़ विशेष रूप से देखी जाती है। एक बन्दिश या तान अथवा फिरत सुनाते समय, साथ-साथ, मुँह से उसे कहते हुए—यह बन्दिश कितनी पुरानी है, यह फिरत देखिये, यह तान देखिये ना, कितनी मुश्किल तान है। साथ में धीमी लय में उसी की सरगम कहकर दिखाएगा।

यह सब कहकर श्रोता को एकदम कन्विंस्ड कर देता है। इनके गाने-बजाने के साथ अपनी चीज़ बेचने की चतुरता भी इनमें होती है।

ठीक इस समय तो मेरे प्रिय तबला वादक कहने को भाई अल्लारक्खा और किशन महाराज हैं। इनके साथ हमारी ख़ूब समझदारी भी है। पहचान भी है। और यह किशन एक ऐसा व्यक्ति है जिसका लय के ऊपर असामान्य कण्ट्रोल है। किसी भी ताल को वह समान दक्षता के साथ, उसी दुर्धर्ष लयकारी के काम-काज के द्वारा पेश कर सकता है। यह चीज़ अल्लारक्खा जी में भी है। इसके साथ अल्लारक्खा में जो है, वह है हाथ की आवाज़ की मनोहरता, आकर्षण—पंजाब स्कूल के अच्छे-अच्छे गुणों की जो सम्पदा है, जो स्निग्धता है। एवं अब तो वह मेरे भाई जैसा ही है। हम दोनों लोग सदा एक साथ ही बजाते हैं। सभी जगह। और दोनों लोगों का बजाना मानो दोनों लोगों के बजाने के साथ घुल-मिल गया है, उसका प्रभाव भी बहुत सुन्दर पड़ता है। फिर मार्बल पैलेस में जा रहा था जब किशन के साथ तब और एक सुन्दर काम देखा। He brings out a different side of my musical character– अर्थात् उसने मेरे संगीत के एक भिन्न वैशिष्ट्य को प्रकट कर दिया।

अल्लारक्खा भाई जब बॉम्बे में ऑल इण्डिया रेडियो में स्टाफ आर्टिस्ट थे तब उन्होंने १९३९ में वहाँ पर मेरे साथ रेडियो पर एक अधिवेशन में संगत की थी। उसी समय से उनके साथ एक मित्रता बन गयी थी। रेडियो प्रोग्राम में उसे इसके पहले कई बार सुन चुका था। उनके बजाने में जिस चीज़ ने मुझे बहुत आकृष्ट किया था, वह है, पंजाबी घराने का वैशिष्ट्य टेढ़ा-तिरछा और उसका कठिन चलन। मिताल के अलावा वह अन्य ताल भी बड़े लालित्य के साथ बजाता था। उसके उस्ताद मियाँ कादर ख़ाँ एवं उसके पिता फ़क़ीर बख़्श असल में लाला भवानी दास नाम के एक विराट पखावजिया के शिष्यवंश के थे। पखावज का प्रभाव—तालाध्याय एवं अन्यान्य ताल वाद्यों के ऊपर विशेषकर ख़ूब देखने को मिलता है। आज भी पंजाब में, विशेषकर पाकिस्तान के पंजाब अंचल में, देखा गया है कि तबला के साथ जो बायाँ तबला बजता है, वह काठ से बना तथा उसे दुक्कड़ अथवा धामा कहा जाता है। एवं पखावज की तरह ही उस पर आटा लगाकर बजाया जाता है।

बनारस में भी तबले का जो बजाना है, उस पर पखावज का प्रभाव बहुत अधिक है। कण्ठे महाराज के बजाने पर एवं इस समय किशन भैया के बजाने पर उसे सभी लक्षित कर रहे हैं। विशेषकर परन, पड़ाल, टुकड़ा अंग पर यह

प्रभाव अधिक दिखायी देता है। पंजाब घराने के तबले पर भी वैसा ही पखावज की तरह खुले हाथ का प्रयोग अधिक होता था। अल्लारक्खा भाई के बारे में भी सुना है कि उनके शुरुआती दौर में धमार, सवारी आदि बड़े तालों पर पखावज अंग में कुछ खुले हाथ का प्रयोग होता था, किन्तु धीरे-धीरे उसने एवं उसके समकालीन पंजाब घराने के वादकों ने—जैसे अल्लादिया आदि उसे कम करते हुए प्रायः सब कुछ तबला अंग में ही बजाने लगे। सिर्फ़ यही नहीं, एक आश्चर्यजनक चीज़ देखने को मिलती है, इनके घराने में—जो बनारस, अथवा लखनऊ अथवा किसी पूरब के बजाने में दिखायी नहीं देती है, जिसमें पखावज का प्रभाव हो—वह होता यह है कि ये लोग धमार, सूलफाक्ता, सवारी आदि ध्रुपद अंग के तालों को एकदम पूरी तरह तबले की तरह बजाते हैं, ज़रा भी पखावज के ढंग पर नहीं। और एक आश्चर्यजनक व्यापार है, गवैये लोग भी इन सब तालों पर जो गाते हैं, वह ध्रुपद के ढंग का नहीं होता है, तान-फान मारते हुए एकदम उसमें ख़याल आदि जैसा ट्रीटमेंट किया जाता है। मैंने आशिक अली ख़ाँ साहब, उमेद अली ख़ाँ एवं आजकल के सलामत अली को ख़ूब सुना है, ये सब चीज़ें ख़याल में गाते हुए। हाँ, उदाहरण दे रहा हूँ। तबले पर जो धमार ये लोग बजाते हैं, उसमें ताल देने की पद्धति तो यद्यपि एक ही है, किन्तु, ठेका एकदम अलग होता है। वही चिरन्तन—क धे टे धे टे धा—ग दिन दिन ता, ता तिटकिट ता तिटकिट। ये लोग सूलफाक्ता का अधिकांश भाग मध्य एवं द्रुत लय में ही बजाते हैं। उनका ठेका यह है : धिन तिटकिट। धिनाधिन धिन। ना धिन। धिन ना।

ख़ैर, जो भी हो, अल्लारक्खा के प्रसंग पर पुनः लौट आता हूँ। पंजाब घराने का तो उसने सब कुछ प्राप्त कर लिया है, उसके साथ उसने मिला दिया है अपना अद्‌भुत दिमाग़ एवं हिसाब लगाने की क्षमता। अपनी प्रतिभा के बल पर उसने अपना एक निजी स्टाइल बना लिया है। इस समय उसका प्रभाव कई नये तबलचियों पर लक्षित किया जा सकता है। उसका बेटा जाकिर हुसैन भी बड़ा प्रतिभाशाली है। छोटी उम्र में ही उसने काफ़ी नाम कर लिया है। उसकी माँग भी ख़ूब है। देखने में सुन्दर, बहुत अच्छा बजा रहा है। अल्लारक्खा की जो सब चीज़ें विशेषता युक्त हैं, जिन्हें बजाना बहुत कठिन है, उन्हें वह बड़ी सुन्दरता और जतन के साथ बजा लेता है। ध्वनि उत्पन्न करना भी उसका बड़ा चमत्कारपूर्ण है। भारत और पाकिस्तान दोनों जगह उसकी बड़ी कद्र है। मेरे साथ उसने विदेशों में भी बजाया है। उससे अच्छा नाम कमाया

है उसने। यही उस दिन बड़े प्रेम से उसने बजाया कलकत्ता के महाराष्ट्र सदन में आयोजित मेरे कन्सर्ट में।

मैं तब बम्बई में था। मैहर में बहुत बड़ी बीमारी हो गयी थी मुझे। रिउमेट्रिक फीवर हो गया था। सेन्ट विगज डेन्स नाम से भी यह रोग चलता है। इसमें हाथ और पैर बुरी तरह काँपते हैं। यह बीमारी रिउमेट्रिक फीवर के अन्तर्गत

क्रम से जार्ज आये। हाँ देवव्रत बाबू, देवव्रत विश्वास, मेरे बहुत ही प्रिय व्यक्ति। उनके गले से रवीन्द्र संगीत मुझे कितना अच्छा लगता था। आज भी मैं उनका बहुत बड़ा अनुयायी हूँ। उनकी आवाज़ मूल रूप में गम्भीर है। उसमें दर्द है। इसके अलावा गाना उन्हें बहुत प्रिय है।

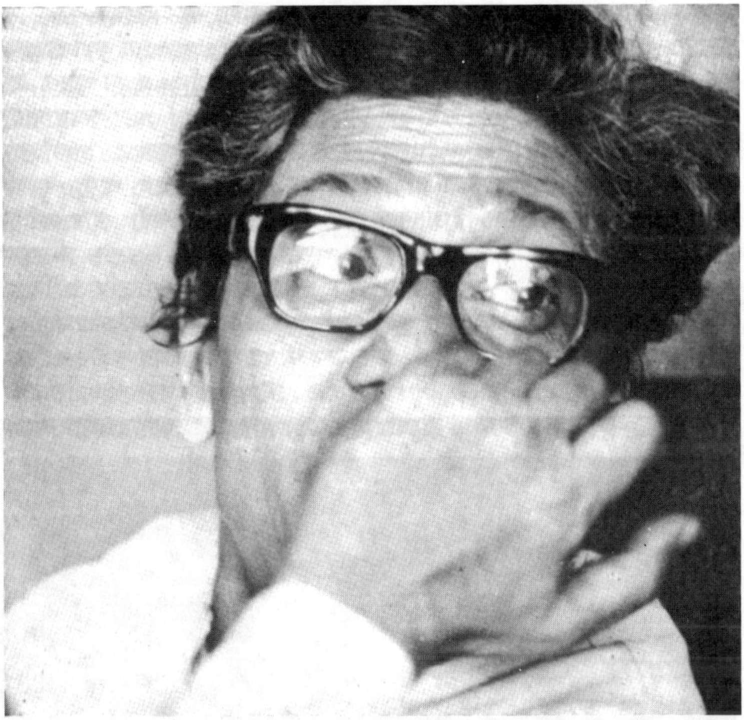

शम्भु मित्र।

आती है। तो उससे थोड़ा ठीक होने के बाद थोड़े बदलाव के लिए मैं बम्बई आ जाता हूँ। अन्नपूर्णा को लेकर। शुभ, मेरा बेटा, उस समय छोटा था। बम्बई में आकर मलाड नामक एक जगह पर ठहर जाता हूँ। मेरे मझले भाई राजेन्द्र शंकर उन दिनों बॉम्बे टाकीज में काम करते थे। यह टाकीज मलाड में ही है। मझले दा के साथ उस समय लक्ष्मी भाभी, उनकी माँ एवं कमला भी थी। उनके घर के पास वाले एक घर को किराये पर लेकर हम लोगों ने वहाँ रहना शुरू कर दिया था तब। उस समय मैं बहुत कमज़ोर था। किन्तु कुछ दिनों के बदलाव के बाद स्वास्थ्य थोड़ा अच्छा हो गया। एच.एम.वी. में तब मैंने दो महीने काम किया। एवं उसी समय मेरे एक समय के विशेष बन्धु शान्तिवर्धन के साथ फिर से मिलना हुआ। वह ख़ूब अच्छा नृत्य करता था। 'टिपरा' स्टाइल ही उसकी विशेषता थी। त्रिपुरा के नृत्य का एक स्टाइल है जिसे वे

लोग 'टिपरा' कहते हैं। अर्ध लोक नृत्य है वह। नृत्यकार पैरों में खड़ाऊँ पहनता है। शान्ति त्रिपुरा में जाकर वह सब सीख कर आया था। बाद में दादा के पास आकर भी उसने कुछ दिन सीखा था। दादा के संस्कृत केन्द्र में जाकर डेढ़-दो बरस रहा था। हमारा परिचय इसी समय....ख़ैर, उसे जाने दो। उस समय शान्ति अँधेरी में आई.पी.टी. के कल्चरल स्क्वाड में काम करता था। अर्थात् उन लोगों ने बैले यूनिट जैसा एक ग्रुप बना रखा था। जो कल्चरल स्क्वाड के अन्तर्गत आता था। मैंने दो-एक दिन वहाँ लगातार जाकर अँधेरी में उन लोगों का नाच देखा—देखकर मुझे ख़ूब अच्छा भी लगा था। सुन्दर एक घर, विशाल बग़ीचा, वहाँ पर कुल मिलाकर दस लड़कियाँ, और पन्द्रह लड़के—इनको मिलाकर एक ग्रुप था। शान्ति वहाँ पर नृत्य की देखभाल

ऋत्विक घटक।

किया करता था। उस ग्रुप को लेकर 'स्प्रिट ऑव इण्डिया' नामक एक बैले तैयार कर रहा था। थोड़ा इधर-उधर से ऐतिहासिक विषय वग़ैरह लेकर एक काम था। उन लोगों के संगीत का भार था उस समय अवनी दास गुप्त के ऊपर। अवनी दादा का दल ही था सेन्टर पर। हाँ, हमारे भी वे लोग ख़ूब जाने-पहचाने थे। उन्होंने अनेक तरह से मुझसे आग्रह किया उनके ग्रुप में चले आने के लिए। उतने दिनों में उनका काम-वाम देखकर मुझे भी ख़ूब अच्छा लग रहा था। विशेषकर जिस लगन के साथ वे लोग काम कर रहे थे। उनकी भावना, यौवन का एक उच्छ्वास, उनके भीतर मैंने लक्षित किया था। एक साथ खाना-पीना, काम-काज। ख़ूब व्यवस्थित। यद्यपि ख़ूब सरल, स्वाभाविक। सब कुछ मुझे अच्छा लगा, किन्तु उनके साथ रहने के प्रस्ताव पर मैं सोच रहा था कि मैं उसे कैसे कर पाऊँगा। ठीक उसी समय हमारी भी बम्बई का यह डेरा छोड़कर अन्य कहीं जाने की बात चल रही थी। अन्त में अन्नपूर्णा शुभ को लेकर मैहर चली गयी, मैं भी तब अँधेरी में चला आया। यह शायद ४५ के प्रारम्भ की बात है। तब वे लोग तो बहुत ख़ुश हुए। आदरपूर्वक मेरे ठहरने की व्यवस्था की। मैं यह अच्छी तरह समझ गया था कि मुझे पाकर उन्हें ख़ूब अच्छा लग रहा था। मैंने तब अभी हाल में ही शुरू कर दिया था नियमित रूप से कॉन्फ्रेंसों आदि में बजाना। बाज़ार में भी मेरा ख़ूब नाम हो रहा था। यद्यपि जीवन के प्रारम्भ से ही, तुम कह सकते हो, मेरा तीव्र झुकाव गाने-बजाने के रचनात्मक पक्ष की ओर था—सुर-रचना की तरफ़। जैसे नृत्य के साथ संगीत देना, अथवा नृत्य की एक पूरी सांगीतिक रचना कर डालना—ऐसा ही कोई काम और क्या! तो मुझे आनन्द भी ख़ूब आया था ठीक इसी कारण से। सोचा, यहाँ पर कुछ नया रचने, सुर-संयोजन का अवसर और सुविधा मिलेगी। काम करते हुए काम के नशे के कारण ही वहाँ जाकर रहने लगा। एक छोटा-सा कमरा था मेरा वहाँ। लड़के-लड़कियाँ भी वहाँ मुझे ख़ूब पसन्द करते थे, मेरी खातिरदारी भी बहुत करते थे। एवं इसी समय 'इण्डिया इम्मोर्टल' (अमर भारत) नामक बैले की योजना बनायी गयी। वह भी था भारतीय सभ्यता के क्रमिक विकास का वृत्तान्त, इसे नृत्य के माध्यम से ही प्रस्तुत करना था। इसके अलावा भी कई अलग-अलग चीज़ों का सुर-संयोजन करने लगा। उस समय मैं अपने को ख़ूब प्रेरणा से भरा हुआ अनुभव कर रहा था। उस समय बहादुर—हाँ, बहादुर ख़ाँ बच्चा था। उसे भी ग्रुप में रख लिया था। वह सरोद बजाया करता था। मुझसे सीखता भी जाता था। जो भी हो, जो कह रहा था। उनके साथ रहना, शुरुआत में मुझे इतना

अच्छा लग रहा था कि संगीत-संरचना करने का काम मेरे लिए एक नशे की तरह हो गया था। इसी समय कई फ़िल्मों में संगीत देने के प्रस्ताव भी मिल गये थे। 'धरती के लाल' में मैंने इसी समय संगीत दिया था। फ़िल्म के डाइरेक्टर थे ख़्वाजा अहमद अब्बास। इसके अलावा चेतन आनन्द एवं रफ़ीक अनवर की 'नीचा नगर' फ़िल्म थी (जिसमें मैंने संगीत दिया)। शायद नाम ग़लत लिया। रफीक अथवा रशीद अनवर। कुल मिलाकर वह समय मेरा बहुत आनन्द से बीतता है। अपनी इच्छा के अनुसार सुर-रचना पर विचार करने का एक बहुत बड़ा अवसर मुझे मिल गया। किन्तु, कई महीने बाद इस कल्चरल स्क्वाड में एक बात लक्षित की। हाँ, यह ज़रूर है कि मैं पहले से यह जानता था कि यह कम्युनिस्ट पार्टी की एक शिल्प शाखा है। पूरे इप्टा का

तृप्ति मित्र।

ही तो उस तरह से गठन किया गया था। ख़ैर, वह जो भी हो, जो मैं कह रहा था। शुरू-शुरू में स्क्वाड में आकर काम की स्वाधीनता में पार्टी की कितनी उपस्थिति है इसे नहीं जान सका। कट्टर नीतिवागीश वे लोग ज़रूर थे, किन्तु, हमारी जो कार्य-पद्धति है, उसमें पार्टी का हस्तक्षेप या पार्टी के कार्य-कलाप कितने रहेंगे, शुरुआत में मैं इसे नहीं समझ सका था। किन्तु, धीरे-धीरे वही समझ में आने लगा था। लक्षित किया कि बच्चे पार्टी की मीटिंग में बैठे हैं, पार्टी की गतिविधियों पर बहस हो रही है, एक-दूसरे के तर्क को काट रहे हैं। धीरे-धीरे पार्टी-ऑफ़िस से अनेक तरह की फ़रमाइशें आनी शुरू हो गयीं। पी.सी. जोशी नाम के एक व्यक्ति वहाँ थे, एक मनुष्य के रूप में बहुत अच्छे। अथवा मैं सिर्फ़ यही क्यों कर रहा हूँ, स्क्वाड के सभी हाव-भाव इतने चमत्कारपूर्ण थे, उनका जो चरित्र लक्षित किया था, कि वे दिन मेरे लिए भूलना सम्भव नहीं है। जहाँ मुझे असुविधा दिखायी दी, वह है उनकी पार्टी के आदेश को लेकर। एक समय मैं समझ गया कि मैं एक अत्यधिक नाप-जोख वाले परिवेश में प्रवेश कर गया हूँ। और इसके अलावा उनके ग्रुप के सभी लोग एक विशेष राजनैतिक विचारधारा से जुड़े हुए थे। उनके काम में शामिल होने के बाद भी मेरे कई व्यक्तिगत वक्तव्य बने ही रहते थे। मुझे लगने लगा था उनके काम में अनेक जगह राजनीति की घुसपैठ थोड़ी अधिक मात्रा में थी। थोड़ा उन लोगों से प्रेरित होने के कारण मैं उसे सहन कर लेता था। किन्तु, उन दिनों मेरी जो चिन्तनधारा थी, उस परिप्रेक्ष्य में उनकी विचारधारा का मेरे ऊपर कोई प्रभाव नहीं था। धीरे-धीरे पार्टी ऑफ़िस के प्रस्ताव थोड़ा अधिक ही आने लगे। शुरू-शुरू में आई.एन.ए. के कार्य-कलाप को लेकर, एक बैले, बाद में शेख अब्दुल्ला के कश्मीर को लेकर कोई एक ड्रामा—इसी तरह से एक के बाद एक विषय चलने लगे। याद है उसी समय ज्योतिरिन्द्र मैत्र दल में आ गये। हम लोग उन्हें 'बटुक दा' 'बटुक दा' कहकर पुकारा करते थे। उनसे बड़ी घनिष्ठता हो गयी थी उन दिनों। बटुक दा के भाई ही थे रथीन मैत्र, शायद तुम्हें यह बात मालूम हो। ख़ैर, जो भी हो धीरे-धीरे जॉर्ज आये—हाँ, देवव्रत बाबू, देवव्रत विश्वास। मेरे बहुत ही प्रिय जन थे। उनके कण्ठ से रवीन्द्र संगीत मुझे कितना अच्छा लगता था। आज भी मैं उनका बहुत अनुरागी हूँ। उनकी आवाज़ बहुत गम्भीर थी। उसमें एक दर्द था। इसके अलावा गाना गाना उन्हें बहुत अच्छा लगता था। इसके बाद बम्बई में शम्भु बाबू आ गये, तृप्ति मित्र आ गयीं। हरेक के साथ मेरा परिचय-आलाप भी हुआ। वे लोग मुझे बहुत अच्छे लग रहे थे। और ये सभी लोग एक ही गोत्र के होने के कारण

उत्पल दत्त।

मैंने एक साथ दो सत्य प्रस्फुटित होते हुए देखे। एक ओर तो इनका टैलेण्ट है—कितने रचनाशील हैं ये, कैसा इनका समर्पण है। एवं इसी के साथ मिला हुआ है एक विचित्र प्रकार का हठ। एक प्रबल आघात की तरह कुछ, एक प्रबल प्रेरणा, एक दबाव जैसा कुछ। अच्छा, इस प्रसंग में एक छोटी-सी घटना का उल्लेख करता हूँ। इस घटना का मेरे लिए एक मूल्य है। इसलिए पहले इसी घटना को बताता हूँ।

उस समय, पता नहीं क्यों, उस स्क्वाड के लड़के-लड़कियों को देखता था कि वे नेहरू के ऊपर बहुत ख़फ़ा हैं। उनके सम्बन्ध में कोई अच्छी बात उनके मुँह से मैं सुनता ही नहीं था। कोई भी अच्छी बात नहीं सुनी ऐसा कहा जा सकता है। उसके बाद याद है, एकाएक वहाँ रजनीपाम दत्त आ गये एक

मीटिंग में भाषण देने के लिए। उस दिन मेरी एक फ़िल्म का स्टूडियो में टेकअप था। इसलिए रजनीपाम के भाषण में मैं रह नहीं सका। किन्तु, बाद में आकर पूरी घटना सुनी। उन्होंने आकर उन लोगों से कहा—नहीं, तुम लोग ग़लत कर रहे हो। तुम लोग समझ नहीं रहे हो नेहरू जो कुछ कर रहे हैं, ऐसा और लोग भी बहुत कुछ कर रहे हैं। अर्थात् वे वहाँ पर नेहरू की बड़ी प्रशंसा कर गये। शाम को वहाँ आकर सभी की ज़बान पर मैंने दूसरी ही आवाज़ सुनी। सभी लोग रातोंरात नेहरू की प्रशंसा करने के अभ्यस्त हो गये। यह बात मैं इसलिए कह रहा हूँ, कारण उनका यह अच्छा लगना, प्रेम-भाव का उनमें यह जाग जाना मुझे अद्‍भुत लगा था। इस तरह से सभी चीज़ों पर सूक्ष्म रीति से विचार करने की प्रवणता हालाँकि जैसे ही एक गुरु स्थानीय व्यक्ति नेहरू को एक अच्छा व्यक्ति कह गया, वैसे ही सबके लिए सारी स्थिति कैसे बदल गयी। इस तरह की दो-चार घटनाएँ बीच-बीच में मेरी नज़र में आयी थीं। इसके बाद मान लीजिये, उनके कल्चरल स्क्वाड का उद्देश्य था गाँव-गाँव में वह शो दिखायेगा, मोटर अथवा लॉरी ले जाकर उसके पीछे एक अस्थायी स्टेज जैसा बनाकर लोगों को जाग्रत करने के लिए कुछ नाटक आदि प्रस्तुत करेगा। जोतदारों के अत्याचार मज़दूरों की स्वार्थपरता, बनियों-दलालों की शठता, ये सारी चीज़ें उनकी विषय सूची में थीं। अवश्य, उनका यह अच्छा उद्देश्य था। और इन्हीं कार्यक्रमों से उनकी शक्ति बढ़ती गयी। कला की ओर उनका आग्रह कम होने लगा। किसी तरह की भावना, किसी तरह का शुद्ध कलात्मक विषय ज़रूर उनकी सूची से बाहर था। किन्तु राजनीतिक पृष्ठभूमि की दृष्टि से जितना किया जा सकता था, मुझे लगता है उतने पर भी उनकी दृष्टि नहीं थी। कुछ दिन बाद मैं समझ गया कि उनकी मूल दृष्टि किसी आंचलिक मुद्दे को लेकर काम करना था। जिससे उस मुद्दे को बहुत कुछ पत्रकारिता का स्पर्श मिल जाये। स्थायी साहित्य के साथ पत्रकारिता की जो दूरी है, उनके काम-काज में देखा कि किसी स्थायी कलात्मक पक्ष की दूरी वैसी-की-वैसी बनी हुई है।

यह हो रहा है, मैं यह कर रहा हूँ, कुल मिलाकर उनका यही भाव है। और उसके ऊपर पार्टी स्तर से वही निर्देश—यह करो, वह मत करो। लगभग यही निर्देश मेरे लिए पीड़ादायक हो गये थे। यद्यपि उनकी नीति के कठोर प्रयोग के प्रयोजन को मैंने मान लिया था, आज भी मानता हूँ। मैंने देखा कि व्यक्तिगत रूप से मेरे काम के साथ मानो पूरी चीज़ ठीक नहीं बैठ रही है। समझ गया कि मैं अधिक दिन इसे नहीं कर पाऊँगा। यद्यपि 'धरती के लाल' फ़िल्म के

बारे में कहो, यह तो उन्हीं के संगठन का काम था, अथवा स्वतन्त्र रूप से निर्मित, 'नीचा नगर' फ़िल्म भी, यह भी सोशलिस्टिक पैटर्न पर बनी फ़िल्म थी, इसमें मुझे समाजवादी यथार्थ का सामना करना पड़ा था। उनकी अच्छी चीज़ों को उसी समय मैंने अपने मन के एक विशेष कोने में जगह दे दी थी। हालाँकि स्क्वाड के ऊपर अत्यन्त कट्टर शासन क्यों था, इसे मैं नहीं जानता था, किन्तु, इसने मुझे बहुत परेशान कर रखा था। वैसे तो साँस बन्द हुई जा रही थी, एक तरह से दम घुटने लगा था। समझ गया कि यहाँ काम ना कर पाऊँगा। उसके बाद एक दिन वह भी प्रायः एक वर्ष बाद, मैंने वह दल त्याग दिया। हम लोगों ने तब—शान्ति एवं अवनी और हाँ, और भी दो लोग—नृत्य में दादा के दो पट्ट शिष्य तुम उन्हें कह सकते हो, इन लोगों ने भी प्रायः सात-आठ मास पहले हमारे कल्चरल स्क्वाड में योग दिया था—मेरे चचेरे भाई शचीन शंकर एवं नरेन्द्र शर्मा ने इण्डियन नेशनल थिएटर में योग दिया। तब इसके पीछे काँग्रेस थी। हाँ, यह ज़रूर था कि उस समय काँग्रेस ने थिएटर की विषय सूची क्या हो इसमें उसने अपनी कोई टाँग नहीं अड़ाई थी। ऊपर की ओर से किसी तरह का ऑर्डर आदेश जैसा कुछ भी नहीं था, हम लोग अपनी योजना के अनुसार कार्य को आगे बढ़ा रहे थे। पण्डित नेहरू की अनुमति लेकर हम लोगों ने तब उनकी पुस्तक 'डिस्कवरी ऑफ़ इण्डिया' के आधार पर एक बैले बनाया। इसके पहले शान्ति आदि लोगों ने कई भागों में टुकड़ों के रूप में भारतीय जीवन का रूप नृत्य में दिखाया था। किन्तु, हम लोगों ने यह पहली बार इतिहास और शिल्प के सारे दावों को मानकर भारत का यह पूरा रूप इस बैले में खड़ा किया। और इतिहास एवं शिल्प का बड़ा सामंजस्यपूर्ण रूप हम लोगों ने उसमें प्रयोग किया।

इसी इप्टा में रहते समय ही विजन भट्टाचार्य, शम्भु मित्र, विष्णु डे के साथ मेरा परिचय हुआ। एक दिन विष्णु बाबू के घर गया भी था। ये सभी लोग इप्टा के माध्यम से तो अथवा सीधे-सीधे कम्युनिस्ट पार्टी से जुड़े हुए थे। सत्यजित बाबू का भी, जहाँ तक मुझे याद है, इप्टा से सम्पर्क इसी समय का है। फिर भी उन लोगों के साथ सबसे अधिक घुले-मिले थे ऋत्विक घटक। उन लोगों के सम्पर्क में सलिल चौधुरी भी थे। फिर भी अन्तिम दो लोग उम्र में मुझसे छोटे थे। इसलिए उनसे मेरी भेंट अधिक नहीं होती थी। ये लोग थोड़ा बाद में आये थे। इन्हीं के साथ याद आ रहे हैं तापस सेन और खालेद चौधुरी। इन दोनों लोगों तथा उत्पल दत्त के साथ तो मेरा बहुत अन्तरंग

सम्बन्ध है। इसी इप्टा ने अपने शुरुआती दौर में तीन-चार वर्ष कितना अच्छा काम किया है कि क्या कहूँ? हर सेन्टर में। क्या कलकत्ता में, क्या बम्बई में, क्या दक्षिण में—विशेषकर आन्ध्र में। थोड़ा दिल्ली में भी। यह सब बहुत सुन्दर काम था। इस गाने-बजाने और थिएटर के माध्यम से लोग ख़ूब उन्मत्त हो गये थे। बजाने से उतना नहीं। वे विशेष रूप से प्रभावित हुए थे लोकगीतों और थिएटर के द्वारा। थोड़ा-बहुत काम भी बढ़ा था। कारण, हर शिल्पी के लिए एक विशेष तरह का काम करने को पड़े रहने के कारण हरेक के उसमें अधिक भाग लेने की प्रवणता तैयार हो गयी थी और इसके अलावा एक बड़ा काम करने का हरेक के लिए अवसर भी तो बन गया था। उसके बाद, यह ज़रूर हुआ कि मेरी तरह और भी कई लोगों का उससे मोह भंग हो गया था। पता नहीं, यही बात आजकल सोवियत रूस में हो रही है या नहीं। लगता तो यही है कि हो रही है। अन्ततः ऐसा हो तो हमें यहाँ-वहाँ से सुनायी दे रहा है। अधिकतर सरकारी नीति-निर्देश ही इसके कारण हैं। कह-कह कर काम कराने की वजह से कई बार किसी शिल्पी के काम करने की प्रेरणा को, काम करने के मनोभाव को सरकार आघात पहुँचा बैठती है।

पण्डित नेहरू को मैं अपने धुर बचपन से ही जानता था। पहचानता था और काम के सिलसिले में उनसे मिलने के कई अवसर भी हुए थे। विशेषकर अधिक अवसर तब मिले जब मैं डिस्कवरी ऑफ़ इण्डिया पर आधारित बैले लेकर दिल्ली गया। आई.एन.टी. के माध्यम से। उसके कुछ दिन बाद एक एशियाई सम्मेलन हुआ था। स्वाधीनता के पहले। फिर भी सही वर्ष अभी तुरन्त याद नहीं कर पा रहा हूँ। ख़ूब सम्भवतः १९४७ के प्रारम्भ में। बाद में जब मैं दिल्ली में था, ऑल इण्डिया रेडियो के म्यूज़िक डाइरेक्टर के रूप में, तब उनके साथ मेरा बहुत सुन्दर सम्बन्ध बन गया था। वे मुझसे बड़ा स्नेह करते थे, जब भी ज़रूरत होती वे मुझे बुला भेजते थे। किसी विशेष अनुष्ठान का अवसर होने पर, अथवा उनके यहाँ कोई विशेष अतिथि विदेश से आ जाता, तो वे मुझे बजाने के लिए बुला लेते थे। फिर इसके अलावा मैंने 'मिलोडी एण्ड रिद्म' नाम से कुछ शो किये थे। त्रिवेणी कला संगम नाम का दिल्ली में जो कला संस्थान है, जिसकी स्थापना सुन्दरी श्रीधरानी ने की थी, उनके संस्थान के मैंने ८०/९० लोग लेकर वह प्रोग्राम किया था। इस देश में सम्भवतः उस तरह का एक प्रयोग पहली बार हुआ था। आर्केस्ट्रा था, और

पण्डित जी ने स्टेज पर आकर मुझे गले लगा लिया। वह तसवीर बहुत लोकप्रिय हुई थी। उनके राजनैतिक दृष्टिकोण पर मत विभिन्नता हो सकती है किन्तु, उनके मनुष्य के प्रति मेरी श्रद्धा है। वे एक सुपर ह्यूमन हैं।

उसी के साथ एक कोरल ग्रुप का एक गाना। वही ध्रुपद धमार से लेकर ख़याल, ठुमरी, लोक संगीत और अकेस्ट्रेशन—पूरे अढ़ाई घण्टे का कार्यक्रम। तो पण्डित जी उसे देखने आये थे। और वहाँ पर एक मज़ेदार घटना घटी थी। सोचकर ही मुझे इतना अच्छा लग रहा है। वे सेन्ट्रल बॉक्स में बैठे हुए थे। वह

ललित कला अकादेमी का हॉल था। बहुत बड़ी स्टेज थी। सेन्ट्रल बॉक्स में पण्डित भी। प्रोग्राम में मैंने एक लोरी अंग का गीत अर्थात् सुलाने वाले लोक संगीत को रखा था। 'सो जा रे ललना, तोरे बिछौना चंदन का पलना'। एक महिला गोद में बच्चा लिये यह गीत गा रही थी, चारों ओर उसके साथी झुण्ड बनाकर बैठे हुए थे। प्रकाश की व्यवस्था ऐसी थी जिससे नींद का परिवेश बड़ी सघनता से निर्मित हो गया था। और लक्ष्मी भाभी के द्वारा मैं यह गीत गवा रहा था। तो उससे एक विचित्र घटना घट गयी थी। हर आइटम के बाद तालियों की तुमुल ध्वनि हो रही थी। यद्यपि इस आइटम के बाद देखा कि पर्दा गिर गया है, हालाँकि कोई आवाज़ नहीं हो रही थी। कोई किसी तरह की प्रतिक्रिया भी नहीं व्यक्त कर रहा था। क्या बात है मैं समझ नहीं पा रहा था। बाद में बात क्या है इसे मैं जान सका। पण्डित जी बीच में बैठे तो हैं ? यह जानना चाहा। पूरे दिन तमाम तरह का परिश्रम कर थके हुए उसी स्थिति में समय से आये थे। उन दिनों तो भीषण परिश्रम कर रहे थे वे। सभी को पता था कि किस तरह का परिश्रम कर रहे थे। इस शो को उन्होंने पूरा देखा था। इस लोरी के समय, हो सकता है गीत के कारण वहाँ जो वातावरण बन गया था। उस वजह से भी हो सकता है, फिर पूरे दिन के घनघोर परिश्रम से आयी थकान का भी ज़ोर हो सकता है, पण्डित जी सो गये। एवं जब पर्दा गिरा तब उनकी नाक बज रही थी। हॉल तो छोटा ही था ? सभी ने देखा कि उनका सिर सामने की ओर झुका हुआ है, और उनकी घुर्रक बज रही है और वे गहरी नींद में मग्न हैं। उन्हें इस दशा में देखकर हरेक के मन में कैसी तो एक ममता घिर आयी। किसी ने यह सोचकर तो किया नहीं था। फिर भी कोई यह नहीं चाह रहा था कि तालियाँ बजाकर उन्हें अप्रस्तुत स्थिति में डाल दिया जाये। कहीं इससे उनकी नींद भंग न हो जाये। काफ़ी समय लगभग इसी स्थिति में बीत गया। क्या यह घटना इतनी मधुर नहीं थी ? चमत्कार ! बाद में ज़रूर जब उनकी नींद टूटी, स्टेज पर आकर उन्होंने मुझे गले लगा लिया। वह तस्वीर बाद में बहुत लोकप्रिय हुई थी। शायद उसमें लोग यह देख रहे थे कि वे मुझे आलिंगनबद्ध किये हुए हैं। ख़ैर, वह जो भी हो, वे मुझसे सचमुच में बड़ा स्नेह करते थे। उनके राजनीतिक मत को लेकर अनेक विरोधी मत हो सकते हैं। उनके राजनीतिक व्यापार को मैं समझता नहीं हूँ, उनके अनेक क्रिया-कलापों को भी सम्भवत: मैं ना समझ पाऊँ। फिर भी उनके मनुष्य रूप पर मेरी भारी श्रद्धा है। उन्हें एक असाधारण पुरुष कहा जा सकता है। भगवान ने मानो उन्हें रूप में, गुणों में, ऐश्वर्य में पूरी तरह भर दिया था। इसके अलावा,

गाने-बजाने को इन्दिरा जी कोई बहुत समझती थीं, ऐसा नहीं है। किन्तु, शिल्पियों के प्रति श्रद्धा, अनुराग उनमें पूरी तरह था। शिल्पी भी आख़िर में एक मनुष्य है, वह सम्मान का पात्र है, इसे वे ख़ूब समझती थीं। और इसे मानती भी थीं। दुःख का विषय है, यह अधिकतर राजनेताओं में मिलता नहीं है। ऊपर के चित्र में इन्दिरा जी के साथ बैठा हुआ हूँ मैं, एवं अमेरिकन संयुक्त राष्ट्र की विख्यात संगीत शिल्पी मारियन एण्डरसन।

मैंने स्वयं ही देखा है, वे बड़े आदर्शवादी व्यक्ति थे। मनुष्य से वे ख़ूब प्रेम करते थे। एवं गाने-बजाने को अधिक ना समझ पाने पर भी, जितना वे समझ सकते थे अथवा जितना वे खेल-कूद को समझ सकते थे, या ज्ञान-विज्ञान को समझ सकते थे, फिर भी गाने-बजाने के लिए उनका जितना उत्साह था, वह ख़ूब हमारी नज़र में आता था। चित्रकला और मूर्तिकला को वे कितना

समझते थे, मुझे पता नहीं है। किन्तु, उन सबके लिए उनका उत्साह, पैसे की दृष्टि से उनकी उदारता, एवं उनका समर्थन—यह सब बातें उनमें सदा रहती थीं। दूसरे तरह के मनुष्य तो तुम उन्हें नहीं समझते हो? एवं राजनैतिक पक्ष को अगर छोड़ दिया जाये तो यही सब मैं इन्दिरा जी के भी बारे में कह सकता हूँ। गाने-बजाने को वे बहुत हद तक समझती थीं, ऐसा नहीं है। किन्तु, शिल्पियों के लिए जो श्रद्धा, जो अनुराग, होना चाहिए, वह उनमें पूरी तरह बना रहा था। शिल्पी भी एक मनुष्य है, सम्मान का एक पात्र है, वह वे समझती थीं और मानती भी थीं। दुःख का विषय है यह बात तुम्हें अधिकांश राजनेताओं में नहीं मिलेगी। गाने-बजाने से जुड़े व्यक्ति का अर्थ होता है एक मनोरंजन करने वाला। एक उपेक्षा का भाव इन राजनेताओं में देखा जाता है। यह बहुत कुछ शिल्पकला के प्रति बोध शक्ति के अभाव के कारण होता है। सोचते हैं, अच्छा बजानेवाला है? वह तो एक निम्न स्तर का व्यक्ति है। ब्यूरोक्रेट, बड़े-बड़े अफ़सरों में भी यह चीज़ तुम देख सकते हो। यह चीज़ मैंने अच्छी तरह देखी है ऑल इण्डिया रेडियो में रहते समय। उस समय के सूचना एवं प्रसारण मन्त्री केसकर साहब अक्सर गायक-वादकों को चाय-कॉफ़ी की पार्टी में बुला लेते थे। उसमें जो लोग आया करते थे, उनमें अधिकांश में मैं यही चीज़ देखा करता था। कारण अन्य गवैये बजैये ख़ूब सलाम ठोकते हुए रोज़ हाज़िरी देने के बाद भी मैं वह नहीं करता था। उनकी यह आदत मुझसे सहन नहीं होती थी। तुम कह सकते हो मेरे युग के कुछ संगीतकार अपने प्रयास से ऊँचे उठे और कुछ चीज़ें उन्होंने समाज में बदली थीं फिर भी समाज में चारों ओर यह मनोभाव कुछ-कुछ बना हुआ है। ख़ूब दुःख की बात है यह। ख़ूब दुःख की। केसकर साहब से मेरा हार्दिक सम्बन्ध उन दिनों इन्हीं सब कारणों से नहीं हो सका। एवं वे भी मेरे इस छोटे-मोटे अहंकार के कारण मुझसे बचकर चलते थे। इन नौकरशाहों के इस व्यवहार में अनेक कलाकार कोई बहुत बड़े असम्मान का भाव नहीं देखते थे। कारण, युग-युगों से नवाब बहादुर, ज़मींदार, दीवानों की सभा में काम करते रहने के कारण, इनमें भी एक हीनता का भाव पैदा हो गया था। हमारे ज़माने में ही इस मनोभाव के विरुद्ध पहली बार विद्रोह दिखायी दिया।

और आजकल के शिल्पी-जन उसका सुफल पा रहे हैं। हालाँकि हम लोगों को कैसे अपमान के माध्यम से नहीं गुज़रना पड़ा था। आशा है, दिन-दिन शिल्पी जनों की परिस्थिति और भी उन्नत होती जायेगी। और भी सम्मान

पायेंगे गायक–वादक जन। उस समय वे अपना सम्मान और भी ज़िद के साथ बरकरार रख सकेंगे। यह सलाम करना, झुक कर अभिवादन करना, अत्यधिक खातिरदारी निभाना, यह सब दुर्बलता शिल्पियों में फिर नही रह जायेगी। ख़ैर, जो भी हो, इन्दिरा जी के प्रसंग पर पुनः आता हूँ। वे जो इतनी बड़ी हुई थीं वह ठीक बिना कारण के तो नहीं। आजकल की बात नहीं कह रहा हूँ। वे जब जन सम्पर्क मन्त्री होकर आयीं, उसी समय उन्होंने जो कार्य किया था वह सचमुच में प्रशंसनीय है। उस समय सरकारी विभाग के संगीत–शिल्पियों का कितना कम मासिक वेतन था, उसकी तुम लोग कल्पना तक नहीं कर सकते हो। और उसके ऊपर इतनी सख़्ती थी कि यहाँ नहीं जाओगे, और वहाँ नहीं जाओगे। और भी कितने नियम थे। यह नहीं करोगे, वह नहीं करोगे। हालाँकि जो वेतन उन्हें मिलता था, उससे उनका ख़र्चा कैसे चलता, बताओ तो ? वही ढाई–तीन सौ से शुरू होकर और समाप्त होता था जाकर पाँच सौ पर। मैंने पहुँचते ही इस व्यवस्था को समाप्त कर दिया। मैंने आर्केस्ट्रा में जिन्हें लिया, उनका वेतन साढ़े सात सौ रुपयों से ही शुरू किया। उससे एक बार में ही उनके होश उड़ गये। मैंने उनका मूड बना दिया पाँच सौ से लेकर साढ़े सात सौ रुपया। उसके ऊपर अपने काम में मैंने जिन्हें लगाया उन्हें मैंने पूरे ग्रेड पर ही दिला दिया। और उससे हलचल मच गयी। जो सब शिल्पी जन आर्केस्ट्रा में नहीं थे उन्होंने ख़ूब एतराज़ जताया। किन्तु, इस समय इसी बहाने से मैं वेतनमान बढ़ा सकता था, यह सुविधा हो गयी। इन्दिरा जी के समय उन्होंने स्वयं हस्तक्षेप कर सारे शिल्पियों का मासिक वेतन ख़ूब बढ़ा दिया। और आजकल उन्हें वही मिल रहा है। पहले की तुलना में वह बहुत–बहुत अधिक है। और इस सम्मानजनक वेतन के लिए पूरी तरह अकेले इन्दिरा जी का ही कृतित्व है। सामाजिक एवं व्यक्तिगत दोनों दृष्टियों से ही इन्दिरा जी से मेरी जान–पहचान थी। फिर भी बहुत अधिक उनके यहाँ नहीं आता–जाता था। कारण, बड़े–बड़े लोगों से काफ़ी घनिष्ठता को लोग सदा अच्छी नज़रों से नहीं देखते हैं। इसलिए सोचता था अधिक आने–जाने की क्या दरकार है। यही मनोभाव पण्डित जी और इन्दिरा जी के प्रति मेरा बना रहा है। कोई न कोई प्रार्थना लेकर लोग सदा उनके पास आते रहते थे। इसीलिए मैं थोड़ा बचा-बचा कर चलता था। और अच्छा भी यही था। जो सत्ता में हों, उनके पास अधिक आना–जाना एक प्रकार की हीन मनोग्रन्थि का लक्षण है।

मेरे पैरिस-जीवन के बारे में तुम जानना चाहते हो ? पैरिस में बचपन में जब था—यही १९३० ईस्वी से—इस अवधि में हम लोग शुरू-शुरू में भेंत-नोफ—रू दा पारी में रहा करते थे। अर्थात् २९ नम्बर रू दा पारी। बरस भर—डेढ़ेक बरस के बाद हम लोग चले गये। १७ रू दा वेलभेद में। दोनों जगहें पैरिस १६ Arrondisment में आती हैं। उस समय अच्छे-अच्छे सभी लोगों के साथ आलाप-परिचय, घनिष्ठता हुई थी। फिर पैरिस तो था ही उस समय सभी मामलों में पीठ-स्थान! जगत् के सभी प्रमुख लोग उस समय पैरिस में स्थायी होकर रह रहे थे। उस समय जिन लोगों के पास हम लोग गये थे, उनमें

१९३० ईस्वी की बात है। पैरिस तो उस समय सभी चीज़ों का पीठ-स्थान था। विश्व के सभी मुख्य-मुख्य व्यक्ति उस समय पैरिस में इकट्ठे हो गये थे। उस समय जिन लोगों के पास जाना हुआ था, उनमें एक व्यक्ति हैं रोमां रोलां। उस समय उनका स्वास्थ्य बहुत ख़राब था। वे बहुत दुर्बल हो गये थे। उनकी देह का रंग उस समय काग़ज़ की तरह सफ़ेद था।

एक जन थे रोम्याँ रोलाँ। रोलाँ का उस समय चारों ओर एक लेखक, एक मनुष्य के रूप में बड़ा सम्मान था। सभी लोग इन पर बहुत श्रद्धा किया करते थे। विशेषकर भारत के ऊपर उनकी कैसी श्रद्धा थी! रामकृष्ण देव, स्वामी जी और महात्मा गाँधी पर उनकी वे सारी पुस्तकें उसी समय निकली थीं। एक बार उनसे मिलने गया था। थोड़ी देर के लिए। उस समय उनका स्वास्थ्य काफ़ी ख़राब था। वे बहुत दुर्बल भी थे। एक चीज़ मेरी निगाह में बड़े भीषण रूप से पड़ी थी। उनकी देह का रंग उस समय काग़ज़ की तरह सफ़ेद था। वह मुझे आज भी याद है। He looked very sick–वे बहुत बीमार दिख रहे थे—बहुत धीमे-धीमे थोड़ी बात कर पाते थे। उस समय यह ज़रूर था कि वे कितने बड़े हैं, मैं समझ नहीं पाया था। अब सोचकर अवाक् रह जाता हूँ, कितनी सहजता से मैं कितने महान् एक व्यक्ति को देख आया था।

एक और व्यक्ति मुझे याद आ रहा है। बाङ्लादेश के लोग तो उसे ख़ूब पहचानते हैं। शायद पहले के लोग उसे आज भी याद रखे हुए हों। सिलवाँ लेवी। गुरुदेव के पास शान्तिनिकेतन में वे बहुत दिन रहे थे। एकदम धरती से जुड़े व्यक्ति, सरल, प्राणवन्त, हालाँकि गम्भीर। वे हमारे रू दा पारी के घर में आये थे। उस समय हम लोगों का रिहर्सल चल रहा था। दादा ने उस समय कई आइटम तैयार कर डाले थे। वे सब उन्हें दिखाये गये। उनसे कितनी बार नहीं कहा गया किन्तु, वे ज़मीन पर ही बैठे रहे। गलीचा-वलीचा हम लोगों ने बिछा दिया। कहने लगे, ना, ना, कुछ नहीं। मैं तो ज़मीन पर ही अच्छा हूँ। काफ़ी देर तक वहाँ रहे थे। चाय वग़ैरह पी। उन्हें बहुत अच्छा लगा था। थोड़ी-थोड़ी बाङ्ला बोल लेते थे। और कैसा तो मधुर व्यवहार था उनका। तो भी एक मामले में हमें बहुत तकलीफ़ हुई थी। वह जैसे ही अपने घर वापस गये, ज़मीन में बैठे रहने के कारण उन्हें ठण्ड लग गयी थी—वह अधिक बढ़ जाने के कारण वे बीमार पड़ गये थे। उसके कुछ दिन बाद ही उनकी मृत्यु हो गयी। ख़बर पाकर हम लोग बहुत मर्माहत हुए थे। क्यों हम लोगों ने उन्हें ज़बरदस्ती कार्पेट पर नहीं बैठाया।

उसके बाद मान लीजिये, पैरिस में रहते समय विराट-विराट सभी संगीतज्ञों को सुनने जाया करता था। उनमें से कई लोगों के साथ हमारा आलाप-परिचय हुआ था। जैसे फ्रित्ज क्राइसला के साथ। दुनिया में जितने दिन बेहाला वाद्य जीवित रहेगा, तब तक उसका नाम भुलाना किसी के लिए सम्भव नहीं है। हाईफित्ज भी उस समय पूरे दम के साथ बजा रहे थे।

अपरूप सुन्दर चेहरा—उस समय निरे युवक थे। हंगरी के होने के कारण उनके हाथ में एक अद्‌भुत जिप्सी संस्पर्श था। उनके द्रुत के अध्याय की सभी ख़ूब प्रशंसा किया करते थे। उस समय उनका बजाना हम लोगों को बहुत सुन्दर लगा था। और हम लोगों ने सुना था तस्कानिनि को। आरतुरा तस्कानिनि को। विश्व के श्रेष्ठ कण्डक्टर थे वे उन दिनों। उस समय तो चारों ओर उनका बड़ा नाम था।

फिर उसके बाद लीजिये शालियापिन—ऑपेरा गायिका को। याद है पैरिस ऑपेरा में हम लोग उनका गाना सुनने गये थे। वे जब एक-एक आवाज़ निकाल रही थीं, बहुत सुन्दर आवाज़, बहुत ऊँची आवाज़—तब हमें लगने लगा जैसे हमारे पेट के भीतर उसका अनुरणन हो रहा है। थोड़ी देर बाद ही ऐसा लगने लगा कि झाड़-फानूस में भी उसकी तरंगें ध्वनित हो रही हैं। उस तरह की एक आवाज़—उफ़!

उसके बाद पियानो शिल्पी पादेरुस्की। चेलो शिल्पी पावलो कासाल। पावलो कासाल के साथ फिर बहुत दिन बाद ख़ूब आलाप हुआ १९६८ ईस्वी में। अमेरिका के टेंगोलउड फेस्टिवल में मैं गया था। उसी समय उनसे भेंट करने गया था। उन्होंने मेरा बहुत आदर-जतन किया। उन्हें देखकर मुझे बाबा की बहुत याद आयी। उनमें मुझे बाबा का एक भाव देखने को मिला। वे एक ऐसे टाइप के व्यक्ति हैं, उम्र होने पर भी, भीषण प्राणशक्ति थी उनमें। अलाउद्दीन ख़ाँ साहब में भी जिसे हम लोगों ने अन्त-अन्त तक देखी थी। पावलो कासाल भी यही संगीत लेकर जीवित बने हुए थे। वही मानो जीवन है। वही मानो धर्म है। एकदम ऋषि जैसे व्यक्ति।

पैरिस में रहते समय शुरुआत में ही आन्द्रे सेगोविया के साथ ख़ूब आलाप-परिचय, ख़ूब घनिष्ठता, ख़ूब भाव हो गया था। सेगोविया आज भी जीवित हैं। बड़ी बात यह है कि वे आज भी बजाते जा रहे हैं। यद्यपि उनकी उम्र ८३-८४ वर्ष की है। और इस समय भी उनका यह अकेला गिटार लोगों में कैसा जादू फैला देता है। किसी कार्यक्रम में अगर उनका नाम हुआ तो इस वजह से हॉल अपने आप पूरा भर जाता है। उन दिनों वे मेरे घर के पास ही रह रहे थे। उस समय वे कई बार मेरे घर पर भी आये थे। और आने के बाद तिमिरवरण का बजाना ख़ूब सुना करते थे। उन्हें उनका बजाना बहुत अच्छा लगता था। उस समय हमारे रिहर्सल को भी उन्होंने ख़ूब सुना था। हम लोगों ने भी उस समय घरेलू परिवेश में उनका बजाना ख़ूब सुना है। येहुदी के साथ भी मेरा

सिलवाँ लेवी रवीन्द्रनाथ के साथ बहुत दिनों शान्तिनिकेतन में रहे थे। वे मेरे रूदा पारी के घर में आये थे। दादा ने तब तक नृत्य के कई आइटम तैयार कर डाले थे। उन्हें वे सब दिखाये गये थे।

पहला परिचय उसी समय होता है। हाँ, येहुदी मेनुहिन। हाँ, यह ज़रूर है कि उनकी अपेक्षा उनके गुरु जार्ज एनेस्को के साथ हमारी घनिष्ठता अधिक थी। एनेस्को तो प्रायः ही हमारे घर आया करते थे। इन्हीं दो लोगों का आना-जाना हम लोगों के साथ ख़ूब था। सिगोविया और एनेस्को। एनेस्को चूँकि वे रोमानीयन हैं, प्राच्य संगीत के प्रति उनकी कैसी तो एक दुर्बलता थी। उनका एक जीवन्त कौतूहल था मध्य प्राच्य के गाने-बजाने के मामले में। मध्य प्राच्य का संगीत वे ख़ूब सुना भी करते थे। इस गाने-बजाने का कुछ प्रभाव भी उनकी संगीत-रचनाओं पर था। इसके अलावा जिप्सियों की कुछ चीज़ों को भी उन्हें आयत्त कर रखा था। इसके बाद जब उन्होंने हमारा गाना-बजाना सुना अर्थात् तिमिर दा का सरोद और विष्णुदास शिराली का सितार एवं हमारे दल की सारी संगीत-रचना, तो वे उस पर इतने मुग्ध हो गये थे कि जब भी उन्हें समय मिलता उसे सुनने चले आते थे। और चूँकि उनके साथ हॉल में

येहुदी मेनुहिन के साथ भी हमारी १९३२ अथवा १९३३ में भेंट हुई। उस समय मेनुहिन हॉफ पैण्ट पहने, उम्र उनकी सोलह अथवा सत्रह की होगी। याद आ रहा है। १९३२ ईस्वी ही होगी। वे उस समय देखने में कितने सुन्दर थे, एकदम हृष्ट-पुष्ट, गोलमटोल। उनका चेहरा भी सुन्दर था। उनकी छोटी बहन हेपसिवा भी उनके साथ थी। पियानो बजाया करती थी। वहीं पहली बार उसको देखा। किसे पता था बाद में उसके साथ मेरा इतना भाव हो जायेगा।

यहाँ के विदेशी संगीतज्ञ, जिनसे हमारा आलाप-परिचय है, और उनसे हार्दिकता भी पैदा हो गयी थी, उनके बारे में दो-एक बातें कह रहा हूँ। मेनुहिन के सम्बन्ध में अपनी दुर्बलता की बात तो मैं प्राय: कहता ही रहा हूँ। उनके प्रति मेरी अगाध श्रद्धा है, उनके लिए मेरा अगाध प्रेम भी है। वह विचित्र व्यक्ति था। यह भी सत्य है। इतने वर्षों से उसका इतना नाम, इतना सम्मान, इतना विराट व्यक्तित्व वह, यद्यपि उसमें कितनी विनय है, कितना विशाल मन है उसका। जहाँ, जब भी मिला गुरु कहकर मुझे श्रद्धा दी। फिर वह चाहे लेक्चर में हो, किसी प्रबन्ध में हो, किसी शो में हो। जहाँ भी मिल गये। इससे अपने को मैंने कितना धन्य समझा है, बताओ उसके बारे में तुमसे क्या कहूँ। उन्होंने मुझे अच्छा कहा, इसलिए मैं यह नहीं कह रहा हूँ। असल में वह ऐसा ही है। ऐसा व्यक्ति तुम्हें चाहे जहाँ खोजने से नहीं मिलेगा। जिससे जहाँ जितना उसे मिला उसे उसने मुक्त हृदय से स्वीकार किया है। उसका जीवन के प्रति, मनुष्य के प्रति, जीवन के मूल्य-बोध के प्रति जो सम्मान है, उसी ने उसे इतना बड़ा बना दिया है। एक शिल्पी के हिसाब से तो वह बहुत बड़ा है, उसी के साथ मनुष्य के रूप में उसके इतने गुणों के कारण आज के दिन दुनिया में उसकी इतनी महिमा है। उसे सभी मानते हैं। श्रद्धा करते हैं, प्रेम करते हैं।

इसके अलावा एक और व्यक्ति के साथ काम करते हुए मैं एकदम मुग्ध हो गया हूँ। पश्चिम के ध्रुपदी संगीत में एक असाधारण प्रतिभा। बाँसुरी में पश्चिम का सबसे बड़ा आर्टिस्ट। अतुलनीय। जाँ पियेर रामपाल। इतना अद्‌भुत, इतने ऊँचे स्तर का आर्टिस्ट कि तुम्हें कैसे समझाऊँ। तुम्हें उसे सुनना चाहिए। उसके साथ मैंने कुछ दिन पहले एक रिकॉर्ड बनाया है। वह है मेरा 'वेस्ट मीट्स ईस्ट' सीरीज़ वाले काम का तीसरा वॉल्यूम। ऐंजेल रिकॉर्ड में, ई.एम.आई. ग्रुप का। इस रिकॉर्ड के एक ओर येहुदी-मेनुहिन के साथ मेरा

सितार बजाना है। गत तीन वर्षों में मैंने और उसने जो सब काम एक साथ किये हैं, उसे जो सब चीज़ें इसी अवधि में मैंने सिखायी हैं, और एक साथ बजायी हैं, उनमें से दो संगीत-रचना की बात कह रहा हूँ। एक का नाम रखा है—नाम ही याद नहीं आ रहे हैं। ख़ैर जो भी हो, पहला काम था नट भैरवी में और दूसरा पूरिया धानेश्री में। पूरिया धानेश्री को नाम दिया था Twilight mood— (सान्ध्य मनोभाव) नट भैरवी का नाम शायद Morning Love—अर्थात् प्रभाती रखा था। ना, ना, Morning Love नहीं, याद नहीं आ रहा है। अरे, हाँ—Tenderness—कोमलता। उस रिकॉर्ड में दूसरी तरफ़ है रामपाल

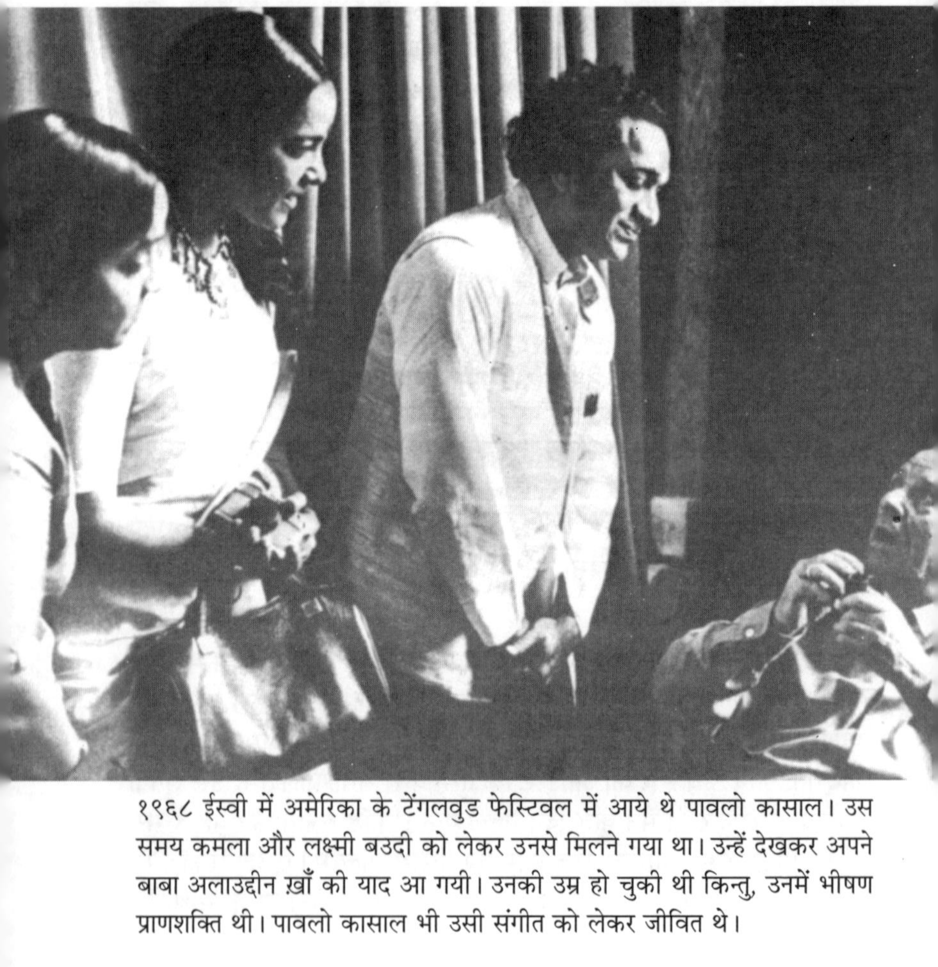

१९६८ ईस्वी में अमेरिका के टेंगलवुड फेस्टिवल में आये थे पावलो कासाल। उस समय कमला और लक्ष्मी बउदी को लेकर उनसे मिलने गया था। उन्हें देखकर अपने बाबा अलाउद्दीन ख़ाँ की याद आ गयी। उनकी उम्र हो चुकी थी किन्तु, उनमें भीषण प्राणशक्ति थी। पावलो कासाल भी उसी संगीत को लेकर जीवित थे।

के साथ किया गया काम। राग तोड़ी में, इसका नाम रखा है The enchanted dawn—मोहक प्रभात। उसमें मैंने स्वयं नहीं बजाया है। मातिन जेलिओ नाम की एक लड़की थी, बहुत सुन्दर हार्प बजाती थी, उसी से बजवाया था। इसलिए इसमें तुम्हें हार्प और रामपाल की बाँसुरी मिलेगी। इसके अलावा मैंने स्वयं जिस भाग में बजाया था उसका नाम है हाँ, पहले ही उसके बारे में बताया था—Twilight Love—सान्ध्य राग। इसमें मैंने बजाया है राग नट भैरवी। भैरवी, किन्तु, राग भैरव नहीं। ख़ैर, जो भी हो, रामपाल के बारे में जो चर्चा कर रहा था। म्यूज़िशियन वह अद्‌भुत है। और इसके साथ उसमें अगाध प्रेम है। तन्मय होकर बजाते हैं। और उसी तन्मयता का संचार वे श्रोताओं में भी कर देते हैं।

पन्नालाल बाबू की कथा तुम्हें याद है ? फिर वे हैं अद्‌भुत जीनियस। बाँस को काटकर वंशी बजाना—यही है उनका काम। वंशी के कई कामों में वे एकमात्र पथ-प्रदर्शक थे। उनके बाद भी अनेक वंशी वादक तैयार हो गये किन्तु, वही उनमें प्रथम रहे। एक व्यक्ति सिर्फ़ मेहनत करते हुए क्या कर सकता है,उन्होंने यही दिखा दिया। पन्नाबाबू ने शुरुआत में तो वैसी तालीम प्राप्त नहीं की थी। इसे वह स्वयं भी स्वीकार करते थे। ऐसा एक समय था,

काम करते हुए मुग्ध हो जाता हूँ और एक व्यक्ति के साथ। पश्चिम के ध्रुपदी संगीत में एक असाधारण प्रतिभा। बाँसुरी में पश्चिम के सबसे बड़े आर्टिस्ट। अतुलनीय। जाँ पियेर रामपाल।

मेनुहिन के प्रति मेरी अगाध श्रद्धा है। एक संगीत-शिल्पी के रूप में तो वह बहुत बड़ा है, इसके साथ एक मनुष्य के रूप में उसकी विराट महिमा है। इतना महान् मनुष्य यहाँ-वहाँ खोजने से नहीं मिलता है।

मलाद में—१९४४ ईस्वी में। वे ख़ूब सरल व्यक्ति थे। मुझसे कहने लगे—मुझे सिखाओ। मैंने जवाब दिया, आपको मैं कैसे सिखाऊँगा ? आप बहुत बड़े आर्टिस्ट हैं, इतने दिनों के मुझसे सीनियर हैं। कहने लगे—मुझे तालीम नहीं मिली है। मुझे सिखाना ही होगा। इसके बाद तो वे मेरे रियाज़ के समय आया करते थे। हम लोग एक साथ बजाने बैठा करते थे। कुछ दिन बाद मैंने ही उनसे कहा—आप मेरे गुरुदेव की शरण में जायें। उससे आपका कल्याण होगा। गुरुदेव अर्थात् बाबा अलाउद्दीन ख़ाँ साहब। वह तालीम लेने का एक बार उन्हें सुयोग भी मिल गया। इसके अतिरिक्त उन्होंने कुछ दिन नाड़ा बाँधकर भिण्डी बाज़ार घराने के अमान अली ख़ाँ साहब के पास सीखा भी था। अर्थात् अमीर ख़ाँ साहब के एक गुरु। हमारे समय के शिवकुमार शुक्ल ने भी सीखा था अमान अली ख़ाँ से। अद्भुत गुणी लोग थे ये अमान अली ख़ाँ। वे दिल्ली घराने के लड़के थे, किन्तु, महाराष्ट्र जाकर उन्होंने रहना शुरू कर दिया था। और उस समय के एक महापण्डित कर्नाटकी शिल्पी के पास

आना-जाना शुरू कर दिया था। इस कर्नाटकी शिल्पी का नाम था कृष्ण विड़ारप्पा। ताल एवं लय पर उनका ऐसा अधिकार था कि संगीत रसिक लोग उन्हें ताल ब्राह्मण कहकर सम्बोधित करते थे। उनके साथ उठ-बैठ कर अमान अली ख़ाँ ने सुन्दर-सुन्दर सभी संगीत रचनाएँ अपने अधिकार में कर ली थीं। जैसे, उदाहरण के लिए, उनके हंसधुनि राग का प्रस्तुतीकरण। उन्होंने ही उस राग का उत्तर भारत के गाने-बजाने में ख़ूब प्रचार किया। विशेषकर गायकों में। बजाने में बाद में मैंने ही उसका अवश्य अधिक प्रचार किया। किन्तु, गायकों में वह राग उनकी वजह से ही फैल गया। एवं इसी के साथ याद आती हैं उनकी सभी संगीत रचनाएँ। जैसे, उदाहरण के लिए, 'वातापी गणपतिम् भजे' उनका प्रसिद्ध गाना। हंसधुनि राग में। उन्होंने उसी धुन की नक़ल पर यह गाना बनाया, 'लागी लगन पति संग'। बहुत सुन्दर! सुनने का मज़ा था उनकी सुर-रचना में। उनकी सुर-रचनाओं में से कुछ रचनाएँ अमीर ख़ाँ भी गाया करते थे। शिवकुमार शुक्ल भी उनकी सुन्दर-सुन्दर सब रचनाएँ गाते रहे थे। फिर भी आजकल पता नहीं क्यों शिवकुमार के गाने अधिक सुनने को भी मुझे नहीं मिलते हैं। ख़ैर, जो भी हो, फिर वापस आ रहा हूँ, पन्नालाल के प्रसंग पर। चूँकि वे मेहनत करके ही बड़े बने थे, उनकी तालीम उसकी तुलना में गुणी समाज के सामने कम ठहरती थी। बाद में ज़रूर उन्होंने बाबा से तालीम ली थी। फिर भी उनकी ख्याति उनकी तैयारी की वजह से फैली हुई थी। उनके बजाने को सभी एक वाक्य में स्वीकार करते थे। तारीफ़ भी करते थे। मैंने जब ऑल इण्डिया रेडियो को छोड़ दिया था, तब वही मेरी जगह पर आये थे। बम्बई में भी उन्होंने बहुत कष्ट पाया था, जब वे पहली बार वहाँ गये। कुछ दिन वे फ़िल्म लाइन में भी रहे थे। फिर भी उन जैसे एक साधक व्यक्ति को जीवन में मैंने बहुत कम देखा है। मेहनती व्यक्ति तो थे ही, उसी के साथ एक भक्त भी थे। वे रामकृष्ण परमहंस देव के भक्त थे। और उनके बजाने में भी वही भक्ति भाव सदा गुँथा रहता था। फिर भी लोगों के मुँह से मैंने सुना है—उनके तथा तारापद बाबू—तारापद चक्रवर्ती महाशय के सम्बन्ध में—कि उनकी बेसिक तालीम कुछ कम होने पर भी सृजन शक्ति, मेहनत, कल्पना एवं प्रकाशभंगी की कोई तुलना नहीं थी। एवं यह एकदम सच बात है। सुन-सुन कर एवं मेहनत करते हुए, भगवदप्रदत्त शक्ति के द्वारा ये लोग जो काम कर गये हैं, वह प्रभूत प्रशंसा का कार्य है। दोनों शिल्पी ही धन्य हैं। फिर भी पन्ना बाबू के लिए मुझे यह सोचकर कष्ट होता है कि अन्ततः बंगाल में उन्हें वह सम्मान नहीं मिला। जीवन के अन्तिम दौर में भी वे बंगाल से बाहर-बाहर ही

प्रोग्राम करते रहे, बंगाली लोगों ने उनकी कद्र नहीं जानी। यह बड़ा अन्याय हुआ। बड़े दुःख की बात है यह। एक अच्छे बंगाली कलाकार ने अन्तिम जीवन में भी बंगालियों के प्रेम का स्नेह-स्पर्श नहीं पाया, यह बड़े कष्ट की बात है भाई। तारापद बाबू भी यही दुःख लेकर गये हैं।

पन्नालाल बाबू के जमाई, बम्बई के लड़के, देवेन्द्र मूर्धेश्वर। बहुत अच्छा बजाते हैं। पन्नालाल बाबू की तालीम तो उन्हें मिली ही है, उसके साथ गाने की तालीम मिलाकर एक अच्छा बजाना तैयार किया है। उनके बजाने में गाने के कई अंग हैं। राग का भार भी बहुत सुन्दर आता है उनकी बाँसुरी में। घराने के बाहर के लोगों को सुन-सुन कर एक संश्लिष्ट सुविन्यस्त बजाना प्राप्त कर लिया है देवेन्द्र ने।

बाबा के सम्बन्ध में वैसे भी देश में बहुत कुछ लिखा जा चुका है, चर्चा भी काफ़ी हुई है। लोग उन्हें संगीत के क्षेत्र में प्रायः एक सन्त की तरह मानते हैं। किन्तु, बाबा के मैंने और भी अनेक रूप इन आँखों से देखे हैं। उनका जो मानवीय पक्ष है। जिसे जान लेने पर उस व्यक्ति के प्रति और भी श्रद्धा करने की इच्छा होती है, यह समझ में आ जाता है, उसकी इस असीम कर्म-शक्ति का उत्स कहाँ है। अब उसी के बारे में बता रहा हूँ।

बाबा को सबसे पहले १९३४ में उसी सीनेट हॉल में देखा था। उसके पहले तिमिर दा से उनके बारे में सुन-सुन कर उनके प्रति मेरी यह धारणा हो गयी थी कि वे अत्यन्त क्रोधी व्यक्ति हैं, एक विराट नीति वागीश हैं। इसलिए पहली भेंट से वे मुझे बहुत भयंकर लगे थे। उसके बाद वे जब १९३५ में दादा के दल में योग देने बम्बई आये, अली अकबर उस समय छोटा था, उसकी उम्र उस समय तेरह की होगी। हम लोग उस समय बम्बई में नेशनल— नहीं, किसी एक होटल में थे। और तब बाबा का एक अन्य रूप देखा। वे कितने मीठे स्वभाव के हैं, कितने विनयी, अन्दर ही अन्दर कितने कोमल हैं, इन सब चीज़ों को मैं तभी जान सका। विशेष रूप से मेरी माँ को वे कितना आदर देते थे। ये शब्द तो उनकी ज़बान पर बने ही रहते थे, माँ, तुम तो रत्नगर्भा हो। उदयशंकर जैसा सोने का लाल है तुम्हारा। इसी तरह की और भी सब बातचीत। उस समय अली अकबर छोटा था, वे बैठे-बैठे उसे सिखाया करते थे। और इसी समय देखा करता था उनकी यह रणचण्डी की मूर्ति।

दादा से उनका सम्बन्ध ? उसके बारे में क्या कहूँ ? दादा को वे जितना स्नेह करते थे, उतना ही उनका सम्मान भी करते थे। इसे देखकर अन्य सब लोग अवाक् होकर रह जाते थे, विशेषकर उनका वह शिवपार्वती नृत्य देखकर, उसके बाद से तो दादा के ऊपर एक अद्भुत सम्भ्रम और स्नेह उत्पन्न हो जाता था। उनके भाव में ये दोनों चीज़ें ही मिली हुई थीं।

ख़ैर, जो भी हो, उसी समय अली अकबर को सिखाते समय उनकी इस

मेरे बाबा पण्डित श्यामशंकर चौधुरी, पण्डित तथा एक सुसंस्कृत व्यक्ति थे।

१९३२ ईस्वी में पैरिस में बाबा के साथ हम चार भाई, राजेन्द्र, मैं, देवेन्द्र एवं उदय।

डाँट-फटकार और क्रोध आदि को देखकर मुझे बड़ा भय लगता था। किन्तु, यह जो पन्द्रह दिन हम लोग बम्बई में रहे थे, उन्हीं दिनों बाबा के सम्बन्ध में एक भय का भाव उत्पन्न हो गया था, हालाँकि इस भाव के उलट कुछ और भी चीज़ें मेरी नज़र में आयी थीं। अली अकबर डर के मारे विलायत नहीं गये। कहने लगे, मैं माँ को छोड़कर नहीं जाऊँगा। मामा अर्थात् मेरे एक मामा ने बाबा के सामने यह बात उठायी थी। हम लोगों में एक यही मामा बाबा से खुलकर बात कर पाते थे, अपनी बात कह सकते थे। हम लोग तो भय के मारे

काठ हो जाते थे। अली अकबर मैहर लौट गये, हम लोग विलायत की ओर जहाज़ से रवाना हो गये। मेरी माँ काशी से आकर हमारे साथ कई दिन बिता गयीं। माँ के साथ मेरे यह अन्तिम दिन बीते। मुझे याद है, दिसम्बर के एकदम अन्त में हमारा जहाज़ छूटा, माँ उस समय डेक पर हमसे मिलने आयीं और फूट-फूट कर रोने लगी थीं। जब मैंने उसे प्रणाम किया, उसने मुझे छाती से लगा लिया और हू-हू कर रोने लगी। बाबा भी वहाँ खड़े हुए थे। बाबा का हाथ पकड़कर उनके हाथ में मेरा हाथ देकर माँ ने कहा—मेरे इस बेटे को आप देखे रहना। उसके पिता यही कुछ दिन हुए मर गये हैं। आज से आप ही इसके बाबा हुए। अगर इससे कोई भूल हो जाये तो आप क्षमा कर देंगे। आपके हाथों में ही इसे सौंप रही हूँ। अब यह और कहाँ जायेगा। माँ तो रो ही रही थीं, बाबा भी उन्हें रोते देखकर किस तरह तब रोने लगे थे कि क्या कहूँ! कहने लगे, माँ, आप तो देवी हैं, आप रत्नगर्भा हैं, मैं तो म्लेच्छ हूँ! और आपका बेटा आज से मेरा बेटा हुआ। मेरा एक बेटा तो है ही, आज से एक और बेटा हो गया। अब यह मेरा बड़ा बेटा होगा! और इन दोनों को रोते देखकर मैं भी रोने लगा।

इसके बाद डेक से माँ को जो देखा, वही उन्हें अन्तिम बार देखना हुआ। बाद में फिर माँ को देखना नहीं हो सका। हम लोगों के बाहर विदेश में रहते समय ही माँ की मृत्यु हो गयी। नौ मास बाद ही।

किन्तु, कहना चाहिए इस रोने के द्वारा ही बाबा से मेरा असली सम्बन्ध शुरू हुआ। माँ से हुई इस बातचीत की वजह से हो, अथवा अन्य कोई भाषा न जानने के कारण हो, जहाज़ की इस यात्रा में ही बाबा ने मुझे अपने बहुत नज़दीक खींच लिया। ख़ूब स्नेह करते थे, बहुत निकट चाहते थे। मैं तब उनका एक तरह से लेफ्टीनेंट हो गया था। उनकी देखभाल करने का सारा भार ही उस समय मेरे ऊपर आ गया। मैं और दुलाल। इस जहाज़ से ही उन्होंने मुझे सिखाना शुरू कर दिया था। रोज़ ही कहते थे सितार को लाओ। जहाज़ में बजाना होता तो कहते थे, तुम्हारा हाथ ठीक नहीं है। इस तरह से बजाओ। उस तरह से नहीं। इसके अलावा बहुत से गाने भी उन्होंने मुझे तब सिखाने शुरू कर दिये थे। उन दिनों वे रोज़ ही गाने की सुर-रचना किया करते थे। एक-एक दिन में चार-पाँच तक। वही रवीन्द्रनाथ जैसा यह मामला था और क्या। मैंने तब निश्चय कर लिया कि गण्डा बाँधकर इनका शिष्यत्व ग्रहण करूँगा। एक दिन यह बात कहने पर बोले कि शिक्षा-दीक्षा तो वैसे ही

हो रही है गण्डा बाँधने की क्या दरकार है। फिर इस गण्डा बाँधने की इतनी जल्दबाज़ी क्यों है? मिस्र में मेरे जहाज़ ने अपना लंगर डाला, कई दिन काहिरा और अलकंजेंडरिया में बिताकर हम लोग आजकल के इजराइल—जो उस समय फिलिस्तीन था—वहाँ पर गये। पहले तेल अबीर शहर में हम लोग रुके। वहाँ पर एक घटना घट गयी।

मैंने मन में सोचा कि वे मेरे गुरु हैं, उन्हें मुझे कुछ उपहार देना चाहिए! इसके पहले जहाज़ पर उन्हें बीच-बीच में यह कहते सुना है, थोड़ी तमाखू-अमाखू अगर आ जाये तो अच्छा रहे। तो क्या दूँ, यही सब सोचते-सोचते याद आयी इसी तमाखू की बात। मैं और दुलाल उस समय होटल के नीचे एक दुकान पर गये और एक पाइप तथा एक डिब्बा बहुत सुन्दर तमाखू ख़रीदकर लाये, और उसे बड़े समारोह के साथ उनके चरणों में रख दी। उसे देकर उन्हें प्रणाम किया। सोचा वे बहुत ख़ुश होंगे। उन्होंने यह काण्ड देखकर कहा—यह क्या

इस जहाज़ की यात्रा में ही बाबा ने मुझे पास खींच लिया। ख़ूब स्नेह करते थे, निकट चाहते थे।

दादा के भील नृत्य में वृद्ध की भूमिका में मैं और दादा की बायीं ओर विख्यात कथकलि शिल्पी माधवन।

है ? उनकी यह बात कि यह क्या है। सुनकर हमारी तो हालत ख़राब हो गयी। ख़ैर, जो भी हो, किसी तरह रोते-रोते डिब्बा खोलकर उन्हें दिखाया। देखते ही वे नाराज़ हो गये कि क्या बताऊँ भाई। क्रोध में उनका जो चेहरा लाल हो गया। उस तरह का चेहरा मैंने और किसी का नहीं देखा। बाल और दाड़ी सभी उनके खड़े हो गये। वह बहुत कुछ बिल्ली और शेर की तरह। उनकी आँखें भटे की तरह बड़ी हो गयीं। कहने लगे—मुझे मुखाग्नि देने आये हो ? यह जो पाइप और तमाखू उन्हें दी थी, इसका अर्थ वे यह मान बैठे कि हम लोग उन्हें मुखाग्नि दे रहे हैं। बोले—पता नहीं है तुम्हें, मैं किसी से कुछ लेता नहीं हूँ, और तुम लोग मेरे मुँह में आग देने आये हो। और बार-बार वही बात कहने लगे—मुझे मुखाग्नि देने आये हो, उफ़। उनका वह ग़ुस्सा भूलने का नहीं भाई। देख रहे हो मामा, मेरे मुँह में अग्नि देने आये हैं। और इस घटना से मैं एक बात समझ गया कि उनकी देखरेख बड़ी सावधानता से करनी होगी। एक बच्चे की तरह सरल स्वभाव का होने के कारण बीच-बीच में उनका अकारण ऐसा मिज़ाज हो जाता है।

बाद में कई देश घूमते हुए हम पैरिस पहुँच गये। बाबा का काम सिर्फ़ एक सोलो बजाना था। इसके पहले तिमिर दा का सरोद सुनकर विदेशी लोग मुग्ध हो चुके थे। उस बार की यात्रा में उन्हें तिमिर दा के गुरु के रूप में प्रस्तुत किया गया था। उन्हें बहुत सम्मान भी मिला था। किन्तु, सिर्फ़ यही बजाकर वे रुककर नहीं बैठना चाहते थे। प्रायः दादा से कहा करते थे, भाई मुझे कोई काम दो। ऐसे तो मेरा काम चल नहीं सकता है। सचमुच में, वह व्यक्ति काम से इतना प्रेम करता था कि छोटा-मोटा कोई आइटम बजाकर ख़ाली बैठे रहने से वह क्लान्त हो जाता था। अन्त में चन्द्रसारंग नामक उनका ख़ुद का तैयार किया हुआ एक छड़ से बजने वाले वाद्य-यन्त्र को लेकर नृत्य के साथ ही बैठे

मेरी माँ हेमांगिनी।

रहने लगे। और उससे ही वे कितने ख़ुश थे! अहंकार जैसी कोई चीज़ उनमें थी ही नहीं। यहाँ तक कि अपनी इच्छा से अन्यान्य छोटे-मोटे वाद्य-यन्त्रों को भी उन्होंने इच्छानुसार बजाना शुरू कर दिया। एवं गोंग् नामक जिस बाजे का दादा प्रयोग किया करते थे अपने नृत्य के वाद्यों में उस तक को बजाने में उन्होंने कोई कसर नहीं रखी। इतने विराट एक क्लासिकल संगीतज्ञ होने के बाद भी उन्होंने हमारे जैसे उजबक, कच्चे बजैया के साथ बैठकर बजाने में कोई संकोच नहीं किया। इतना ही विशाल मन था उनका। इसके चार-पाँच वर्ष बाद जब बाबा अल्मोड़ा में कल्चर सेंटर पर संगीत के गुरु के रूप में आये तब वे बंगाली ढोल बजाना भी सिखाने लगे। उसे सुनकर दादा कितने प्रोत्साहित और प्रेरित हुए कह नहीं सकता। उनके नये बने बैले 'लेवर एण्ड मशीनरी' में इसी बाङ्ला ढोल का कई जगह प्रयोग किया गया था। भारत में जब दो बार शीत में वही टूर हुआ १९४० एवं १९४१ ईस्वी में तब इसी बैले ने बहुत हलचल मचा दी थी। बाबा उस समय उसमें बाङ्ला ढोल के कई अंश बजाकर सभी को उन्मत्त बना देते थे। इस बैले में मज़ेदार एक और व्यापार था। मेरे ढाई मिनट के कथक नृत्य का एक टुकड़ा था। सोच सकते हो, बाबा ने उसमें बैकग्राउण्ड में झपताल के ऊपर तबला के साथ बाङ्ला ढोल बजाया था। उनके द्वारा तैयार एक परन भी मैंने नाची थी, मुझे याद है— धा केटे धू के टे क्रि धे टे धागिना धाकिटे इत्यादि।

ख़ैर जो भी हो, अब फिर उसी पहले प्रसंग पर लौट आता हूँ १९३६ साल के टूर की कथा पर। उस कथा में जो बात कहना चाहता हूँ, वह है मामा के साथ उनका ख़ूब भाव था। वहाँ के सामाजिक जीवन, परिवार की परिकल्पना, महिलाओं का व्यवहार आदि को लेकर उनमें काफ़ी चर्चा हुआ करती थी। वे देखते थे और कहते भी थे, यहाँ की लड़कियाँ सीधे-सीधे आकर मुझे बाँहों में भर लेती थीं, चुम्बन लेती थीं। जैसा कि वहाँ होता रहता है। हाँ, मैं ज़रूर ख़ूब सावधान रहता था। आँख के इशारे से उन्हें सतर्क कर देता था। दूसरी जगह जो ख़ुशी हो करो, किन्तु, उनके सामने कुछ भी मत करो। वे उच्छृंखलता पसन्द नहीं करते हैं। कभी कोई उनके सामने यह सब अगर कर डाले तो वे ठीक-ठीक नाराज़ नहीं होते थे, फिर भी इतना तो कहते ही थे—कैसी बेहया हैं देख रहे हो! इसी तरह के मन्तव्य व्यक्त करते थे। सहनशक्ति, टोलरेन्स जो उनमें थी, उसे मैंने इसी समय देखी है। बाद में ज़रूर मेरी नज़र में नहीं आयी। तो इसी समय एक मज़ेदार घटना घट गयी थी।

मुझे याद है दिसम्बर का अन्त होते ना होते मेरा जहाज़ छूटा। माँ उस समय हमें देखने आकर बुरी तरह रो पड़ी थीं। जब मैंने उन्हें प्रणाम किया, उन्होंने मुझे छाती से लगा लिया। और हू-हू करते हुए रोने लगीं।

मामा तो उनके ख़ूब घनिष्ठ व्यक्ति थे। उनमें एक झोंक पैदा हो गयी कि बाबा को पैरिस की नाइट-लाइफ़ दिखायी जाये। बाबा भी प्राय: मौज-मस्ती में अनेक तरह की बातें पूछा करते थे। तो एक दिन मामा बातों-बातों में एक बात

कह बैठे। यह रबू उन सब बातों को ख़ूब जानता है। ज़रा सोचिये, उस समय मेरी क्या हालत हुई! रबू, जैसे यही सब करता हुआ घूमता-फिरता है। लड़कियों का जितना संग-वंग हो सकता है वही सब और क्या! मैं तो भागकर अपनी जान बचा नहीं सकता था। बाद में फिर एक दिन मामा के वही बात कहने पर वे हमारे साथ श्वेतांगिनी बालाओं का नृत्य देखने को राज़ी हो गये। उस समय पैरिस में जो भी गये—दूसरे महायुद्ध के पहले तक और क्या—उन्हें पता है कि कैसे खुले रूप में देखने-सुनने का सुअवसर था उस युग में। वही सब प्रसिद्ध नैश-अड्डे—स्फिंग्स पाँतेयो, नुमेरो केतोर्ज आदि। उस समय मात्र दस पौण्ड ख़र्च करके एक रात्रि में तुम जीवन के सम्बन्ध में अपने ज्ञानचक्षु खोल सकते थे। ऊपर उल्लिखित किसी भी घर में जाने पर सबसे पहले दरवाज़ा खोलकर जो व्यक्ति खड़ा होता था, उसे देखकर लोग मुँह बाये खड़े रहते थे। वही बच्चों जैसे कपड़ों के मात्र दो वस्त्र खण्ड पूरे शरीर पर। उनसे भाई कहीं नग्नता की रक्षा होती है! और भीतर जाकर जब बैठोगे तो सचमुच में निर्लज्जता और कलंक के दर्शन होंगे। इतनी-इतनी लड़कियाँ, किन्तु, शरीर पर एक पतला हार और उँगलियों में एक-दो अँगूठियाँ, इनके अलावा कुछ भी नहीं होगा। इसके बाद वहाँ तुम्हें वह सब मिलेगा, तुम जो चाहोगे। यौन जीवन की जितनी भिन्नताएँ हो सकती हैं, वे सब मानो किसी थाली में सजाकर रखी हुई हैं। और विश्वास करो, इन आठ-दस पौण्ड में ही। आजकल विलायत, अमेरिका में यह सब हो रहा है, किन्तु आजकल की यह अनैतिकता, अश्लीलता उस युग में नहीं थी। एक अद्‌भुत सहजता थी उस सब मामले में। और इसी तरह की एक विवस्त्रा नारी की आढ़त पर हम लोग बाबा को ले गये।

बाबा हमारे साथ जहाँ गये वह ठीक-ठीक इस वर्ग में अवश्य नहीं आती है। वह एक सीधे-सीधे कैबरे स्थान था। मैं और दुलाल। एक बड़े हॉल में लोग खचाखच भरे थे। सभी लोग मेज़-कुर्सी पर बैठे शराब पी रहे थे। बाबा तो सदा से ही शराब के प्रति उदासीन रहे थे। इसलिए शराब की तीख़ी गन्ध ने उन्हें थोड़ा बेहाल कर दिया। टेबिल पर बैठते-ना-बैठते एक नाइटी पहने टॉपलेस लड़की ने आकर बड़े क़ायदे के साथ पूछा—आप लोग क्या पियेंगे? मैंने खटाक से ऑर्डर दिया—ओरेंज जूस। हर दो घण्टे बाद एक शो होता था। हमारे बैठते ना बैठते एक फ्लोर शो शुरू हो गया। दुनिया भर में जैसा होता है, वैसा, और क्या! स्ट्रिप-टीज, सिमूलेटिड लव मेकिंग सभी तरह के नाना काण्ड।

बाद में पन्द्रह–बीस पूर्ण विवस्त्रा लास्यमयी लड़कियाँ आकर लाइन लगाकर खड़ी होती गयीं स्टेज पर। वह कैसा यौन आवेदन था, अरे बाबा! उस समय ज़रा मेरी हालत सोचकर देखिये! बाबा के भय से काठ होकर इधर–उधर ताक रहा हूँ। नाच देखना तो उस समय जहन्नुम में चला गया। पूरे समय बाबा स्तब्ध होकर हाथ में एक चुरुट लिये बैठे रहे। केवल एक ही टिप्पणी की किसी समय कि शरीर तो इनके सुन्दर हैं किन्तु ये हैं मोम की तरह सफ़ेद।

उठें–उठें कर रहा था कि इसी समय नृत्य करने वाली बालाओं में से तीन आकर हमारे पास खड़ी हो गयीं। उन्होंने फ्रांसीसी भाषा में पूछा—क्या हम तुम्हारे साथ बैठ जायें? शराब पियेंगे? पूरी तरह नग्न एक लड़की तो बाबा की गोद में बैठ ही गयी। और बाबा की दाढ़ी पर हाथ फेरते हुए प्रेम जताने लगी। बड़ी कड़क आवाज़ में मैं तब कहने लगा—तुम लोग यहाँ से दफा हो जाओ। वे एक मौलवी हैं। धार्मिक व्यक्ति हैं। बाबा तब और भी स्तब्ध होकर—'तौबा–तौबा' करने लगे। फिर मुझसे कहने लगे—रबू, इनसे यहाँ से उठकर जाने को कहो। रबू, अरे, इनसे उठकर जाने को कहो। उसके बाद उन लड़कियों के उठते ही हम लोग उस अखाड़े से भाग आये। क्या पता फिर जाने कौन–सा उत्पात शुरू हो जाये।

बाबा के बारे में इतनी बातें कहने का उद्देश्य यह है कि उनके जीवन की प्रतिष्ठा के पीछे निरा संगीत, बुद्धि एवं परिश्रम ही नहीं था—एक पागल कर देने वाला चरित्र बल था। स्त्रियों को देखकर उनके भीतर कोई सिहरन नहीं जागती थी, शायद ऐसा नहीं है, उस दृष्टि से वे एक दैनन्दिन, चेतना सम्पन्न चेतनानुभूति के ही व्यक्ति थे, किन्तु, सिर्फ़ संगीत के लिए—पुनः कह रहा हूँ सिर्फ़ संगीत के लिए उन्होंने अपनी ये सब वासनाएँ, साध, आह्लाद आदि को मार–मार कर एक आत्मघाती नियम निष्ठा में प्रवेश कर गये थे। कभी वे शायद अपने किसी उस्ताद को बाई जी, अथवा वेश्या के घर से खींच लाने के लिए गये हैं, स्त्रियों ने अनेक हाव–भाव, आकार–इंगित उन्हें दिखाये हैं। वे उस वक़्त यही दुहराते रहे कि आप हमारे उस्ताद अथवा वालिद की बान्धवी हैं, इसीलिए मेरे लिए मातृ स्थानीय हैं। यह कहते हुए सँभाल से बाहर उस्ताद को लेकर वहाँ से बाहर निकल आये हैं। ये सब बातें मैंने उनके मुँह से सुनी हैं। जीवन में जो वे बहुत से विचित्र चक्करों में पड़ गये हैं, उनके बारे में वे स्वयं ही बताते थे। किन्तु, क्या शराब, क्या स्त्रियाँ इनमें से वे किसी से भी विचलित नहीं हुए। इन चीज़ों के प्रति उनमें एक तरह की तटस्थता थी। इस

एक गाने-बजाने के लिए ही उन्होंने जीवन की इन सब चीज़ों का त्याग कर दिया था। शायद इसी वजह से उन्होंने पा भी सब कुछ लिया था।

मैं अन्नपूर्णा के साथ—जिसमें संगीत की शिक्षा-दीक्षा थी, रस था—घर-गृहस्थी क्यों नहीं कर सका—इस प्रश्न का उत्तर एक बात में देना बहुत कठिन है। मुझे लगता है, जब कोई पुरुष अन्य एक पुरुष के साथ बन्धुत्व स्थापित करता है, अथवा एक महिला को बान्धवी मानता है, अथवा उससे विवाह कर, घर-परिवार बसाता है, तब उनमें एक रासायनिक प्रक्रिया शुरू हो जाती है। अगर वह ना हो तो उन दोनों के लिए साथ में रहना मुश्किल हो जाता है। विश्लेषण करने पर तो अनेक सिद्धान्त खड़े किये जा सकते हैं फिर भी मूल रूप में जो घटित होता रहता है, वह यह है, जिसे मैंने ऊपर कहा। जिस पर मैं अन्ततः विश्वास करता हूँ।

अन्नपूर्णा के साथ अपने सम्बन्ध पर अगर विचार करना हो, तो थोड़ा पीछे जाना पड़ेगा। मैं मैहर गया था सितार सीखने, विवाह वग़ैरह का कोई प्रश्न ही नहीं उठता था उस क्षेत्र में। वही ३८ ईस्वी से ४१ ईस्वी तक तो मेरी शिक्षा-दीक्षा ही चलती रही थी। विवाह तो हुआ मेरे जाने के तीन वर्ष बाद। और इसका सूत्रपात भी बहुत अद्‌भुत है। मेरी सँझली भाभी अर्थात् देवेन्द्र शंकर की स्त्री कृष्णा भाभी एक बार मैहर घूमने आयी थीं। मैं उन दिनों बाबा के घर के पास ही एक स्थान पर किराये के मकान में रहता था। भाभीजी अक्सर बाबा के यहाँ जाया करती थीं, समय बिताती थीं बाबा के साथ, माँ के साथ और अन्नपूर्णा के साथ भी। अली अकबर की पहली स्त्री, आशिस की माँ के साथ भी उनका ख़ूब गहरा स्नेह भाव था। तो वे वहाँ से लौटकर सिर्फ़ यह कहा करती थीं, अहा! अन्नपूर्णा कैसी मधुर लड़की है। देवर जी, तुम्हारे लिए ऐसी ही बहू होनी चाहिए। इसी तरह की सब बातें। जिस तरह से हमारे बंगाली जीवन की भाभियाँ हँसी-मज़ाक़ किया करती हैं और क्या! और इसी तरह से उस विषय का सूत्रपात हुआ। उन्होंने इसकी चर्चा अली अकबर से की, इस पर अली भाई बोले—यह तो बहुत अच्छा होगा। यही सब चर्चा चलते-चलते एक समय यह बात परिपक्व हो गयी। बाद में जब मैं अल्मोड़ा गया दादा के संस्थान में, तब वहाँ सँझले दा और सँझली भाभी जी भी गयीं। एवं वहाँ भी यही बात धीरे-धीरे उठी। उस तरफ़ मामा ही हमारे सारे पारिवारिक मामलों में दख़ल देने वाले मध्यमणि की तरह थे। उन्होंने भी इस बात को

लेकर काफ़ी विचार–विमर्श किया। धीरे–धीरे बाबा के कानों तक भी यह बात पहुँच गयी। और उतने दिनों में यह बात काफ़ी गम्भीर हो गयी थी। मैं भी उन दिनों इन बातों को लेकर ख़ूब मज़ा ले रहा था। इसमें ख़ूब मज़ा देख रहा था। उन दिनों फिर मेरी उम्र ही आख़िर कितनी थी। यही कोई बीस–इक्कीस की और क्या! इधर मैं उजरा के साथ घोर प्रेम में पड़ा हुआ था। दादा के दल की जोहरा–उजरा दो बहनों में से उजरा के साथ। उजरा मुझ से दो बरस बड़ी थी। ख़ूब शिक्षिता, ख़ूब सुन्दर, अत्यधिक सुसंस्कृत लड़की। १९३६ ईस्वी के अन्त में हमारे दल में शामिल हुई थी। और उसी समय से हमारा आपस में ख़ूब भाव हो गया था। हमारे सम्बन्ध तब तक ख़ूब जम गये थे, ख़ूब गहरे हो गये थे। तब भी उससे विवाह करने की बात मैंने सोची नहीं थी। ख़ैर जो भी हो, जब अन्नपूर्णा से मेरे विवाह की बात उठी, उस समय मैंने भी इस बात की गम्भीरता को लेकर इतना सोचा नहीं था। और उन दिनों संगीत ही एक तरह से मेरे सिर पर भूत की तरह सवार था। फिर बाबा उतने स्नेह और प्यार से मुझे सिखा रहे थे। फिर इसके अलावा मुझे अपने पिता का जीवन में प्रेम तो कभी मिला ही नहीं था। उस अर्थ में मुझे उनका कभी सान्निध्य ही नहीं मिला था। अगर हिसाब लगाया जाये तो जीवन भर में डेढ़ अथवा दो मास उन्हें अपने पास पाया था, वह भी टुकड़ों में, लगातार नहीं। इसलिए उस्ताद अलाउद्दीन ख़ाँ साहब से मुझे जो स्नेह मिल रहा था, उसने लगभग अभिभूत कर रखा था। वैसे तो वे एक क्रोधी व्यक्ति थे, किन्तु मुझे सिखाने के मामले में उनके लाड़–प्यार, जतन, स्नेह, आदि सबने मिलकर मुझे उनका अन्धभक्त बना दिया था। मेरे प्राण एक प्रकार की कृतज्ञता से भर उठे थे। इसलिए जब उनकी बेटी से विवाह करने की बात उठी, तब मैं ध्यानपूर्वक इस बात पर विचार करने की स्थिति में ही नहीं था। ऐसा लगा शायद भावी यही है और यही होने की नियति है। जैसा कि मैंने कहा था कि संगीत ही उस समय मुझे वश में किये हुए था। पूरे मामले के भीतर जाकर उसके बारे में सोचने या बाद में क्या होगा, यह सब विचार करने की मेरी क्षमता उस समय थी ही नहीं। इसी स्थिति में हो गया विवाह।

१९४१ ईस्वी में अल्मोड़ा में मेरा विवाह हो गया। ठीक उसके कुछ पहले उजरा दादा का दल छोड़कर चली गयी। क्या पता हो सकता है मेरे विवाह की वजह से ही चली गयी हो। उसके साथ मेरे विदा के क्षण बहुत ही वेदनादायक हो गये थे किन्तु उस समय मेरा एकमात्र ध्यान बाबा का स्नेह पाने की ओर

था। हम जो एक घराने के व्यक्ति हैं, संगीत के साधक हैं, वही सम्बन्ध हमें ख़ूब मुग्ध किये हुए था। वही ख़ून का, प्रेम का बन्धन था। सच बात यह है, संगीत के कारण ही वह पूरी घटना घट गयी थी। उस समय नृत्य से मेरा मन पूरी तरह उठ गया था। तो जो भी हो, बाबा ने उधर, फिर ज़िद पकड़ ली थी कि अगर यह विवाह होगा तो हिन्दू रीति-रिवाज़ के अनुसार होगा। यह काम

शायद लोग जो चर्चा करते हैं, वह ठीक यह है कि मैं अन्नपूर्णा से जितना प्रेम कर सका था, उससे कहीं काफ़ी अधिक प्रेम उसने मुझे दिया है। फिर भी बात क्या है प्रेम का तो कोई बँधा-बँधाया मानदण्ड नहीं है। वह मुझे बहुत ही प्रेम करती थी। उस सम्बन्ध में मैं कोई प्रश्न नहीं उठा रहा हूँ। उस दृष्टि से देखने पर धीरे-धीरे मेरा प्रेम और बढ़ता गया था। ऊपर की तसवीर में अन्नपूर्णा, उसके भाई अली अकबर एक सभा में दोनों एक साथ बैठे हुए हैं।

१९४१ ईस्वी में अल्मोड़ा में मेरा विवाह हो गया। उस समय मेरा पूरा ध्यान बाबा का प्रेम पाना था। हम लोग जो एक घराने के व्यक्ति हैं, संगीत के साधक हैं, वही सम्बन्ध हमें मुग्ध किये हुए था। वही रक्त का, प्रेम का बन्धन था। वास्तव में उसी संगीत के कारण वह पूरी घटना घट गयी। फिर भी यह निश्चय ही स्वीकार करूँगा कि वह मुझे शुरू से ही बहुत अच्छी लगती थी। एक साथ रहते-रहते जो प्रेम पनपकर पक्का हो जाता है। इसके अलावा उसमें गुण भी तो ख़ूब थे। ऊपर की तसवीर में विवाह के तुरन्त बाद हम दोनों।

तो एकदम विरल था। इस तरह का विवाह तुमने कभी सुना नहीं होगा। कोई मुसलमान अगर इस तरह का विवाह करेगा भी तो वह मुस्लिम मत से ही करेगा। किन्तु, बाबा थे उदारवादी, हिन्दू धर्म पर उनकी अगाध श्रद्धा थी। और यह विवाह उन्होंने हिन्दू मत से ही किया।

अन्नपूर्णा की उम्र उस समय बहुत कम थी। अभी हाल में ही उसने पन्द्रहवाँ वर्ष पार किया था। मेरी उम्र उस समय इक्कीस थी। हम दोनों लोगों का उस समय बड़ा कच्चा दिमाग़ था। अन्ततः विवाह जैसे एक गम्भीर मामले में।

मेरे विवाह में अन्नपूर्णा के पीछे से शंखध्वनि कर रही है अमला बऊदी। उस समय भी अमला नन्दी अमला शंकर नहीं हुई थीं तो भी अल्मोड़ा में दादा के ट्रुप में थीं।

सम्भवत: उस विषय पर काफ़ी विचार करने की ज़रूरत थी उस समय। किन्तु, उस पर मैंने विचार किया नहीं। फिर भी यह अवश्य स्वीकार करूँगा कि वह मुझे शुरू से ही बहुत अच्छी लगती थी। एक साथ रहते-रहते जो अच्छा लगना परिपक्व हो जाता है। इसके अलावा उसमें गुण भी बहुत थे। फिर धीरे-धीरे सचमुच उसे ख़ूब प्रेम करने लगा था। इस विषय में कोई सन्देह नहीं है। तुम जो सुनते आ रहे हो कलकत्ता के अपने जाने-पहचाने एवं बन्धु-बान्धवों में, वह सम्भवत: ठीक है कि मैं अन्नपूर्णा को जितना प्यार कर सका था, उससे कहीं ज़्यादा प्यार उसने मुझे दिया है। फिर भी असल में बात

क्या है प्रेम का तो कोई बँधा–बँधाया मापदण्ड है नहीं। वह सचमुच में मुझसे बहुत प्रेम करती थी। उस सम्बन्ध में मैं यहाँ कोई प्रश्न नहीं उठा रहा हूँ। उस दृष्टि से तो उसके प्रति मेरा प्रेम धीरे–धीरे गहरा होता गया था। एकदम जिस प्रेम में ऊभ–चूभ करते हुए उससे विवाह किया था, वह नहीं, सचमुच में वह नहीं था। फिर भी एक साथ रहते–रहते मेरा प्रेम धीरे–धीरे बढ़ गया था। किन्तु, प्रेम का जो रसायन होता है, उसने शायद अन्त तक काम नहीं किया था। कारण, प्रेम की जो परिणति होती है, उसमें तो एक स्वीकृति की भी प्रक्रिया होती है। निरा सेन्टीमेंट एवं इमोशन तो चिरकाल बना नहीं रहता है। एक ना एक स्तर पर उसे स्वीकार करने का प्रयोजन तो होगा ही। जिसे चूँकि हम लोग कर नहीं सके।

हमारे विवाह के कुछ दिन बाद ही शुभ का जन्म हो गया। फिर उसी बीच पूरे दम से रियाज़ भी चल रहा था। उस समय मैं बाबा के यहाँ ही रहता था और चारों ज़ोर पूरे दम से खाना–पीना भी चलता रहता था। इसके बाहर का सारा ख़र्चा किन्तु, मैं ख़ुद ही चलाया करता था। कई बार दूसरी जगह रहने की मैंने बात भी उठायी थी। उसमें बाबा को घोर आपत्ति थी। अपने यहाँ ही हमें बलपूर्वक रखते थे। तब यह महसूस किया कि वे नाराज़ हो जायेंगे, इसलिए उनके यहाँ ही रहता रहा। फिर भी बाबा ने मुझे रेडियो पर दो–चार प्रोग्राम करने, अथवा यहाँ–वहाँ जलसे में बजाने की अनुमति दी थी, उससे कुछ पैसों की मुझे आमदनी हो जाती थी। उसके अलावा मैहर में वहाँ की पसरट की एक दुकान का मालिक मुझे बहुत पसन्द करता था, जितना चाहो उधार दे देता था। यही करते हुए चार–पाँच हज़ार रुपया उधार हो गये थे उस दुकान पर। उसके बाद मैंने अधिक पैसा कमाकर उसका वह पूरा क़र्ज़ा चुका दिया था।

ख़ैर, वह जो भी हो, बजाने के इस रियाज़ और अनेक नियम–क़ानून की चपेट में आकर हमारे और अन्नपूर्णा के ऊपर अत्यधिक दबाव आ गया था। शुभ के जन्म के बाद अन्नपूर्णा का स्वास्थ्य भी काफ़ी ख़राब हो गया था। शुभ को इन्टेस्टिनल ओबस्ट्रेक्शन जैसा कोई रोग हो गया था। वह पूरी रात सो नहीं पाता था, और हम लोग उसे गोद में लेकर टहलते रहते थे। फिर, इसके अलावा दिन भर का रियाज़ तो था ही। इससे दोनों जनों के ऊपर प्रेशर आ रहा था। एवं इस तरह से वह धीरे–धीरे क्रोधी स्वभाव की होने लगी। वैसे अन्नपूर्णा की प्रशंसा के अलावा मेरे पास कुछ नहीं है। उसमें उतने गुण हैं इसलिए। किन्तु, क्रोध उसमें बहुत अधिक है, बाबा की तरह। अथवा कहना

कमला के साथ मेरे उस परिचय से अन्नपूर्णा को आघात लगता था। हमारे वैसे कोई सम्बन्ध थे ही नहीं जिससे उसे आघात लगता। वैसे एक मधुर घुलने-मिलने से ही कैसी तो एक अशान्ति घट गयी हमारे पारिवारिक जीवन में। हाय! ऊपर की तसवीर कमला की कम उम्र की है।

चाहिए, अन्य लोगों की तुलना में उसमें धीरज की कमी है। फिर उन दिनों मेरा भी भीषण क्रोधी स्वभाव था। इस समय तो, मैंने अपने को मार-मारकर दूसरे तरह का बना डाला है। पहले जिन लोगों ने मेरा मिज़ाज देखा है, इस

समय तो वे मुझे पहचान ही नहीं पायेंगे। भीषण क्रोधी कहने का जो अर्थ होता है। बात-बात में हम लोग एक साथ प्राय: नाराज़ हो जाते थे। उसी के बीच बेटे को मनुष्य बनाना और रियाज़ भी करना (ये दो काम)। सब कुछ मिलकर भीतरी एक टेंशन शुरू हो गयी।

उसके बाद तो हम लोग बॉम्बे चले आये। मलाड में रहने के ठीक पहले ४४ में, मैहर में रहते समय इसी वर्ष के बीचोबीच मैं गम्भीर बीमारी से आक्रान्त हो गया। रिउमेट्रिक फीवर। ठीक होने के बाद ही हम लोग एक बदलाव के लिए बम्बई चले आये। इसके बाद फिर मैहर में स्थायी भाव से रहना सम्भव नहीं हुआ। यद्यपि, उसके बाद भी लगातार दस वर्ष तक हर वर्ष दो-एक महीने के लिए जाया करता था—और बाबा से सीखता भी था। ख़ैर, जो भी हो, ४४ के बाद से ही रहना शुरू हो गया बम्बई में। बीमारी से थोड़ा ठीक होने के बाद इप्टा को लेकर मग्न हो गया। अन्नपूर्णा तब काफ़ी दिनों के लिए मैहर चली गयी। बाद में इप्टा छोड़ने के बाद इण्डियन नेशनल थिएटर द्वारा प्रायोजित डिस्कवरी ऑफ़ इण्डिया बैले में मैंने संगीत निर्देशन देना शुरू किया। उसके बाद अन्नपूर्णा लौट आयी और मेरे साथ उस बैले में संगीत के काम में सहयोग करने लगी।

उस समय मेरा पूरा समय भीषण संघर्षों से गुज़रा। कई वर्ष लगातार। शुभ का स्वास्थ्य ख़राब था, मानसिक अशान्ति थी, ऐसे ही और भी कुछ व्यापार थे। उसी के बीच और भी एक मामला घट गया। मैं जब इसी बीमारी से थोड़ा ठीक हो उठा था, इसी समय मैं और एक के साथ प्रेम में पड़ गया था। उस सम्पर्क में दैहिक-वैहिक जैसी कोई चीज़ नहीं थी। किन्तु, यह जो बीमारी से ठीक होते समय, जिसे अँग्रेज़ी में कोन्वेलेसेन्स कहते हैं, जो बहुत कुछ आधी नींद और आधी जाग्रत अवस्था की तरह होती है, उसी दौर में कमला के साथ मेरे मन का योगायोग हो गया था। मेरे मझले दादा राजेन्द्र शंकर की स्त्री लक्ष्मीशंकर की छोटी बहन है कमला। उसका और एक नाम था सरस्वती। वे लोग दक्षिण के तमिल ब्राह्मण थे, किन्तु उसका जन्म जमशेदपुर में हुआ था किन्तु उनका समय उत्तर भारत में बीता है। मेरी लक्ष्मी भाभी का गाना तो तुमने सुना ही है। ख़ैर, जो भी हो, कमला से मेरा परिचय बहुत पहले से ही था, उसके एकदम बचपन से ही। जब वह दादा के दल में नाचने आयी। उसके बाद, बहुत दिनों के बाद उसे फिर देखा, तब वह काफ़ी बड़ी हो गयी थी। सोलह-सत्रह वर्ष की। पता नहीं किस तरह, वही पुराना अनुराग मेरा

पुनः जाग उठा। यह बात ४४ वर्ष के अन्तिम दौर की है। शायद यह मामला कुछ अधिक बढ़ गया। मूलतः मेरी ओर से ही। कमला फिर क्या करती बेचारी। उस समय भी वह बच्ची जैसी ही थी। तो उससे अन्नपूर्णा के दिल को निश्चय ही भारी चोट लगी होगी। किन्तु, कमला के साथ मेरा सम्पर्क ऐसा कुछ नहीं था, जिससे उसे चोट लगनी चाहिए थी। अन्ततः वैसे एक मिठास भरे घुलने-मिलने से मेरे पारिवारिक जीवन में इतनी अशान्ति होगी, मैंने ज़रा भी नहीं सोचा था। हालाँकि वही हुआ। हाय रे!

इसके बाद मैं मलाड छोड़कर अँधेरी में चला गया इप्टा के काम से, अन्नपूर्णा चली गयी मैहर। एवं कमला के साथ इस घटना से ही हमारे रिश्ते में दरार आ गयी। अब यहाँ पर अगर कहना शुरू करूँ तो अनेक बातें आ जायेंगी, किन्तु, उन्हें कहूँ कैसे? पारिवारिक अशान्ति के गन्दे वस्त्रों को जनसमाज के सामने फींचने की कोई ज़रूरत है क्या? उससे मनुष्य का दुःख और कष्ट ही बढ़ता है, किसी का भी भला नहीं होता है। अपने ऊपर दोष लेने में मुझे कोई द्विविधा नहीं है। कारण, मैं भगवान नहीं हूँ। दोष तो मेरा है ही। किन्तु, दुनिया के जितने दोष हैं, वे क्या केवल एक मनुष्य के ऊपर ही लादे जाने चाहिए? तुम कह रहे हो इसलिए, शंकर, मैंने कितनी ही बातें कही हैं। किन्तु, दुःख से, वेदना से दिल फटा जा रहा है। मैंने भी तो सुखी होना चाहा था। खाँटी पारिवारिक सुख तो मैंने भी चाहा था। हज़ार यश, ख्याति, अर्थ के द्वारा भी वह सुख मैं ख़रीद नहीं सका हूँ। लोग तो बाहर के रविशंकर को देखते हैं, दुखी रविशंकर को कौन पहचानता है? उसका एक कारण यह है, कि मैं अपनी वेदना संगीत में व्यक्त करने की चेष्टा कर रहा हूँ, शब्दों के द्वारा मनुष्य को नहीं सुनाना चाहता हूँ। आज यह पूरा प्रसंग उठ आया है, कारण, तुम सब कुछ जानना चाहते हो, इसलिए। तुम जानना चाहते हो मेरे प्रेम और दुःख की कहानी। दुःख का तो अन्त नहीं है, इससे अच्छा, प्रेम की ही बात कही जाये।

ख़ैर, जो भी हो, यह जो दरार पड़ी इसका मुख्य कारण मैं ही हूँ। हाँ, घूम-फिरकर उस रसायन की ही बात करूँगा। क्या, कमला! हाँ, कमला को मैं पहचानता हूँ उसके बचपन से ही। जब वह थोड़ी बड़ी हुई। उसको पुनः देखा वही १९४४ ईस्वी में। कलकत्ते में। उस वक़्त वह बड़ी सुन्दर और गोरी-चिट्टी युवती हो गयी थी। उसके बाद उससे घुलना-मिलना शुरू हुआ मलाड में, उसी बीमारी से ठीक होने के समय। उन्हीं दिनों के कारण भारी दुःख पाकर

अन्नपूर्णा मैहर चली गयी थी। उसके बाद कई वर्ष तक कमला के साथ मिलना ही नहीं हुआ। बीच-बीच में शायद बम्बई में छिटपुट मिलना होता था, किन्तु, उसे मैं घुलने-मिलने के वर्ग में नहीं डालूँगा। उसके साथ आख़िर में पुनः अच्छी तरह सम्पर्क बना १९५६ ईस्वी में। तब तक मेरा और अन्नपूर्णा का सम्बन्ध सूत्र ख़त्म हो चुका था। भीतरी खिंचाव उन दिनों अनुपस्थित हो चुका था। १९५६ ईस्वी में भी कमला के पति जीवित थे। किन्तु, उसके भी उन दिनों अपने स्वामी के साथ सम्बन्ध बहुत ख़राब हो चुके थे। वे लोग लगभग अलग-अलग ही रहा करते थे। इसके कुछ दिन बाद ही उसके पति अमिय चक्रवर्ती (फ़िल्म-निर्माता) की मृत्यु हो गयी। कुछ दिनों के लिए मैं उस समय अमेरिका चला गया था। और वहाँ से लौटकर ख़ूब खुले रूप में एक-दूसरे से मिलना शुरू कर दिया। बम्बई में फिर अन्नपूर्णा शुभ को लेकर आ गयी, मैं उन दिनों मालाबार हिल पर रह रहा था। किन्तु, उन दिनों मेरा कमला से सम्बन्ध बरकरार था। फिर भी सच कहने में कोई हर्जा नहीं है, १९६७ ईस्वी के फ़रवरी महीने से ही उसे लेकर बाहर जाना शुरू कर दिया। उसके पहले देश में रहते समय वह कुछ-कुछ दिनों के लिए मेरे साथ आकर रहा करती थी। जैसे, उदाहरण के लिए, कलकत्ता के प्रेसीडेन्सी कोर्ट के फ़्लैट में। विमान, अर्थात् विमान घोष आजकल जहाँ रह रहा है। मेरा एक घर था वहाँ। इस घर में ही बैठकर फ़िल्म की संगीत-रचना किया करता था, सितार के प्रोग्राम वग़ैरह किया करता था। कमला वहाँ बीच-बीच में आकर रहा करती थी। तो इसी तरह से उन दिनों हमारी मिला-भेंटी हुआ करती थी। तो भी १९६७ ईस्वी में यह जो विलायत चला आया एक साथ, तभी से हम लोगों ने मोटे रूप में पति-पत्नी जैसा जीवन-यापन करना प्रारम्भ कर दिया।

कमला से मैंने विधि-विधान के अनुसार विवाह नहीं किया, उसके कई कारण हैं। क्या पता, अपना विवाह देखकर एवं अन्य बहुतों का विवाह देखते-देखते विवाह पर से मेरी सारी श्रद्धा उठ गयी है। फिर भी अच्छी स्त्रियाँ और संगिनियाँ किसी भी पुरुष को जीवन में काफ़ी बड़ा होने एवं सार्थकता प्राप्त करने, सफल होने की प्रेरणा देती हैं, एवं सहायता करती हैं, इस पर भी मैं ख़ूब विश्वास करता हूँ। इस विषय में मुझे कोई सन्देह ही नहीं है। फिर भी वैसे विवाह के कारण होता है या नहीं, यह तर्क-सापेक्ष है। यह सार्थक सम्बन्ध भी तो असल में एक गहरी अन्तरंगता एवं प्रेम पर आधारित होता है। वहाँ पर मन्त्र पढ़कर किसका विवाह हुआ, किसका ना हुआ, यह बड़ी बात नहीं है। विवाह

कमला से मैंने जो नियम मानकर विवाह नहीं किया, उसके कई कारण हैं। क्या पता अपना विवाह देखकर, एवं अन्य बहुतों के विवाह देखते-देखते मेरा विवाह पर से पूरा विश्वास उठ गया।

के बिना भी वह हो सकता है। इसलिए विवाह के नाम पर जो मन्त्र पढ़ने-वढ़ने का बहाना दिखाया जाता है, वह बिना दिखाये क्या काम नहीं चल सकता है। असली बात है प्रेम, एक-दूसरे को समझना, स्वीकार करना और

एक-दूसरे को बड़े होने देने का शुभ प्रयास करना। एक-दूसरे को सम्मान देकर, प्रेम कर जो रह सकते हैं, वही सुखी हैं, वही मूल रूप से विवाहित हैं। एवं ऐसा ही कमला के साथ मेरा हुआ है। इसीलिए, मैं उसे पाकर सुखी हूँ।

यद्यपि, मैंने इसी कमला के साथ भी विश्वास भंग का काम किया है। अनफेथफुल होने का जो अर्थ होता है वही। कई बार। किन्तु अनफेथफुल होने में भी एक कथा है। अनफेथफुल तो मैं निश्चय ही हो गया हूँ, किन्तु मैंने उसके कारण उसके सामने कभी झूठ का सहारा नहीं लिया है। मैंने जो कुछ किया है वह शुरू से ही उसे बताकर और स्वीकार कर किया है। मैं खामखाह पागलों की तरह लड़कियों के पीछे घूमता फिरा हूँ, वैसा कुछ भी नहीं है। हमारे जीवन में जो घटता रहता है, अर्थात् काफ़ी दिनों अकेले-अकेले काफ़ी घूमते रहने से कुछ न कुछ अनुभव अपने आप ही हो जाते हैं। एवं जो लोग उन अनुभवों को नकारकर इनसे अपने को बचा ले जाते हैं, उन्हें मैं बड़ा मनुष्य मानने को विवश हूँ। किन्तु जो लोग ऐसी चीज़ों के घटित होने के बाद भी सब कुछ अस्वीकार करते हैं, उन्हें मैं निम्नस्तर की मनोवृत्ति का व्यक्ति मानूँगा। मेरे जीवन में ऐसा बहुत हुआ है, बहुत हो रहा है, इसे मैंने कभी अस्वीकार नहीं किया है, फिर भी यह सब करने की वजह से कमला के साथ विवाह नहीं किया है, ऐसा नहीं है। वह स्वाधीनता मुझे मिल जाये इसलिए विवाह की देहरी मैंने नहीं लाँघी है, ऐसा भी ठीक नहीं है। सचमुच में इसके पहले जो कहा इस मामले में भी वही सत्य है। इसके अलावा मैं विवाह करके भी क्या कर सकता था। मेरी तो पत्नी के साथ क़ानूनी रूप से छोड़ा-छाड़ी हुई नहीं है। उसने तो मुझे तलाक़ दिया नहीं है। देना भी नहीं चाहती है। अगर अन्नपूर्णा मुझे तलाक़ दे देती, तो कहा नहीं जा सकता है, शायद किसी दिन मैं कमला से विवाह कर डालता। ज़बरदस्ती, एक काण्ड करते हुए मैं अन्नपूर्णा से तलाक़ ले सकता था, किन्तु वैसा मैंने किया नहीं है। उसका कारण यह है कि समारोहपूर्वक यह विवाह जैसे व्यापार से मेरा मन एकदम उठ गया है। एवं चूँकि कमला मुझ पर अविश्वास नहीं करती है, मेरे ऊपर उसकी आस्था है, मैंने उसका मन रखने के लिए, यह विधि-सापेक्ष क्रिया-कलाप कुछ नहीं किया है। वहाँ पर भी वही बात लागू होती है।

नहीं, कमला का मेरे ऊपर अविश्वास करने का कोई प्रश्न ही नहीं उठता है। मेरी आज भी कई-कई अच्छी-अच्छी बान्धवी हैं, संगिनी हैं। उनमें से सभी के साथ मैं बड़े सुन्दर भाव से कमला की जानकारी में मिलता हूँ। इससे हम

इसी अन्नपूर्णा के साथ अन्त तक मैं मिल-जुलकर नहीं रह सका, यह ठीक ही है किन्तु, उसके माध्यम से मेरा बहुत भला हुआ है। उसके कई गुणों के अलावा उसने जैसे एक माध्यम का काम किया हो मेरा भला होने के मामले में। भलाई का स्रोत तो बाबा ही थे, अन्नपूर्णा ने एक संयोजक का काम किया।

दोनों के सम्पर्क में कोई समस्या खड़ी नहीं होती है। मैं उसे उसी अर्थ में अन्याय रूप में भी नहीं मानता हूँ। कई बार दु:ख पाता हूँ, निश्चय ही कमला के ऊपर इस तरह का दबाव देने को मैं आनन्द की वस्तु नहीं मानता हूँ। हज़ार हो, आख़िर है तो औरत ही, एक ना एक कष्ट तो होगा ही मेरे इन सब क्रिया-कलापों के कारण। किन्तु, उस वजह से वह मेरे प्रेम को प्रश्नांकित नहीं करती है। मैंने देखा है, मेरे लिए दो अथवा तीन जनों को अगाध रूप से प्रेम करना सम्भव है। एवं मेरा यह स्खलन उसने स्वीकार कर लिया है। मान लिया है ना इसीलिए हमारा यह सम्बन्ध इतना मज़बूत है। तुम इसे उसका आत्मविश्वास अथवा उसके प्रेम की शक्ति कहकर वर्णित कर सकते हो।

नि:संगता ? अकेलापन ? आह गॉड! तुमने इस बार मेरा एकदम मर्म स्थान छू

लिया। मैं जन्मा ही हूँ यही भावना लेकर। निःसंगता मानो मेरे मन का स्थायी परिवेश अथवा भाव है। चूँकि इतना प्रेम पाने के बाद भी जो किसी भी तरह गया नहीं है। सुना है अनेक बड़े लेखकों और शिल्पियों का यह अविच्छेद्य मनोभाव होता है। किन्तु बड़े शिल्पी होने की वजह से मैंने इस भाव की आदत नहीं डाली है। कैसे भी तो मैंने इसे प्राप्त किया है, एक तरह से उत्तराधिकार के रूप में इसे पाया हो, ऐसा भी कहा जा सकता है। और चिरकाल से ही इसे लेकर मैं घूम रहा हूँ, इसलिए निःसंगता मैं एकदम सहन नहीं कर पा रहा हूँ। इसीलिए उससे बचने के लिए मैं लोगों से सम्बन्ध बना लेता हूँ। उसके साथ सुयोग और सुविधा भी तो है सम्बन्ध बनाने की। फिर मैं भीष्म पितामह तो नहीं हूँ। महिलाओं के पास रह-रह कर इसीलिए चला जाता हूँ। फिर भी मनुष्यों का साथ का नशा इतना बढ़ जाने के कारण का क्या तुम्हें पता है? इस वजह से मुझे और कोई नशा नहीं हुआ है। ना शराब, ना सिगरेट, अथवा जुआ, या भाँग। बहुत से लोग तो इन्हीं नशों में अपने को मशगूल किये रहते हैं। मैं तो निर्भर रहता हूँ अपने लड़के-मित्रों पर। जैसे तुम कह सकते हो कलकत्ते में विमान घोष, लण्दन के प्रद्योत सेन। और एक व्यक्ति प्राणों का बन्धु था मेरा, उसे तुम मेरा सखा भी कह सकते हो। उसका नाम है जगू। मेरा ममेरा भाई, पूरा नाम है जगदीश चटर्जी। यह वर्ष भर हुआ तब उसकी मृत्यु हो गयी। यह विमान अथवा प्रद्योत के साथ मैं घण्टों पर घण्टों आराम से बिता सकता हूँ। उसमें समय का कोई हिसाब ही नहीं रहता है। इसलिए महिलाएँ ही मेरे अकेलेपन को दूर करती हों, ऐसा भी तो नहीं है। फिर भी एक अमोघ सत्य की तरह मेरी यह निःसंगता बरकरार है। उसके ऊपर किसी पुरुष के साथ मेरा सम्पर्क सारे दैहिक सम्बन्धों के ऊपर होने की वजह से मुझमें और भी एक तरह की मस्ती और उपलब्धि की भावना बनी हुई है। किन्तु, ठीक कुछ चाहना ना होने के कारण, वैसे ही बहुत कुछ पाना हो जाता है।

कई महिलाओं के साथ मेरा आज भी सम्बन्ध बना हुआ है। जो ठीक-ठीक शारीरिक घनिष्ठता पर आधारित नहीं है। ऐसी कोई-कोई मेरी बान्धवी आज भी देश में, जापान या फ्रांस या अमेरिका में हैं, जिन्हें देखते ही आज भी मन आनन्द से, प्यार से भर उठता है। इनके साथ निष्काम प्रेम का एक बन्धन दिन-दिन मज़बूती के साथ निर्मित होता गया है। उस सम्पर्क में कोई चोरी-छिपाव की बात नहीं है, प्राण खोलकर उनसे बात कर सकता हूँ। और यह फ्रैंकनेस मेरी स्वभावसिद्ध होने के कारण, जहाँ पर मैं इसे व्यक्त कर सकता

हूँ, वही मुझे सुखी करती है, शान्ति देती है। कमला से मेरा जो सम्बन्ध है, उसमें वही फ्रैंकनेस एक बहुत बड़ी फोर्स है, जो उसके साथ सदा बनी रहती है। सब खोलकर कहने की वजह से, वैसी कोई ग़लत समझने की भावना के लिए कोई अवकाश नहीं है। इससे उसे कष्ट अवश्य होता है। हो सकता है, कभी कोई पुस्तक लिखकर स्वयं उसे प्रकाशित करे। किन्तु, उसने वह सब स्वीकार कर लिया है। एवं उस दृष्टि से उसने मुझे मुक्त कर दिया है, अन्ततः एक पाप–बोध से। इसके बाद भी जब भी मैं अपनी ख़ुशी और अपने विचार के अनुसार काम करता हूँ, तो मुझे कुछ–कुछ दुःख भी होता ही है। वह दुःख शायद उसके दुःख से कुछ कम नहीं है। फिर भी यही उसके चरित्र की असली शक्ति है। दुःख पाने पर भी उसने उस दुःख को सहन करते हुए मुझे एक पाप–बोध से मुक्ति दे दी है। मेरे सारे दोषों, सारी सनकों, सारे शौक़ों के साथ उसने मुझे स्वीकार किया है।

मैं अपनी बान्धवियों का नाम नहीं ले रहा हूँ। शायद नाम देने पर भी उनमें से किसी–किसी की उस अर्थ में कोई क्षति भी नहीं होगी। किन्तु, सामान्य रूप से पुरुष लोग जिस तरह से अपने घनिष्ठ सम्पर्कों की कथा लोगों के समक्ष प्रकट करके आनन्द पाते हैं मैं ज़रा भी उसके पक्ष में नहीं हूँ। फ़िल्म स्टार अथवा कलाकारों को लेकर जो क़िस्सा–कहानियाँ प्रचलित होते हैं, उनसे लोगों को बहुत मज़ा मिलता है यह ठीक है, किन्तु ये सब क़िस्सा–कहानियों का प्रचार पब्लिसिटी के लिए किया जाता है और फ़िल्मी हीरो ही सुपर लवर हैं। जो कि नितान्त अविश्वसनीय और असम्भव है। और इस एप्रोच पर मेरी सर्वाधिक घृणा इसलिए है कि इस तरह की चर्चा और चालचलन से जुड़ी हुई महिलाओं के ऊपर यह एक प्रकार का घोर अन्याय है। इन सब व्यक्तिगत सम्बन्धों का प्रचार और विज्ञापन सबसे अधिक महिलाएँ ही पसन्द नहीं करती हैं। जिन्हें ये सब बातें कहने–सुनने की सुविधा होती है वे सब मूलतः कुत्सित व्यक्ति होते हैं। अपनी संगीत–साधना की प्रतिष्ठा के लिए उसकी मुझे ना कभी ज़रूरत पड़ी और ना आगे होगी ही। स्त्रियों के साथ सम्पर्क से मैंने उनका प्रेम चाहा है। प्रचार नहीं।

यहाँ पर दो–चार महिलाओं, जिनकी कथा मैंने कही है, उनके साथ मेरे प्रेम ख़ूब सरल, सहज और मधुर हैं। दया कर इसे कभी शारीरिक व्यापार न सोच लेना। इनके साथ घुल–मिलकर मैं ही जीवन में मनुष्य अथवा शिल्पी के रूप में उन्नत हुआ हूँ। उन्हीं सुन्दर दिनों की स्मृति में ये सब बातें हैं।

प्रेम में पड़ना मेरा धुर बचपन से ही एक रोग की तरह है। यह बोध लेकर ही शायद मेरा जन्म हुआ है। जीवन में सबसे पहले मैंने अपनी माँ से ही प्रेम किया था। जिसे शायद सभी प्रेम करते हैं। फ्रायड साहब उसकी चाहे जो व्याख्या दें। मेरे जीवन का पहला प्रेम मेरी माँ के साथ हुआ है। उसे मैं ख़ूब प्यार करता था। उसके बाद देखता हूँ रोज़ ही किसी ना किसी के साथ प्रेम में पड़ता रहा हूँ। विशेषकर जब बाहर आया तब तो उसी स्कूल से लेकर सभी छोटे-बड़े के प्रेम में पड़ा हूँ। मेरी उम्र जब छह वर्ष की थी एक महिला के सौजन्य से प्रेम की सारी शिक्षा तभी से ही मुझे मिल गयी थी। वह मेरे ग्रामीण घर की ही घटना थी। वह भद्र महिला हमारे एक दूर के रिश्ते की आत्मीया थी। उसके बाद तो कैसे तो मेरी नज़र इसी तरफ़ चली गयी। शरीर तो मेरा छोटा ही था, किन्तु मेरा मन उन दिनों परिपक्व होकर एकदम घाघ हो चुका था। उन दिनों देखने में मैं बहुत रमणीय और मधुर भी था छोटा-मोटा। लड़कियाँ भी मुझे बहुत प्यार-दुलार देती थीं, चुम्बन वग़ैरह भी लेती थीं। वे लोग सोचती थीं कि एक बच्चे को प्यार दे रही हैं। वे क्या यह जान पाती थीं कि मेरे भीतर उसी समय लालसा की आग धू-धूकर जल रही है। फिर भी होश-हवास में मेरा पहला प्रेम काण्ड चौदह वर्ष की उम्र में एक विदेशिनी लड़की के साथ घटित हुआ था। प्रेम करना क्या है, इसका परिपूर्ण अनुभव मेरा वही पहला था। लगातार दो वर्ष मैं उस लड़की के लिए एक तरह से पागल रहा था। उसके बाद विदेशी भूमि में रहने पर जो होता है, नये-नये परिचय, आलाप हुए, अलग-अलग भाव वग़ैरह। एवं एक समय उजरा के साथ रसघन का परिचय हुआ किन्तु, विवाह हुआ दूसरी जगह।

इस अन्नपूर्णा के साथ मैं अन्त तक, मिल-जुल कर रह नहीं सका। यह तो ठीक ही है, किन्तु उसके माध्यम से मेरा प्रचुर लाभ हुआ था। उसमें इतने गुण हैं, इसके अलावा उसने एक माध्यम का काम किया है मेरा भला होने के मामले में। अच्छा स्रोत तो बाबा ही थे, अन्नपूर्णा ने एक सुन्दर योगायोग कराने का काम किया। बाबा की ममता की छाया में रहकर मैंने अपने को पूरी तरह बदल डालने की चेष्टा की। बाबा की इस ब्रह्मचर्य की धारा में अपने को ढाल लेने की चेष्टा भी मैंने की थी। पूरी ऊर्जा जिससे एक विशेष धारा में प्रवाहित होती रहे। रियाज़, रियाज़ और रियाज़। इसी तरह से उस समय वह जीवन चल रहा था। अगर मैं वैसा नहीं करता तो संगीत में आगे बढ़ना मेरे लिए मुश्किल था। कारण, उसके पहले दादा के ग्रुप में रहने से मैं एक तरह से बिगड़ गया था।

विवाह जब टिक नहीं सका, तब मैंने वही घुमक्कड़ होना चाहा। प्रेम के क्षेत्र में भी वही आवारापन। इसके साथ घुलना-मिलना, कभी उसके साथ घुलना-मिलना, किन्तु सच्चे एक सम्बन्ध के लिए, एक मीनिंगफुल सम्पर्क के लिए मुझे क्रमशः खोजते फिरना पड़ा है।

यहाँ पर एक बात है। सुनने में शायद एक बहाना अथवा दुःख की तरह लगेगी, फिर भी मैं कह रहा हूँ। मेरे मन की चाह अशेष लगती है। लगातार चाहता ही जा रहा हूँ। क्योंकि, एक व्यक्ति में सब कुछ नहीं प्राप्त कर पाता हूँ, इसलिए कई लोगों के भीतर से टुकड़ा-टुकड़ा सौन्दर्य लेकर अपनी इस पूर्ण प्रतिमा का निर्माण कर लेता हूँ। निश्चय ही तुम मेरी यह युक्ति और हज़ार लोगों में पाओगे और तुम्हें भी ऐसा लग सकता है कि यह एक निरा बहाना या छल है, किन्तु, यह सत्य है। अधिक चाहने का दण्ड ही यह अशान्ति है। यह दुर्बार चाह और चाहने के बहुत दिन बाद कमला को पाकर अपने उस खोजते फिरने में मनुष्य के भीतर कुछ तो पाया। एक परिपक्व, स्निग्ध प्रेम के मनुष्य को भी। बुद्धि, रसबोध, मन को भर देने वाली संस्कृति सब कुछ उसमें है। इसके बाद भी, इससे बढ़कर भी उसमें मुझे जो मिलता है, वह है जीवन के घात-प्रतिघात के माध्यम से प्राप्त अनेक अभिज्ञताओं का सार। अपने जीवन में अनेक कष्ट, दुःख और वेदना पायी है कमला ने। उन सब दुःखों ने उसे जीवन के प्रति अनेक क्षमा एवं स्नेह करने की प्रवृत्ति दी है। जिस क्षमा, स्नेह एवं रस-बोध के लिए मैं उसका ऋणी हूँ। उसे मैं प्यार करता हूँ।

मेरी और भी एक घनिष्ठ बान्धवी है। वह अमेरिका की बालास्यु जोन्स है, एक अद्‌भुत प्राणवन्त स्वभाव है उसका। युवती लड़की है, किन्तु युवधर्म से बाहर की बहुत सी चीज़ों को उसने स्वायत्त कर रखा है। बड़े प्रेम, दुलार और जतन के द्वारा वह मेरी देखरेख करती है। न्यूयार्क में रहती है। किन्तु, बहुत कुछ भारतीय स्त्री की तरह उसका जतन और प्रेम है। उसे भी मैं बहुत चाहता हूँ। कमला इस वजह से बहुत कष्ट पाती है और इसे पूरी तरह स्वीकार भी नहीं कर पाती है। जिस तरह से स्यू ने स्वयं स्वीकार कर लिया है। किन्तु, फिर भी इन दोनों को लेकर मेरा वर्तमान जीवन भरा रहता है। इसलिए तुम मुझे निर्लज्ज, बेशर्म जो भी चाहो, कह सकते हो भाई शंकर। कमला जो इसे स्वीकार नहीं कर पायी है, यह वैसे स्वाभाविक ही है। कारण, इससे उसकी मर्यादा कम हो जाती है। अब कमला को यह बात समझाऊँ कैसे। मेरे जीवन

में उसका जो मूल्य है, वह किसी के कारण ज़रा भी कम नहीं हो सकता है। इस विषय को लेकर मैं ज़रूर रह-रह कर दुःख पाता हूँ। कभी-कभी मैं फिर स्यू के लिए भी सोचता हूँ। मेरे इस सुविधाजनक अवसर के अनुसार प्रेम करने के जीवन को वह और कितने दिन स्वीकार कर पायेगी, कौन जाने। जिस परिमाण में मैं लगातार अपने प्रवास में रहते समय अपने को सभी ओर से समेट लेता हूँ, उससे उसे तो चिन्ता होगी ही।

रानी १ : रानी के साथ मेरा गहरा भाव था। एकदम पवित्र सम्पर्क कहने का जो अर्थ होता है वही। रानी अर्थात् वीरेन्द्र किशोर राय चौधुरी की पुत्री। हम लोग बहुत अच्छे मित्र थे। वह मित्रता हमारी आज भी बनी हुई है। देखने में वह अपरूप सुन्दरी तो थी ही, इसके साथ उसका मन भी ख़ूब समृद्ध था—बहुत बुद्धिमती। इसके अलावा गाने-बजाने को लेकर वह कितनी मग्न रहती थी। तुम यह जानना चाहते हो कि मैं गाना-बजाना जाननेवाली स्त्रियों को अधिक पसन्द करता हूँ या नहीं। इस बार तुम मेरे मत को सुनो। मैं मानता हूँ, स्वामी-स्त्री दोनों अगर एक ही प्रोफ़ेशन के लोग हुए तो उनके सम्बन्धों में यह एक प्रकार की बाधा होगी। यह स्वाभाविक भी है, ऐसा न हो, इसका कोई उपाय नहीं है। डाक्टर-फाक्टरों के क्षेत्र में इस तरह का मेल अगर हो तो हो सकता है, किन्तु, शिल्पियों के जीवन में होना बहुत कठिन है। प्रायः एक प्रकार के अहंकार का संघर्ष घट सकता है। फिर विशेष रूप से जिस वस्तु के ऊपर स्वामी एवं स्त्री का सम्मान निर्भर होता है अर्थात् प्रशंसा, वह तो धीरे-धीरे कम होने को बाध्य है—यदि स्वामी-स्त्री एक ही कला का अभ्यास, अनुशीलन करते हैं। गाना-बजाना, चित्रांकन करना—ये कलाएँ जीवन के साथ ओतप्रोत भाव से जुड़ी रहती हैं। दैनन्दिन जीवन पर भी इनका प्रभाव पड़ता है। और मनुष्य सबसे अधिक चाहता है प्रेयसी की पूजा और उसकी प्रशंसा। प्यार भरे सम्बन्धों में प्रशंसा की क़ीमत असीम है। उसकी महिमा अनन्त है। यद्यपि स्वामी-स्त्री दोनों ही दोनों के शिल्प एवं क्षमता पर पूरी तरह विचार कर उसे देख सकते हैं, इससे और कुछ हो ना हो यह प्रशंसा नामक वस्तु ही मार खा जाती है। इससे प्रेम की ही क्षति होती है। निरी अधिकार की भावना अथवा एक दैहिक जीवन्त आकर्षण की बात मैं यहाँ नहीं उठा रहा हूँ। शारीरिक चाह को भूलवश सच्चा प्रेम नहीं कहा जा सकता है।

मुझे वैसी ही स्त्रियाँ ख़ूब अच्छी लगती हैं, जिनमें शायद संगीत की चेतना हो, जो सुर के लिए पागल हों, सुर को पहचानती भी हों किन्तु, संगीत का

अभ्यास ना करती हों। कारण, जैसे ही उसने यह अभ्यास शुरू किया, वैसे ही वह मुझसे मिलकर कुछ पाने का रास्ता खोजने लगेगी। यह खोज निश्चय ही असंगत नहीं है, किन्तु, इससे हमारे सम्बन्धों में कुछ तो दरार आ ही जायेगी। इस तरह का बहुत कुछ घटा है मेरे जीवन में। किसी का गाना अच्छा लगा, उसे बता दिया कि तुम्हारा गाना मुझे अच्छा लगा है। किन्तु, इसके बाद ही उसमें यह आदत और इच्छा पैदा हो गयी कि मैं उससे गाना गवाऊँ, उसके भविष्य के लिए कुछ काम कर दूँ, उसे यह सिखाऊँ, वह सिखाऊँ। प्रेम के मामले में ये सब चीज़ें बड़ी झंझटें हैं। इसलिए संगीत के लिए पागल होने से ही मुझे बहुत ख़ुशी होती है अगर वह संगीत अथवा सुरधारिणी ना भी हो तो काम चल जायेगा। फिर भी जो लड़की ख़ूब सुन्दर है किन्तु, कौए की तरह काली, गाने-बजाने के मामले में भी मेरे लिए उसका अच्छा लगना भी दुष्कर है।

एकदम दीवाना हुआ जा सकता है एकमात्र सिनेमा की हीरोइनों के लिए। यह सब Larger than Life—अर्थात् जीवन से भी बड़े चरित्र के कारण होता है। कारण, जो अन्तरंगता एवं प्रशंसा के द्वारा उन्हें प्रदर्शित किया जाता है, उससे ऐसा प्रभाव दर्शकों पर पड़ सकता है (कि वे उनके दीवाने हो जायें)। इसके अलावा वहाँ पर एक प्रकार की अवयस्कता का भी प्रश्न उठ सकता है। यह एक ऐसी उम्र होती है जिसमें व्यक्ति जल्दी-जल्दी नायिकाओं के प्रेम में पड़ता रहता है। ऐसा मेरा भी हुआ है। अपनी कम उम्र में मैं विदेशिनी नायिकाओं में मैं मिरना लोय अथवा जोन क्रोफोर्ड के प्रेम में तो पड़ ही गया था। एवं निरी विचित्र भावना पर आधारित यह पागलपन से भरा व्यापार बदलता भी रहता है। और इसके द्वारा तो व्यक्तिगत जीवन के भाव-प्रेम का विचार किया नहीं जा सकता है। कुछ समय पहले 'लास्ट टेंगो इन पैरिस' फ़िल्म मारिया स्लाइडर को देखकर मुझमें एक पजेसिव इन्स्टिंग (अधिकार की भावना) जाग गयी थी। ब्रिजिट वारदो पर भी एक समय मेरी दुर्बलता थी। अब वह जेन फोन्डा के ऊपर आकर रुक गयी है। किन्तु ये सब रोमांस अथवा आदर्शीगत भावनायें हैं। यह सब भावनायें किसी का नाच देखकर भी उत्पन्न हो सकती हैं। किसी-किसी का गाना सुनकर भी मनुष्य में यह भाव हो सकता है। जैसे बेग़म अख़्तर का। किन्तु, उनके मामले में मेरा नहीं हुआ। उसका कारण है, उसे जब पहले-पहल देखा उस समय मैं बाबा के कड़े अनुशासन में था, तुरन्त इस गायिका श्रेणी की नारी के निकट जाने में मुझे बड़ा भय लगता था। उसी समय ताज़ा-ताज़ा मेरा विवाह भी हुआ था अन्नपूर्णा के साथ। इसलिए दीवाना होने का मेरे लिए कोई अवसर था ही नहीं। फिर भी इसी

बेग़म अख़्तर के कारण लखनऊ का एक युवक तो एकदम पागल ही हो गया था। उस युवक की उम्र उस समय २८ अथवा ३० की होगी। किन्तु वह किसी भी तरह यह समझने को तैयार नहीं था कि अख़्तरी उसे बिलकुल नहीं चाहती है। पकड़कर उसकी मार-पीट भी की गयी थी। किन्तु, कौन किसकी बात सुनता है। अन्त में सड़क पर रंगीन खड़िया से बड़े-बड़े अक्षरों में लिखा करता था, अख़्तरी, अख़्तरी। नहीं, यह हालत मेरी कभी नहीं हुई इस जीवन में।

फिर भी किसी को स्टेज अथवा पर्दे पर देखकर दर्शकों में जो प्रेम उत्पन्न हो जाता है, वह भी दो वर्गों में आता है, उसके भी दो स्तर होते हैं। एक तो अधिकतर काममूलक होता है और एक गहरी प्रशंसा से उत्पन्न होता है। गिरिजा बाबू के गाने के ज़माने में कई गायिकाओं के गानों को सुनते-सुनते

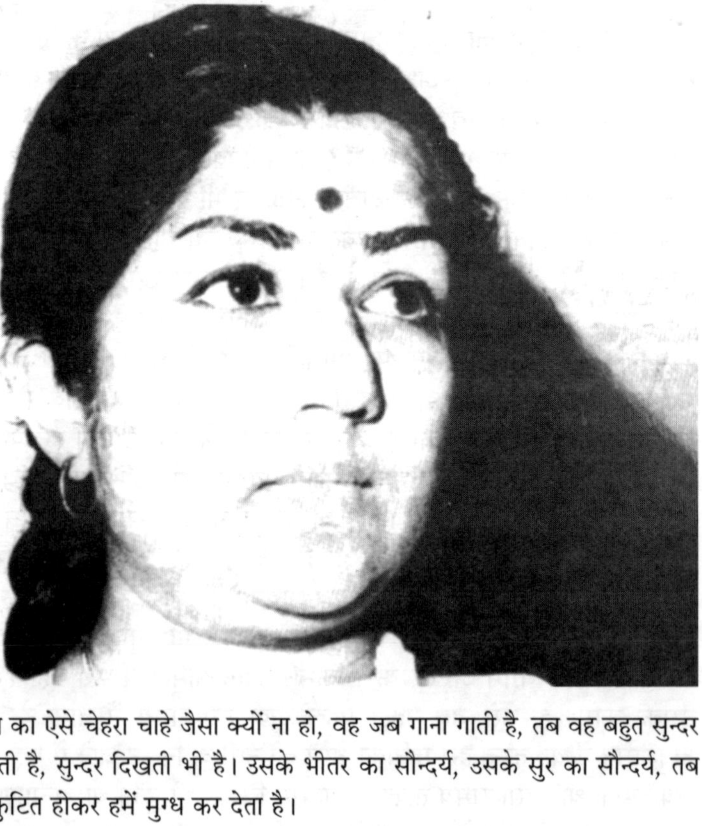

लता का ऐसे चेहरा चाहे जैसा क्यों ना हो, वह जब गाना गाती है, तब वह बहुत सुन्दर लगती है, सुन्दर दिखती भी है। उसके भीतर का सौन्दर्य, उसके सुर का सौन्दर्य, तब प्रस्फुटित होकर हमें मुग्ध कर देता है।

मेरे मन में चंचलता जाग जाती थी। यद्यपि उस समय मैं बहुत छोटा था और उस समय उस उम्र में गाने की अपेक्षा उसके रूप की छटा मन में अधिक स्पन्दन पैदा करती थी। किन्तु,उस समय गायिकायें गाती भी बहुत अच्छा थीं। नैना देवी, साधना—उन्हें देखकर मुझमें वैसी एक भावना जाग गयी थी। कानन देवी के बारे में। नहीं। कानन देवी मुझे बहुत अच्छी लगती थीं, एक प्रशंसा का भाव था मेरा उनके प्रति। एक स्नेहिल व्यापार। और अब तो उन्हें देखकर श्रद्धा करने की भावना होती है। फिर और एक दूसरी तरह का उदाहरण देता हूँ। गाना सुनकर प्रेम जागता था किन्तु, चेहरा देखकर भय होता था, ऐसी भी एक महिला देखी है। रोशनारा बेग़म। जब गा रही हों, तब किन्तु, कैसा तो एक इरेटिक (उत्तेजनात्मक) व्यापार, फैल जाता था। ऐसा एक और गायिका के बारे में कह सकता हूँ। कहने में थोड़ा ख़राब लगेगा। वह है लता। लता का चेहरा चाहे जैसा क्यों ना हो, वह जब गाती है, तब वह बहुत सुन्दर लगती है, सुन्दर दिखती भी है। उसका भीतरी सौन्दर्य, उसकी आवाज़ का सौन्दर्य तब फूटकर उसके मुख से निकलने लगता है। शंकर, तुमने भी इसे लक्षित किया होगा!

पुरुष हो अथवा महिला—दोनों में ही दो चीज़ें मुझे बराबर आकर्षित करती हैं। एक है उनकी बुद्धिमत्ता, दूसरा है उनका रसबोध अर्थात् सेन्स ऑफ़ ह्यूमर—विनोदी स्वभाव। अगर मनुष्य में ये दो चीज़ें हों तो बाक़ी उसमें बहुत-सी चीज़ों को मैं स्वीकार लेता हूँ। और इसी के साथ अगर उनमें थोड़ा इमोशन हो तो सोने में सुहागा। फिर भी ये सब भाव और भावनायें तहस-नहस हो जाती हैं एक सनकीपन के कारण। इस मनोवृत्ति के अभ्यस्त मैंने बहुत से अच्छे व्यक्तियों का सर्वनाश होते देखा है।

ख़ैर जो भी हो, जब इतने प्रेम-प्यार की बातें उठीं, विशेषकर महिलाओं को लेकर, मुझे एक पुरुष की बात तो कहनी ही पड़ेगी। तुम उसे ख़ूब पहचानते हो, बहुत-से लोग उसे पहचान लेंगे। विमान घोष। ओह! भारी चमत्कृत करने वाला व्यक्ति है यह विमान। मेरा बहुत बड़ा बन्धु है। पहले यह बात कहीं भी नहीं कही है कि अपने जीवन में मैंने लोगों का प्रेम बहुत पाया है। यह मेरा बड़ा भाग्य है। लोग मुझसे जो प्रश्न पूछते हैं वह यह है—मैं कितनों को प्रेम करता हूँ। शायद इसका एक अर्थ भी है। जितना प्रेम मुझे मिला है, शायद उतना मैं दे नहीं सका हूँ। किन्तु, शंकर, इतना-इतना प्रेम पाने के बाद एक व्यक्ति कुछ तो आवारा हो ही जायेगा। वह तो सोचेगा ही सब कुछ मेरे ही पाने

की बात है, देना अगर कम हो तो चल जायेगा। मैं शायद ऐसा ही एक नाचीज़ हूँ। फिर भी जब देने का अवसर आया तब अपने को निःशेष कर दिया है। देने के अवसर पर इतना अधिक दे बैठा कि स्वयं ही अवाक् हो जाता हूँ। और ऐसा इसलिए हुआ कि मेरा जीवन ही एक आँधी की तरह है। मैं अगर एक स्थान पर रहता, एक नौकरी लेकर कहीं घर बनाकर रहता, तो शायद पूरा प्रेम मैं एक व्यक्ति को ही दे पाता। किन्तु, मनुष्य जैसे ही विभाजन करता है, बाँटता है, तो उसका एक प्रभाव तो पड़ता ही है। तुम सोच सकते हो इस दस वर्ष की उम्र से आज तक किस तरह एक उल्का की तरह घूमता फिरा हूँ। इसीलिए हर जगह मेरे बन्धु बनते गये, प्रेम के पात्र। इन सबने कैसा मुझे प्रेम दिया है, वे सब मुझे साथ लेकर चलना चाहते हैं। उन जैसे लोग मुझे बहुत अच्छे लगते हैं। जैसे ही, किसी के साथ बन्धुत्व बना अथवा प्रेम जमने लगा, वैसे ही मुझे उन्हें छोड़कर दूसरी जगह जाना पड़ा। ठीक मेरे जीवन में स्त्रियों की बारी आने पर सदा यही घटता रहा है। किन्तु, जहाँ-जहाँ समय और सुअवसर अधिक मिला, वहाँ पर अत्यधिक प्रेम मैं दे सका हूँ। उस दृष्टि से प्रद्योत और विमान के मामले में मैं बहुत भाग्यवान हूँ। उन्हें मैं काफ़ी समय और अनेक परिस्थितियों के माध्यम से जान सका हूँ। उन्हें चाह सका हूँ। मेरे तीन-चार मित्रों में विमान भी एक है। वही जगू (मेरा ममेरा भाई, दो वर्ष हुए तब उसकी मृत्यु हो गयी), प्रद्योत—इस श्रेणी में किन्तु अधिक लोग नहीं आते हैं।

यहाँ पर तुम्हारी बातों को सुनते-सुनते अब मैं एक अन्य प्रसंग पर जा रहा हूँ। तुम जानना चाहते हो, चूँकि विलायत और मेरे बीच लोगों ने वर्षानुवर्ष एक प्रतिद्वन्द्विता का भाव जगाये रखा था, मेरे और उसके बीच प्रेम के सम्बन्ध में एक दरार पड़ गयी है या नहीं। इस बात को मैं एक सौ में एक सौ अंक दे रहा हूँ। हम लोग जब किसी से अपनी तुलना कर आगे बढ़ने का प्रयास करते हैं, वह तो वास्तव में एक विराट स्वीकृति की श्रेणी में आता है। विलायत और मेरे दोनों के विषय में यही हुआ है। मुझे प्रतिद्वन्द्वी मान लेने के बाद वह अपने बजाने में कितना आगे बढ़ा है, इस सम्बन्ध में मैं क्या कहूँ। अतः मेरी अमेरिका में जब हृदयाघात जैसी हालत हो गयी, उससे उसे जो बड़ा दुःख हुआ था, वह तो अत्यन्त स्वाभाविक था। शायद तब उसने सोचा था, तो फिर अब किससे लड़ने के लिए बजाऊँगा। यह तो लगेगा ही यदि कोई सचमुच में कलाकार व्यक्ति होगा। मेरे क्षेत्र में देखो, मैं विलायत के ऊपर ठीक ईर्ष्यालु

नहीं था। कारण, मैं जानता था कि मेरे और उसके बजाने के मार्ग अलग-अलग हैं। मैं जो करता हूँ वह उसके अधिकार से बाहर है, और वह जो करता है उसमें वह सिद्ध पुरुष है। उसे कोई छू नहीं सकता है। तो क्या, लोग हमेशा हमारी तुलना कर-करके मन में एक आग जलाने की चेष्टा करते थे। उस जलन को तुम यदि ईर्ष्या कहना चाहो तो कह सकते हो। किन्तु, उस आग से मैंने कभी यह नहीं सोचा था कि विलायत ख़राब बजाये, उसका हाथ टूट जाये, अथवा उसका सितार ही नष्ट हो जाये, जिससे लोग सिर्फ़ मेरा ही बजाना सुनें। तुम जिस जेलसी की चर्चा कर रहे हो शंकर उससे मनुष्य में यही भावना पैदा होती है। किन्तु, यह भावना तो मुझमें कभी थी ही नहीं।

उसके बाद तुम्हारे मुँह से और एक ख़बर सुनकर जो लग रहा है अब उसे कहता हूँ। विलायत ने जब मेरी बीमारी की बात सुनकर यह कहा कि रविशंकर है इसीलिए विलायत ख़ाँ है और विलायत है इसीलिए रविशंकर, तब उसका जो दृष्टिकोण है उससे उसकी स्वीकृति समझनी चाहिए। सारे शिल्प, विज्ञान, राजनीति के जगत् में यही हो रहा है। ज़िद्दाज़िद्दी करके एक स्तर पर आकर मनुष्य अपने प्रतिद्वन्द्वी को प्रेम करना शुरू कर देता है। वह शायद स्वयं बहुत आस्थावान होता है, इसीलिए सोचता है रविशंकर अगर ना हो तो और किसी के साथ उसकी कोई लड़ाई नहीं है। मैं किन्तु, अपने बारे में इतना बढ़कर नहीं कहूँगा कारण, हम दोनों लोगों को छोड़कर भी तो कितने अच्छे-अच्छे सितारिये इस देश में हैं। उनकी एक साथ अवज्ञा करना ठीक नहीं है। फिर भी क्या, विलायत को यदि कुछ हो जाता है,—भगवान ऐसा कभी ना करें, उनसे मैं यही प्रार्थना करता हूँ—तो फिर मुझे भी सारा संसार सूना-सूना लगेगा। हज़ार बातें हों, गत चालीस वर्षों से लगातार हम लोग बजाते आ रहे हैं एक साथ। दो-दो घरानों के दो-दो स्टाइल लेकर हम लोग हाज़िर होते रहे हैं श्रोताओं के समक्ष। आज अगर वह ना बजाये, तो ऐसा तो लगेगा ही कि तो फिर और किसके लिए बजाऊँ। तो फिर एक युग ही शेष हो जायेगा। विलायत नहीं बजा रहा है, यह मुझे ना देखना पड़े। दोनों लोग दोनों जनों के बारे में सोचते रहने के कारण एक जगह आकर दोनों ही दोनों के परम बन्धु हो गये हैं।

फिर से मैं विमान के प्रसंग पर ही लौटा आ रहा हूँ। उसकी कथा का अर्थ है रस की कथा। वह जो इतना प्रेम कर सकता है, इसी से उसके प्रति मेरा इतना खिंचाव है। और उसकी प्रेम करने की इतनी क्षमता मुझे उसके ऊपर ज़रा भी

ईर्ष्यालु नहीं बनाती है। वरना मेरे लिए वही उसका सबसे बड़ा आकर्षण है कि वह व्यक्ति इतना प्रेम कर सकता है। अब, एक महिला, जिसे मैं बहुत प्यार करता हूँ, अगर वह उस तरह से प्रेम बाँटती फिरे तो मैं निश्चय ही इसे सहन नहीं कर पाऊँगा। किन्तु, किसी पुरुष के विषय में वैसा क्यों होगा ? विमान के विषय में वही बात कहूँगा। स्वयं तो गाना-बजाना भले ना करता हो, इस गाने-बजाने की लाइन से किस तरह अपने को निरपेक्ष रखता है। यह देख रहे हो सवेरे-सवेरे रविशंकर जाकर उसके साथ अड्डाबाज़ी कर रहे हैं, तो दुपहर में विलायत ख़ाँ आ गये तो मध्याह्न में मुनउअर अली ख़ाँ आ गये, अन्त में, शाम के समय राधिका मोहन मैत्र आ गये। और कितनी महिला कलाकारों की भीड़ लगी हुई है उसके पास। और हरेक से वह समान भाव से मिल रहा है, प्रेम दे-ले रहा है। किसी के साथ वह दिखावे का अभिनय कर रहा है ऐसा भी नहीं है। और एक-दूसरे व्यक्ति को देखो—ये हैं नन्दू भाई, अर्थात् नदेर चाँद मल्लिक। मैं तो केवल उसके द्वारा तैयार किया गया सितार ही बजाता हूँ। मेरी पसन्द के अनुसार जुआरी और टोन उन्होंने इतने समय तक बरकरार रखी है। तानपूरा रखने के कारण तो है ही, फिर भी सितार की तबीयत ठीक-ठीक रखने के लिए भी वह बरस-पर-बरस मेरे साथ पूरे जगत् में घूमते रहे हैं। मेरा सितार तैयार करने की वजह से बीच-बीच में उनसे हँसी में उनका ससुर के रूप में परिचय करा देता हूँ। बहुत मिज़ाजी व्यक्ति हैं, किन्तु बड़े भले मनुष्य, परम बन्धु।

कुछ व्यक्तियों के बारे में मैं पहले ही बता चुका हूँ—जैसे गिरिजाशंकर चक्रवर्ती, भीष्मदेव चट्टोपाध्याय—आह, बेचारे की उस दिन मृत्यु हो गयी। उनका अन्तिम जीवन बड़े कष्ट में बीता। अब और भी कुछ बंगाली संगीतज्ञों के सम्बन्ध में चर्चा कर रहा हूँ। १९३३-३४ साल का समय—मुझे याद है गोपाल बाबू की—जिन्हें कूटे गोपाल कहा जाता था—और उन्हीं दिनों मैंने अमर भट्टाचार्य का गाना सुना था। ये बड़ा चमत्कृत करने वाला ध्रुपद गाया करते थे। उनके साथ पखावज पर संगत करते हुए कई वादकों को सुना था। उनमें मुझे विशेष रूप से याद है दुर्लभ भट्टाचार्य महाशय। दक्षिण भारत में कुछ ब्राह्मण गवैये-बजैयों को ज़रूर देखा है नंगे बदन बैठे प्रोग्राम करते हुए। किन्तु, उत्तर भारत में एकमात्र उन्हीं दुर्लभ बाबू अथवा दुली बाबू को ही देखा है, वही साठ-पैंसठ वर्ष की उम्र में मूँछ-दाढ़ी रहित चेहरा तथा ख़ाली बदन,

सरोद की चर्चा से याद आती है राधू बाबू की बात। अर्थात् राधिका मोहन मित्र।

गले में यज्ञोपवीत, सुन्दर, सुडौल, कान्तिमान, बैठे हुए पखावज बजा रहे हैं। बड़े सुन्दर लगते थे।

गोपेश्वर वंद्योपाध्याय ख़ूब गुणी ध्रुपद गायक थे। अहा! विष्णुपुर में कितना सुन्दर, अद्‌भुत बंगाली घराना था। कितने गुणी लोग नहीं पैदा हुए हैं वहाँ। गोपेश्वर बाबू को नायक कहा जाता था। ध्रुपद, ख़याल, टप्पा, ठुमरी—सभी जानते थे। उनका वाद्य संगीत में भी काफ़ी दख़ल था। उन्होंने लगभग भातखण्डे जी के समय में अथवा उसके थोड़ा बाद में कितनी सुन्दर पुस्तक लिखकर प्रकाशित की थी। पुस्तक का नाम याद नहीं आ रहा है। 'संगीत लहरी' अथवा ऐसा ही कोई नाम था उसका। अच्छे-अच्छे पुराने गानों की बन्दिशों तथा स्वर-लिपि के साथ।

गत शताब्दी के बीचोबीच से भारत की स्वाधीनता तक बंगाल के ज़मींदार लोग—विशेषकर मयमनसिंह के ज़मींदार लोग—संगीत का अनुशीलन और उसकी बड़ी सेवा कर गये हैं। ऐसा कोई गवैया-बजैया नहीं था—फिर वह चाहे मुसलमान हो या हिन्दू हो, जो इनके आश्रम में कुछ दिन ना रहा हो और उसने इन्हें शिक्षा ना दी हो। सबसे पहले देखा है गौरीपुर के कुमार बहादुर

सच्चे गुणवान थे गौरीपुर के कुमार बहादुर वीरेन्द्र किशोर राय चौधुरी महाशय। बड़े जानकार थे। उनके पास से मैंने भी कुछ गानों का संग्रह किया था। बाङ्ला भाषा में उनका बहुत बड़ा दान है हिन्दुस्तानी संगीत में तानसेन का स्थान।

राईचाँद बड़ाल एक और व्यक्ति हैं। इनका ख़ूब नाम था। जैसा चेहरा वैसा ही आशिक़ी मिज़ाज। तबले में इनका बड़ा मीठा हाथ था।

वीरेन्द्र किशोर राय चौधुरी को १९३५ ईस्वी में उसी ऑल इण्डिया म्यूज़िक कॉन्फ्रेंस में। सीनेट हॉल में। गोरा, गोल–गोल कोमल चेहरा। उन्होंने सुरशृंगार बजाया था। बहुत सुन्दर लगा था। उन्हें सभी लोग खोका बाबू कहकर बुलाया करते थे। सचमुच वे लगते भी थे वैसे ही। कई लोगों से उन्होंने तालीम ली थी। उनके पास अद्‌भुत संग्रह था ध्रुपद, धमार, ख़याल आदि गानों का। काफ़ी बाद में, अर्थात् १९४३–४४ के बाद से उनके घर में प्रायः जाया करता था। जैसे ही कलकत्ता आता था। वही उन लोगों के ५५, वालीगंज सरकुलर रोड पर स्थित घर पर। मुझे वे लोग बहुत अच्छे लगते थे। उन दिनों उनकी कितनी अच्छी हालत थी—उनका कैसा सम्मान था, उनकी कैसी पोजीशन थी। पूर्वी बंगाल में जिनकी ज़मींदारी थी, उन लोगों का अन्य सब लोगों की तरह सब कुछ चला गया। १९४७ में मिली भारत की स्वाधीनता और बंगाल के विभाजन के बाद। अन्तिम दौर में वे हमारे गुरुवंशीय अन्तिम रत्न अर्थात् वाजिद ख़ाँ साहब के नाती दवीर ख़ाँ से ही सीखा करते थे। कैसे शिशु की

तरह सरल और भले मनुष्य थे। बीन, सुरश्रृंगार, सुरस्वार बाजे यद्यपि उनके स्तरीय शौक़ थे, किन्तु सचमुच में वे बड़े गुणी व्यक्ति थे। वे बहुत कुछ जानते थे। उनसे मैंने भी कुछ गीतों का संग्रह किया था। बाङ्ला भाषा में उनका बहुत बड़ा प्रदेय है उनकी पुस्तक 'हिन्दुस्तानी संगीत में तानसेन का स्थान'। यह पुस्तक हर संगीत रसिक और संगीत के छात्र को अवश्य पढ़नी चाहिए।

उनकी बेटी रानू और बेटे वेणु के साथ मेरा ख़ूब घनिष्ठ भाव था। उनके अड्डे पर ही मेरा आलाप हुआ उनके रिश्ते के भाई होते थे, उन्हीं कचिबाबू के साथ। अर्थात् विमलकान्त राय चौधुरी मोशाई के साथ। वे बहुआयामी प्रतिभा के धनी थे। सितार, ज्योतिष, जादू, बाबा रे! उनका भी एक दस्तावेज़ी काम है 'भारतीय संगीत कोश'। मैंने तो इतनी अच्छी भारतीय संगीत की तथ्यपूर्ण पुस्तक आज तक नहीं देखी है।

हीरा बाबू, हीरेन्द्र कुमार गांगुली भी कितने चमत्कृत करने वाले व्यक्ति हैं। अभी उस दिन उनके साथ एक घरेलू मजलिस में सितार बजाया, पंचम सवारी ताल में। उस महफ़िल में कलकत्ते के अच्छे-अच्छे संगीत-रसिक लोग थे। बैठक ख़ूब जमी थी। उन्हें भी देखता-सुनता आ रहा था १९३४-३५ ईस्वी से। लखनऊ के ख़लीफ़ा आबिद हुसैन ख़ाँ के शिष्य। तबले पर बहुत सुन्दर थाप थी उनके हाथ में। कई कॉन्फ्रेंस में फ़ैयाज़ ख़ाँ साहब अथवा बाबा के साथ उनके तबले की संगत सुनी है। वैसे तो बहुत विनयी हैं किन्तु बजाते समय देखा है बड़े-बड़े बाघों के साथ वे भी बाघ हो जाते थे। इस समय अवश्य तबले का स्तर कहाँ-से-कहाँ चला गया है। किन्तु, उन दिनों हीरू बाबू ही पहले पढ़े-लिखे तबला वादक भद्रपुरुष थे, ब्राह्मण घर के बेटे, जिन्होंने चूँकि तबला वादन को बहुत गम्भीरता से लिया था। साधना के द्वारा नाम कमाया था। आज तक, उनके अपने शब्दों के अनुसार, तबला उनका नशा है। पेशा नहीं है। पेशा है उनका वकालत करना। उम्र उनकी कितनी होगी? ६५-६६। किन्तु, उन्हें शुरू से ही देखता आ रहा हूँ, अत्यधिक गम्भीर स्वभाव वाले व्यक्ति हैं। उनकी छोटी उम्र में भी, उनके बाबा के छात्र, जो उनसे उम्र में बड़े होते थे, वे भी उनके पैर छूकर उन्हें प्रणाम करते थे। हीरू दा एक मनुष्य और एक शिल्पी के रूप में मुझे बहुत अच्छे लगते हैं। मेरे गुरु, बाबा अलाउद्दीन ख़ाँ साहब भी उनसे बहुत स्नेह किया करते थे। उनके चचेरे भाई श्याम बाबू बहुत अच्छा सरोद बजाते हैं। शायद, पचासवें दशक की शुरुआत में बाबा के शिष्य बने थे। बंगाली हिन्दुओं में श्यामबाबू सचमुच में एक बड़े सरोदिया हैं।

कानन देवी। एक समय ऐसा था जब वे सिनेमा की एक लास्यमयी नायिका भी थीं और अब देखो तो वे एक बार ही देवी हो गयी हैं। जो संघर्ष करके छोटे से बड़े होते हैं,वही जानते हैं कि जीवन की मर्यादा क्या है, जीवन का मूल्य-बोध क्या है।

सरोद की चर्चा चलते ही याद आ रही है राधू बाबू की बात। राधिका मोहन मैत्र। उन्हें भी तो सुना था, उसी १९३५ ईस्वी में, सीनेट हाउस की कॉन्फ्रेंस में। उन्होंने नट केदारा राग बजाया था। उस समय उनकी अधिक से अधिक २०-२१ की उम्र होगी। बहुत सुन्दर चेहरा था उनका। वे अमीर ख़ाँ सरोदिया के शागिर्द थे। बाबा से तालीम ना लेने के बाद भी उनका बहुत सम्मान किया करते थे। बाबा का कुछ तो प्रभाव उनकी वादन-शैली पर पड़ा ही था। सरोदिया के हिसाब से पूरे भारत में उनका स्थान भी ख़ूब ऊँचा था। ख़ूब गुनी व्यक्ति थे। इसके अलावा, बाद में तो वे दवीर ख़ाँ के भी शागिर्द बन गये थे। 'झंकार' नाम से एक बहुत सुन्दर म्यूज़िक सर्किल उन्होंने चालू किया था। मैंने उसमें कई बार बजाया है। उसी वजह से उनके साथ मेरा ख़ूब परिचय हो गया था। उनकी ख़ूब ऊँचे स्तर की एक एप्रोच थी संगीत के प्रति—बुद्धिमत्ता से भरी हुई। उनके ज्ञान की परिधि और संगीत चिन्तन भी ऊँचे स्तर का था।

उनके बजाने की अनेक विशेषताएँ उनके छात्र बुद्धदेव दास गुप्त में मिलती हैं। कितना चमत्कारपूर्ण सरोद बजाते थे बुद्धदेव। अहा, कितना मीठा और साफ़ हाथ था उनका।

हाँ, राईचाँद बड़ाल और एक व्यक्ति हैं। बहुत नाम था उनका, बड़े घर के बेटे थे। जैसा चेहरा था वैसा ही आशिक़ी मिज़ाज भी था उनका। तबले पर ख़ूब मीठा हाथ था उनका। सभी बड़े उस्ताद, बाई जी लोग, गुणीजन उन्हें सदा घेरे रहते थे। हाफ़िज़ अली ख़ाँ साहब और इनायत ख़ाँ साहब के साथ अक्सर बजाया करते थे। न्यू थिएटर्स फ़िल्मों के म्यूज़िक डाइरेक्टर के रूप में भी ख़ूब नाम था, उस समय उनका।

एक मज़ेदार घटना याद आ रही है, उसे सुनो शंकर और जान भी लो। १९३४ ईस्वी का मध्य होगा। हम लोग उस समय दो घर लेकर एलगिन रोड पर रहा करते थे। हमारी माँ उस समय काशी से आकर हमारे घर रह रही थीं। तिमिर दा भी उन्हीं दिनों न्यू थिएटर्स के म्यूज़िक डाइरेक्टर अभी हाल में हुए थे। उन्होंने मुझे निमन्त्रण दिया था। मैं, भोम्बल और उसका ममेरा भाई खुन्टू एवं मेरी माँ न्यू थिएटर्स की शूटिंग देखने गये थे। अरे बाबा, कैसी उत्तेजना थी उस समय। याद है छोटा मित्तर उस समय स्टूडियो का सर्वेसर्वा था। हम दोनों लोगों की दो अलग स्टूडियो को देखने की बड़ी सुन्दर व्यवस्था उसने कर दी थी। मलिना देवी को वहीं पहली बार देखा था। उस वक़्त वे भी नयी ही थीं। उनकी अपूर्व अभिनय क्षमता उस समय ज़रा भी प्रकाशित नहीं हुई थी। याद है, मैं और भोम्बल कुछ देर के लिए स्टूडियो बिल्डिंग से बाहर आकर एक फालसा अथवा जामुन के पेड़ के नीचे जाकर फल गिराकर उन्हें खाने का काम कर रहे थे। देखता हूँ कि वहाँ एक लड़की है। लगा यही कोई १९-२० वर्ष की होगी। मलिना उसी पेड़ की एक डाल पकड़कर उससे फल गिराकर खा रही है। हम लोगों को देखकर बड़े संगीतात्मक स्वर में कहने लगी— पकने पर बहुत अच्छे नहीं लगते हैं? खट्टे-खट्टे, मीठे-मीठे, अरे बाप रे! मेरा तो मुँह किस तरह सूख गया, चेहरा भी लाल हो गया। किसी असम्भव जैसी काम की कोई चीज़ भूल आया हूँ, यही भाव दिखाते हुए 'यह चलो, वह चलो', यह कहते हुए एकदम पीछे मुड़कर भाग लिया। मेरे पीछे-पीछे भोम्बल भी दौड़ा आया।

उसके कुछ दिन बाद ही हम लोग गये न्यू थिएटर्स के दूसरे स्टूडियो में। जहाँ पर एक बड़े सरोवर के किनारे शूटिंग हो रही थी। माँ और हमें बड़े आदर के

साथ उसी सरोवर के एक ओर बैठाया गया—जहाँ पर कैमरा आदि जमाये गये थे। चाय, सैंडविच, मिष्टान्न हम लोगों के लिए लाये गये। उस दिन पता नहीं किस फ़िल्म की शूटिंग हो रही थी। फिर भी उमाशशि गरद की लाल पाड़ वाली साड़ी पहने, माथे पर सिंदूर की बड़ी बिन्दी लगाये तैयार थी। उसने आकर सबसे पहले गले में आँचल लपेटकर माँ को झुककर प्रणाम किया। उसके बाद चाय कप में डालकर मिठाई देकर माँ को और हमें ख़ूब आप्यायित किया। मैं चाय-वाय अथवा क्या खाऊँ—मुँह बाये उमाशशि के सौन्दर्य का एकदम पान कर रहा था। उसके कुछ ही महीने पहले 'चण्डीदास' फ़िल्म देखी थी। रामी की भूमिका निभायी थी उमाशशि ने और चण्डीदास बने थे उस युग के अपरूप सुन्दर और बड़े अभिनेता दुर्गादास बाँडुज्ये। क्या कहूँ शंकर। उससे भी बहुत पहले काशी में बचपन में मूक छवि देखी थी 'कपालकुण्डला' और 'दुर्गेशनन्दिनी'। उसमें दुर्गादास बाबू को हम लोगों ने जो माना था और वे जो दिखायी दे रहे थे उसे हम जीवन में कभी भूलेंगे नहीं। हाँ, तो उस दिन शाम को उमाशशि को देखा था और सोच रहा था फ़िल्म की रामी को। वही डायलॉग, चण्डी ठाकुर, यह क्या सच है? शायद इसी सरोवर के किनारे लिये गये इस फ़िल्म के शॉट्स—रामी का सरोवर में नहाना, उसके बाद भीगे शरीर पर लिपटे हुए वस्त्र, इसी स्थिति में वह पानी से बाहर आयी। गरद की साड़ी पहने, सुडौल शरीर, मधुर, लज्जावती, नम्र उमाशशि को सामने देखकर और रामी के बारे में सोचते-सोचते ख़ूब उत्तेजित हो गया था, मुझे याद है। और भी याद है, माँ के पैरों में झुककर पुनः प्रणाम किया था उमाशशि ने, मेरी पीठ पर कोमल हाथ फेरते हुए कहा था, पुनः आना भाई। गाड़ी पर बैठते हुए पहले ही माँ ने कहा था, आहा रे, अगर मुझे ऐसी बहू मिल जाती।

इसी के साथ-साथ याद आ रही है उसी समय की एक और मज़ेदार फ़िल्म, 'मानमयी गर्ल्स स्कूल'। उसमें थीं कानन देवी। आज की कानन देवी नहीं, उन दिनों की कानन बाला। पागल हो गया था उस दिन उसे देखकर। उस छवि में जौहर गांगुली भी थे। बाद में इन्हीं जौहर गांगुली से ख़ूब आलाप भी हुआ था। कैसा संगीतपागल व्यक्ति था अरे बाबा! उसके भीतर एक अद्‌भुत उद्यम था। जीवन की अन्तिम अवधि तक। उसी मुहल्ले के लड़कों को लेकर फंक्शन करना, जलसा करना, कितने-कितने काण्ड थे उसके। ख़ैर जो भी हो, कानन बाला के प्रसंग पर ही पुनः लौट आता हूँ। जैसी अच्छी अभिनेत्री

थी, उसके गाने भी बहुत अच्छे लगते थे उस समय। उसका हर गीत बहुत लोकप्रिय हो जाता था। उसका कण्ठ बहुत सुरीला और अच्छा था। राई बाबू द्वारा दी गयी धुन पर उसके कई गाने ख़ूब जमते थे। उसके साथ मेरा आलाप किन्तु काफ़ी दिनों बाद हुआ था। यही उस दिन। मेरे सितार बजाने वाले कार्यक्रम में आयी थी। बाद में रीजेण्ट्स पार्क वाले अपने घर में चाय पर मुझे निमन्त्रित किया था। उसके घर जाना मुझे बहुत अच्छा लगा था। मनुष्य के लिए उसका कितना प्रेम, क्या कहूँ। मन मानो बहा जा रहा था उसके प्रेम में, उसके अनुराग में। यद्यपि उसी के साथ उसमें कितनी डिग्निटी थी। अब सोचो, महिला समाज का कौन-सा दुःख पर्दे पर से उठकर आ रहा है। एक समय सिनेमा की लास्यमयी नायिका भी थी, और इस समय देखो एकदम देवी के रूप में प्रतिष्ठित है। यही होता है शंकर, इसी को जान लो। ''जो संघर्ष करते हुए छोटे से बड़े होते हैं, वही जानते हैं, जीवन की मर्यादा क्या है,

गरद की साड़ी पहने गौरवर्ण सुघर देहयष्टि, मधुर और नम्र उमाशशि को देख और फ़िल्म की नायिका रामी की बात सोचते हुए ख़ूब उत्तेजित हो गया था—रविशंकर।

मूल्य-बोध क्या है।'' ऐसे ही और एक व्यक्ति को देखा था—चण्डूलाल साहब की जीवनसंगिनी ग़ौहर को। ग़ौहरजान नहीं, मिस ग़ौहर। यह निम्नस्तर से उठकर आयी हुई थी। बाद में क्या हो गयी—एकदम महीयसी। इसीलिए कहा था काननदेवी सचमुच में एक दृष्टान्त है। काननबाला से कानन देवी। इसे एक आध्यात्मिक यात्रा—Spritual Journey—कह सकते हो।

फिर इसका उलटा उदाहरण भी देखो। ख़ूब बहुत बड़े घर की लड़की, वह जब अल्ट्रा मॉडर्न हुई अथवा कुपथ पर उतरीं तो फिर कहीं न कहीं नीचे ही गिरती चली गयीं। तब कहाँ गयी उनकी शिक्षा-दीक्षा, कहाँ गयी उनके घर की संस्कृति अथवा कहाँ गये उनके अन्य सब ऐतिह्य के कार्यकलाप। वे गिरीं तो गिरती ही चली गयीं। एकदम कीचड़ में। उसी नये मुसलमान की तरह, जो नया मुसलमान बनने के कारण अधिक गोमांस खाता है। दिशा-विदिशा से ज्ञान शून्य होकर जैसे उसी के कारण उसका सब कुछ है। इस तरह के अनेक उदाहरण मैं दे सकता हूँ। किन्तु इस तरह के बेकार के नाम लेने से क्या लाभ!

आजकल की तुलना में उस युग की नायिकाएँ—उदाहरण के लिए जैसे उमाशशि, काननबाला, मलिना—इसमें से कोई ग्लैमरस नायिकाएँ नहीं थीं। इनकी श्रेणी में ये नहीं आती थीं। क्या चेहरा, क्या फिगर—सब दृष्टियों से ये ऐसी कोई परकटी परी नहीं थीं। किन्तु, इनके भीतर वह था, जिसे Sincerity, dedication, अगाध परिश्रम एवं अभिनय की दबी हुई अन्तर्निहित शक्ति कहते हैं। ये सब चीज़ें क्या यत्र-तत्र-सर्वत्र मिल सकती हैं? इनके स्तर की तुम्हें एकमात्र नायिका मिलेगी, जिसका नाम है सुचित्रा सेन। मैं उसका बड़ा अनुरागी हूँ। कितने ऊँचे स्तर की अभिनेत्री है।

सिनेमा की कई कहानियाँ सुना बैठा। अब सिनेमा और गाने-बजाने के मध्य एक सेतु तैयार करने की कोशिश कर रहा हूँ। पहले पंकज मलिक की चर्चा कर लूँ। यशस्वी म्यूज़िक डाइरेक्टर तो वे थे ही—उसी के साथ कितना खुला हुआ दराज़ गला था उनका, उनका गाना मुझे बहुत अच्छा लगता था। सबसे ऊपर वे एकदम छल रहित, अमायिक एवं विनयी थे। इसके बाद भी याद आती है शचीन कर्त्ता की बात—इसका अर्थ है शचीन देव बर्मन। यह एक दूसरे व्यक्ति थे, जिनका गाना मुझे बहुत अच्छा लगता था। बंगाल के पल्लीगीत (लोकगीत) तो वे अद्‌भुत गाया करते थे। इसके बाद राग पर आधारित बाङ्ला गानों के द्वारा उन्होंने एक नया युग ला दिया था। अब पहाड़ी दा की बात करता हूँ। पहाड़ी सान्याल महाशय की। लखनऊ के बेटे थे, चुस्त-दुरुस्त

पहाड़ी दा का एक बहुत बड़ा आकर्षण बताने से रह गया वह है उनका मजलिसी चरित्र। एक समय गाने-बजाने के व्यक्ति होने के कारण उनके स्वभाव एवं आचार-व्यवहार में एक मजलिसी अन्दाज़ आ गया था।

उर्दू बोलते थे, ठुमरी, ग़ज़ल की पृष्ठभूमि भी उनकी बहुत अच्छी थी, लखनऊ में अतुलप्रसाद बाबू से अतुलप्रसादीय तालीम भी उन्होंने पायी थी। कितना सुन्दर गाया करते थे अतुलप्रसाद बाबू के गाने। उनको शायद पहली बार देखा था प्रथमेश बड़ुया की फ़िल्म 'अधिकार' में। हीरो के रूप में मैंने उनकी पहली छवि देखी थी 'विद्यापति'। उनका चेहरा तो अपरूप सुन्दर था। दोष रहित नाक, मुग्ध करनेवाली आँखें, घुँघराले बाल, साक्षात् विद्यापति हों जैसे। फिर भी उनके अभिनय का सच्चा परिचय मिला 'बड़ी दीदी' फ़िल्म में सुरेन की भूमिका में। आहा। कितना सुन्दर अभिनय था। वही आत्मभोला, पढ़ाकू सुरेन। बड़ी दीदी के रोल में मलिना का काम भी बहुत अच्छा लगा था। बाद में तो बंगाल-बम्बई दोनों प्रदेशों में ही बड़ा नाम हुआ था उनका एक अभिनेता के रूप में। एवं सिनेमा के रोल लेते-लेते उनके गाने का काम पिछड़ गया था। फिर दोनों काम समान रूप से नहीं चल सके। यद्यपि बहुतों को यह आशा और धारणा थी कि सहगल की तरह सिनेमा में अभिनय और गाना दोनों को ही वे बरकरार रखे रहेंगे; किन्तु, वह आख़िर में हो नहीं सका। फिर भी पहाड़ी दा का जो सबसे बड़ा आकर्षण रह गया वह है उनका महफ़िली चरित्र एवं

व्यक्तित्व। एक समय ऐसा था, जब गाने-बजाने वाले लोग थे, इसलिए उनके स्वभाव एवं आचार-विचार में एक मजलिसी ढंग आ गया था। शंकर, क्या तुम्हें पता है, वह बहुत अच्छा तबला बजाते थे। लख़नऊ में सीखा था। गाने-बजाने से उन्हें सचमुच में प्रेम था, जैसे ही अवसर मिलता था घरेलू जलसे अथवा किसी म्यूज़िक कॉन्फ्रेंस में हम लोग उन्हें अक्सर पाते थे। हालाँकि जलसे में, बैठकर वे थोड़ा अतिशयोक्तिपूर्ण प्रशंसा कर बैठते थे, जैसे 'आहा, सुभान अल्ला', 'वाह वाह', 'क्या कहने' आदि उच्च कण्ठ से तारीफ़ करते हुए। फिर भी, इस विषय में कोई सन्देह नहीं है कि वे संगीत एवं गुणीजनों के बहुत बड़े अनुरागी थे। उनकी पढ़ाई-लिखाई भी ख़ूब अच्छी थी। प्रायः पुस्तकें पढ़ते रहते थे, काफ़ी पुस्तकें पढ़ा करते थे। उम्र के अन्तिम दौर में एलियाँस फ्रांसेज में फ्रांसीसी सीख ली थी। मुझे जलसों में देखते ही फ्रांसीसी में बात करने लगते थे। Comment allez vous,' comme a ca va— आदि कहते हुए फ्रांसीसी में बातचीत शुरू कर देते थे।

पहाड़ी दा के प्रसंग से और एक व्यक्ति की याद आ गयी। वे भी लखनऊ में ही रहा करते थे। वहाँ के विश्वविद्यालय के नामी अध्यापक थे—धूर्जटि प्रसाद मुखोपाध्याय। स्वयं नहीं गाते थे, फिर भी बड़े मजलिसी व्यक्ति थे। पुस्तकें और संगीत से सम्बन्धित काफ़ी निबन्ध लिखे थे उन्होंने। अच्छे-अच्छे संगीतकारों को उन्होंने ख़ूब सुना था। मुझसे बड़ा स्नेह किया करते थे। फिर भी उनमें किसी को भी संरक्षण देने की प्रवृत्ति अधिक थी। फिर भी वही अमुक वर्ष, काले ख़ाँ की असावरी का धैवत अथवा अलाबन्दे की टोड़ी का गान्धार जो सुना था, आजकल वह किसी का नहीं देख रहा हूँ, आदि-आदि उनका ऐसा ही भाव था।

अमिय सान्याल मोशाई को भी दो-एक बार देखा है। वे मुझे बहुत अच्छे भी लगे थे। अद्भुत इण्टेलीजेण्ट व्यक्ति थे। रसज्ञान उनमें ख़ूब था, फिर भी उसके साथ थोड़े सनकी भी थे। कब, किस वर्ष, किस समय बाबा अथवा हाफ़िज़ अली ख़ाँ अथवा कनाई ठोड़ी ने किस राग में कौन गत बजायी थी, अथवा फ़ैयाज़ ख़ाँ, बड़ी मोतीबाई ने कौन अस्थायी अन्तरा गाया था एवं किस जलसे में, इन सबको वे नोटेशन के साथ अपनी नोट बुक में लिख रखते थे। संगीत में उनकी विचारधारा को लेकर अँग्रेज़ी में एक गम्भीर पुस्तक भी है। फिर भी पता नहीं क्यों रिटायर होने के बाद वे कृष्णनगर चले गये थे। उनसे जानने और सीखने को बहुत-सी चीज़ें थीं।

कानन गाना तो अच्छा गाता है, मुझे अच्छा भी लगता है, किन्तु उसके साथ उसका स्वभाव भी बहुत अच्छा लगता है। एक गवैये-बजैये जैसा बिलकुल नहीं है—एक खिलाड़ी जैसा था। तसवीर में कानन के पास बैठी हुई हैं गाना गाती हुई उनकी स्त्री मालविका।

मैं प्रज्ञानानन्द पर बहुत श्रद्धा करता हूँ। कितने गुणी-ज्ञानी यद्यपि अमायिक, मधुर व्यक्ति हैं। ये मौन रहने वाले व्यक्ति हैं, यद्यपि कितना परिश्रम कर कितनी अद्‌भुत, तथ्यों से भरी संगीत-विषयक पुस्तकें लिखी हैं एवं आज भी लिखते जा रहे हैं। उनके ऊपर अगाध आशीर्वाद है, उनके गुरु स्वामी अभेदानन्द जी का।

सुरेश बाबू, अर्थात् सुरेश चक्रवर्ती और एक विराट संगीतज्ञ व्यक्ति थे। शास्त्रों को तो एक तरह से पी ही डाला था उन्होंने। साथ ही साथ संगीत की वर्तमान धारा का विश्लेषण करने की कैसी दारुण क्षमता थी उनमें। यह बात विशेष रूप से वही जानते हैं, जिन्होंने उनकी राग-रागिनी के ऊपर गवेषणामूलक धारावाहिक वार्ता सुनी है ऑल इण्डिया रेडियो पर कई वर्षों तक। बालीगंज

सरकुलर रोड पर ब्रजेन्द्र किशोर राय चौधुरी के पास उन्हें मैंने सबसे पहले देखा था। बाद में उनसे काफ़ी घनिष्ठता हो गयी थी।

अब एक दूसरे व्यक्ति के विषय में बताता हूँ, जिन्हें मैं अपने हृदय से जिस तरह प्रेम करता हूँ, वैसी ही उन पर श्रद्धा भी करता हूँ। वे हैं ज्ञानदा—ज्ञानप्रकाश घोष।

मैंने अपने जीवन में संगीत के तीन प्रमुख अड्डे देखे हैं। उसी बचपन में बड़े बाज़ार में शिवठाकुर लेन की गली में तिमिर दा के घर में। बम्बई में ऑपेरा हॉउस के पास वी.आर. देवधर के घर और देवधर हॉल में। और सियालदा के पास डिक्सन लेन पर ज्ञानदा लोगों के निजी घर में। ज्ञानदा को मैंने सबसे पहले सुना १९३९ ईस्वी में अली अकबर भाई के साथ तबले पर संगत करते हुए। नगेन दा (नगेन दे) दादा के दल में बाँसुरी बजाया करते थे। उनके दादा खगेन दा मेन्डोलिन बजाया करते थे। उन दोनों व्यक्तियों अर्थात् खगेन दे और नगेन दे का मेण्डोलिन और बाँसुरी ख़ूब लोकप्रिय थी उस समय हिन्दुस्तान कम्पनी के रिकॉर्ड की वजह से। उन्हीं के घर में, एक छोटी-सी बैठक में एक घरेलू वादन का प्रोग्राम हुआ था, एक सुबह। हीरू बाबू को तो मैं पहले ही सुन चुका था—खुले हाथों का एक पूरब बजाना एवं उनका एक निजी ढंग। किन्तु, उसी दिन ज्ञानदा को सुनकर मुझे इतना अच्छा लगा कि क्या कहूँ। तैयारी के साथ इतना साफ़ हाथ। कैसा तिरछा-बाँका चलन! और एकदम ख़ाँ साहबी ढंग का बजाना। इसके पहले और एक व्यक्ति का बजाना ख़ूब सुना था और वह बहुत अच्छा भी लगता था, वह था शिशिर दा का। शिशिर शोभन भट्टाचार्य, तिमिर दा के छोटे भाई। ख़ूब मीठा हाथ था उनका, वाद्य-यन्त्र के साथ ख़ूब अच्छी तरह मिलाकर संगत किया करते थे। वे भी नगेन दा के साथ दादा के ट्रुप में १९३४ ईस्वी से लेकर १९४८ ईस्वी तक बने रहे थे। ख़ैर, जो भी हो, उस दिन ज्ञानदा का तबला सुनकर ऐसा लगा था, और वह मत मेरा आज भी वैसा ही है कि कोई बंगाली इस स्तर का तबला वादक आज भी नहीं हुआ है। उसी समय यह भी जान सका कि वे डोयार्किन के घोषों के घर के लड़के हैं। Radio supply store के अंशीदार, बड़े लोग—शौक़वश ही गाना-बजाना करते हैं। हारमोनियम बहुत अच्छा बजाया करते थे, गिरिजा बाबू से सीखा था सुन्दर-सुन्दर ठुमरी गाने। फिर वे मेरे बीनकार घराने के ख़लीफ़ा सगीर ख़ाँ साहब के भी शागिर्द थे। ध्रुपद धमार की प्रचुर बन्दिशें भी उन्होंने सीखी थीं। तबले में उनके प्रधान गुरु करामत भाई के बाबा असीम ख़ाँ

ज्ञानदा को पहली बार सुनते ही कितना अच्छा लगा था। ज्ञानदा से जितना प्रेम करता हूँ, उतनी ही श्रद्धा करता हूँ। जितना लयदार वह व्यक्ति है, उतना ही सुरीला भी है।

साहब। इसके अलावा पंजाब के एक ख़ूब गुणी तबलिया फ़ीरोज़ ख़ाँ निशिवाले से भी उन्होंने काफ़ी सीखा था। चूँकि उनके घर में सवेरे से लेकर शाम तक सभी गुणी गवैये-बजैये उठते-बैठते थे—जैसे बादल ख़ाँ, मेहदी हुसैन, अता हुसैन, मुस्ताक हुसैन, अजीम ख़ाँ, जयलाल और भी उस समय के जितने संगीतकार थे, जो कलकत्ते में रहते थे या वहाँ आना-जाना किया करते थे। उन पर मेरी तभी से श्रद्धा और आकर्षण कैसा तो मानो हो गया था। उसके काफ़ी बरसों बाद उनके साथ धीरे-धीरे भाव हो गया। वह क्रमशः एक गहरे बन्धुत्व में परिणत हो गया। यद्यपि उम्र में वे मुझसे आठ-नौ वर्ष बड़े थे। हमारे भीतर यह जो प्रीति और प्रेम का सम्पर्क था, वह मानो धीरे-धीरे और भी पुष्ट हो गया था। १९४८ ईस्वी से ज्ञानदा के डिक्सन लेन वाले घर में मेरा आना-जाना ख़ूब बढ़ गया था। यहाँ तक कि उसी से कई वर्ष जैसे ही कलकत्ता किसी प्रोग्राम में बजाने जाया करता था, वैसी ही ज्ञानदा के ही यहाँ

रुकता था। कभी नहीं भूलूँगा मैं उन्हीं कई दिनों को जो उनके साथ कितने उल्लासपूर्वक बीतते थे। गाने, बजाने, गप्पों, हँसी–ठट्ठा, आमोद–प्रमोद में हमारा अड्डा मानो ख़तम ही नहीं होना चाहता था। मैं एक तरह से उनके घर का ही व्यक्ति हो गया था। उनकी माँ, बहनें भाई लोग, बच्चे सभी कितना स्नेह ही मुझ पर नहीं करते थे। रोज़ सवेरे–शाम कोई ना कोई ज़रूर आया करता था। बड़े ग़ुलाम अली, अमीर ख़ाँ, मसीद ख़ाँ, दबीर ख़ाँ, जयलाल आदि और भी कितने गुणी लोग। कभी–कभी नीचे के बैठकख़ाने में अड्डा जमा करता था। बिना किसी औपचारिकता के स्वत: प्रेरित होकर वे अच्छी–अच्छी बन्दिशें सुनाना शुरू कर देते थे। मैंने भी दो–एक बार ऐसी परिस्थिति में बजाया है। इसके अलावा दस–पन्द्रह ज्ञानदा के तबले और गाने के छात्र वहाँ सदा रहा करते थे। ये कानन और डी.पी. जोग भी आया करते थे। राधिकामोहन मैत्र भी आया करते थे। कानन के साथ मेरा पहले से ही बन्धुत्व था। उनका गाना तो अच्छा लगता ही था इसके अलावा अच्छा लगता था उनका स्वभाव। गवैये–बजैये जैसा ज़रा भी नहीं—एक स्पोर्ट्स मैन की तरह। यही जैसे टेनिस खेलकर आये हों या बैडमिन्टन खेलने जा रहे हों—इसी तरह का भाव रहता था उनका। सबसे मधुर तब लगता था जब यह मद्रास का मुदालियर नन्दन बाङ्ला बोलता था। 'सब ठीक हो जायेगा'। सोब टिक आये जाबे। 'तुमि कोताय चिले' तुम कहाँ थे, 'येई बोटेले कूणलाभ, ओई बोटेले कूणलाभ, कोताउ पेलाम ना', इसी तरह की। इस बोतल में खोजा, उस बोतल में खोजा, कहीं नहीं मिला।

एक गाने का फ़िल्म में टेक ऑफ़ होना था, बेचारा उससे बहुत परेशान हुआ था, एक तरह से उसे बहुत छकना पड़ा था। भाई अली अकबर के संगीत निर्देशन में एक गाने का टेक ऑफ़ हो रहा था। गाना फिर वह भी एक मद्रास नन्दिनी के साथ—मेरी भाभी जी लक्ष्मीशंकर के साथ। किस फ़िल्म के लिए वह गाना फ़िल्माया जा रहा था, याद नहीं। फिर देशी तोड़ी राग में गाने का मुखड़ा था—'बन्धू, एई मधुमा से, इसमें एक लाइन इस प्रकार थी, 'बलो किछु कथा, भांगो नीरवता।' कानन उसमें फँस गया, अटककर रह गया, बोलो किचु कता—वाङ्गों निरवता'—गाने के बोल इस तरह हुए जा रहे थे। इसी को लेकर कैसा अट्टहास उठा स्टूडियो के भीतर। अगर और कोई होता तो अपमानित महसूस करता। नाराज़ हो जाता। किन्तु, धन्य हो कानन। कैसी खिलाड़ी की भावना और ख़ुशदिल स्वभाव का व्यक्ति कानन। एकदम बिना

किसी बाधा के, विचलित हुए बिना, कई क्षणों तक मेहनत करते हुए उस गाने को सही-सही उसने गा दिया। वह मुझे बहुत अच्छा लगता है। फिर कलकत्ते में कैसे लोकप्रिय हैं उसके गाने। एवं उसके मधुर स्वभाव की वजह से सभी उसको कितना प्यार नहीं करते हैं।

उसकी पत्नी मालविका को भी मैं बहुत दिनों से पहचानता हूँ। उसका गाना भी मुझे बहुत अच्छा लगता है। वे दोनों लोग ही मेरे द्वारा तैयार कुछ राग और बन्दिशें गाते हैं, जोग को मैं पहचानता हूँ उसी लखनऊ से, जब रेडियो पर प्रोग्राम करने जाता था, १९४० की शुरुआत में। वह उस समय चिदानन्द नागरकर, एस.सी.आर. भट्ट, गिनडे, दिनकर काईकिनी—इनके साथ मॉरिस कॉलेज में श्रीकृष्ण रतन जंकर जी से सीख रहा था। तभी से जोग के साथ मेरा ख़ूब भाव है। गोरा, लाल चमकता हुआ गोल मुखमण्डल, पान खाकर हँसते हुए जब बेहाला बजाया करता था, बड़ा मीठा लगता था। बाद में तो बड़ा लोकप्रिय कलाकार हो गया था। बाबा से भी उसने तालीम ली थी। मैहर में मेरे रहते वह वहाँ दो-एक बार आया भी था। बहुत मौजी था। कितनी तरह की कहानियाँ, हादसे गाने-बजाने वालों के बारे में छेड़े रहता था। हँसी के मारे मार ही डालता था। राधू बाबू के साथ भी इस समय मेरा ख़ूब भाव हो गया। मेरा, ज्ञानदा और राधू बाबू का ख़ूब अड्डा जमता था। उसमें आदि रसात्मक चर्चा और कुछ अश्लील बातें भी हुआ करती थीं। हँसी-ठट्ठा के बीच से क्रियेटिव काम हो जाता था। कितने उदाहरण देकर शुरू करूँ। ज्ञानदा के अनेक छात्र-छात्राएँ आया करते थे, उनमें से कई छात्रों ने काफ़ी नाम कमाया था। ललिता तो ज्ञानदा की जीवनसंगिनी ही बन गयी थी। एक लड़का आता था मूर्ख जैसा। दिमाग़ से थोड़ा कमज़ोर था retarded वह तो एक बार ना छोड़ बन्दा अर्थात् ज़िद पकड़ गया—तबला तो सीखेगा ही। ज्ञानदा ने उसे हतोत्साह किया उतना ही वह ज़िद पकड़ता गया। वह तबला लेकर अन्य छात्रों के साथ ज़रूर बैठेगा और जो-सो बजायेगा ही। एक दिन, शायद १९४६ की बात है, उन दिनों इधर-उधर हिन्दू-मुसलमानों का दंगा चल रहा था। इधर तबले की तालीम चल रही थी, सहसा वही लड़का अपने उसी हकलाने और तुतलाने जैसे ढंग से कह उठा, 'अरे बाबा, वह क्या, हमारे उधर राइट हो रहा है। नेड़े पकड़कर मेड़ों को काट रहा है और मेड़ों को पकड़कर नेड़ो काट रहा है, नाक काट रहा है, कान काट रहा है। ठीक उसी समय ज्ञानदा कुछ नये छात्रों को विलम्बित लय में रेला का अभ्यास करा रहे थे—धेरे धेरे के टे ताक, नाग धेरे

केटे ताक। वह लड़का भी उसी को बजाने का प्रयास कर रहा था। बजाते-बजाते उसके ये अद्भुत शब्द सुनकर सब हँस पड़े। किन्तु, ज्ञानदा ने उससे बड़ी गम्भीरता से कहा—यह तुम जो बजा रहे हो यही हैं Riot (राइट) के बोल। इन्हीं बोलों को कहते हुए बजाओ—'नेड़े धरे केटे राख, मेड़ो धरे केटे राख, काने धरे केटे राख, नाक धरे केटे राख'। बाक़ी सभी लोगों की हालत ऐसी हो गयी कि वे अपनी हँसी रोक नहीं सके। किन्तु, उस छोकरे ने बड़ी सीरियसली उन्हीं 'राइट' के बोलों द्वारा तबला बजाना शुरू कर दी। विश्वास करो शंकर, बाद में मैं दो-एक बार ज्ञानदा के घर गया, तब देखता हूँ, वह अकेला बैठा-बैठा एक छोटे-से कमरे में 'प्राणपण से तबला की साधना' कर रहा है उन्हीं राइट के बोलों को लेकर—'नेड़े धरे केटे राख' के द्वारा। उसी से प्रेरित होकर मैंने और ज्ञानदा ने कविता तैयार करना शुरू कर दिया, सिर्फ़ उन्हीं शब्दों अथवा अक्षरों के लेकर, जो चूँकि तबले अथवा पखावज में प्रयोग किये जाते हैं। पहले मैंने उनका विन्यास किया तीन ताल पर सम से चक्रधर तिहाई के हिसाब से। 'खेटे खूटो निधू मद टोने कादा घेंटे गड़ागड़ि नदमीय कि घेन्ना कि घेन्ना कि घेन्ना;' तीन बार सम पर आयेगा। उसके बाद ज्ञानदा ने तैयार किया तीन ताल पर चक्रधार 'नगेनेर गिन्नीर दाँत कनकन माड़ि टनटन माथा घोरे घन घन कर्ताके ठोके'—खाँदा नेको मर्कट गण्डा गण्डा खोकाखूकू, धेनो ताड़ि टेने टुकूटुकू, दिन रात नाक डाका टेके टाका कौड़ी नेई, डाक्टार डाका ने ई मरि खेटे खेटे दूर दुत्तोर। धेड़े मन्दर गर्दान धरे गोटा दो-तीन धाँई धाँई दे। धेड़े मन्दर गर्दान धरे गोटा दो-तीन घाँई घाँई दे। धेड़े मन्दर गर्दान धरे गोटा दो-तीन धाँई-धाँई दे। यह सब होता रहता था। उसके बाद छात्रों को सिखाने के लिए एक हाथ से चार थप्पड़ जाँघ पर और ठीक समय के उसी अनुपात में अन्य हाथ से तीन थप्पड़ मारना। अर्थात् एक साथ एक हाथ से तीन मात्रा और अन्य हाथ से चार मात्रा करके दिखाना। शिक्षार्थियों की सुविधा के लिए मुँह से उनसे कहलाया जाता था—'घर थेके बाहिरे जा'—घर से बाहर जा।

मैंने उसका हिन्दी संस्करण किया, 'नागपुरी संतरा'। मेरी एक रचना ज्ञानदा और राधू बाबू quiz अथवा पहेली के रूप में अपने छात्रों को आज भी सिखाते हैं। 'एकटि गोलापगाछे फूटिया छे दुटि फूल। तार माझे कुड़ि एक, हाथ, कि बहार कि बहार कि बहार।' अर्थात् तीन ताल की सम से शुरू करना होगा, और शेष बहार का 'हा' जिससे सम पर आये।

उसके बाद क्या-क्या जलसे नहीं हुए हैं इस घर के सहन में, उसके ऊपर तिरपाल टाँग कर। 'झंकार' म्यूज़िक सर्किल के लिए दो बार तो मैंने ही बजाया है। उसके बाद बड़े ग़ुलाम अली ख़ाँ, अमीर ख़ाँ, विलायत ख़ाँ, अली अकबर ख़ाँ—सभी के कितने अच्छे-अच्छे प्रोग्राम सुने गये हैं वहाँ। एक उल्लेखयोग्य जलसा तो पूरी रात हुआ था, उसे मैं कभी नहीं भूल सकता हूँ। वह सिर्फ़ तबले की महफ़िल थी। कण्ठे महाराज, अहमद जान थिरकवा, अनोखे लाल, करामत ख़ाँ, अल्लारक्खा, शामता प्रसाद—कोई नाट छूटा नहीं था। एक के बाद एक सभी ने बजाया था। इसलिए समझे, ज्ञानदा के घर में ही कलकत्ते में अन्तिम बार इसी तरह का अखाड़ा देखा गया है। गाने-बजाने में ऐसा अखाड़ा भविष्य में कहीं होगा ऐसा नहीं लगता है। उनकी क्रियेटिव साइड—रचनात्मक पक्ष भी कितना अद्‌भुत लयदार और सुरीला था। ऐसा तो दिखायी ही नहीं देता है। तबले पर उनकी कितने ऊँचे स्तर की रचनाएँ हैं। उन्हें सिर्फ़ तबलावादक ही समझ सकते हैं। इसके अलावा हिन्दी में उनके असंख्य अच्छे-अच्छे ख़याल, ठुमरी, गीत और ग़ज़लें हैं। और बाङ्‌ला गान? आहा, कितनी चमत्कारपूर्ण हैं उनकी संगीत-रचनायें। फ़िल्मों में भी उन्होंने अच्छी-अच्छी धुनें दी हैं। कितने बहुआयामी प्रतिभाधर थे ज्ञानदा। किन्तु, सोचता हूँ, एक-एक व्यक्ति का भाग्य अथवा सितारे क्यों काम नहीं करते हैं। बंगाल में या भारत में ज्ञानदा की किसी ने क़ीमत नहीं दी। उनके योग्य यश उन्हें नहीं मिला। सिर्फ़ कुछ गुणी और ज्ञानी ही उनके गुणों पर मुग्ध थे। अवश्य कानाई दत्त शंकर घोष जैसे प्रमुख उनके कुछ शिष्यों ने तबले पर ख़ूब नाम किया था। बंगाल में तबले के उत्कर्ष के पीछे ज्ञानदा का दान सर्वाधिक है। इस तरह का लयदार व्यक्ति मैंने कलकत्ते में बंगालियों में अन्ततः नहीं देखा है। वैसा ही उनका संग्रह और ज्ञान था। सुरीले लोग तो प्रायः ही देखने को मिलते हैं, विशेषकर बंगाल में—जहाँ पर श्रोता लोग सुर के लिए पागल रहते हैं। किन्तु, यही कुछ दिन पहले तक, सच कहने में हर्जा क्या, ख़ूब कम मैंने देखे हैं जो सचमुच के तालाध्याय के हों, विशेषकर लय की सूक्ष्मता और तत्त्व, भाग-विभाग समझते हों, उसकी असम्भव वैज्ञानिक अथवा गणितीय दिशा एवं उसके भीतर जो छन्द का स्पन्दन होता है, उसका रस ग्रहण कर पायें।

कई लोगों को मैंने यह कहते हुए सुना है—संगीत में सुर हृदय को छूता है, अर्थात् सुर भावात्मक होता है और लय चूँकि सिर्फ़ दिमाग़ अथवा बुद्धि को

छूती है, इसलिए इण्टलेक्चुअल—बुद्धि वृत्तात्मक होती है। यह बहुत बड़े तर्क और गवेषणा की वस्तु है, ऐसा मैं मानता हूँ। यहाँ पर मैं अपना मत थोड़ा व्यक्त कर रहा हूँ। सुर शब्द के अनेक अर्थ होते हैं। सुर शब्द कहने से कई चीज़ों का बोध होता है, विशेषकर बाङ्ला भाषा में। एक सांगीतिक स्वर 'स र ग म' को भी हम 'स्वर' कहते हैं, फिर किसी मेलोडी 'मधुर ध्वनि' को भी हम 'स्वर' कहते हैं। तुम जिस तरह की वस्तु अर्थात् जिस तरह का सुर अथवा गाना जानते हो, जन्म से ही सुनते आ रहे हो, उसी को सुनते-सुनते बड़े हुए हो, कुछ स्वयं भी उसका अभ्यास किया है, वह लोकगीत हो, रवीन्द्र संगीत हो, नजरुलगीति हो, अतुल प्रसादी गीत हो या राग-संगीत हो, उसे तुम जैसे ही सुन्दर ढंग से प्रस्तुत करते हो अथवा अन्य किसी से तुमने सुना हो, तुम्हारे मन में वह प्रवेश कर ही जायेगा। हाँ, यह ज़रूर है कि राग-संगीत में सुर का प्रभाव अधिक होने पर भी अन्य तरह के गानों में शब्दों का प्रभाव अधिक अर्थात् सौ में ६० से लेकर ७५ प्रतिशत तक हो सकता है। अगर कोई व्यक्ति जड़ अथवा औरंगज़ेब ना हो तो सामान्य रूप से मनुष्य मात्र को ही दूर बजने वाली बाँसुरी अथवा शहनाई अथवा कोई मटियाली गाने की तान दुहराता जा रहा हो, तो उसे सुनकर अच्छी लगेगी ही। किन्तु, साथ में यह भी देखो कि विवाह का बैण्ड बज रहा है, बच्चे लोग किस तरह उसका पीछा पकड़ लेते हैं। दुर्गा पूजा में विजय ढाक, ढोल बज रहे हैं, उसे सुनकर किस तरह लोग उन्मत्त हो जाते हैं। अर्थात् संतालों की मादल की थाप हो या उत्तर प्रदेशीय या बिहारी लोगों की ढोलक-करताल-मँजीरा की समन्वित धुन हो, उसकी लय किस तरह से लोगों के मन में एक उन्माद पैदा कर देती है। लय के इस आघात की भनक तो किसी न किसी दिन हरेक को लगती ही है। वह आघात अपने हिल्लोल के द्वारा व्यक्ति को नचा ही देती है। दुनिया के सभी देशों की जंगली जातियाँ इस लय के आघात से प्रभावित होती हैं, यह धक्का उन्हें खाना ही पड़ता है। Beat—थाप के ऊपर ही निर्मित है उनके सुख-दुःख-पूजा-पर्व के क्रिया-कलाप और उनके माध्यम से ही उनकी सारी ऊर्जा, प्रेम और उल्लास अपना निकास पा लेता है। आदिम ज्याज़ में भी तुम वही देखोगे, रोक एन रोल अथवा पॉप म्यूज़िक में भी तुम्हें उसी लय का आघात अथवा बीट की प्रधानता मिलेगी। एक बार प्रकृति की ओर ही निहारकर देखो ना, सौर जगत् के कोटि-कोटि ग्रह-नक्षत्रों का चलना-फिरना, पृथ्वी की दैनन्दिन गति—ये सभी तो एकदम लय-बद्ध प्रक्रियाएँ हैं। इनकी गति में अगर ज़रा भी चूक हो जाये तो प्रलय। तुम्हारे हृदय की धड़कन या नाड़ी का स्पन्दन—

१९३४ ईस्वी में हॉलीवुड मेट्रो गोल्डन स्टूडियो में दादा के ट्रुप की तसवीर। बायीं ओर से पीछे की पंक्ति में शिशिर दा, दल के दो अमेरिकन मैनेजर, मँझले दा, मामा एवं सँझले दा। सामने की पंक्ति में मैं, दादा, सिमकी, हॉलीवुड अभिनेत्री मेरी कार्लाइल, कनकलता, शिरोरणी जी एवं तिमिर दा।

भी तो प्रकृतिगत लय की क्रीड़ाएँ हैं। हमारे समस्त शास्त्र, मन्त्र, कविता, छन्द पर आधारित हैं। वह भी मात्रा और लय के ऊपर। फिर एक बात की और लीजिये, हर भाषा के साहित्य में कविता का आगमन ही सबसे पहले हुआ है—क्योंकि इसमें छन्द का, लय का संहत व्यापार होता है। और संगीत में तो लय, छन्द होता ही है। आख़िर सुर है क्या ? सुर क्या है इसका विश्लेषण करो, पण्डित लोग तो पहले ही कह गये हैं संगीत में सुर जाकर हुआ 'आघात से उत्पन्न नाद'। अनाहत नाद की बात छोड़ दो। उसे तो केवल योगी-ऋषि-

मुनि ही अपने भीतर सुन सकते हैं। विश्लेषण के द्वारा यह कहा गया है कि सुर का अर्थ है असंख्य एकत्रित तरंगें। उदाहरण के लिए, जैसे, जिस सुर अथवा स्वर को पश्चिम में 'e' के रूप में समझा जाता है उसके प्रकम्पन होते हैं ४४० से कम नहीं। इस तरह सभी स्वरों का एक संख्यामूलक परिचय विद्यमान है। अर्थात् सभी स्वर एक विशेष स्तर पर असंख्य प्रकम्पनों की अभिव्यक्ति हैं। एवं ये प्रकम्पन अथवा वाइब्रेशन क्या हैं? स्पष्ट शब्दों में आघात हैं। गुप्त रूप से सुर के भीतर इसीलिए लय विद्यमान हैं। उसके साथ लय ओत-प्रोत भाव से मिली हुई है। फिर भी देखो, वही सीधी-सीधी तर्ज के गाने, ग्राम्य गीति, भजन, कव्वाली एवं आंचलिक गीत—ऐसे हैं जिन्हें सभी गा सकते हैं, एक और उनके सुर, शब्दों और छन्दों का मज़ा सामान्य मनुष्य मात्र ही ले सकता है। विशेष दीक्षा, शिक्षा अथवा प्रयास या संस्कार की इन्हें समझने के लिए किसी की ज़रूरत नहीं है। किन्तु, राग-संगीत का माहात्म्य वही समझ सकेगा,

जॉर्ज हेरीसन के मेरे शिष्य बनते ही मेरा भला और बुरा दोनों हुआ। भला यह हुआ कि संसार भर में मेरी ख्याति फैल गयी। पूरी दुनिया के युवसमाज में मैं रातोरात पहुँच गया। ख़राब यह हुआ कि बहुतों की धारणा बन गयी कि मैं भी बीटलों में से एक हो गया। मैंने मानो हिप्पी एवं ड्रग कल्चर के द्वारा अपने संगीत एवं सत्ता को जलांजलि दे दी है। ऊपर की तसवीर में दिखायी दे रहे हैं विलायत की एक मजलिस में अल्लारक्खा, अली अकबर, बिस्मिल्ला एवं मेरे साथ जार्ज हेरीसन।

दम्भियों का दल चाहे जो कहे, एक बात तो माननी होगी कि भारत की नाना आंचलिक संस्कृतियों से आहरित कर उदयशंकर उसमें अपनी निजी प्रतिभा का संस्पर्श देकर एक असामान्य रस के नृत्य की सृष्टि कर गये हैं। ऊपर के चित्र में वृद्ध दादा के एक ओर मैं और दूसरी ओर कमला।

जिन्होंने बचपन से ही इनका अभ्यास किया हो अथवा संगीत के बारे में कुछ सीखा हो। अथवा काफ़ी सुन-सुनकर समझने का प्रयास कर अपनी रुचि का विकास कर लिया हो।

राग-संगीत में सुर ठीक से लग रहा है या बेसुरा लग रहा है, इसका मुख्य साक्षी होता है तानपूरा। किसी-किसी क्षेत्र में हारमोनियम। वह जो तानपूरा समान भाव से बजता जा रहा है, षड़ज पंचम स्वर शाखाओं में स्थायी होकर, श्रोताओं के कानों में बज रहा है, उसमें यदि गवैया अथवा उसकी संगत करने वाला सारंगिया कहीं बेसुरा हो जाता है, तो मर्मी श्रोता उसे तुरन्त समझ जायेगा। ठीक ऐसे ही श्रोतागण यह समझ जायेंगे यदि गवैया या बजैया, यहाँ तक कि तबलची भी सम पर आकर एक साथ नहीं पड़ते हैं। लय का जो स्थूल विचार है, इसका तो अधिकतर निर्णय कुछ श्रोता ही कर सकते हैं। किन्तु, गवैया या वाद्य-यन्त्री अथवा तबलची जब अत्यन्त सूक्ष्म आंगिक करामात दिखाते हैं, तब उसे बहुत कम श्रोता ही पकड़ पाते हैं, एकदम मुट्ठीभर गवैयों-बजैयों को छोड़कर। सुनो, इस सम्बन्ध में मैं और भी कुछ कहता हूँ।

कार्फा, दादरा जब बजता है तब महफ़िल में प्रायः सभी के सिर हिलने लगते हैं। द्रुतहीन ताल अथवा एक ताल में भी ऐसा ही होता है, किन्तु विलम्बित तीन ताल में वह कम होता जाता है, रूपक में और भी कम। फिर ९, ११, १३, १५, १७ मात्रा की कोई गत बजायी जाये तो देखता हूँ एक तो कुछ गवैयों-बजैयों अथवा संगीत के छात्रों को छोड़कर प्रायः सभी चुप रहेंगे। मुझे तो लगता है, हमारे हिन्दुस्तानी पद्धति के राग-संगीत को जो सिखाते हैं, वह चाहे स्कूल-कॉलेज हो अथवा ट्यूशन के द्वारा हो, उन्हें स्वर साधना के साथ-साथ लय साधना के नानाविध अंगों को भी अपने छात्रों को सिखाना चाहिए। जैसाकि हमें कर्नाटकी संगीत में मिलता है। क्या मद्रास में, क्या दिल्ली में, क्या बम्बई अथवा कलकत्ता में, जहाँ भी आप जायें, किसी भी दक्षिणी लोगों की संगीत सभा में, जहाँ पर कर्नाटकी पद्धति का कोई अच्छा गवैया या बजैया जलसे में बैठा हो; तुम देखोगे कि प्रायः हर श्रोता गाना सुन रहा होगा हाथ में ताल देकर और हाथ से उसे गिनते हुए। वह फिर चाहे बच्चा हो या बूढ़ा अथवा बुढ़िया हो, लड़के-लड़कियाँ सभी वही कर रहे होंगे। वे लोग लगभग बचपन से ही राग और ताल की बन्देजों को सीख लेते हैं। ये लोग पहले शुरू करते हैं 'सरली' के द्वारा, जो हम लोगों के पालटा अलंकार की तरह होता है। शुरुआत में सरल-सरल, बाद में कुछ कठिन राग। किन्तु, हर चीज़ शुरू से ही हाथ से ताल देकर, हाथ से गिनते हुए गाना पड़ता है। इसके बाद सीखनी होती है जोन्डई—यह भी पलटा के अन्तर्गत आती है, फिर भी यह और भी अधिक कठिन होती है। एवं एक-एक वेरियेशन 'भिन्नता' एक-एक ताल पर निबद्ध होती है। हाथ पर उसी ताल को ताली देकर या ताल देते हुए गाना पड़ता है। प्रधानतः आदि ताल में (८ मात्रा १ ४+२+२=८) यह अभ्यास चलता रहता है आधी लय पर। बराबर दुगुन, चौगुन, आठ गुनी लय पर—इनका कुछ दिन अभ्यास करना पड़ता है, फिर यह देखना पड़ता है कि इससे क्या उपकार होता है। इससे 'स्वरम्' पर अधिकार पैदा हो जाता है। अर्थात् हर स्वर की पहचान अथवा उसे चीन्हने की शक्ति, ताल देना और हाथ से उन्हें गिनने का अभ्यास, एवं लय की चेतना—सब एक साथ निर्मित हो जाती हैं। इसके बाद सीखना पड़ता है 'गीतम्' अर्थात् विविध रागबद्ध संस्कृत और तेलुगु के गाने, जो चूँकि अलग-अलग ताल में निबद्ध होते हैं। जैसे, आदि ताल, रूपकम (६ मात्रा १ २+४=६), मिश्र चापू (७ मात्रा १ ३+२+२=७) अथवा जम्बई (१० मात्रा १ ७+३=१०) आदि। नियम है कि गाने के शब्दों को गाने के पहले सबसे पहले स्वरों को गाना पड़ेगा। ऊपर की चीज़ों को बचपन से ही प्रायः

दादा उदयशंकर के साथ हम और भी तीन भाई। बायीं ओर से दादा, मैं, राजेन्द्र एवं देवेन्द्र। तसवीर १९४८ अथवा ४१ की है।

सभी लोग सीखकर, उनका अभ्यास कर रखते हैं। फलस्वरूप, जैसा पहले ही मैंने कहा, बाद की उम्र में हम देखते हैं, इनमें स्वर-बोध, लय-बोध एवं मोटे रूप में संगीतबोध हम लोगों की तुलना में बहुत अधिक परिपक्व होता है। इतना सब सीख लेने के बाद जो लोग संगीत के क्षेत्र में और भी गम्भीरता के साथ प्रवेश करना चाहते हैं, वे लोग 'वर्णम्' सीखना शुरू कर देते हैं। विभिन्न रागों और ताल में निबद्ध अद्‌भुत सुन्दर और कठिन इन सब बन्दिशों को कहते हैं वर्णम्। इनके कई विभाग होते हैं—जैसे, 'स्वरम्', 'चिट्टेई स्वरम्', एवं इसके बाद 'साहित्यम्'—'पल्लवी', 'अनुपल्लवी' और 'चरणम्' इसके तीन भाग होते हैं। अनेक लम्बी-लम्बी ठस बुनावटों से भरे हुए होते हैं, ये एक-एक 'वर्णम्'। हाथ से ताल देते हुए इन्हें गाना पड़ता है। एवं इसकी विशेषता यह है कि हाथ से वह ताल तो चलता ही रहता है किन्तु, उसके साथ तीन विभिन्न कालों में गाना होगा, अर्थात् लगातार दोगुनी और चौगुनी गति से। पहले एक जगह मैंने यह कहा है कि वाद्यकारों को भी यह सब सीखना पड़ता है। वे गायन की पूरी तालीम भी पाते हैं और वाद्यों के ऊपर उन सबको बजाते भी हैं। इन अनेक वाद्यकारों को विशेष रूप से बाँसुरी अथवा बेहाला पर पाँच कालों में भी इन सब 'वर्णमों' को बजाकर दिखाना पड़ता है। यह

काम अत्यन्त कठिन है। बहुत कम लोग ही यह कर पाते हैं। सोचकर देखो, आठ गुने और सोलह गुने एक-एक 'वर्णम्' को बजाना कितना दुष्कर है। यह 'वर्णम्' होता है संगीत का अच्छा शिक्षार्थी एवं बड़े शिल्पी का एक सन्धि का क्षेत्र। अर्थात् जलसे में बैठे बड़े गवैये भी 'वर्णम्' प्रस्तुत करते रहते हैं। और एक भिन्न प्रकार का 'वर्णम्' देखा जाता है सिर्फ़ भरतनाट्यम् नृत्य में।

दादा की कथा? दादा की कथा तो गत वर्ष 'आनन्द बाज़ार' में विस्तारपूर्वक लिखी ही थी। एवं शायद बहुतों ने उसे पढ़ा भी था। फिर भी संक्षेप में दादा के बारे में कहने का प्रयास कर रहा हूँ। हाँ, यह ज़रूर है कि इस बंगाल में दादा के माहात्म्य का गुणगान अगर ना किया जाये तो चल सकता है। उनको और उनके काम को कौन नहीं जानता है। किन्तु, जतन और संरक्षण के अभाव में बंगाल के बाहर भारत के अन्यान्य प्रदेशों में मनुष्य कितना जानते हैं, चर्चा करते हैं दादा के काम की? यह तो बड़े दुःख की बात है। भारतीय नृत्य में बैले के प्रवर्तन के क्षेत्र में वे अकेले ही कितना बड़ा काम कर गये हैं, एक पथ प्रदर्शक के रूप में, उसे समझना ही मुश्किल है। किन्तु, उसका तो कोई हिसाब-किताब हुआ ही नहीं। हमारे लिए वही करने की दरकार है।

शुरू में ही कहता हूँ कि मैं स्वयं ही उनका कितना ऋणी हूँ। उनको मैं गुरु के रूप में चिरकाल से ही स्वीकार करता चला आया हूँ। जीवन, प्रेम एवं शिल्प—इन तीन विषयों को साधना एवं निष्ठा के साथ एक सुर में बाँधने का ढंग मैंने उनसे ही सीखा है। उनके जीवन के सबसे अच्छे समय में मुझे ऐसा लगता है जैसे ईश्वर ने उन्हें अपना ख़ज़ाना ख़ाली कर जैसे सब कुछ दिया था। सारी दुनिया में उस समय उनके भक्तों और अनुरागियों ने उन्हें एक देवता के आसन पर प्रतिष्ठित कर दिया था। उस समय भी एवं चिरदिन ही उन्हें देखा है कि धरती के साथ अपना सम्बन्ध उन्होंने अटूट रखा है। दम्भियों का दल चाहे जो कहे, एक बात तो माननी ही होगी कि भारत की अनेक तरह की आंचलिक संस्कृतियों से लेकर उदयशंकर उसमें अपनी निजी प्रतिभा के स्पर्श से एक असामान्य रस के नृत्य की सृष्टि कर गये हैं। जैसे, एक उदाहरण दे रहा हूँ—एलोरा की एक नृत्य भंगिमा है। उसकी एक-एक भंगिमाओं से दादा ने एक-एक पूर्ण मूवमेंट (नृत्यगति) की रचना की थी। जो एक मूवमेंट अन्य पाँच लोगों की सुदूर कल्पना में भी नहीं आ सकते थे।

कई लोगों की एक ग़लत धारणा है कि उन्होंने अन्ना पावलोवा से नृत्य सीखा था, एवं उसके प्रभाव से उनके अपने नृत्य में भी पाश्चात्य प्रभाव आ गया था। यह बड़ी ग़लत बात है। असली बात क्या है, पता है। उन्होंने जो लिया था वह है पाश्चात्य बैले का प्रस्तुतीकरण एवं 'शोमेनशिप'। कितना देना उचित है, और किस तरह से—यह परिमिति बोध उन्हें पश्चिम से मिला था। इसके अलावा प्रकाश प्रक्षेपण, मंच-सज्जा आदि विषयों में भी उन्हें बाहर से प्रेरणा मिली थी। ये सब चीज़ें लेकिन, उनके पहले हमारे नृत्य में नहीं थीं। फिर भी सिर्फ़ नाच की ही बात यदि करो, मैं एक सौ बार कहूँगा कि उदयशंकर सोलह आना भारतीय हैं।

संगीत के क्षेत्र में भी मैं कहूँगा, उदयशंकर एक तरह के पथप्रदर्शक हैं। गाने-बजाने की एक अद्‌भुत बोध शक्ति तो उनमें थी ही, उसके साथ ही उनमें थी एक प्रकार की रूढ़िवादिता। मैं यह क्यों कह रहा हूँ, उसे सुनिये। किसी विदेशी वाद्य-यन्त्र को उन्होंने कभी अपने काम में प्रयोग नहीं करने दिया। पूरे भारत में घूमकर उन्होंने जुगाड़ कर ली थी कई तरह के शास्त्रीय तथा लोक वाद्य-यन्त्रों की। इसके ऊपर उनका एक बहुत बड़ा संग्रह था जावा एवं बाली के गेमेल एवं गांग् वाद्यों का। ब्रह्मदेश के भी अनेक वाद्य वे अपने साथ लाये थे। वे इन वाद्यों को विदेशी नहीं मानते थे। उनका सिद्धान्त यह था कि कई युग पहले इन सब देशों के नृत्य एवं संगीत भारत के द्वारा प्रभावित हुए थे। इसलिए तुम समझ पा रहे हो कि उन्होंने सितार, बाँसुरी, सरोद, एस्राज, सारंगी, एकतारा, खमक, खंजरी, तानपूरा एवं विभिन्न गेमेलंग गांग एवं विभिन्न प्रकार के ड्रमों के द्वारा एक बिलकुल अलग, निजी शब्द झंकार की सृष्टि की थी। यह झंकार, यह शब्द, यह आवाज़ उनकी एकदम अपनी थी। यह किन्तु, एक निजी संगीत चिन्तन अगर ना हो तो सम्भव नहीं है।

दुःख का विषय यह है कि तुमने तो उन्हें देखा नहीं है। किन्तु तुमसे जो वयोज्येष्ठ हैं, जिन्होंने उन्हें देखा है, वे क्या कभी भूल सकेंगे उदयशंकर का, इन्द्रनृत्य, गन्धर्व, सपेरा—उसके बाद सिमकी के साथ उनका राधाकृष्ण नृत्य, तलवार नृत्य एवं बैले के रूप में शिव पार्वती, लेवर एण्ड मशीनरी, रिद्‌म ऑफ़ लाइफ़ आदि ?

अल्मोड़ा कल्चर सेंटर दुर्भाग्यवश आर्थिक कारणों से टिक नहीं सका। तुम सोच नहीं सकते हो शंकर, कैसी एक चीज़ उन्होंने गढ़ ली थी। पहाड़ की एक उपत्यका भर में यही एक केन्द्र था। उसमें उनके अलावा भी बाघ जैसे चार-

चार गुरु थे। कथकलि के लिए गुरु शंकरन नम्बूदरी, भरतनाट्यम के लिए कन्दप्पन पिल्लई (बाला सरस्वती के गुरु) मणिपुरी नृत्य के लिए गुरु अयोवी सिंह एवं संगीत के लिए बाबा अलाउद्दीन ख़ाँ साहब। ज़रा सोचकर देखिये, कैसा चूड़ामणि योग है। किन्तु, दुःख का विषय यह है कि यह चार वर्ष से अधिक नहीं चल सका। अगर चलता रहता तो भारतवर्ष के नाच-गाने के क्षेत्र में एक नयी दिशा का उन्मेष हो जाता।

इसके बाद दादा का एक विराट दान है उनका शेडो प्ले। सफ़ेद पर्दे पर उनकी निजी तकनीक में प्रकाश-छाया की एक नयी धारा की वे रचना कर गये। किन्तु जो चीज़ उनकी शायद भविष्य के लिए बची रह जायेगी एवं जिसके माध्यम से लोग उन्हें थोड़ा-बहुत जानते रहेंगे वह है उनकी फ़िल्म 'कल्पना'। तुम आज भी लक्षित करोगे, नाच-गान अथवा सिनेमा के महलों में अनेक लोग दादा की विभिन्न रचनाओं से प्रगाढ़ भाव से प्रभावित हैं। उनमें से एक मैं भी हूँ।

अब मैं थोड़ा अन्य बातों पर जा रहा हूँ, कैसा रहेगा। १९५६ ईस्वी से जब मैंने यूरोप और अमेरिका जाना शुरू किया है, तब से मैंने लक्षित किया है कि कैसा आग्रह है वहाँ हमारे संगीत के सम्बन्ध में। हाँ, यह ज़रूर है कि बचपन में दादा के ट्रुप में रहते समय भी मैंने यही चीज़ लक्षित की थी। किन्तु, तब जो दर्शक और श्रोता थे वे आते थे मुख्यतः नाच देखने। संगीत उनके लिए गौण था। सन् ६५ से लेकर प्रायः १० वर्ष तक लगातार बाहर का दौरा कर और सितार बजाते हुए मेरा काफ़ी नाम यश हो गया—भारतीय शास्त्रीय संगीत के प्रतिनिधि के रूप में। लण्दन, पैरिस, बर्लिन, शिकागो, सिडनी—प्रायः सभी बड़े-बड़े स्थानों में उस समय मेरी महफ़िलें हुईं। मेरा नाम भी फैल गया था अच्छी तरह। विदेश में लोगों ने मुझे मान भी लिया था इस देश के संगीत के मुख्य प्रवक्ता के रूप में। मुझे उन्हीं सब हॉलों में सितार बजाना पड़ा था, जहाँ पर यहूदी मेनुहिन, डेविड अयेस्ट्राख, अथवा गिटार में यशस्वी सेगोबियर जैसे लोगों ने बजाया था। इनकी तुलना के लिए कौन मिलेगा? एवं इन्हीं दिनों मेनुहिन के साथ मेरा बहुत दिनों का पुराना बन्धुत्व और भी गम्भीर हो गया था। राग पर आधारित मेनुहिन के बेहाला के लिए मैंने कई रचनायें भी कीं। बाद में यूरोप के कई प्रसिद्ध उत्सवों में हम लोगों ने एक साथ बजाया। हमारा पहला रिकॉर्ड 'वेस्ट मीट्स ईस्ट' का पहला वॉल्यूम तो ग्रेमी पुरस्कार ही पा गया। जो पुरस्कार हुआ आगे चलकर रिकॉर्ड की दुनिया में सिनेमा में मिलने वाले आस्कर पुरस्कार के बराबर। इसके बाद हम लोगों ने 'वेस्ट मीट्स ईस्ट'

के और भी दो वॉल्यूम बनाये थे। शुरुआत में इन रिकॉर्डों को सुनकर हमारे यहाँ के कई लोगों ने अपना मत व्यक्त किया था कि मेनुहिन के बजाने में देसी राग बजाया जा रहा है, यह भाव पूरी तरह व्यक्त नहीं हुआ था। किन्तु, उन्होंने एक चीज़ पर ध्यान ही नहीं दिया था कि उनके बेहाला बजाने का पूरा क़ायदा ही अलग है। हमारे संगीत की श्रुति, आन्दोलन, मीड़, गमक आदि का व्यवहार उनके संगीत में तो नहीं है। अत: उनके लिए राग के भीतर से इन्हें व्यक्त कर देना दुरूह था। किन्तु, बलिहारी जाऊँ उनके सीखने के शौक़ पर, एवं हमारे गाने–बजाने पर उनके अनुराग पर। तुम देखोगे कि द्वितीय एवं तृतीय वॉल्यूम में वे इस दृष्टि से कितने आगे बढ़ गये हैं। इस मामले में मेरे मन में यह विचार आया, उन्होंने जब पहली बार मद्रास में एम.एस. गोपालकृष्णन को सुना, तब बेहाला बजाने की, पाश्चात्य बेहाला वाद्य–यन्त्र बजाने की एक भारतीय टेकनीक देखकर अवाक् हो गये थे। उस समय किसी ने उनसे पूछा था कि शुद्ध विलायती ढंग से बेहाला पकड़ने की जो upright position है, खड़े–खड़े या कुर्सी पर बैठकर, उसका पालन ना करते हुए भारतीय लोग जिस तरह से धरती पर बैठकर बेहाला का सिर पैरों पर रखकर बजाते हैं, वह क्या ठीक है? इसके उत्तर में उन्होंने कहा था, पाश्चात्य संगीत में बेहाला बजाने की जो टेकनीक है, उसके लिए यह upright position ही ठीक है। किन्तु, भारतीय संगीत में जहाँ चूँकि खड़े–खड़े सुरों का प्रयोग नहीं है, जिसमें इतनी मीड़ एवं गमकों का प्रयोग होता है, वहाँ पर बैठकर बजाने की यह प्रथा ही एकमात्र रास्ता है।

उसके बाद १९६६ ईस्वी से शुरू हुआ मेरे जीवन का एक नया अध्याय। झट से अचानक मैं सुपरस्टारडम पा गया। सारी दुनिया के युव समाज के लिए मैं रातोंरात एक गुरु बन गया। और यह इसलिए घटित हुआ चूँकि अन्यतम बीटल जार्ज हेरिसन मेरा शिष्य बन गया। इससे मेरा भला तो हुआ ही था, किन्तु, इसी के साथ कुछ हानि भी हुई थी। कुछ लोग सोचने लगे, विशेषकर इस देश में, कि मैं भी शायद बीटलों में एक जन हो गया। मैंने मानो हिप्पी और ड्रग संस्कृति के माध्यम से अपने संगीत एवं सत्ता को जलांजलि दे दी है। किन्तु, क्या तुम्हें पता है शंकर, हुआ था ठीक इसका उलटा ही। तुम कल्पना नहीं कर सकते हो कि मैंने कितने वर्ष कैसी ज्वाला, कैसी यन्त्रणा पायी है। एक ओर जैसे संगीतकार मुझे हेय दृष्टि से देखते रहे हैं, वैसे ही दूसरी ओर मुझे समान रूप से जूझना पड़ा है अपने दुनियाभर में फैले युवा भक्तों से। वे

लोग अपने एक देवोपम जार्ज हेरीसन के गुरु के रूप में मेरे पास प्रेम लेकर दौड़े आये थे। किन्तु अपनी अपरिपक्व चिन्तनधारा में उन्होंने मान ही लिया था कि अगर भारतीय संगीत सुनना हो तो रोक एण्ड रॉल या पोप के मनोभाव के साथ जाना ही चल सकता है। अर्थात् एल.एस.डी., गाँजा, हसीस, मारूजाना—यही सब नशा कर, एक तुरीय अवस्था में पहुँचकर भारतीय संगीत सुनना उचित है। और यह दृष्टिकोण तो था हिप्पियों का, फ्लावर चिल्ड्रेन के आन्दोलन के प्रारम्भिक दौर में। और इस मनोभाव की खुराक जुटायी थी टिमखी लिखारी, एलेन वाट्स एवं एलेन गिन्सबर्ग ने। उन्होंने इन कच्ची उम्र वाले लड़के-लड़कियों को सिखाया था कि भारत में चूँकि सभी लोग गाँजा पीते हैं। एवं इसी गाँजा, एल.एस.डी. के प्रभाव में अगर आप न पड़ें, तो आपकी अन्तर्दृष्टि खुलेगी नहीं और संगीत, योग-साधना, ध्यान—यहाँ तक कि प्रेम करना भी भलीभाँति सम्भव नहीं होगा। इसलिए तुम समझ सकते हो वर्षानुवर्ष सभी जगह मैंने उन्हें यह समझाने की कोशिश की कि उनकी ये सब धारणाएँ और बुरी आदतें कितनी ग़लत हैं। फिर भी अब कई बरसों से वे सुधर गये हैं। इस फ़ैशन में पड़कर पहले जो मेरे पास आया करते थे वे फिर खिसक गये। लाख-लाख लड़के-लड़कियाँ इस तरह से हमसे कट गये। किन्तु, आज भी जो टिके हुए हैं, वे सचमुच में हमारी संस्कृति एवं गाने-बजाने से प्रेम करते हैं। इनके लिए गाँजा-भाँग जैसी किसी चीज़ का झंझट नहीं है। ये सचमुच में समझदार और संगीत प्रेमी हैं। इससे मुझे बड़ा आनन्द है। कारण, मैंने अपने उसी आसन और सम्मान को पुनः पा लिया है। जो एक ध्रुपदी शिल्पी की एकमात्र चाह होती है।

इस बार जॉर्ज की कथा पर फिर लौट आता हूँ। जॉर्ज स्वयं भी समय के कई स्तरों से गुज़रकर आया है। इस समय वह काफ़ी परिपक्व मन का लड़का है। वह मुझ पर भीषण श्रद्धा करता है। वह लड़का बहुत भला है। कितना सुन्दर उसका मन है। और उसके प्रति मेरा असीम स्नेह है। फिर भी गाने-बजाने के मामले में उसके साथ मेरा एक बार ही कोई सम्बन्ध नहीं है।

शंकर, तुम्हारी बातों में पड़कर मैंने अनेक अन्तरंग प्रसंगों की चर्चा कर डाली। किस तरह से एक बात से दूसरी बात आ जाती है। किस तरह से कहाँ से शुरू किया था और कहाँ आ पहुँचा। अब तुम्हारे पहले के कुछ प्रश्नों का उत्तर देने का प्रयास करता हूँ। गाने की बात तो ठीक ही है, किन्तु अनुराग की भी कुछ

गायनरत एम.एस. सुब्बुलक्ष्मी। वे इस युग की बेमिसाल कलाकार है।

बात हो जाये। उसी वजह से इस प्रकरण में ये सब बातें आ रही हैं। जैसे भाई अली अकबर के प्रसंग पर भी हम शीघ्र आयेंगे। उन्हें छोड़कर तो मेरी कथा पूरी हो नहीं सकती है। इसके अलावा निखिल तो हमारे घराने का एक उज्ज्वल नक्षत्र है। अन्नपूर्णा के बजाने की बात भी तुमने पूछी थी। कहूँगा। इसके पहले हाँ, तुमने क्या जानना चाहा था?

दुर्गा राग का यह नाम कैसे हुआ? तो देखो, नामकरण के सम्बन्ध में मैं क्या कहूँ, बताओ तो भाई, यह तो मुझे लगता है, संगीतज्ञों का काम है। फिर भी दुर्गा, राग मेरी सामान्य धारणा से मुझे जो लगता है, जैसे भूपाली राग को लीजिये—विशेष रूप से भूपाली राग—और सारंग—ये तीन राग मुझे लगता है—पुस्तक पढ़कर मैं नहीं कह रहा हूँ, कारण पुस्तक में इस तरह की विवेचना देखने को नहीं मिली है—ये राग मुझे लगता है, आदिवासी संगीत से आये हैं। तुम्हें आज भी उसके प्रमाण मिल सकते हैं, वह तुम चाहे आसाम जाओ, अथवा हिमालय जाओ अथवा हिमाचल प्रदेश जाओ अथवा यहाँ जाओ, चाहे वहाँ जाओ, वह चीन जाओ अथवा जापान जाओ—घूम-फिर कर तुम्हें दुर्गा और भूपाली राग मिलेंगे। मिलेंगे ही। और कहीं-कहीं सारंग। सारंग तो हमारे यहाँ संतालों आदि में ख़ूब मिलेगा। क्योंकि ये पाँच सुरों के राग, बहुतों के मत से, हाँ, यह ज़रूर है कि सब नहीं, यही जिन कुछ का ऊपर उल्लेख किया—दुर्गा भूपाली, सारंग एवं और एक राग जिसे धानी कहते हैं—'सा गा मा पा नि सा' इन पर आधारित हैं। एकमात्र मालकोंस ही ऐसा राग है जो किसी भी जनजाति के संगीत में नहीं मिलता है। अर्थात्, इसी रेंज में। सा गा मा धा नि सा ये तो बहुत कम मिलते हैं। एक बात पता है तुम्हें, हमारे बहुत से राग, अधिकतर रागों की कह सकते हो, मूर्च्छना से उत्पन्न हुए हैं। अर्थात् एक राग के बाद दूसरे राग में स्वर का स्थान अथवा 'सा' स्वर को बदल-बदल कर। इसको अनेक लोग स्वर भेद कहते हैं। इसका एक दृष्टान्त हमें मिलता है इन पाँच रागों में—मालकोंस, दुर्गा, धानी, भूपाली एवं सारंग में। हर राग दूसरे में घुसा हुआ है। मैंने अपने द्वारा बनाये हुए ईश्वरी गोत्र के रागों को इसी तरह खोज कर पाया था। अर्थात् यह जो परमेश्वरी, गंगेश्वरी आदि राग हैं। इनमें से सबसे पहले जो राग दिमाग़ में आया वह है कामेश्वरी। दक्षिण में सरस्वती नाम का एक राग प्रचलित है। उससे हमारा कामेश्वरी राग थोड़ा मिलता है। तो भी अन्तर तब आता है जब सरस्वती में आरोही प ध स आता है अर्थात् इसमें कोमल 'नि' नहीं लगता है। सिर्फ़ अवरोही में लगता है। इसके अलावा

सरस्वती का प्रमुख स्वर विस्तार उत्तरांग में होता है अर्थात् चढ़ते समय। कामेश्वरी में आरोही में निखाद लगता है एवं स्वरों का अधिक विस्तार होता है पूर्वांग में। अब इसी कामेश्वरी के रेखाव को 'स' करके जो 'राग' मुझे मिला वह हुआ मूंगेश्वरी। और इसी रंगेश्वरी के रेखावको 'स' करके और एक राग मिला वह हुआ गंगेश्वरी। गंगेश्वरी के मध्यम को 'स' करके जो राग मिला वह हुआ रंगेश्वरी। और इस रंगेश्वरी के रेखाव को 'स' करने से मुझे अपना अति प्रिय राग प्रभात का मिला वह हुआ परमेश्वरी। ये मेरे द्वारा बनाये गये राग हैं।

अपने मुँह से अपने द्वारा तैयार रागों की चर्चा करना अच्छा नहीं लगता है। फिर भी जब तुमने पूछा है तब कई बातें मुझे कहनी पड़ीं। सबसे पहले मैं दो सवेरे के रागों की चर्चा कर रहा हूँ। जिन रागों को आजकल कई लोग गाते हैं, और बजाते हैं, उनमें एक है नट भैरव, और दूसरा है वैरागी। बहुत दिन पहले मैं एक कर्नाटकी मेलकर्ता राग बजाया करता था जिसका नाम है सरसांगी। इसमें कोमल धैवत लगता है, और बाक़ी सारे स्वर शुद्ध लगते हैं। चूँकि यह एक पूर्ण राग है एवं आरोही–अवरोही की बला न रखते हुए इसे बजाने और सुनने में मिडल ईस्टर्न सुर की तरह यह सुनायी देता है, मैंने तो इसे कुछ गवैयों को हिजाज के रूप में बजाते हुए सुना है। १९४६ ईस्वी में किसी समय कोल्हापुर में एक छोटे–से जलसे में मैंने वी.आर. देवधर साहब को नट भैरव नामक एक राग गाते हुए सुना था। उसमें उन्होंने दो रेखा का प्रयोग किया था। अर्थात् एक बार नट की शुद्ध रेखा का एवं एक बार भैरों की कोमल रेखा का। जैसे कई लोगों को सुना है भैरों बहार गाते, जिसमें एक बार भैरों आता है, और एक बार बहार आता है। ख़ैर जो भी हो, देवधर साहब का नट भैरव सुनकर मेरे मन में प्रश्न उठा कि इन दोनों रागों को अलग–अलग ना रखकर क्या इन्हें एक कम्पोजिट रूप नहीं दिया जा सकता है। उसके बाद ही मैंने बजाना शुरू किया मात्र शुद्ध रेखा के द्वारा नट का स्वरूप एवं मात्र शुद्ध कोमल धैवत के द्वारा भैरों का स्वरूप प्रस्फुटित करने के लिए। इसलिए मैं यह कह सका कि नट भैरव का जो प्रचलित रूप है, वह मेरा ही बनाया हुआ है।

उसके बाद मैं अपने राग वैरागी के प्रसंग पर आता हूँ। १९४५ ईस्वी में मैंने उस्ताद दवीर ख़ाँ साहब से वैरागी भैरों नामक भैरों की एक प्रकार की बन्दिश सुनी थी। किन्तु, वह एकदम अन्य वस्तु थी। उसके कई बरस बाद १९४९ के अन्त में दिल्ली के ऑल इण्डिया रेडियो में रहते समय मेरे दिमाग़ में एक नये राग का आभास हुआ जिसका आरोही इस प्रकार है।

स व म प न सं   वं न प म व न प न व स अर्थात् रे नि कोमल एवं गान्धार, धैवत रहित। चूँकि इस राग में मैंने वैराग की एक छुअन देखी थी, इसलिए मैंने इसका नामकरण कर दिया वैरागी। भाई अमीर ख़ाँ के एक प्रिय शिष्य अमरनाथ ने उसके कुछ दिन बाद ए.आई.आर. में योग दिया। सॉरी, यहाँ पर एक छोटी-सी बात कह देना ज़रूरी है। मैंने वैरागी राग में एक गाने की भी रचना की थी झपताल में। 'मनपंछी बावरे साँची सुरन गाव। कपट तानन छाँड़ आतम रिझाव'। इस गाने को कानन और मालविका ने सीखा था एवं बाद में गाया भी था। लक्ष्मी बऊदी ने भी गाया था। हाथरस से प्रकाशित हिन्दी मासिक पत्रिका 'संगीत' में नये राग में यह गाना प्रकाशित हुआ था। ख़ैर जो भी हो, जो कुछ कहा था। यह राग एवं गाना अमरनाथ को ख़ूब अच्छा लगा था। इसी राग पर उसने सूरदास जी का एक भजन निबद्ध किया था। एवं देखते ही देखते कई वर्ष में कुछ नामी गवैये-बजैये इस राग का प्रयोग करने लगे। फिर किसी-किसी ने सामान्य शुद्ध गान्धार की छुअन देकर एवं कोमल रेखाव में श्रुति का कम्पन देकर वैरागी भैरों के रूप में इसे चलाया।

१९४८ ईस्वी में मैंने और भी एक राग बनाया। गाँधी जी के देहान्त के दो-एक दिन बाद ही बम्बई में मेरा रेडियो प्रोग्राम था। वहाँ बजाने के ठीक पहले अधिकारी वर्ग ने मुझसे पूरा प्रोग्राम आलाप अंग में बजाने के लिए कहा, बिना तबला के। पूरा देश उस समय बापू जी के वियोग में शोक मग्न था। हर व्यक्ति जैसे उसका कोई निकटवर्ती आत्मीय चला गया हो, ऐसे शोक का अनुभव कर रहा था। एवं वियोग के, उसी एक परिवेश में स्वत:प्रेरणा से मेरे मन से एक राग निकल पड़ा। पंचम रहित, शुद्ध रेखाव का विशेष एवं स्वल्प प्रयोग, धैवत, निखाद कोमल इसी राग में। सम्भवत: आधे घण्टे में सब घट गया।

जब मैं सुर आलाप रहा था, उसी समय मेरे दिमाग़ में, गाँधी जी का नाम घूम रहा था। एवं उसी सूत्र से 'ग नि ध' का एक विशेष प्रयोग खोजने में सफलता मिली। बाद में महात्मा जी के नाम के पहले अक्षर लेकर राग का नाम एनाउंस करा दिया—'मोहन कोष— '। इसका चलन इस प्रकार हुआ—स ग म ध न सं, सन धम, गन ध, मगवगम गमस।

दिल्ली में रहते समय तिलक श्याम का आविर्भाव हुआ। इसका गठन बहुत मज़ेदार है एवं इसे मैं लॉजिकल मानता हूँ। समझे शंकर, पंचम को यदि षड़ज मान लो तो प न स हो जायेगा व ये प अर्थात् रेखाव, तीव्र मध्यम एवं पंचम।

भीष्मदेव चट्टोपाध्याय।

उसके बाद पूरे स से व तीव्र मध्यम एवं प लगाने पर यह एक समानान्तर पैटर्न हो जायेगा। अर्थात् दो भागों में श्याम कल्याण का इंगित। उसके बाद आया तिलक कामोद। उसको भी यदि दो भागों में डाला जाये तो प्राप्त हुआ प न स व ग स, व मे प ध न प — यही था मेरा पहला आविष्कार। इसके बाद ही मैंने बना डाला इन दो रागों का एक समन्वित रूप। इससे जो चीज़ निर्मित हुई वह हुआ एक अत्यन्त मधुर राग। इस राग में, मेरे दो लोकप्रिय राग हैं। विलम्बित में 'तिलक लगाये श्याम' और द्रुत में 'यमुना तट पनघट'।

इसके बाद एक राग और मेरे दिमाग़ में आया था। बजाने पर मुझे भी आनन्द मिला था और दूसरों को भी आनन्द आया था। नामकरण नहीं किया, यह मैंने भूल की थी। नहीं तो इतने दिन वह मेरे द्वारा तैयार राग के रूप में बाज़ार में चलता। काफ़ी दिनों बाद मेरे मन में विचार आया कि पुस्तकों की छानबीन कर देखा जाये कि इस ढाँचे का कोई राग है या नहीं। यह बात मैंने अपने वाद्य-वृन्द के एक गुणी असिस्टेंट गोपालकृष्णन से पूछी। उसने कई दिनों तक पुरानी पुस्तकों की छानबीन कर मुझे बताया कि एक पुरानी पुस्तक में एक कर्नाटकी राग का पता चला है। उसमें यह स्वर लगते हैं। फिर भी, यह राग आजकल अप्रचलित है। इसका नाम है जनसम्बोधिनी अथवा जनसम्मोहिनी। मैंने अपने राग को यही नाम दिया। 'अनुराधा' फ़िल्म में लता के द्वारा एक गाना मैंने गवाया था इसी राग में निबद्ध। वह काफ़ी लोकप्रिय हुआ था। 'हाय रे ओ दिन क्यों न आये।'

रसिया को पूरी तरह राग में सम्मिलित नहीं किया जा सकता है। मैं उसे एक धुन सँघाती राग कहूँगा। १९४६ ईस्वी में मैंने इसे बजाना शुरू किया। और सभी जगह रसिया की माँग होती थी और आज भी है।

इमन माँज राग का फ्रेम (ढाँचा) मैंने बाबा से सुना था। बाद में उसका विस्तार कर, पूर्ण रूप देकर बजाता रहता था। अर्थात् आजकल जिस रूप में यह मेरे हाथों से बज रहा है। पंचम से गारा राग को भी मैंने सिर्फ़ एक पुरानी ठुमरी 'झमाझम पानी भरेली' को आधार बनाकर उसे विन्यस्त कर लिया। मध्यम से भी मैंने गारा बजाने का प्रचलन किया है, फिर भी मैंने उसका नाम दिया है मिश्र गारा।

बाबा ने हम लोगों को मध्यम से कालेंग्ड़ा नाम का अर्थात् मध्यम को स मानकर कालेंग्ड़ा बजाने की पद्धति बजाकर दिखायी थी। एवं वह थी ठुमरी

गिरिजाशंकर चक्रवर्ती।

अथवा ठुमरी की धुन की छाया। मैंने उसमें एक बड़े राग की सम्भावना देखी थी। उसी को बढ़ाकर मैंने अहीर ललित का प्रचलन किया।

१९६७ ईस्वी में मैंने ईश्वरी वर्ग के रागों को तैयार किया। परमेश्वरी, कामेश्वरी, गंगेश्वरी एवं रंगेश्वरी। थोड़ा पहले जैसे-जैसे मैंने इनका वर्णन किया था और कहा था कि इन रागों में एक राग के भीतर चारों राग घुसे हुए हैं। स्वरभेद की प्रथा एवं मूर्च्छना पद्धति से इनकी ग्रन्थि छुड़ायी जा सकती है। ठीक जिस तरह से देखा जाता है कि भूपाली राग में घुसे हुए हैं सारंग, मालकोंस, दुर्गा एवं धानी। हाँ, यह अवश्य हुआ है सिर्फ़ स्वरों के ढाँचे को लेकर। हर राग का मिज़ाज किन्तु अलग-अलग है।

परमेश्वरी - स व ग म ध न सं

कामेश्वरी - स व मे प ध न स

गंगेश्वरी - स ग म प ध न सं

रंगेश्वरी - स व ग म प न सं

खम्बाज ठाट पर आधारित एक दुर्गा राग है। उसी दुर्गा और मालकोंस के

मिश्रण से मैंने कई वर्ष कौशिकी दुर्गा नामक एक राग बजाया था। बाद में स्वयं को ही लगा कि इसका नामकरण ठीक नहीं हुआ है। इसीलिए बाद में इसी राग को जोगेश्वरी कहकर बजाने लगता हूँ, जिसके आरोही और अवरोही हैं, स ग म प ध न स, स न ध म ग म ग स। इसमें आरोही में रागेश्री अथवा रागेश्वरी एवं अवरोही के अन्तिम दौर में योग। जिसको मैंने नया नाम दिया योगेश्वरी।

गत तीन वर्षों में और दो राग दिमाग़ में आये थे। पहला है कौशिक तोड़ी। जिसका चलन इस प्रकार है, ध स ग स, ग मगम, ध म ग स म। ध स ध म ग सम, ग स। दूसरा राग है वैरागी तोड़ी। जिसका चलन इस प्रकार है, स र व ग व स व ग प न स, वनप ग प ग र व ग वस।

फिर भी भैया, एक बात तुमसे कहता हूँ। यह जो, राग का चलन है, नामकरण अथवा उसका जो विश्लेषण प्रस्तुत किया है, यह बाद का किया हुआ है। बाद में सोच-विचार कर ये नाम दिये हैं। जिस समय दिमाग़ में ये राग खेल रहे थे, तब किन्तु, यह सब स्वतःस्फूर्त रूप में ही हुआ था। एक नये राग को खड़ा कर आकार देना कोई बहादुरी का काम नहीं है। असली बात होती है रसिक जन, सुधी समाज ने उस राग का वरण कर उसे अपनाया है या नहीं। सहज शब्दों में जिसे कहा जाता है—

किरवानी, चारुकेशी, वाचस्पति, सिंहेन्द्र मध्यम मलय मारुतम एवं हैमवती इन दक्षिणी रागों को हिन्दुस्तानी संगीत समाज में सबसे पहले मैंने ही लोकप्रिय बनाया था।

माँज खम्बाज मैंने बाबा से ही सीखा था, जिसे उन्होंने सीखा था रामपुर में। मैंने और अली अकबर भाई दोनों लोगों ने मिलकर इस राग को बड़े प्रेम से बड़ा किया है और इसे मनुष्य बनाया है। अब तो इस राग को सभी बजा रहे हैं।

तुमने दक्षिण की विराट व्यक्तित्व वाली गायिका शुभ लक्ष्मी के बारे में पूछा है। तो फिर उन्हीं के बारे में बता रहा हूँ। शुभलक्ष्मी मुझे लगता है, इस युग की एक ऐसी शिल्पी है, जिसका कोई दृष्टान्त नहीं है। इसका चेहरा कहो, यश कहो, गायन का माहात्म्य कहो, सभी दृष्टियों से वे एकदम अद्‌भुत हैं। वे ख़ूब भाग्यशाली भी हैं। और विशेष रूप से मुझे लगता है, उनके इतने नाम और यश के लिए बहुत-सा धन्यवाद हम उनके पति सदाशिवन को दे सकते हैं।

शचीनदेव वर्मन।

सदाशिवन ख़ूब उच्चवंशीय ब्राह्मण के बेटे हैं। और तुम यह तो जानते ही हो कि दक्षिण के लोग कितने रूढ़िवादी होते हैं। और शुभलक्ष्मी थीं, जिन्हें हम लोग गायिका श्रेणी का कहते हैं, ऐसे ही वंश की लड़की। उस युग में जब उन लोगों ने विवाह किया, तब इस तरह की एक आँधी उठी, जो लगभग एक स्कैंडल के स्तर की थी। ख़ैर जो भी हो, सदाशिवन से विवाह करने से क्या हुआ? नहीं, शुभलक्ष्मी तो वैसे ही बड़ी गायिका थीं, किन्तु, उनके साथ से और भी सारी चीज़ें उनकी तरफ़ से और भी अच्छी हो गयीं। वंश की मर्यादा तो उन्होंने पायी ही, कारण सदाशिवन थे प्रायः राज गोपालाचारी के पुत्र जैसे। उनसे इतना प्रेम करते थे कि, कई वर्षों तक उन्हीं के घर रहे थे राजाजी। सदाशिवन के घर के ही व्यक्ति हों इस तरह से। उनके लिए, विशेषकर नीचे की मंज़िल पर एक छोटा-सा घर ठीक-ठाक करा दिया था। इसके अलावा राजाजी की जो 'स्वराज' पत्रिका थी वह कुल मिलाकर सदाशिवन के ही तत्त्वावधान 'देखरेख' में निकलती थी। 'कल्कि' साप्ताहिक पत्रिका भी इन्हीं

पंकज कुमार मलिक।

लोगों की थी। इसलिए ऐसे परिवेश में आकर शुभलक्ष्मी को ख़ूब अच्छा ही लगा और उनका इससे भला ही हुआ। वह कल्कि, राजाजी, उस युग के जितने इण्टलेक्चुअल, गुणीज्ञानी लोग थे, सम्माननीय श्रीनिवास अय्यर,—याद है उस दिन जब उनसे हमारी भेंट हुई—इन सब सुन्दर-सुन्दर लोगों के पास में आकर शुभलक्ष्मी की शिक्षा-दीक्षा, मन का विकास इतना अच्छा हुआ, कि उसकी छाप उसके शिल्पी जीवन पर भी पड़ी। उसके बाद 'मीरा' नाम की फ़िल्म बनायी, उससे उनका उत्तर भारत में भी ख़ूब नाम फैल गया। उनके बारे में और क्या कहूँ। जैसा सुन्दर चेहरा, वैसा ही सुन्दर गला, वैसा ही परिवेश—फिर इसके अलावा अद्‌भुत व्यक्ति। सच कहने में कोई हर्जा नहीं है, ऐसी एक सुन्दर भक्तिमती, अच्छी मानुष जीवन में मैंने बहुत कम देखी हैं। उनके आसपास जैसे एक देवी जैसा भाव रहता है। बहुत सुन्दर लगती थीं, धीरे-धीरे और भी सुन्दर लगने लगीं। शिक्षा पाकर व्यक्ति किस तरह अपने को गढ़ डालता है एवं अब लोगों ने इसे मान भी लिया है। प्रारम्भ में तो शायद लोग कहा करते थे, वाह। बहुत अच्छा कण्ठ है, बहुत अच्छा गाती हैं। ठीक ऐसी ही सब बातें। बस। किन्तु, यह मनोभाव धीरे-धीरे मनुष्यों का बदल जाता है। वे और पाँच गुणी संगीतकारों से बड़ी शिल्पी हैं, अब लोग इस पर विश्वास करने लगे हैं। किन्तु, उनका जो सबसे बड़ा गुण है, वह अगर ना कहा जाये तो अच्छा ही है। वह उन्होंने निश्चय ही प्राप्त किया है सदाशिवन एवं और भी अनेक लोगों के सान्निध्य में रहने से। वह है उनका दान और उनका त्याग। उन्हें इस तरह से भी गढ़ा गया है। वही पोप से भेंट करने से लेकर यूनाइटेड स्टेट में जाकर खड़े होना—सभी चीज़ों के साथ। एवं सभी जगह उनके दान की जो उदारता है उसे कहकर समझाना सम्भव नहीं है। इतने दिनों में वह करोड़ों रुपयों से ऊपर तक चली गयी हैं। किसी एक मिशन के लिए तीन लाख रुपया, किसी स्कूल के लिए दो लाख रुपया, तो किसी अस्पताल के लिए साठ हजार रुपया, प्रायः चालीस वर्षों से यह सब करती आ रही हैं। आज भी वे वर्ष में छह से आठ इसी तरह के चार प्रोग्राम करती आ रही हैं—क्या उत्तर भारत में, क्या दक्षिण भारत में। गाना गाकर ऐसे ही धन का अर्जन करना और उसी धन को दान कर देना ऐसी नज़ीर दुनिया में बहुत कम मिलती है। हाँ, यह ज़रूर है कि इतना रुपया दान करने का जो पागलपन है, यह असल में है सदाशिवन का। मैंने तो उनका नाम रख दिया है सदागिवन—सदा देने वाला। सोचकर दुःख होता है कि इतनी बढ़ा-बढ़ी कर रहे हैं या की है कि आज उनका अपना कहने को कुछ नहीं है।

ऊपर के चित्र में बाबा अलाउद्दीन के साथ बड़े ग़ुलाम अली ख़ाँ।

शुभलक्ष्मी का विशेष गुण उनके कर्नाटकी गानों में ही है। भजन-टजन वे जो गाती हैं वह तो उत्तर भारत के श्रोताओं के लिए हैं। और इन भजनों को मैं उनके गायन का वैशिष्ट्य नहीं मानता। उसका कारण है, जो भजन वे हिन्दुस्तानी संगीत में गाती हैं, उन पर एक तरह का दक्षिणी प्रभाव और उनमें एक तरह का दक्षिणी छौंक रहता है। उससे किसी-किसी को शायद अच्छा लग सकता है, किन्तु, उनका वैशिष्ट्य पकड़ में आता है उनके कर्नाटकी पद्धति के गायन में। उस गायन में ख़ूब सुरीला कण्ठ होता है उनका—सचमुच में बहुत सुरीला—एवं उनके गले की आवाज़ इतनी अच्छी है, और उनका प्रस्तुतीकरण भी उन्नत स्तर का है। साथ में ख़ूब गुणी भी हैं। यह याद रखना ज़रूरी है। शायद

ऊपर के चित्र में शहनाई बजाते बिस्मिल्ला ख़ाँ।

तुम कह सकते हो, और भी तो कितने गुणवान गायक हैं, फिर इनका इतना नाम क्यों हुआ ? जैसे, उदाहरण के लिए, एक गायिका हैं श्रीमती वी.के. पटम्मल। एक ज़माने में इन दो लोगों की ख़ूब तुलना की जाती थी। अब ज़रूर वैसा नहीं होता है। उनकी उम्र इस समय बहुत हो गयी है। पटम्मल के बारे में लोग कहते आ रहे थे कि वे उनसे भी अधिक गुणी हैं। किन्तु, सोचकर देखो, शुभलक्ष्मी के वर्तमान गानों का स्टेचर। कितना उन्नत, कितना तराशा हुआ, कितना परिष्कृत। इसके अलावा शुभलक्ष्मी के भाग्य को तो कोई छीन नहीं सकता है। इसीलिए तो मेरा कहना है कि किसी-किसी व्यक्ति को एक ऐसा दान दे देते हैं, जैसे उसका चेहरा, उसका भाल, उसका भाग्य, उसका स्वभाव—जिससे लोग उससे ख़ूब प्रेम करते हैं। यह प्रेम शब्द ही मैं इतने क्षणों से कहना चाह रहा था। अर्थात् इसके पहले संगीत के भीतर की आध्यात्मिकता आदि सभी चीज़ों के बारे में कहा है, किन्तु एक चीज़ छूटती रही है, वह सबसे बड़ी है। वह है प्रेम। एक कहावत है ना ? One who gives love gets love. जो प्यार देता है, उसे प्यार मिलता है। प्रेम दिये बिना प्रेम पाया नहीं जा सकता है। मुझे लगता है, गाने-बजाने के भीतर सबसे बड़ी वस्तु है प्रेम। तुम्हें अगर गाने से प्रेम ही नहीं है, तुम्हारे बजाने में भी यदि प्रेम की अभिव्यक्ति नहीं है। Then what is the use of it, all ? तब फिर इन सब चीज़ों की क्या उपयोगिता है ? Love is such a secret power—प्रेम एक ऐसी रहस्यमय, गुप्त शक्ति है किन्तु जिसे शायद कोई समझ नहीं पाता है, पर असल में काम वही करती है। यही मेरा विश्वास है। एवं यह मेरी केवल राय नहीं विश्वास है। वह तुम इसकी बात कहते हो, अथवा उसकी बात कहो। इस मामले में तुम्हारी जो इच्छा हो, वही क्यों ना कहो, उन सबके बारे में मेरा कहना यह है कि यदि गाने का रूप प्रेम के भीतर से कोई आर्टिस्ट व्यक्त ना कर पाये, यदि हर सुर में प्रेम को ना बिखेर पाये वह, तो अन्त में उसकी साध-साधना का कोई फल नहीं निकलेगा। आजकल के गाने-बजाने की विवेचना या चर्चा में इस प्रेम के व्यापार को कई लोग कहते हैं live jog—अर्थात् जीवन, आनन्द। अर्थात् अमुक के गाने में प्राण हैं। उदाहरण के लिए कह सकते हैं, भारत में जिसे लोग पहचान सकते हैं—महालिया जैक्शन। प्रेम पाने से भी बढ़कर गाने में प्रेम देना बहुत बड़ी चीज़ होता है। हाँ, यह ज़रूर है, जो देता है वह तो प्रेम पाता ही है। शुभलक्ष्मी की चर्चा करते-करते याद आ रहा है यह प्रेम देने एवं पाने का एक विराट दृष्टान्त बिस्मिल्ला हैं। देखो, बरस-दर-बरस यह व्यक्ति बजाता जा रहा है, कितना सुन्दर, कितना

चमत्कारपूर्ण, उसमें कितना प्रेम मिला रहता है, लोग उसे प्रेम तो करते हैं। शायद अनेक लोग कहेंगे, कह भी रहे हैं, वैसा कोई राग-रागिनी का विराट कुछ संयोजन या आयोजन तो है नहीं, किन्तु, भगवत् प्रदत्त यह जो एक फूँक है—उसके माध्यम से यह व्यक्ति संगीत में एक अद्वितीय स्तर का निर्माण कर गया है। कितने लोगों ने ही तो शहनाई बजायी है, किन्तु उन शहनाई बजाने वालों का स्थान कहाँ था? उन्हीं विवाह मण्डपों अथवा जुलूस में। किन्तु, बिस्मिल्ला ने उसे एक ऐसे स्तर पर पहुँचा दिया कि लोग शहनाई को क्लासिकल संगीत के रूप में सुनने लगे हैं, और उसे अपना भी रहे हैं। अच्छे-अच्छे शहनाई वादकों को मैंने सुना है। उनमें से एक व्यक्ति थे गणपत राव। वे बड़ौदा के थे। उनमें ख़ूब गुण थे, अच्छे बजैया थे। उनके बजाने में तान-टान, गमक इतनी सुन्दर उतरती थी और राग-रागिनी का काम-काज भी उनका काफ़ी अधिक था। और एक व्यक्ति थे बनारस के नन्दलाल जी। किन्तु, बिस्मिल्ला ख़ाँ इस युग की एक अद्‌भुत प्रतिभा हैं, अर्थात् इतने महान् कि सोचा नहीं जा सकता है। इसके अलावा, यह चीज़, जिसे मैं कहना चाहता हूँ जो प्रेम है और वह चीज़ थिरकवा ख़ाँ साहब में भी थी, ग़ुलाम अली ख़ाँ साहब में भी थी, कोई भी अच्छा शिल्पी हो, जो सचमुच में महान् हो गया है, लोग जिसका सान्निध्य पाना और जिसे सुनना चाहते हैं, उसमें भी यह चीज़ ज़रूर होनी चाहिए। उसे ठीक-ठीक किसी के चेहरे, गाने-बजाने एवं व्यवहार में लोकेट (लक्षित) नहीं की जा सकती है। इसे मैं क्या कहूँ। एक inexplicable something—एक अनिर्वचनीय वस्तु। जो एक विराट आकार में रवीन्द्रनाथ में थी। उनके तो अणु-परमाणु में एक बार ही यह चीज़ भरी हुई थी। उन्होंने यह चीज़ दी भी ख़ूब और पायी भी ख़ूब। बिना दिये इसे पाया नहीं जा सकता है। यह है मेरा स्थिर सिद्धान्त। अनन्य-विश्वास।

अन्नपूर्णा के बजाने के बारे में मैं इतना ही कह सकता हूँ कि वह अत्यन्त उच्च स्तर का बजाना है। किसी विशेष पथ पर चलने पर कुछ तो पाया जाता है और कुछ खोना भी पड़ता है। उसे जो सुविधा मिली, उसे कभी लोगों के सामने बजाना नहीं पड़ा। वह बजाना नहीं चाहती थी, यह अलग बात है, बजाती नहीं थी इसलिए उसकी जो तालीम थी, जो उसने सीखा था, जीवन में वह उसे सुरक्षित रख सकती थी। वह ठीक तालीम से बजाती थी। एवं भगवान का

अली अकबर सरोद बजाते हुए।

एक आशीर्वाद है मानो उसके संगीत में, सब बड़े घराने के शिल्पियों के संगीत में भी जो नहीं आता है। किन्तु जिनके जीवन में आता है, वे तो मानो अपने ख़ून के भीतर ही संगीत लेकर जन्म लेते हैं। जैसे, उदाहरण के लिए, भाई अली अकबर की बात लो। बचपन से ही वही भाव अन्नपूर्णा का चिरदिन बना रहा। ख़ूब सुरीला, ख़ूब मीठा हाथ, लड़की होने से ही जैसी मीठी आवाज़ होती है, सिर्फ़ वही नहीं, फिर भी महिलासुलभ एक नमनीयता, कमनीयता तथा रस से भरा हुआ हाथ। एवं बाबा का जो अंग वह बजाया करती है, वह बिलकुल शुद्ध, दोष-रहित बजाती हैं; कारण, लोगों के सामने बजाने पर, मनुष्य को जो कम्प्रोमाइज करना पड़ता है, वैसा तो उसे करना नहीं पड़ा। जो-सो करते हुए उसे लोगों को तो प्रसन्न करना नहीं पड़ा। एवं उसे करना नहीं पड़ा, उसने किया ही नहीं, फिर यह चाहे जिस कारण से हो। वह असम्भव काम ही वह नहीं कर पायी, वह उसके बजाने में है भी। उसके सुरबहार को जो प्योर सुरबहार विशुद्ध सुरबहार कहा जाता है, वह सत्य है। अन्ततः मैं तो वही कहूँगा। फिर भी अन्त में घूम-फिरकर तो यही बात आती है, तुम विशुद्ध किसे कहना चाहते हो? विशुद्ध क्या है?

मैं तो उसके साथ जुगलबन्दी में बजाया करता था। मैंने उसके साथ वर्षानुवर्ष बजाया है। हम लोगों की तालीम इसी तरह होती थी, एक साथ ही हम लोग सीखते थे। एक साथ सुरबहार का वाद्य-यन्त्र बज रहा है किन्तु, उसके भीतर बीना का ही अंश प्रधान था। वैसे भी सुरबहार में बीना का ही अंग प्रधान होता है। सुरबहार की उत्पत्ति कैसे हुई यह तो तुम जानते ही हो। ग़ुलाम मोहम्मद नाम के एक व्यक्ति थे, सज्जाद मोहम्मद ख़ाँ के बाबा। वे सीखने गये थे उमराव ख़ाँ के पास। उन्होंने कहा, बेटा सीखो, किन्तु मैं तुम्हें बीना नहीं सिखा पाऊँगा। शंकर, यह सब तो मैं अपनी स्मृति से कह रहा हूँ, बाद में पुस्तक उलटकर उनसे नाम का ठीक पता लगा लेना। कहीं कोई नाम खिसककर इधर-उधर ना हो जाये। बीना की ये तालीम उमराव ख़ाँ ने ग़ुलाम मोहम्मद को दी ज़रूर किन्तु बीना पर नहीं। इसलिए, घूम-फिर कर हम उसी बात पर आ जाते हैं। बाबा को भी जो तालीम मिली थी वाजिद ख़ाँ साहब से वह बीना के ही ऊपर, किन्तु उन्होंने उसे सीखा था सरोद वाद्य-यन्त्र में सुरबहार के ऊपर। बाद में जब उन्होंने रबाब की तालीम ली तब रबाब के सारे ढंगों को उन्होंने सीख लिया था। सुरश्रृंगार और रबाब को मिलाने का ढंग भी काफ़ी अलग है। उसके बाद राग-रागिनी के रूपों का अभ्यास, उनकी अभिव्यक्ति—वह भी

अपनी स्वयं की नृत्य-रचना 'चित्रसेन' में नृत्यरत मैं।

बीनकारों के घर एकदम स्वतन्त्र रूप में। वाजिद ख़ाँ साहब रबाब का बजाना जानते थे, किन्तु, उन्होंने स्वयं उसे कभी नहीं बजाया था। हमारे भीतर सुरबहार की जो चाल है, जिसे हम लोग बजाते हैं, वह वास्तव में एक तरह से बीना का ही बजाना है। फिर भी मुक्त कण्ठ से एक बात कहूँगा कि अगर भारतवर्ष में सचमुच में कोई रीति एवं पद्धति को सुरक्षित रखते हुए सुरबहार बजाता है, तो वह एकमात्र अन्नपूर्णा है। राग की शुद्धता, ध्रुपद अंग की आलापचारी और

जोड़—जो चूँकि प्राणों को भी छूती हो—एकमात्र वही बजा रही है। ख़याल अंग, यहाँ तक कि तबले के साथ भी कभी-कभी कुछ लोग सुरबहार आजकल बजाते हैं। फिर भी मैं उन्हें नहीं मानता। इसलिए नहीं मानता हूँ कि सितार पर निश्चय ही बहुत कुछ बज सकता है एवं बज भी रहा है, बीन, सुरबहार का वादन अथवा उसका अंग—किन्तु यह उलटा है अर्थात् बीना अथवा सुरबहार के ऊपर सितार अथवा ख़याल के ढंग पर हरकत, मुड़की एवं द्रुत, तान बजेगी यह मेरे लिए एकदम Sacrilege—असह्य है। ठीक जिस तरह से कोई अगर पखावज पर कहरवा में लग्गी बजाये तो लगेगा।

वीणा में भी मैंने यह चीज़ देखी है अलवर के सादिक अली ख़ाँ एवं इन्दौर के जिन सब बीनकारों को मैंने सुना है, उनके बजाने में। सीधे-सीधे ख़याल का प्रभाव अधिक था उनके बजाने में।

अन्नपूर्णा ने अपने को क्यों प्रकाशित नहीं किया? देखो, शंकर, इसका मैं तुरन्त क्या उत्तर दूँ। यह तो एकदम व्यक्तिगत विषय है। फिर भी ऐसा लग रहा है कि अन्नपूर्णा दूसरे को सिखाना ही बड़ा समझती है। इसीलिए तो ऐसा लगता है। दु:ख का विषय है कि वह कभी भी बाहर नहीं बजाती है। बड़े-बड़े जलसों में ना सही, अन्तत: छोटे-मोटे जलसों में भी कभी-कभी अगर वह बजाती तो सच्चे, समझदार और रसिक श्रोताओं को उसे सुनने का सौभाग्य मिलता। हम दोनों लोगों ने जुगलबन्दी में जलसों में सुरबहार बजायी है बम्बई और दिल्ली में १९४६ से लेकर १९५५ ईस्वी में कई बार। शुरुआत में तीन-चार वर्ष उसने सितार बजाया है, बाद में वह सुरबहार पर ही ज़ोर देने लगी। फिर भी, वह सितार भी बजा सकती है और बहुतों को उसने सितार सिखाया भी है। कई लोगों ने उससे तालीम ली है। एवं गाने में अर्थात् कण्ठ संगीत में या बाँसुरी में या बेहाला की भी वह तालीम दे सकती है, एवं देती भी है, असल में हमारे घराने में इन सबका चलन तो है ही, इसलिए अपने वाद्य-यन्त्र को छोड़कर भी अन्य वाद्य-यन्त्रों अथवा गाने की शिक्षा भी हम लोग दे सकते हैं। यही करती है वह। यह वह अच्छा कर रही है।

अली अकबर भाई के बारे में मैं यह कहना चाहता हूँ कि उनमें एक अत्यन्त उच्च स्तर की प्रतिभा है, इसके साथ एक अतुलनीय शक्ति। बाबा की तालीम तो है ही, उसके ऊपर उनकी जो एक व्यक्तिगत कल्पना है, वह बहुत सुन्दर व्यापार है भाई। फिर भी हाँ, एक बात तो है ही। अपनी अँग्रेज़ी पुस्तक में भी मैंने वह बात लिखी है कि सबसे पहले जब मैंने उसे देखा, तब उन्होंने मुझे

एक प्रतिभाशाली लड़के के रूप में प्रभावित नहीं किया था—He did not strike me as a brilliant boy। उसका कारण उनके उस समय के लक्षण, उनके हाव-भाव, कार्य-कलाप देख कर गाने-बजाने की कला उन्हें नहीं आयेगी, ऐसा मुझे लगा था। हाथ ख़ूब सुरीला था, छोटा सरोद बजाने में। उनका बजाना भी मैंने इसी समय सुना था। उस समय मान लीजिये उनकी बारह वर्ष की उम्र थी। मुझसे दो बरस छोटे। अन्नपूर्णा को जब पहली बार सुना १९३८ ईस्वी में, वह उस समय सितार बजाया करती थी। वह भी शुरुआत में मुझे उतनी प्रतिभाशाली नहीं लगी थी। किन्तु, उस समय वह सीख रही थी, सीखते हुए दो वर्ष ही हुए थे।

ख़ैर, जो भी हो, अली अकबर के सम्बन्ध में जो कुछ कहा था। शुरुआत में उसके कार्य-कलाप देखकर यह सोच ही नहीं सकता था कि वह बाद में इतने विराट शिल्पी में परिणत हो जायेगा। उस समय मैं देखता था हमारा पागल होकर सीखने का शौक़ था किन्तु उसे इस तरह का कोई शौक़ था ही नहीं। उसका शौक़ तो खेलना-कूदना—यही सब। शायद बाबा बाज़ार से लौट रहे होते, यह दिखाना होता था कि ख़ूब रियाज़ कर रहा हूँ, गिलास से पानी लेकर हाथ-पैर, शरीर, सिर आदि में पोतकर एकाकार कर लेता था। यह देखाना था कि देखिये कितनी मेहनत की कि पसीना-पसीना हो गया हूँ। एकदम द्रुत झाला का रियाज़ हो रहा था। हा: हा: हा: । इसी तरह के उसके हाव-भाव थे। तुम समझ सकते हो, शुरुआत में मेहनत की ओर ख़ूब नज़र थी ही नहीं। और बाबा, अच्छी तरह याद है, उस पर ख़ूब नाराज़ रहते थे। ख़ूब मार-पीट भी करते थे। एवं असल में जो बुनियाद है वह तो एकदम बचपन से ही थी। तीन-चार वर्ष की उम्र में ही बाबा ने उसे सरोद पकड़ा दिया था। वर्ष पाँच में तो वह उसे बजाने ही लगा था। गाना और तबला भी उसने सीख लिया था। किन्तु भीतर बजाने की प्रक्रिया प्रवेश कर जाने पर भी वह अपनी तरफ़ से उत्साहित होकर कुछ करेगा, ऐसा बिलकुल नहीं था। हमारे ट्रूप के साथ बाबा एक वर्ष के लिए विदेश गये थे १९३५ ईस्वी के अन्तिम दौर में। हम लोग डार्टिंगटन हॉल में, इंग्लैण्ड के डेवनशायर प्रान्त में जिन दिनों थे तब बाबा को मैहर के दीवान से एक पत्र मिला कि उनका तुरन्त देश लौटना ज़रूरी है। क्योंकि, छोटी उम्र का अली अकबर रियाज़ पर बैठना ही नहीं चाहता है, खेल-कूद में उसका अधिक ध्यान है आदि-आदि। और भी अनेक बातें थीं। बाबा उससे बुरी तरह चिन्तित हो गये। पूरे वर्ष ग्रुप के साथ नहीं रह सके।

हमारे साथ अमेरिका भी नहीं चल सके। सितम्बर में ही वापस चले गये। उसके बाद जो कुछ सुना, वही बता रहा हूँ। उन्होंने वापस जाकर देखा मेरा प्यारा भाई अली अकबर तब नया ग्रामोफ़ोन खरीदकर मलिका पुखराज, सहगल, के.सी. डे के रिकॉर्ड सुनने एवं खेलने-कूदने में ही मग्न है। सरोद पर जंग और धूल जमी हुई है। तब बाबा ने धारण किया अपना दुर्वासा का रूप। आहा रे! अली अकबर के मुँह से ही सुना है, कैसी मारपीट की। एक बार तो पूरे दिन एक पेड़ से बाँधकर उसे भूखा रखकर, घण्टा-दो घण्टा बेंतों से पीटते रहे। चार घण्टे से अधिक उसे सोने नहीं देते थे। बाक़ी समय उसे बैठाल कर सिखाना और रियाज़ कराना शुरू किया। संगीत तो रक्त में ही लेकर पैदा हुआ था, उसके ऊपर असम्भव रूप से मेहनत करायी उसके बाबा ने। बचपन से अच्छी तालीम की बुनियाद तो थी ही। इसलिए प्रायः दो वर्ष बाद १९३८ ईस्वी के जुलाई मास में जब मैं मैहर बाबा के पास पहली बार सीखने गया एवं अली अकबर को सुना, विश्वास करो शंकर, मैं चौंक पड़ा। इस अल्प अवधि में ही कितना अन्तर आ गया। बाघ जैसी तैयारी के साथ वह बजाने लगा था तब। उसके ऊपर भगवत दत्त उसका वह सुरीला हाथ। सचमुच में मैं यह सोच भी नहीं सका कि, वही अली अकबर, जिसे मैंने १९३५ में नवम्बर मास में बम्बई में सुना था, वह इतना बड़ा शिल्पी हो सकता है। उसके बाद तो उसके साथ मेरा ख़ूब भाव हो गया। बाद में कई बार शायद हमारे बीच ग़लतफ़हमी भी हुई है, किन्तु, हमारा एक-दूसरे के प्रति प्रेम कभी हटा नहीं।

मैहर के उन दिनों के बारे में सोचने से भी मज़ा आता है। विलायत में टूर पर बाबा का वही प्रेम और विनय की मूर्ति देखने को मिली थी अधिकतर। मैहर में आकर उनकी वही रणमूर्ति देखकर घबड़ा गया था। उनके घर के पास के एक घर को किराये पर लेकर मैं रहता था। अकेला ही रहता था। एक महरी खाना-वाना से लेकर झाड़ू-पोंछा कर जाती थी। किन्तु, शुरुआत के मेरे अन्ततः छह-सात महीने बड़े कष्ट में बीते थे। प्रायः आठ वर्ष पूरे समय पूरी दुनिया मैं दादा के साथ घूमा हूँ, बड़े-से-बड़े एवं महँगे होटल, राजा के भवन में विलासिता के साथ जीवन बिताया है। आदत बिगड़ जाना तो स्वाभाविक है। वही पत्थर के एक तला घर में दो भाग थे, बीच में एक हॉल था। मैं इस तरफ़ रहता था सामने वाले घर में। पीछे के घर में खाना-पीना सम्पन्न करता था। उस तरफ़ के भाग में बाबा से जो लोग सीखने आते थे, वे लोग रहते थे। हाँ, यह ज़रूर है, पहले ही कह चुका हूँ, वे लोग अधिक दिनों टिकते नहीं थे।

ऊपर के चित्र में ज़ोहरा सहगल के साथ नृत्यरत मैं।

डाँट और पिटाई खाकर खिसक जाते थे। मैं एक रस्सी से भरी बाँस की खाट पर दरी, पतला गद्दा और चादर बिछाकर लेटा करता था। पीठ में गड़ती थी। मच्छर, मक्खी, कीड़ों के उपद्रव के कारण मशहरी लगानी पड़ती थी। अभ्यास था नहीं, इसलिए मशहरी के भीतर दम घुटने लगता था। शुरुआत में कुछ दिनों तक रात में भय के कारण नींद ही नहीं आयी थी। चूहे, छछूँदर घूमते-फिरते थे। अनगिनत तिलचट्टे। साँपों को भी कई बार देखा था। उसके बाद बाबा के मैहर बैण्ड के लड़कों ने कितनी ही भूतों की गप्पें सुनायी थीं। कहा करते थे, उस घर में, जिसमें मैं रह रहा था, प्रेतात्मा रहती है। तुम ज़रा सोचकर देखो, कैसे

कटा है वह समय। डर के मारे नींद नहीं आती थी, कान में रूई लगाकर और आँखों पर रूमाल बाँधकर सोने का प्रयास करता था। उसी से मेरी बुरी आदत पड़ गयी है कि आज भी कानों में रूई, आँखों पर रूमाल बिना लगाये लेटने पर नींद नहीं आती है। भय की वजह से रात में बैठकर जो रियाज़ करना चाहिए था, वह भी नहीं कर पाता था। इसके अलावा वहाँ चोरों का भी ख़ूब भय था। दरवाज़ों पर कई ताले लगाने के बाद भी चैन नहीं था। जो सब पतले काठ के दरवाज़े थे—एक लात मारते ही खुल सकते थे। रात-भर विभिन्न कीड़ों, मकड़ियों और जीव-जन्तुओं की आवाज़, हवा के धक्के से दरवाज़े-खिड़कियों की किचकिच आवाज़ मेरे मन में भय उत्पन्न कर देती थी। कुछ दिन बाद जब इन सब उत्पातों को सहन करने लगा, तब अन्यान्य बुरी आदतें मुझे पीड़ित करने लगीं। अकेलापन, यौन आवेग एवं नारी-सान्निध्य का अभाव। ओह! क्या कष्ट ही नहीं पाया है। रियाज़-फियाज़ तो दिमाग़ से चला ही गया था। मन घबड़ाने लगा था, भागूँ-भागूँ सदा मन में यही भाव बना रहा था।

कई लोगों के मुँह से सुना था, साधना के समय ये सब नाना प्रकार के विघ्न तथा बाधाओं को भगाने का एकमात्र उपाय गाँजा अथवा भाँग का सेवन है। बड़े-बड़े संगीतज्ञों, साधुओं, फ़क़ीरों ने चूँकि एकमात्र इन्हीं चीज़ों का प्रयोग कर साधना की है और सिद्धि भी प्राप्त की है। कुछ लोगों ने शराब पीकर मुझसे रियाज़ करने की बात की। फिर भी दादा के साथ वही कई वर्ष ट्रुप में रहकर, सब कार्य-कलाप जो कुछ देखे थे, एवं स्वयं भी काफ़ी दिन पीकर मेरी कैसी तो शराब के ऊपर एक प्रकार की वितृष्णा हो गयी थी। इसके अलावा, जीवन में तीन-चार व्यक्ति, जिन्हें मैं ख़ूब चाहता था, उन पर शराब का परिणाम देख चुका था। वे कितने अच्छे, मधुर स्वभाव के सभी व्यक्ति थे, किन्तु शराब पेट में जाते ही उनका दूसरा रूप हो जाता था। अरे बाप रे! वही Dr. Jekyll and Mr. Hyde Case जैसे हो। हाँ, यह ज़रूर है कि कुछ लोग ऐसे भी देखे हैं, जो शराब पीकर मानो और भी मधुर, भावुक, अन्तर्मुखी श्रेणी के हो जाते हों। याद है हमारे ट्रुप में ऐसे दो लोग थे—मेरे मामा और शिशिर दा। मैं फ्रांसीसी ब्राण्डी, रेमी, मार्त्या, कनियाक ख़र्चा करके ख़रीदकर उन्हें पिलाता था, फिर उनकी सुन्दर-सुन्दर बातें सुना करता था। हाँ, कभी-कभी ज़रूर उनका प्रसाद भी ग्रहण करता था। यह मेरी सोलह से अठारह वर्ष की उम्र की बात है। उस समय मेरा विकास पर्व था एक पतंगे की तरह। किन्तु, ऐसे व्यक्ति ख़ूब कम देखने को मिलते हैं विशेषकर भारतीयों में। अधिकांश लोग तो शराब पीना जानते ही नहीं हैं। देखा है कि वही ख़ाली पेट शराब उड़ेल

रहे हैं, कहाँ रुकना चाहिए इसका मात्र ज्ञान है ही नहीं। उसके बाद रणमूर्ति, लड़ने को आमादा, मतवालापन, लम्पटता, कै करना और बेहोश। और सबसे मज़ेदार बात यह होती है कि नशा उतर जाने के बाद इन्हें कुछ भी याद नहीं रहता है। अथवा ये कुछ भी स्वीकार नहीं करते हैं। अवचेतन की बातें, इधर-उधर की बातें, नशे के कारण मुँह से इनके सब कुछ निकल पड़ता है। किन्तु, बाद में ? वही चिरन्तन बहाना—'मैंने तो ऐसा कहा नहीं', 'मैंने तो ऐसा किया ही नहीं'। मुझे तो गाने-बजाने की लाइन के कारण बड़ा हठ लगने लगा। विशेषकर ऐसे लोगों के साथ मैं घुल-मिल नहीं पाता। उसमें भी विशेष रूप से शाम के समय। चूँकि उनके साथ बैठते ही शराब ज़रूर पीनी पड़ेगी, फिर उसके बाद वही सब बेहूदी बातें और वही कमीनापन। यह सब मुझसे सहन नहीं होता है। इस वजह से उन लोगों ने मेरी बदनामी उड़ायी कि मैं अहंकारी हूँ, मिलनसार नहीं हूँ आदि-आदि। पूरी दुनिया में वही एक बात देखी है। कितने बड़े-बड़े कलाकार, शिल्पी इस शराब की प्यास के कारण अकाल में ही नष्ट हो गये हैं। मैंने भी बीच-बीच में ना पी हो, ऐसा तो नहीं है। फिर भी बहुत कम और अधिकतर यूरोप अथवा अमेरिका में सर्दी के मौसम में। कभी-कभी अच्छी फ्रेंच वाइन, शैम्पेन अथवा लेटते समय कानियाक। फ्रेंच की क़ीमती शैम्पेन, फ्रेंच परफ्यूम एवं फ्रेंच लड़कियाँ, महिलाएँ मेरी सदा से कमज़ोरी रही हैं।

ख़ैर, जो भी हो, अच्छा तो मैं कुछ कह रहा था—हाँ, लोगों के मुँह से सुन-सुनकर मेरा मन हुआ कि एक बार देखा ना जाये कि गाँजा का नशा कैसा होता है। जानने की इच्छा हुई कि गाँजा-भाँग पीकर रियाज़ करते हुए मेरी साधना की दृष्टि किस तरह से चरचराकर खुल जाती है। बाबा का एक शागिर्द—तबला सीखा करता था और मेरे साथ बीच-बीच में रियाज़ के समय संगत भी करता था—उसी ने सारी चीज़ें जुटा दीं। उसके बाद शाम को कमरे का दरवाज़ा बन्द कर शुरू हो गया हमारा नशा का अभियान। शुरू में उसने चिलम में कोयले की आग रखकर उच्च स्वर में 'बम्म' कहकर ऐसा कश लगाया कि भक्क से एक हल्की-सी आग की लपट उठी चिलम से। मैं तो भय के मारे काठ हो गया। उसके बाद थूक लीलकर उसके साथ धुआँ गटकते हुए उसके बाद धीरे-धीरे बड़े क़ायदे के साथ उसे मुँह से निकालने लगा। लगभग एक मिनट तक। उसी में उसकी दोनों आँखें देखता हूँ कि गुड़हल के फूल की तरह लाल हो गयीं। तब बड़ी गम्भीरता से चिलम मेरी ओर बढ़ाते हुए उसने कहा—'लीजिये गुरु जी, पाइये।' अरे सर्वनाश। जीवन में मैंने

सिगरेट शायद पाँच या छह बार सिर्फ़ पी होगी, किन्तु उसका धुआँ भीतर कभी नहीं निगल सका, फिर मैं उसी तरह से चिलम लेकर गाँजा की दम लगाऊँगा। मैंने कहा, माफ़ करना भाई, मैं गाँजा ना पी सकूँगा। उसके बाद उसने उसी विनाशकारी आग का एक और कश मारकर चिलम को ज़मीन पर औंधे मुँह रख दिया। फिर उसने कहा—'कोई बात नहीं उस्ताद, दूसरा इन्तज़ाम भी है।' यह कहने के साथ-साथ उसने अपनी पॉकेट से बीड़ी का एक पैकेट निकाला और उससे उसने एक बीड़ी निकाली। और एक मिनट में ही उस बीड़ी की सारी तमाखू निकालकर एक काग़ज़ की पुड़िया से काली चूने जैसी कोई चीज़ निकालकर हाथ की चुटकी से उसी तमाखू में मिलाने लगा। जिस तरह से एलगिन रोड पर कलकत्ते में एक बार एक दरबान को खैनी मलते हुए देखा था। तमाखू की पत्ती और चूना के द्वारा। मैंने डरते-डरते उससे पूछा, 'वह कौन-सी चीज़ है?' वह थोड़ा हँसकर करौंदा की तरह अपनी दोनों आँखें मेरी ओर फाड़कर बोला—'चरस है सरकार।' समझ गया कि बेटा को नशा हो गया है। ख़ैर जो भी हो, फटाफट उस मिक्स्चर को बीड़ी के खोल में पुनः भरकर मेरी ओर बढ़ाते हुए बोला, 'लीजिये, पीजिये हुजूर'। उसने तुरन्त दियासलाई जलायी। उस समय भय और गाँजे के उस धुएँ को सूँघ-सूँघ कर मेरा हृदय कैसे तो धक-धक कर रहा था। उसने मेरी उस स्पेशल बीड़ी को जला दिया, किन्तु फूँक मारते हुए मैं धुआँ खींच कर बाहर फेंक रहा हूँ, यह देखकर उसने चिल्लाकर कहा—'अन्दर खींचिये महाराज'। एक विचित्र कड़वी नशीली गन्ध, एक बार प्रयास भी किया धुआँ भीतर लेने का। अब जाऊँ कहाँ। जैसे विष पी लिया हो, ख़ाँसी का कैसा ठसका उठा बाबा। नाराज़ होकर उसे तोड़कर फेंक दिया, रफ़ा-दफ़ा हो धत्तेरे की तुम्हारे दोनों गाँजा और चरस। यह एक ग़लत सिद्धान्त और बुरी आदत काशी-मथुरा अंचलों में, बिहार और पंजाब में भी चालू है कि गाँजा-भाँग पीने से गाने-बजाने की ख़ूब अच्छी साधना की जा सकती है, ख़ूब अच्छा कन्सन्ट्रेशन भी होता है आदि-आदि। ठीक जिस तरह से धर्म के मार्ग में भी दिखायी देता है। तपस्या, योग, प्राणायाम की साधना के समय कई साधु-वाधु,इन सब चीज़ों का व्यवहार करते हैं। किन्तु, इन सब चीज़ों के सेवन का फल यह दिखायी देता है कि बाद के जीवन में ये सब साधक इन सब बुरी आदतों से मुक्त तो हो ही नहीं पाते हैं, इसके ऊपर उनकी मात्रा बढ़ाते-बढ़ाते इन सब नशों के दास हो जाते हैं, और अपनी साधना का सर्वनाश कर बैठते हैं। पूरी दुनिया में फैला हुआ देखा था इन सब बुरे नशों का प्रेम, ३० के दशक में पैरिस में और अनेक जगहों

ऊपर की तस्वीर में अली अकबर बाबा अलाउद्दीन के साथ सरोद बजा रहे हैं।

पर। एक-एक समय, एक-एक दल को—५० के दशक तथा ६० की शुरुआत में बीटनकों के दल देखे हैं, फिर तो उसके बाद शुरू हो गयी ६० के मध्य से हिप्पियों की बाढ़। उनकी वही एक कमज़ोरी थी गाँजा और चरस, वे कहते हैं मारजुआना और हशीश, फिर उसके बाद तो शुरू हो गये एल.एस.डी. और भी कितने रसायनिक नशे। कड़वी-कड़वी दवाइयाँ। ख़ैर जो भी हो, फिर लौट आता हूँ मैहर की कथा पर। गाँजे की उस पहली दुर्घटना के बाद फिर उस तरफ़ कभी उन्मुख नहीं हुआ, फिर भी बैण्ड के लड़के कभी-कभी भाँग की मिठाई अथवा शरबत बनाकर लाते थे। बाबा जब कभी किसी प्रोग्राम के कारण मैहर से बाहर जाते थे तब मैंने और अली अकबर ने कई बार भंग खायी है। ख़ूब हँसते थे याद है। पागलों की तरह हँसता था और भंग खाता था। फिर कैसी भूख लगती थी। चार गुना भोजन कर डालता था।

काशी में आज भी वर्ष में दो-एक बार भाँग का शरबत पीता हूँ। फिर भी उसमें भाँग का अंश बहुत कम रहता है। पिस्ता, बादाम, गुलाब की पंखुड़ियाँ, दूध, मलाई, रबड़ी, इलायची, अनारदाना, खरबूजा के बीज और भी कई प्रकार की

स्वास्थ्यप्रद जड़ी-बूटियाँ उसमें पड़ती थीं। मामूली नशा अच्छा लगता था। ख़ूब हँसी आती थी। अच्छी तरह पी-पाकर सो जाता था—दूसरे दिन कितनी अच्छी तरह पेट साफ़ हो जाता था। किन्तु, रोज़ इसे पीकर इसकी आदत पड़ने के कारण इसका दास होना पड़ता है—इस पर मुझे घोर आपत्ति है।

तो मैहर में रहते समय ही गढ़ उठा अकबर अली के साथ मेरा गहरे प्रेम का सम्बन्ध। वह अपने मन की सारी व्यथाएँ मुझसे कहा करता था और मेरी राय भी लेता था। उसी प्रेम की बुनियाद पर ही तो खड़ा था हमारी जुगलबन्दी का जादू।

ख़ैर, उसे रहने दो, फिर अली अकबर की वही पुरानी कथा कह रहा हूँ। बाबा ने आकर यह देखा कि उसने कुछ मेहनत-वग़ैरह नहीं की है, कुछ रिकॉर्ड वग़ैरह ख़रीद लिए हैं, यही सहगल-टहगल के गाने, और भी सब कितनी चीज़ें। बाबा सचमुच में बहुत नाराज़ हो गये। एवं उसके बाद ही उसे पकड़कर बेधड़क उसकी मार-पीट की और उसे सिखाना शुरू कर दिया। वही जैसे उसे पेड़ से बाँध, तीन-तीन दिन तक उसकी पिटाई कर या उसे भूखा रखकर, इस तरह का दण्ड देकर, बाद में सुबह-शाम मिलाकर बारह अथवा चौदह घण्टा तक उससे रियाज़ कराने लगे। और वही उसके जीवन का परिवर्तन-बिन्दु हो गया। मैं वापस जाकर उसे देख स्तम्भित होकर रह गया। मैंने उसे लगभग दो वर्ष आठ मास बाद देखा था। और जिसे देखकर मैं निराश हो गया था, सोचा था बाबा का योग्य पुत्र हो पायेगा या नहीं इसमें सन्देह था, उस समय वह इतनी दुर्धर्षता से बजा रहा था कि मैं एकदम अवाक् होकर रह गया। इसका अर्थ यह हुआ कि बाबा ने उससे इतनी मेहनत करायी थी कि हम लोगों ने इतने बड़े शिल्पी को खोया नहीं। हाँ, यह ज़रूर है कि ऐसी घटनाओं पर कुछ कहा नहीं जा सकता है। जब कोई प्रतिभाशाली हो तो एक ना एक दिन वह चमकेगा ही। फिर भी मैं यह सोचता हूँ कि ऐसा विस्मयकर आत्मप्रकाश में कितना बड़ा दान है बाबा का। कसरत कर, जोर कर उसे शिल्प के मार्ग पर आगे बढ़ा दिया।

३८ ईस्वी में मैं जब मैहर में सीखने गया तब शुरू-शुरू में मैं योग्य नहीं था कि उसके साथ बैठ सकूँ। उम्र में छोटा होने से क्या होता है, बजाने में तो वह मुझसे सीनियर था। उन दिनों मैं सितार और सुरबहार दोनों ही बजा रहा था। बाबा हम लोगों को एक साथ ही सिखा रहे थे—हम तीनों लोगों को। कभी-कभी मैं और अली अकबर एक साथ बैठा करते थे, कभी-कभी मैं और अन्नपूर्णा। इसी तरह मुझे लगता है, हमारी अर्थात् मेरी और अली अकबर की जुगलबन्दी का प्रारम्भ हुआ। यह तो एक साथ बैठकर बजाना था, उसमें

पहले-पहल मुझे थोड़ा अन्य प्रकार से सितार मिलाना पड़ता था, बाद में रियाज़ करते हुए हम एक ही सुर में आ जाते थे। मुझे थोड़ा सुर नीचा करना पड़ता था, उसे थोड़ा ऊँचा चढ़ाना पड़ता था। काफ़ी दिनों बाद हमारी जुगलबन्दी ने जो एक नये युग की सृष्टि कर दी, उसका प्रारम्भ हमारे इसी एक साथ बैठकर शिक्षा-लाभ में निहित है। बाबा के एक तरफ़ मैं बैठता था और एक तरफ़ अली अकबर बैठता था। हम लोगों ने इसी तरह कई जगह पास-पास बैठकर बजाया है। तुमने वह तस्वीर अवश्य देखी होगी। तानसेन, सदारंग में, और भी अनेक जलसों में। उसी से हमारी जुगलबन्दी की सृष्टि हुई। उसके पहले तो सितार-सरोद किसी भी दिन एक साथ बजे ही नहीं थे। सबसे पहले हमारी जुगलबन्दी हुई। १९३९ में, इलाहाबाद में। हम लोगों ने सवेरे का राग तोड़ी बजाया था। बाद में घर में सीखते समय हम लोग एक साथ बैठा करते थे। लखनऊ में मैं जब पहला प्रोग्राम करने गया, अली अकबर भाई उस समय लखनऊ रेडियो स्टेशन पर स्टॉफ आर्टिस्ट थे। यह १९४१ से ४३ तक की बात है। बाद में कानपुर, इलाहाबाद—इन सब स्थानों पर हम लोगों ने और भी बजाया है।

तो मैं जो कह रहा था, अली अकबर भाई में जो आश्चर्यजनक कल्पना थी, उसे मैं शुरुआत में पहचान नहीं सका था। वह क्रमशः इतनी सुन्दरता से प्रकाशित हुई, वह उसके बाबा की तालीम एवं उसकी एक असामान्य संगीत चेतना, यह सब कुछ मिलाने के कारण हुई। वह इतने अद्‌भुत सुर की निजी कल्पना एवं विस्तार धीरे-धीरे कर सकता है, कि उसके साथ श्रोता को उसके द्वारा बिलकुल मात कर देता है। उसके बजाने में यह जो मीठा-मीठा भाव है, उसमें प्रचण्ड प्रेम छिपा रहता है। उसके बजाने में एक प्रगाढ़ डेप्थ बराबर थी। और उसी के साथ कैसे यह हुआ कह नहीं सकता, उसका वह अद्‌भुत परिमिति बोध, Sense of proportion। जो मेरा ख़ुद का भी बहुत अच्छा है, किन्तु मेरे होने का एक कारण है। कारण, मैंने बचपन से नाच सीखा है एवं विदेश में कितने बड़े-बड़े शिल्पियों का नाच-गाना देखा है और सुना है। सब समय जो एक राग को लम्बा-चौड़ा करके दिखाना होगा, इसका कोई अर्थ नहीं है। किसी समय तीन घण्टे लग रहे हैं जिस राग में उसी को ज़रूरत पड़ने पर आध घण्टे में प्रस्तुत करना पड़ता है। आवश्यकता अनुसार गाने-बजाने को समय की सीमा में तो बाँधना ही पड़ता है। उसमें कहाँ, कितना समय लगेगा, क्या-क्या रखना ज़रूरी है, क्या ना कहा जाये तो चल सकता है—यह

सब समझ-बूझकर प्रस्तुति का पूरा रूप एवं मिज़ाज खोल देना पड़ता है।

यहाँ पर मैं एक बात और कह देना चाहता हूँ। यह बात किन्तु समझदार लोगों को लेकर नहीं है, वरन जो आधे समझदार हैं उनको लेकर है अर्थात् जो घड़ी देखकर बजाना सुनते हैं। कितनी देर आलाप हुआ? ना, सत्तर मिनट का आलाप। अस्सी मिनट का अगर आलाप होता तो और भी अच्छा रहता। आठ मिनट का एक आलाप जैसे थोड़ा कम हो गया। यह एक विचित्र मनोभाव है, एवं यही आजकल संगीत की एक समस्या हो गयी है। राग-संगीत तो किसी के आदेश पर होने वाला मनोरंजन नहीं है,जिसे किसी के ऑर्डर पर आयोजित किया जाता हो। समझ रहे हो ना? सिर्फ़ आलाप, आलाप, आलाप हो रहा है, अधिकांश श्रोता सोचते हैं, यह आलाप ख़त्म हो तो चैन की साँस लूँ। कब गत प्रारम्भ होगी रे बाबा। यह भाव लेकर बहादुरी दिखाने की क्या ज़रूरत? और एक बात है। मान लीजिये, कोई ख़ानदानी रसमय चीज़ अगर हो रही है। हिन्दी में एक पुरानी कहावत है, बाबा इसका प्रयोग ख़ूब करते थे, इसे ख़ूब कहा करते थे—हाँडी में चावल पका या नहीं पका एक दाने से पता चल जाता है। चावल पका कि नहीं पका इसे जानने के लिए पूरी हाँडी का भात टटोल कर देखने की ज़रूरत नहीं है, एक-आध चावल दबाने से ही पता चल जाता है। इसी तरह बजाने की बहादुरी उसके सूक्ष्म, रसोत्तीर्ण काम में है। उसके आवेदन में है। उसके घण्टों में नापने योग्य लम्बाई में नहीं। ऐसी विस्तृत पेशकारी सदा ही मुझे ख़ूब ख़राब लगती रही है। मेरा कहना तो यह है कि स्वत:स्फूर्त भाव से चलाते जाओ, उसमें अगर काफ़ी दूर जाना पड़े तो जाओ। उसमें तुम देखोगे कि हो सकता है दो घण्टा बजाया जाये और लगेगा जैसे दस या पन्द्रह मिनट बजाया है। श्रोताओं का मन कहने लगता है अभी और बजना चाहिए, और भी चाहिए। यही होता है बजाना। किन्तु, आधे घण्टे में ही यदि श्रोताओं के प्राण छटपटाने लगें, उन्हें नींद आने लगे, उनके मन का भाव ऐसा होने लगे मानो उन्हें कोई कड़वी दवा खिलायी जा रही है, ऐसे बजाने को लम्बा खींचने की ज़रूरत क्या है? यह परिमिति ज्ञान मैंने अपने दादा से पाया है। He was an ideal artist in this regard—इस दृष्टि से वे एक आदर्श शिल्पी थे। दादा में मैंने यह चीज़ सदा लक्षित की है। अगर किसी व्यक्ति को कुछ प्रस्तुत करना है, तो उसमें परिमिति बोध का होना नितान्त आवश्यक है। यह चीज़ बहुत ज़रूरी है। कई लोग इसे बुरे अर्थों में लेते हैं, किन्तु, उसमें ज़रा भी ख़राबी नहीं है। अच्छे-अच्छे शिल्पी, जिनका मैंने पहले नाम लिया है,

उनमें से प्रत्येक में यह चीज़ थी। फिर तुम चाहो तो फ़ैयाज़ ख़ाँ की बात करो या इनायत ख़ाँ साहब की बात करो अथवा थिरकवा ख़ाँ साहब के बजाने की बात करो। कई विशिष्ट शिल्पी ऐसे थे, जिनमें अपूर्व श्रेणी का समय ज्ञान था। वे स्थान समझकर इस अलंकार को इस तरह और इसी मात्रा में उस काम में लाते थे। फिर उसकी ज़रूरत भी थी। कई लोग समय की कसौटी के द्वारा गायन के उत्कर्ष को समझाना चाहते हैं, यह उनकी भूल है। तुमने भी कभी ना कभी यह सोचा होगा कि अमुक का यह गाना अथवा बजाना अगर थोड़ा छोटा होता तो अच्छा रहता। ऐसा सोचने को तुम मजबूर हो। इनायत ख़ाँ की ही बात क्यों ना लो, उदाहरण के लिए। जिन्होंने उनको आमने-सामने बैठकर नहीं सुना है, वे उनके बजाने की अवधि को जान सकते हैं, यह भी जान सकते हैं कि उनमें प्रतिभा कितनी थी, उनके रिकॉर्ड बजाकर उन्हें सुनते हुए। फ़ैयाज़ ख़ाँ साहब के भी रिकॉर्डों में उनके गाने के निचोड़ को तुम प्राप्त कर सकते हो। ग़ुलाम अली ख़ाँ साहब के जो रिकॉर्ड हैं, उनमें उनका कितना माहात्म्य प्रस्फुटित हो उठा है, इसके बारे में तुम बता सकते हो। क्यों, फिर अब्दुल क़रीम ख़ाँ की ही बात लो। हर बड़े से बड़ा शिल्पी अपने साढ़े तीन मिनट के रिकॉर्डों में अपनी अक्षय स्मृति छोड़ गया है। और मैं यह कहना चाहता हूँ कि उस ज़माने में प्राय: यह परिमिति बोध देखने को मिलता ही था। मुझे याद है बहरे वाहिद ख़ाँ जैसे लोग, जो एक-एक राग को पाँच घण्टे तक भी गा सकते थे, वे लोग भी कभी पन्द्रह मिनट, कभी बीस मिनट अथवा कभी आधे घण्टे में कितनी अद्‍भुत चीज़ दे गये हैं अपने रेडियो प्रोग्राम में एकदम ताज्जुब वाली घटना। जो असली वस्तु जानता है, वही ठीक विचार कर, ठीक-ठीक चुनाव कर, छोटी अवधि में ही पूरी चीज़ें अक्षत रखते हुए स्थान समझकर, फिर उसे सजाकर प्रस्तुत कर सकता है। समझ में आया ना!

ख़ैर, जो भी हो, इतनी बातें कहकर उसी पुरानी बात पर फिर लौट आता हूँ। यह Profundity (गम्भीरता) एवं Sense of limit (परिमिति बोध) अली अकबर भाई में सदा से ही था। अद्‍भुत था यह बोध। कभी भी बजाना बोरिंग होता जा रहा है, ऐसा उन्होंने किसी भी दिन नहीं किया। ठीक एक ही चीज़ एक ही तरह से बजायी हो ऐसा नहीं है, फिर भी कितने ही विचित्र ढंग से क्यों ना बजायी हो, चाहे जितना नया काम क्यों ना किया हो, उसका यह परिमिति बोध Sense of proportion सदा उपस्थित रहता है। यही वस्तु बहुत कुछ दूसरी तरह से बिस्मिल्ला में भी है। उनका परिसर बहुत बड़ा नहीं है, किन्तु

उसी में उनका जो वैचित्र्य है, उसी को वे सुन्दर विन्यास में सजा-बजाकर पेश कर देते हैं। और यही उनके बजाने का स्वरूप है। वे अपने सीमित दायरे में एक चरम उत्कर्ष और माहात्म्य में पहुँच गये हैं। राग से प्रारम्भ कर, कजरी अथवा अन्यान्य लोकगीतों की धुन बजाकर वे अपना बजाना शेष कर श्रोताओं को एक बार ही मुग्ध कर देते हैं। वे एक अतुलनीय शिल्पी हैं।

हाँ, निखिल। निखिल की मैं ख़ूब प्रशंसा करता हूँ। मेरा विचार है यदि किसी संगीतज्ञ में ज़िद न हो तो वह कभी भी बड़ा नहीं हो सकता है। निखिल में मैंने यह चीज़ बराबर लक्षित की है। वह मेरे पास सीखने आया था, याद है १९४५ ईस्वी में कलकत्ते में। उसे सिखाया भी था ललित, रामकली इत्यादि। उसने कई लोगों से सीखा है। आशा है, वह इसे स्वीकार करेगा। अर्थात् मुश्ताक अली से, राधिकामोहन मैत्र, वीरेन्द्र किशोर आदि अनेक लोगों से ही उसने तालीम ली है। और बाद में मैहर जाकर बाबा से भी उसने कई वर्ष वहाँ रहकर सीखा है। अली अकबर से, अन्नपूर्णा से भी उसने ख़ूब शिक्षा प्राप्त की है। अभी भी समय मिलने पर तालीम वग़ैरह लेता रहता है। ख़ैर जो भी हो, उसके भीतर अनेक तरह की शिक्षा मिलकर एक चमत्कारपूर्ण चीज़ गढ़ उठी है। उसका एक छोटा भाई बड़ा ब्रिलियेन्ट था, तबला बजाता था। बेचारे की अकाल मृत्यु हो गयी। फिर भी निखिल के विषय में सबसे आनन्द की बात यह है कि उसका अत्यन्त प्रयास भी था। और वह आख़िर में इतना बड़ा शिल्पी हो भी सका। बहुत से लोग तो ऐसे होते हैं जो यह कहते रहते हैं कि मैं यह हो सकता था, वह हो सकता था किन्तु, यही करते-करते हो कुछ भी नहीं पाते हैं। किन्तु, निखिल मेहनत करके अपने को इतना बड़ा कर सका। अपनी एक छाप छोड़ सका अपने बजाने के ऊपर, यह बड़ी ख़ुशी की बात है। शुरुआत में उसके बजाने पर पूरी-पूरी मेरी छाप थी। बाद में मेहनत और रियाज़ करके उसने विलायत ख़ाँ की भी अनेक चीज़ें अपने बजाने में ले लीं। विशेषकर विलायत की तान, जिसे गायकी का अंग कहकर प्रचारित किया जाता है। निखिल ने भी यह अद्‌भुत मीड़युक्त तानकारी आयत्त की है उन्हीं अप्रतिम शिल्पी अमीर ख़ाँ के गायन से। ख़ैर, जो भी हो, निखिल ने कुल मिलाकर एक चमत्कारपूर्ण अपना निजी बजाना प्रतिष्ठित कर लिया है। ख़ूब तैयारी के साथ बजाता है। मुझे उसका बजाना बहुत अच्छा लगता है। और इसके अलावा उसके बजाने में हमारे घराने की काफ़ी छाया है। अपने बाद की जेनरेशन का सबसे बड़ा शिल्पी मैं उसे मानता हूँ।

ऊपर के चित्र में सरोद बजाते हुए उस्ताद हाफ़िज़ अली ख़ाँ।

इसके बाद इन्हीं में है विलायत का भाई इमरत ख़ाँ। इमरत का बजाना भी मुझे ख़ूब अच्छा लगता है। उसने अपने पिता की जो कुछ तालीम थी, उसे उसने अपने भाई से ही प्राप्त की है। इसके अलावा उसके वादन के आलाप के अंश पर हमारे घराने का भी काफ़ी प्रभाव है। ऐसा केवल मैं ही मानता हूँ, इसलिए नहीं कह रहा हूँ। बहुत से लोग ऐसा मानते हैं। एवं यह कोई ख़राब बात नहीं है। संगीत में प्राय: ऐसा होता है। इमरत है भी अच्छा आदमी। मुझे उसका बजाना और व्यवहार दोनों बहुत अच्छे लगते हैं। छुटपन से ही देखा है वह मेरा सितार बजाना सुनने चला आता था। सुनना, सीखना और जानने का आग्रह उसको चिरदिन से ही है। मन की परिधि को विस्तृत करने के लिए उसका प्रयास बराबर बना रहता है। यही उस दिन लण्दन में उसका बजाना सुनने गया था। उसके दोनों बेटों ने भी उसके साथ बैठकर बजाया। बड़ा बेटा, सोलह वर्ष का निशात—आँधी की तैयारी के साथ बजाता है, छोटा बेटा चौदह बरस का इरशाद देखने में जितना मधुर, हाथ भी उसका मीठा एवं सुरीला है। वह

सितार बजाते हुए निखिल बन्द्योपाध्याय।

सुरबहार भी बजाता है। पिता के साथ एक साथ सुरबहार बजायी। उस दिन उन्हें सुनकर मुझे सचमुच में बहुत अच्छा लगा। कितनी मेहनत नहीं करवायी एवं स्वयं की। दोनों बेटों के द्वारा उसने। सुना है विलायत भैया ने भी अपने बेटे सुजात को ख़ूब तैयार किया है। इस बार कलकत्ते जाकर उस लड़के को

सुनूँगा। यह कितनी अच्छी बात देखता हूँ बोलो शंकर—यह जो एक ट्रेडीशन को पीढ़ी-दर-पीढ़ी बरकरार रखना। मुझे अब दुःख हो रहा है, क्यों मैंने बचपन से ही ज़बरदस्ती संगीत सीखने नहीं बैठाया अपने बेटे शुभ को। अन्नपूर्णा ने ज़रूर कई वर्ष बाद, जब शुभ की अठारह-उन्नीस वर्ष की उम्र हुई, उससे ख़ूब मेहनत करानी शुरू की और कई वर्ष तक उससे तैयारी भी करायी किन्तु पढ़ाई-लिखाई का दबाव फिर चित्रांकन का नशा—इन सब अनेक कारणों से वह प्रस्फुटित नहीं हो सका। शुभ कई वर्ष तक ख़ूब बजाता रहा था। बजाता भी ख़ूब अच्छा था, लय एवं सुर में। फिर भी संगीत उसके ऊपर एक बड़े बोझ के रूप में खड़ा हो गया। नाना, मामा, बाबा, माँ—सभी के नाम का बोझ, पूरे संसार की प्रत्याशा—यह सब उसके स्नायुओं पर एक सांघातिक दबाव के रूप में पड़ गये थे। मैं जब उसे १९७० ईस्वी में अमेरिका ले गया आर्ट पढ़ाने के लिए तब वह भ्रम में पड़ गया। फिर लाइन चेंज करना हमारे परिवार का सदा नियम ही रहा है। चित्रकार व्यक्ति दादा नर्तक हो गये। मैंने नृत्य छोड़कर वादन को स्वीकार कर लिया। और शुभ वादन छोड़कर चित्रकार हो गया। यह जैसे एक चक्र था जो सम पर आकर रुक गया। तब अन्नपूर्णा तो थी ही, और भी कई लोग मेरे ऊपर ख़ूब नाराज़ थे। शुभ ने लॉस ऐंजिल्स में एक अमेरिकन लड़की से विवाह कर लिया। इस समय तो वह मेरे तीन साल के नाती सोमशंकर को लेकर सुख से ही है। सितार बजा लेता है, अब भी बहुत अच्छा बजाता है, फिर भी व्यवसाय के रूप में नहीं, शौक़वश बजाना चाहता है। फिर भी, जैसाकि मैंने कहा—भूल हम दोनों ने ही की थी। उचित शायद यह था कि उसी दो-तीन बरस की उम्र से ही उसे डाँट-डपट कर, ज़बरदस्ती सिखाया जाता। जैसा कि बाबा ने अली अकबर भाई के साथ किया था। फिर भी, शायद उन दिनों मेरा मनोभाव दूसरे प्रकार का था। उसके ऊपर सितार के प्रति उसका विशेष रुझान ना देखकर मैंने सोचा था क्या ज़रूरत है सितार सिखाने की। मेरा बेटा है, इसलिए उसे सितार बजाना ही पड़ेगा।

ख़ैर, जो हुआ सो हुआ, इमरत के प्रसंग पर पुनः लौट आता हूँ, हाल में लण्दन में उसके बेटे के साथ बजाना सुनकर मुझे बहुत अच्छा लगा था। फिर भी एक चीज़ ख़राब लगी। वह ज़रूर बजाने के बारे में नहीं है। उसकी द्वितीय स्त्री, विलायती लड़की डायना, जिस तरह का प्रचार कर रही थी, उसी को लेकर है। एवं जिन चीज़ों को मैंने उनके ब्रोशर में लिखी हुई देखी थीं। और उसके

कुछ दिन बाद रविवार को प्रात:काल बी.बी.सी. टेलीविजन के एक प्रोग्राम में इमरत ने स्वयं अपने मुँह से कहा कि सुरबहार वाद्य-यन्त्र चूँकि उसके प्रपितामह साहब दाद ख़ाँ ने बनाया था। समझ में नहीं आया, इन सब अप्रासंगिक बातों की क्या ज़रूरत थी, ग़लत और तथ्यहीन बातों को चारों ओर फैलाने की। सचमुच में सुरबहार के आविष्कारक बेचारे ग़ुलाम मोहम्मद एवं उनके बेटे विराट सुरबहार वादक सज्जाद मोहम्मद निश्चय ही अपनी-अपनी कबरों में इधर-उधर करवट बदल रहे होंगे, इमरत की ये बातें जानकर। इसे अगर छोड़ दें, तो निश्चय ही मैं यह कहूँगा कि मेरा स्नेह और प्रेम बहुत बढ़ गया है इमरत के ऊपर। उसने भी उस दिन मुझे फ़ोन कर कितना अपना प्रेम और श्रद्धा के बारे में बताया।

सितार बजाते हुए अमजद अली ख़ाँ।

अमजद अली का बजाना सामने बैठकर मैंने एक ही बार सुना है। वैसे रेडियो पर कई बार सुना है। उसके रिकॉर्ड तो सभी सुने हैं। मैं बहुत पसन्द करता हूँ उसका बजाना। इस युग की एक अद्‌भुत प्रतिभा तुम उसे कह सकते हो। सुदर्शन अमजद का एक बहुत अच्छा गुण—उसने लिखना-पढ़ना ख़ूब अच्छे से सीखा है। अर्थात् वह बहुत अच्छी तरह शिक्षित है। उसका बहुत ही सुन्दर शालीनतापूर्ण व्यवहार है। बहुत अच्छा ऑर्गनाइजर है। अच्छे-अच्छे लोगों के साथ उसका उठना-बैठना है। हरेक की सहायता लेकर बाबा के नाम पर हाफ़िज़ अली ख़ाँ मेमोरियल कॉन्फ्रेंस हर वर्ष कलकत्ता, बॉम्बे, दिल्ली में बड़े सुन्दर तरीक़े से आयोजित करता है। पहले उसके साथ सम्पर्क नहीं हुआ, तो भी इदानीम् उसने और उसकी स्त्री शुभलक्ष्मी दोनों ने अपने मीठे, स्नेहमय व्यवहार से मुझे ख़ूब अपना बना लिया है। इसके अलावा बड़े बाप का बेटा, बड़ा हठी है। मेहनत करके वह जितना ऊपर उठा है, इसकी एकमात्र नज़ीर लक्षित की जा सकती है, इस युग के विराट सितारी विलायत ख़ाँ में।

अमजद का प्रसंग जब उठ ही आया है, तब उसके बाबा उस्ताद हाफ़िज़ अली ख़ाँ साहब के बारे में मुझे अवश्य कुछ कहना पड़ेगा। उनका प्रसंग पहले ही अवश्य आना चाहिए था। कारण, वे हमारे गुरुदेव के समकालीन एक महान्

तबला बजाते हुए करामत ख़ाँ।

शिल्पी हैं। इस समय जैसे मेरे और विलायत ख़ाँ के बीच जब–तब तुलनामूलक बातचीत होती है, उन लोगों को लेकर भी उन दिनों सभी दम्भी लोग ऊट-पटाँग तुलना किया करते थे। किन्तु, दोनों में तुलना कैसे हो सकती थी शंकर? कारण, दोनों लोगों के सांगीतिक दृष्टिकोण एवं व्यक्तित्व में दुस्तर व्यवधान था। हाफ़िज़ अली ख़ाँ ने जन्म ही लिया सरोद के घराने में और सरोद लेकर ही उन्होंने अपना जीवन बिता दिया था। अपने घराने के बाजे के अलावा उन्होंने भी रायपुर जाकर बशीर ख़ाँ साहब से ध्रुपद–धमार एवं सुरशृंगार की तालीम ली थी। इसी सूत्र से बाबा और वे गुरुभाई हुए। यद्यपि कई वर्षों तक वे लोगों के सामने एक ही पद्धति से बजाते रहे। छोटा आलाप लेते हुए, पर्वतसिंह के पखावज के साथ तीन ताल की द्रुत गत, किन्तु, मुझे ख़ूब याद है, १९४२ अथवा १९४३ में भाई अली अकबर के साथ उनके ग्वालियर वाले घर में बैठकर उनका बाजा सुनकर मुग्ध हो गया था। बजाया उन्होंने थोड़ी देर ही था, किन्तु वही हमारे बीनकार घराने की मियाँ की तोड़ी का आलाप एवं जोड़, जिसे मैं कभी भूल नहीं पाऊँगा। ख़ाँ साहब का कण्ठ भी ख़ूब सुरीला था और उनके बायें हाथ की टंकार तो सभी जानते हैं। जैसी सुर में थी वैसी ही मीठी। और इसी के साथ था उनका ईश्वर प्रदत्त सुन्दर चेहरा और व्यक्तित्व। कुल मिलाकर, वे श्रोता को क्षण भर में ही अपने वश में कर लेते थे।

मेरे जीवन में दो आध्यात्मिक स्त्रोत सदा से गतिशील रहे हैं। एक, अपने मातृपक्ष की ओर से हम लोग घोर तान्त्रिक थे। और बाबा की ओर से भी हम लोग बड़ी गहरायी से धर्मप्राण थे। हमारे पितामह, प्रपितामह बड़े ज़मींदार थे, किन्तु, उनके पूर्व पुरुष पुरोहिताई का काम किया करते थे। इसलिए बचपन से ही मेरे जीवन में आध्यात्मिकता एवं धर्म दोनों ही काम करते रहे हैं। और कैसी अद्‌भुत घटना है। उसी बचपन में मैं बाहर चला गया। दादा के नर्तक दल में था। दादा विभिन्न विषयों को लेकर वैले–टैले किया करते थे और मैं भी अनेक पुस्तकें पढ़ता रहता था। शिव–पार्वती के नर्तनाङ्ग आदि के अनेक विचारों के बारे में सोचता रहता था और चिन्तन करता रहता था। एवं उन्हीं दिनों मेरा समय ख़ूब बीता है अपने देवी–देवताओं की माइथॉलोजी, किंवदन्ती आदि को पढ़ते–पढ़ते। इनके अलावा विदेश में रहते हुए भी बाङ्ला की कृत्तिवासी रामायण, काशीराम दास का महाभारत, पुराण आदि को पढ़ा करता था। ख़ूब रस भी मुझे मिलता था। एक छोटे बच्चे का ही तो मन था। वह सब

कुछ को एक विस्मय के साथ देखता है। इससे मेरी प्यास और भी बढ़ जाती है। और उसी से धर्म के प्रति भीषण खिंचाव बढ़ गया। समझ गया मेरा मन धीरे-धीरे इसी ओर घूमता जा रहा है। बाद में वही धीरे-धीरे परिपक्व होने लगा। जिसका विस्फोट तब हुआ जब मैं बाबा अलाउद्दीन के पास गया। गाने-बजाने में एक सिद्ध पुरुष, किन्तु, उनका मन पड़ा रहता है धर्म की ओर। वही काली माँ, वही ठाकुर रामकृष्ण, वही अल्ला-ख़ुदा, सारे धर्म की ही बात तुम कर सकते हो।

फिर भी मेरी पृष्ठभूमि के अलावा भी, मेरे भीतर धर्म की एक प्रेरणा अथवा आध्यात्मिकता घुसी हुई है, उसके ऊपर भी है बाबा अलाउद्दीन का प्रभाव। उनके व्यक्तित्व का, उनके संगीत का। उनके मुँह से सदा यही सुनता आ रहा था कि 'सुर ही ईश्वर है', 'नाद ब्रह्म है', 'संगीत में ही भगवान को पाया जा सकता है'—इन सब बातों को मैं भी मानता हूँ। विश्वास करो, संगीत एक पवित्र वस्तु है। गन्दे माहौल, अशुद्ध शरीर, एवं अशुद्ध मन से इसका अनुशीलन करना ठीक नहीं है। कई कलाकारों को देखा है सिगरेट का कश लगाते हुए, सितार, तबला अथवा सारंगी मिला रहे हैं। कई तो पास में शराब का गिलास रखते हैं। यह चीज़ भी मुझे बहुत पीड़ित करती है। बचपन से ही मुझे मन्दिर में जाना, पूजा करना ख़ूब अच्छा लगता था। फिर भी मेरे भीतर भाव और भक्ति कुछ विशेष मन्दिरों की आबोहवा जाग्रत करती है। फिर वह चाहे छोटा मन्दिर हो या बड़ा इससे कुछ आता-जाता नहीं है। सफ़ाई-स्वच्छता जहाँ है, धूप-धूना और पुष्पों की गन्ध है, चिल्ल-पों और शोरग़ुल जहाँ न हो, धक्का-मुक्की ना हो, जहाँ पर पण्डों का अत्याचार ना हो, जहाँ पूजा-अर्चना करते समय शुद्ध, सुन्दर तेजोदीप्त सद् ब्राह्मणों, के कण्ठ से संस्कृत मन्त्रों का शुद्ध उच्चारण सुनने को मिलता हो, वे मन्दिर मुझे अच्छे लगते हैं। ये सब चीज़ें तुम्हें दक्षिण के प्रायः हर मन्दिर में मिलेंगी। किन्तु, हमारे इधर ख़ूब कम। उत्तर भारत के कुछ-कुछ मन्दिरों में जाकर मुझे विशेष तरंगों का अनुभव हुआ है। जैसे दक्षिणेश्वर की काली बाड़ी और पंचवटी में, मैहर पहाड़ पर स्थित माँ शारदा के मन्दिर में, काशी में संकट मोचन (हनुमान) मन्दिर में, एवं काशी की ही जिस गली के मोड़ पर स्थित घर में मेरा जन्म हुआ था, उसी गली के बाबा तिलभाण्डेश्वर मन्दिर में। इसी तरह से और भी छोटे-मोटे कुछ मन्दिरों में साफ़-सफ़ाई और पवित्रता मिलती है। और बड़े-बड़े जितने विख्यात मन्दिर हैं, उनमें सब जगह एक ही चीज़ है। गन्दगी, कीचड़ से भरे, अविश्वसनीय

ऊपर के चित्र में माँ काली के सामने रविशंकर और अली अकबर बाबा के सामने बजा रहे हैं।

भीड़, कोई व्यवस्था नहीं, शृंखलाबद्धता नहीं, धक्का-मुक्की, देव विग्रहों के पास फूल-मालाओं, दूध, दूर्वा, जल आदि का जमाव। वहीं ढेर लगे-लगे सड़ाँध पैदा हो जाती है। दुर्गन्ध पैदा हो जाती है। उसके बाद कैसा शोर-गुल, अरे बाबा! पण्डों की चिल्लाहट, पुजारियों की चीख़-पुकार, 'यहाँ इतना चढ़ाओ', 'वहाँ उतना चढ़ाओ', 'आज का भोग दादा आपके ऊपर निर्भर है'। पुजारियों के भावरहित, अशुद्ध उच्चारण में पूजा और श्रद्धांजलि के मन्त्र। उधर मन्दिर के भीतर जाने का छोटा दरवाज़ा, ऊपर से ज़ोर-ज़ोर से, लोहे की जंजीर ज़ोर से पीटकर एक व्यक्ति चिल्लाकर कह रहा है, निकलिए, जाइये। आइये तुम गये हो माँ या बाबा के पास, उनके सामने खड़े होकर दो पल के लिए थोड़ा शान्ति से उन्हें देखने, उन्हें पाने, अपने मन की बात निवेदित करने। यहाँ तो वही शोरगुल, एवं इसी के ऊपर यदि विग्रह के पास ही बड़े-बड़े

अक्षरों में लिखा हुआ है—'जेबकतरों से सावधान' तो बताओ तुम्हारा गम्भीर भक्ति-भाव आहत होगा या नहीं? मेरा तो होगा भाई। इसीलिए मैंने धीरे-धीरे इन बड़े मन्दिरों में जाना कम कर दिया है। दूर से ही वहाँ के विग्रहों को अपने हृदय की मुद्रा और प्रणाम निवेदित कर देता हूँ एवं और भी अधिक श्रद्धा उन असंख्य भक्तिप्राण नर-नारियों के प्रति अर्पित करता हूँ, जो इन सब अवरोधों के होते हुए भी अविचलित होकर मन्दिर के देवता की जाकर पूजा-अर्चा करते हैं। मुझे तो स्वयं तन्मय होकर पूजा करना अच्छा लगता है। कहीं भी

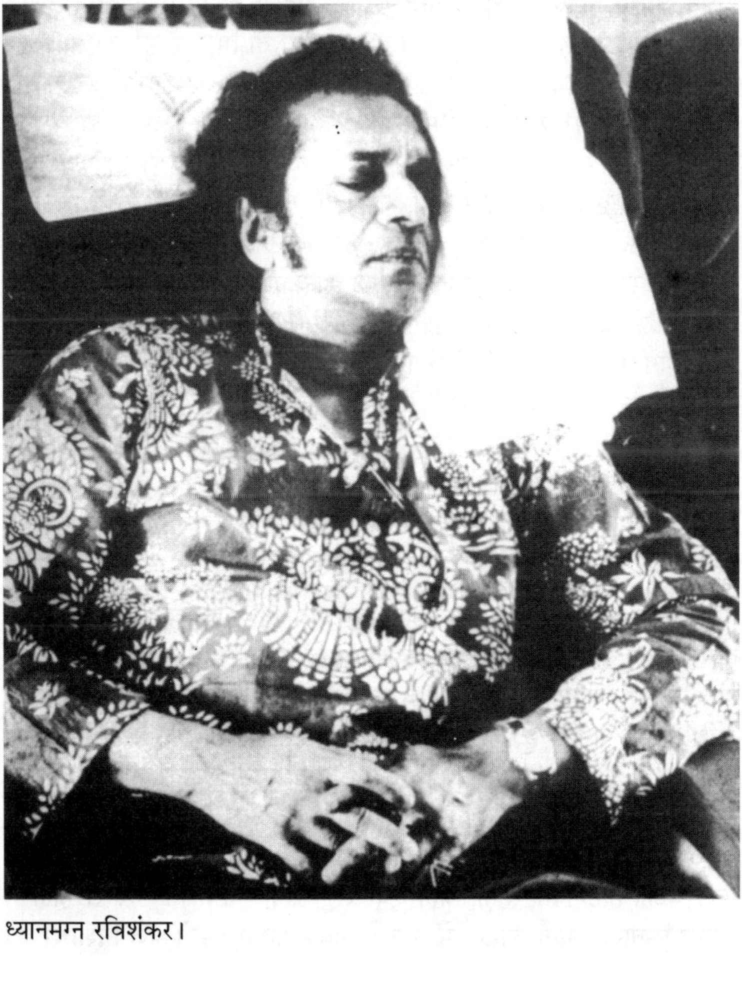

ध्यानमग्न रविशंकर।

क्यों ना रहूँ, सवेरे-सवेरे स्नान कर कुछ देव-देवियों और सन्तजनों के फ़ोटो अथवा छोटी-छोटी मूर्तियों के सामने बैठकर। इस तरह की मेरी एक पोरटेबल व्यवस्था है, वर्ष-पर-वर्ष पूरी दुनिया में वह मेरे साथ घूमती रहती है। फिर भी, काशी के हेमांगना आवास में कमला ने मेरे लिए एक अपूर्व पूजाघर बनवा दिया है। वहाँ पर पूजा करता हूँ फिर वहीं बैठकर उसी दिव्य परिवेश में सितार की साधना करता हूँ। कितना अच्छा लगता है। घण्टों बीत जाते हैं, वहाँ से उठने की इच्छा नहीं होती है।

अपने जीवन के एक विशेष मोड़ पर आ पहुँचा हूँ, इसलिए बहुत अच्छा अनुभव कर रहा हूँ। धूमकेतु की तरह घूमता ही तो फिरा हूँ पूरे जीवन। अब कुछ थकान आ गयी है। सब कुछ तो प्राय: देख डाला, अब बाक़ी ही कितना बचा है। धीरे-धीरे काशी में 'हेमांगना' ही होगा मेरा केन्द्र, अधिकतर यहाँ ही रहूँगा, अपनी साधना, पढ़ना-लिखना, सिर्फ़ दो-तीन योग्य लक्षणों वाले अल्पवयस्क छात्रों को सिखाऊँगा, बस। हाँ, रचनात्मक काम किये बिना तो रह ना पाऊँगा एवं इसीलिए रिकॉर्ड, टेलीविज़न अथवा फ़िल्मों के लिए बहुत-सी संगीत रचनायें करने की इच्छा है। काशी में रहने की सुविधा यह है कि प्लेन से दो घण्टे के भीतर कलकत्ता अथवा दिल्ली पहुँचा जा सकता है। मेरे दिमाग़ में बिलबिला रही हैं कितनी रचनाएँ, कितनी परिकल्पनाएँ। कलकत्ता में मेरी बहुत कुछ करने की इच्छा है। दादा तो चले गये, कितनी कुछ सम्भावनाएँ अपने दिमाग़ और मन में लेकर। किन्तु, उनके द्वारा प्रदर्शित रास्ते का अन्त नहीं है, उसमें पर्याप्त सम्भावनाएँ हैं। अब बात यह है कि स्टेज पर कोई बड़ी परियोजना यदि खड़ी करनी हो तो उसके लिए ज़रूरी है मेहनत, समय और काफ़ी धन। ख़ैर, देखा जायेगा।

तुमने खोद-खोद कर मुझसे कई बातें निकलवा लीं, भोगविलास के प्रति मेरी दुर्बलता की बात। किन्तु, क्या एक बात तुम्हें पता है शंकर। मेरे मन में त्याग का एक सुर उसी छोटी उम्र से ही बजता आ रहा है। इस समय मैं उसे और भी अधिक सुन पा रहा हूँ। कभी-कभी चौंककर सोचता हूँ कि आख़िर मैं कर क्या रहा हूँ? और कितने दिन मैं यह सब करता रहूँगा? आख़िर दिया ही क्या मैंने, और पाया ही क्या मैंने? एक बार ही विरक्त और बेस्वाद का भाव। कुछ भी अच्छा नहीं लगता है। वही एक ढर्रे की तरह प्लेन पर चढ़कर आज यहाँ, कल वहाँ। होटल में रहना, वही एक रस खाना, नियमित रूप से हॉल में जाकर सितार बजाना, होटल में वापस आकर रात एक-दो बजे निशाचर की

तरह भोजन करना। यह सब मुझे अच्छा नहीं लगता है। देश में भी एक अन्य तरह की ज्वाला है। यहाँ पर चार-पाँच घण्टे से कम कोई सुनना नहीं चाहता है—एक बार ही निचोड़ लेना चाहता है। महीने में पाँच-छह बार सारी रात ख़तम कर, बिना सोये प्रोग्राम करने से मन-मिज़ाज की क्या दशा होती है, इसे तुम समझ सकते हो। इसीलिए कहना पड़ा था भाई अब और अच्छा नहीं लगता है। इतने लोगों के सामने बजाना धीरे-धीरे कम कर दूँगा। अपने घर में बजाऊँगा, अपने लिए बजाऊँगा, यदि सच्चे संगीत प्रेमी अथवा रसिक आना चाहते हैं, तो आयें। सुनें आकर।

कुछ समय तो चाहिए अपने लिए, सोचने का समय, अपने भीतर झाँकने का समय, विचार करने का समय, मन की कोठरी को साफ़ करने का समय। कितना कुछ सीखना चाहता हूँ। संगीत, धर्म, साहित्य, विज्ञान के सम्बन्ध में कितना कुछ जानने को बाक़ी है। मोटे रूप में मेरी यह (स्वविरोधी) बकवास सुनकर तुम समझ पा रहे हो कि मैंने अपनी कितनी बखिया उधेड़ी है। कितनी !

अरे भाई, सितार हमने बजाया ही कितना है। सभी कहते हैं, मैं भी यह समझता हूँ, इतने जीवन में सब कुछ छोड़-छाड़कर यदि सितार ही लेकर पड़ा रहता, तो शायद एक विराट सितारी हो जाता। थोड़ा-बहुत जो बजा लेता हूँ, मेरा भाग्य अच्छा है, गुरुदेव का आशीर्वाद है, पूरे संसार में मुझे कितना समादर मिला, लोग प्रेम से सुनने आते हैं, मैं भी प्रेमवश मेरे पास जो कुछ है उसे उड़ेल देता हूँ। किन्तु, मैं जानता हूँ कि मैं क्या हूँ और कहाँ हूँ। शंकर, तुम कह रहे हो कि फिर मैं समालोचना क्यों सहन नहीं कर पा रहा हूँ? यह असल में ग़लत बात है। समालोचना ही नहीं, कठोर और अपमानजनक समालोचना शुरू से ही आज तक मेरी कितनी की गयी है, कह सकता हूँ कि इतनी और किसी शिल्पी की ही नहीं गयी है। और मेरी तरह चुपचाप इतनी सहन भी और किसी ने नहीं की है। फिर भी क्या तुम्हें पता है, मैं सितार अच्छा नहीं बजाता हूँ, तैयारी के साथ तान कम बजाता हूँ, झाला कम बजाता हूँ, अगर यह सब तुम कहो तो मैं उस पर ध्यान नहीं दूँगा। किन्तु, अगर तुम मेरी निष्ठा पर प्रहार करो, जिन विषयों को लेकर मैंने सचमुच में विचार किया है, उनका अभ्यास किया है, जैसे राग की शुद्धता, चलन, श्रुति एवं अवान्तर बात उठाओ कि मेरा सितार शुद्ध नहीं है, सितार सरोद जैसा हो जाता है, तो फिर मैं तुम्हें पकड़ कर पीटूँगा। ना, ना, ठीक मारूँगा नहीं किन्तु, मुझे कष्ट ज़रूर होगा।

किस–किस महापुरुष पर मेरी भक्ति है, इसे जानना चाहते हो ? बचपन से ही ठाकुर रामकृष्ण देव, विजयकृष्ण गोस्वामी, वामा खेपा, रामदास काठिया बाबा, त्रैलंग स्वामी और अन्य कुछ महापुरुषों के बारे में इतना पढ़ा है कि ऐसा लगता है जैसे उन्हें जानता हूँ। उनके प्रति मेरी अगाध श्रद्धा है। स्वामी जी के बारे में कह रहे हो ? अरे, वह तो हैं मेरे जीवन के एक विराट आदर्श एवं अनुप्रेरणा। पुस्तक पढ़कर उनके ऊपर मेरी श्रद्धा नहीं जागी है, जागी थी बचपन में अमेरिका में—शिकागो, बोस्टन, लास ऐंजेल्स, न्यूयार्क इत्यादि शहरों में रामकृष्ण मिशन में जाकर जब देखी उनकी कीर्ति की बहार। वही तो पहले व्यक्ति हैं जिन्होंने भारत के आध्यात्मिक स्वरूप और उसके माहात्म्य का प्रचार विदेश में किया है। आहा रे, रूप, गुण, ज्ञान में कैसे अपरूप पुरुष सिंह थे। हमारे आध्यात्मिक जीवन में वे हैं सबसे बड़े सुपरस्टार। माँ आनन्दमयी को बहुत दिनों से जानता हूँ। उनसे बहुत प्रेम करता हूँ और उनकी भक्ति भी करता हूँ। और उनका स्नेह आशीर्वाद पाकर धन्य भी हुआ हूँ।

१९४८ ईस्वी में जब बम्बई में था, बोरीवली में एक विशाल भवन में मैं अन्नपूर्णा और शुभ को लेकर रहता था। उसी घर में मेजदा (राजेन्द्रशंकर) और लक्ष्मी बऊ दी, सेजदा देवेन्द्रशंकर और कृष्णा बऊदी एवं प्राय: और भी पन्द्रह नर्तक–गायक और वादक रहा करते थे। मेरा वह बहुत ही बुरा समय चल रहा था। हमारा इण्डिया रिनेसाँ आर्टिस्ट ग्रुप उस समय टूट गया था, किन्तु इतने लोगों के खाने–पीने की व्यवस्था का भार प्राय: पूरा का पूरा मेरे ऊपर था। इधर–उधर प्रोग्राम में बजाकर जो साधन हो जाता था, उसी से गुजारा चलता था। ठीक उसके पहले मेरे दो मित्रों ने हमारे तीनों भाइयों के नाम पर अनेक केस दायर कर हमें अरेस्ट तक करवा दिया था। हाँ, यह ज़रूर है, हम लोग जमानत पर छूट गये थे। दो वर्ष केस चला था। ये दोनों लोग ही मेरे साथ एल.आर. ट्रुप में थे। इन्हीं सब कारणों से दल भंग हो गया था। तुम समझ सकते हो, मेरे जैसे संवेदनशील व्यक्ति के लिए यह समय कैसा जा रहा था।

विक्षिप्त होकर एक दिन निश्चय किया कि आत्महत्या कर डालूँगा। उसी विचार से पत्र लिखना शुरू किया कि उसे छोड़ जाऊँगा। इसी समय एक महापुरुष का मेरे जीवन में आविर्भाव हुआ। उनका नाम था टाट बाबा। मेरे जीवन की समस्त धारा ही बदल दी उन्होंने। तीनेक वर्ष बाद उन्होंने मुझे दिल्ली में दीक्षा दी। मेरे ऊपर उनकी अशेष कृपा, आशीर्वाद और प्रभाव है। प्राय: तीन वर्ष हुए तब उन्होंने देह–संवरण कर ली है। अद्‌भुत थे। राजस्थान

के व्यक्ति। गृहस्थ थे। उनकी गद्दी पर इस समय उनका पुत्र लगभग इक्कीस वर्ष का रसिकदास महाराज आसीन है।

अगर टाट बाबा के बारे में मुझे कुछ कहना हो तो मैं यह कहूँगा कि वे अपरूप सुन्दर, एक अत्यन्त उच्च स्तर के त्रिकालज्ञ, योगिराज थे। उनका योगैश्वर्य अनन्त था, किन्तु जादू दिखाना पसन्द नहीं करते थे। एकान्त में शिष्यगण स्नेहवश कहा करते थे, 'अरे, अन्य महात्मा कितना कुछ दिखाया करते हैं,

स्वामी विवेकानन्द। मेरे जीवन की एक विराट् प्रेरणा।

किन्तु, हमारे बाबा एकदम चिक्कू (कंजूस) मारवाड़ी हैं, कुछ भी नहीं दिखाना चाहते हैं।' फिर भी हम लोगों ने उनके अनेक अलौकिक कारनामे देखे हैं। उनकी शिक्षा-दीक्षा का मूलमन्त्र था प्रेम। उनके आश्रम का नाम भी था 'प्रेममण्डल'।

इसके बाद दो लोगों के बारे में मैं और भी कहूँगा जिनके ऊपर मेरी अगाध भक्ति और श्रद्धा है एवं जिनका स्नेह-आशीर्वाद पाने का मुझे सौभाग्य मिला है। उनमें से पहले हैं दक्षिण के कामकोटि कामाक्षी पीठ के बड़े शंकराचार्य। इनकी उम्र लगभग नब्बे की है, स्वयं अवकाश लेकर एक अन्य महापण्डित और तपस्वी को गद्दी पर बैठाल दिया है। ये बड़े सिद्ध महापुरुष हैं। ऐसे सिद्ध पुरुष देखने को नहीं मिलते हैं। बातचीत प्रायः करते ही नहीं हैं। फिर भी उनके पास जाकर बैठो, और अगर उन्होंने एक क्षण के लिए भी तुम्हारे ऊपर अपनी गम्भीर, शान्ति और स्नेहभरी दृष्टि डाल दी, तो तुम देखोगे कि तुम्हारा अशान्त मन क्षण भर में ही शान्त हो जायेगा। तुम्हारे मन की दहकती हुई आग पर मानो किसी ने शीतल जल का प्रलेप कर दिया हो। अकारण ही तुम्हारे नेत्रों से आँसू बहना शुरू कर देंगे। फिर तुम अपने को एक शुद्ध, पवित्र आत्मा मानने लगोगे। मेरे साथ तो ऐसा ही हुआ था। उनके सामने मैंने जब पहली बार सितार बजाया था, तो वह मेरे जीवन का एक अत्यन्त उच्च अनुभव था।

उसके बाद मैं उनके बारे में कहूँगा, जिनके साथ मेरा कई वर्षों में एक सुन्दर सम्बन्ध गढ़ उठा है—वे हैं सत्य साईं बाबा। कई वर्षों से मैं उनका नाम सुनता आ रहा था और यहाँ-वहाँ उनकी तसवीरें भी देखता था। उनका कई तरह का योगैश्वर्य तथा कई तरह के चमत्कार दिखाने की कथा भी मैं सुनता आ रहा था।

मैंने दो-चार ऐसे लोग देखे थे, जो अनेक तरह के चमत्कार, जादू दिखाया करते थे। जैसे मैहर में तालीम लेते समय एक व्यक्ति को जानता था—वह जब चाहता जेब में हाथ डालकर सौ-सौ के कड़कते हुए नोट निकाल देता था। फिर आप उन्हें जितना भी क्यों ना चाहो। दो सौ, पाँच सौ, हज़ार, दस हज़ार। नम्बरी नोट, जाली नहीं। चूँकि उसे एक पिशाच सिद्ध था। और एक व्यक्ति कभी-कभी नगौध से आता था। वह तुम्हारी इच्छानुसार हवा में हाथ घुमाकर कोई भी खाद्य वस्तु तुम्हारे सामने हाज़िर कर सकता था। कोई फल, मिठाई तुम जो भी चाहो। गरम-गरम हलुआ तक पेट भर खाकर लोग डकार लेते थे। इसके बाद दिल्ली में रहते समय एक महिला—सरस्वती अम्मा को देखा था। सभी बड़े-बड़े एम.पी. मन्त्री लोग उसकी ख़ूब खातिर किया करते

थे। उसके हाथ से विभूति और सिन्दूर दोनों निकलते थे। कई लोग उससे अपने भविष्य के बारे में प्रश्न पूछा करते थे। उसका उत्तर वह वाणी से ना देकर हाथ से कभी विभूति निकालती थी, जिसका अर्थ होता था 'हाँ', अर्थात् तुम जो जानना चाहते हो, वह काम हो जायेगा, और सिन्दूर निकलने पर,

ध्यानमग्न त्रिकालदर्शी राजस्थान के टाट बाबा। जिन्होंने मेरे जीवन की धारा बदल दी।

उसका अर्थ होता था, नहीं। उसने अपने हाथ से चाँदी के एक सुन्दर गोपाल निकाल कर मुझे दिये थे। ख़ैर, जो भी हो, यह सब देखकर सभी की तरह मैं भी चमत्कृत हो गया था, यह ठीक ही है किन्तु, इन लोगों के प्रति मेरे मन में कोई विशेष श्रद्धा–भक्ति पैदा नहीं हुई थी अथवा ये लोग ईश्वर के लोग हैं ऐसा नहीं लगा था। ये सब सिद्धियाँ हैं, सभी जगह यही पढ़ा है, टाट बाबा के पास भी यही सुना है। योग मार्ग के सात स्तर होते हैं, पहले और दूसरे स्तर पर पहुँचते ही साधक जन विशेष–विशेष शक्ति सिद्धाई दिखाने के लिए अर्जित कर लेते हैं। किन्तु, सिद्धाई दिखाना उचित नहीं है। इससे देव मार्ग की साधना में व्याघात उत्पन्न होता है। किन्तु, वाममार्गी साधना से भी लोग अनेक तरह की शक्ति अर्जित कर सकते हैं। जैसे श्मशान सिद्धि, पिशाच सिद्धि, काक सिद्धि, उल्लू सिद्धि, और भी कई तरह की भूत–प्रेत सिद्धियाँ प्राप्त कर मारण–उच्चाटन–मोहन–वशीकरण कर कई तरह के लोग क्या धन्धा नहीं करते हैं? पश्चिम में भी कितनी मात्रा में ब्लेक मैजिक एवं विचक्राफ्ट क्या लोकप्रिय नहीं हो रही है?

ख़ैर, वह जो भी हो, सत्यसाईं बाबा के बारे में मेरा एक तरह का सनकी जैसा भाव था। मैं उन्हें भी इन्हीं लोगों में ख़ूब शक्तिमान एक व्यक्ति मानता था। उन्हें पहली बार बंगलौर के पास उनके एक अपने स्थान पर देखा था—जिसे ह्वाइट एफिल कहा जाता था। मेरे परम मित्र लॉस ऐंजिल्स के डिक बक एवं बाबा की विशिष्ट शिष्या अमेरिकन महिला इन्दिरा देवी वहाँ थीं। उन्होंने कितने मधुर भाव से मेरा आदर किया, एक हीरे जैसी मुझे अँगूठी दी। दूसरे वर्ष उनके जन्मदिन पर मैंने सितार बजाया। तब उन्होंने गले में पहनने के लिए मुझे नवरत्न का हार दिया। काफ़ी विभूति दी, आशीर्वाद दिया। मैंने धीरे–धीरे यह देखा कि ये सब चीज़ें देना उनकी सहज लीला है। एक समुद्र की तरह—वे लोगों को बस देते ही जा रहे हैं। कितना कुछ उनके हाथ से निकलता आता है, भस्म, सोना, चाँदी, हीरे की कितनी अँगूठियाँ, लॉकेट। मानो इनका कोई अन्त ही नहीं है। किन्तु, इतना जो पाया अथवा दूसरों को पाते देखा, इन चीज़ों ने उन्हें मेरे सामने बड़े रूप में प्रस्तुत नहीं किया। कितने लोगों को उन्होंने भीषण रोगों से मुक्त कर ठीक कर दिया है, यह भी मैंने देखा है। यह बात भी मुझे कोई बहुत बड़ी नहीं लगी थी। कितने शहरों में भक्तों के घरों में मैंने देखा है कि उनके फ़ोटो से विभूति निकल रही है, शहद निकल रहा है, आदि–आदि। इन सबने भी मुझे सचमुच में आकर्षित नहीं किया था। फिर भी उनकी

सत्यसाईं बाबा के साथ रविशंकर तथा अन्य।

जिस चीज़ ने मुझे खींचा एवं जिस पर मैं श्रद्धा करता हूँ, वह उनका अगाध प्रेम देने और प्रेम पाने की शक्ति है। लाख-लाख मनुष्यों के साथ उनके प्रेम की लीला है। और यह प्रेम शारीरिक प्रेम से बहुत ऊँचा है। और जिनके संस्कार हैं, उन्हें वे उसी प्रेम के बल पर आध्यात्मिक जगत् में बहुत दूर तक पहुँचा सकते हैं। मैं उनका शिष्य नहीं हूँ फिर भी उनसे मेरे बहुत ही मधुर सम्बन्ध हैं। उन पर मैं श्रद्धा करता हूँ, कभी-कभी उनके दरबार में अर्जी भी लगाता हूँ। मैं उन पर विचार करूँ, इस झंझट में मैं नहीं हूँ। उसका कारण है, जिसे मैं पहले ही कह चुका हूँ, उनके अलौकिक चमत्कारों से आकर्षित होकर मैं उनके पास नहीं गया हूँ।

शंकर, अब और मैं क्या कहूँ। इतने दिनों में कितनी ही बातें तो हो गयीं। तुमने मन से जो कुछ सुना, जो-जो तुमने जानना चाहा, वही मैंने तुम्हें बता दिया। लोगों को यदि इन सब बातों को पढ़कर अच्छा लगा, तो मैं अपने को धन्य समझूँगा। मैंने पहले ही यह कहा था कि मैं लेखक नहीं हूँ। सदा गाना-बजाना ही करता रहा; तुम्हीं ने मुझसे कह-कह कर ये सब बातें कहलवा लीं। मुझे लेखक बना दिया। फिर भी इतने समय तक जिन लोगों से मिलता रहा,

जिनके साथ मिला, मेरी सबसे बड़ी उपलब्धि यही है। यदि किसी को अनवधानतावश दु:ख देता रहा होऊँ, मैं उनसे बार-बार माफ़ी चाह रहा हूँ। फिर सभी को नमस्कार करते हुए, तुम्हें अशेष धन्यवाद देते हुए बाबा अलाउद्दीन ख़ाँ साहब, दादा उदय शंकर और मनुष्यों के परमबन्धु ईश्वर को प्रणाम करते हुए यह आत्मकथा शेष कर रहा हूँ।

'देश' पत्रिका में इस पुस्तक पर जो सब चिट्ठियाँ आयी हैं, और दूसरी जगह भी जो सब अभिमत प्रकाशित हुए हैं, उनके परिप्रेक्ष्य में कई बातें यहाँ बता रहा हूँ। अवसर के अनुसार इस पुस्तक में भी कुछ रद्दोबदल किया है। यहाँ पर अपने कुछ विचार ही व्यक्त करूँगा।

(१) विलायत ख़ाँ के 'तीन पुरखों का घराना' इस सम्बन्ध में मैंने अपना मत व्यक्त किया था कि तीन पुरखों तक तो उस घराने को हम स्पष्ट रूप से जानते हैं। इससे कुछ लोगों की ऐसी धारणा हो गयी थी कि मैं उनके दावे को अस्वीकार कर रहा हूँ। मुझे लगता है वे मेरी बात को ही नहीं समझ पाये थे। मेरे मन्तव्य के पीछे यही युक्ति थी, विलायत के घराने के तीन पुरुषों तक तो हम सभी जानते हैं। जिनकी कथा मैंने बाबा अलाउद्दीन ख़ाँ, उस्ताद हाफ़िज़ अली ख़ाँ, उस्ताद मुश्ताक हुसैन ख़ाँ, उस्ताद यूसुफ अली ख़ाँ, उस्ताद दबीर ख़ाँ एवं वीरेन्द्र किशोर राय चौधुरी महाशय से सुनी है। पूरी दुनिया भी इतना ही जानती है। उन तीन पुरुषों से पहले हो सकता है कोई सितार बजाता रहा हो, किन्तु उनमें से कोई प्रतिष्ठित और सर्वजन लोकप्रिय नहीं था। अगर होता तो हम सभी को उसका पता ज़रूर होता। इसीलिए मैंने 'हो सकता है' यह कहकर अपना अज्ञान प्रकट किया है।

(२) गोकुल नाग महाशय से मैंने नहीं सीखा इस बात को कई लोगों ने चैलेंज किया है। यहाँ तक कि नाग महाशय ने स्वयं पत्र भी लिखा है। उनके साथ 'सीखने' की हमारी बात हुई थी, इसे मैं स्वीकार करता हूँ। किन्तु, यदि मैं उनसे एक गत, सरगम, अथवा पलटा भी सामने बैठकर, सितार हाथ में

लेकर सीखता, तो मैं उसे आनन्द और गर्व के साथ स्वीकार करता। इसमें मेरे लिए कोई लज्जा का कारण नहीं था। कारण, वे मेरे नमस्य हैं। वे अपने युग के श्रेष्ठ बंगाली सितारिये हैं, इस रूप में मैं उन्हें मानता हूँ। फिर भी मैंने उनका सितार, एसराज, तबला, गाना काफ़ी सुने हैं और वे मुझे असम्भव की सीमा तक अच्छे लगे हैं।

(३) खम्बाज के अवरोही में शुद्ध निखाद का प्रयोग कर मैं चूँकि विराट आलोड़न की सृष्टि कर देता हूँ। खम्बाज, पीलू, गारा, सिन्धु भैरवी आदि कई रागों में हम देखते हैं या तो ध्रुपद अथवा धमार नहीं तो ठुमरी मिलती है। ख़याल में इन सब रागों का प्रयोग कहा जाये तो दिखायी ही नहीं देता है। इन सब रागों में हमने भी तालीम पायी है, ध्रुपदांग, शुद्धवाणी के प्रयोग में आलाप-जोड़ बजाने की। एवं ठुमरी अंग में भी बजाने की। किन्तु, इसके साथ देखा यह जाता है कि एकमात्र वाद्य-यन्त्र में ही इन सब रागों में विलम्बित और द्रुत गत एवं ख़यालांग में तान जोड़ का व्यवहार होता है। कारण, इन सब रागों की एक हलकी प्रकृति भी है इसलिए वादक लोग ख़यालांग में बजाते समय भी अगर इच्छा हो तो ठुमरी का कुछ स्पर्श ले आ सकते हैं। अन्ततः मैं यही सुनता आ रहा हूँ और देखता भी आ रहा हूँ। मैंने इनायत ख़ाँ साहब को भी सुना है एवं अच्छे-अच्छे पूरब अंग के कई ठुमरी गायक-गायिकाओं को भी सुना है, वे लोग ठुमरी अंग के खम्बाज में यही विशेष प्रयोग काम में लाते हैं।

ग म प ध न सं म सं   प न न सं न ध प च प

ग म प ध वं न ध प   ग म प ध ग म ग ...आदि

जब-तब मैं यही बदलाव करता हूँ और अन्य लोग भी करते रहते हैं विलम्बित गत में जब थोड़ा मूड ठुमरी का स्पर्श कराने का हो।

(४) उपर्युक्त प्रसंग में बात उठती है कि नियम जानकर अथवा बिना जाने नियम भंग करने के विषय में। मैंने जब यह बात

कही थी तब घुणाक्षर न्याय से भी विलायत ख़ाँ के बारे में कुछ नहीं सोचा था। उस समय मेरे मन में अनेक युवा प्रतिभाशाली शिल्पियों की बात आ रही थी। जो निश्चय ही अच्छा बजाते हैं, किन्तु, प्रायः सब कुछ सुन-सुन कर। उन्हें शायद अच्छी तालीम नहीं मिली है। यद्यपि मेरी बात को घुमाने का अर्थ है विलायत एवं मुझे एक साथ छोटा करना। मैं जो कुछ कहता हूँ, विलायत ख़ाँ को ध्यान में रखकर कहता हूँ, इस ग्रन्थि की कोई युक्ति ही मैं नहीं ढूँढ़ पा रहा हूँ। इस तरह की बातचीत से मेरे और विलायत के सम्बन्धों में और भी दरार पड़ जायेगी। दुःख का विषय यह है कि अपने शिल्पी जीवन में शुरू से ही ऐसा ही होते हुए मैंने देखा है।

(५) इस बार चतुरलाल के प्रसंग में अपने वक्तव्य के बारे में कह रहा हूँ। चतुरलाल ने मेरे पास सीखा है या नहीं यह बात हज़ार-हज़ार लोग जानते हैं। वह मुझे अपना गुरु जैसा मानता है और बजाते तथा रियाज़ करते समय और रास्ते में चलते-फिरते वर्ष-पर-वर्ष कितनी लय और छन्द भंग करने का हिसाब-किताब सिखाया है, सचमुच में उसका हिसाब नहीं लगाया जा सकता है। कहा जाता है कि वह मेरे साथ मात्र एक वर्ष रहा है और उसने बजाया है। किन्तु, असली घटना यह है कि वह १९४९ ईस्वी से १९५८ ईस्वी के प्रारम्भ तक मेरे साथ गहरायी से जुड़ा रहा था। अपने द्वारा स्थापित ऑल इण्डिया रेडियो में अपने वाद्य-वृन्द में मैं जितने दिन डाइरेक्टर रहा था, उसने मेरे अधीन काम भी किया है।

अपनी पुस्तक में मैंने एक जगह कहा भी है, एवं पुनः कह रहा हूँ कि मैंने दक्षिण भारत के तालाध्याय के समीक्षण एवं उसके गूढ़ हिसाब-किताब की शिक्षा प्राप्त की थी गुरु कन्दप्पन पिल्लई से। इसके अलावा और भी अनेक वर्ष दक्षिणी संगीतज्ञों को सुनकर उनके लय के हिसाब की अनेक बातें मैंने आयत्त की थीं। एवं उन सबके साथ मैंने अपने निजी चिन्तन का प्रयोग कर अनेक लय के रास्ते विन्यस्त कर लिए हैं। चतुरलाल को वे सब चीज़ें इतने वर्षों के भीतर दी हैं और उन्हें उनको

समझाया है, मृदंग वादक एवं अत्यन्त गुणी व्यक्ति श्रीरामनाद ईश्वरन भी मेरे आर्केस्ट्रा में बजाया करते थे। चतुरलाल ने उनसे भी बाद के दौर में लय के हिसाब-किताब का सन्धान पाया है।

(६) बाबा अलाउद्दीन के बारे में चर्चा करते समय जब हीरू बाबू या कण्ठे महाराज का प्रसंग उठाया है, वहाँ 'पीटापीटी' शब्द के प्रयोग ने बहुतों को पीड़ा दी है। मैं उसकी वजह से अत्यन्त दुखी हूँ। मैं यह स्वीकार करता हूँ कि इनके साथ बाबा का बड़े आनन्द के साथ बजाना एवं लय-छन्द के साथ बजाना मैंने स्वयं सुना है। एवं इस मन्तव्य में मैं उन दो शिल्पियों के ऊपर कोई कटाक्षपात नहीं करना चाहता हूँ। मेरा प्रयास बाबा के मिज़ाज के एक पक्ष के ऊपर आलोचना को फोकस करना था।

(७) मैं वास्तव में उत्तर प्रदेश का व्यक्ति हूँ। काशी में मेरा जन्म हुआ है। बाङ्ला भाषा पर मेरा दख़ल कितना है, नहीं जानता किन्तु, हिन्दी, उर्दू मैं कुछ जानता हूँ। इसलिए कई शब्द, जैसे ठुमरी, रियाज़ मैं ठुमरी, रियाज़ ही कहता रहता हूँ। किन्तु, शंकरलाल मेरे साथ इन सबको लेकर मेरे साथ कई तरह के तर्क रखते हैं। उनके मत से बाङ्ला में अगर ठुमरी शब्द लिखना हो तो लिखना होगा ठुंग्री एवं रियाज़ को रेवाज। क्योंकि ये शब्द बाङ्ला भाषा में इस तरह ही रूपान्तरित हो गये हैं। नहीं तो सेतार को सितार, खेयाल को ख्येल, टेविल को टेवल, चेयार को च्येर, गेलास को ग्लास कहना पड़ेगा। इस तरह से बोलने अथवा लिखने का रिवाज़ क्या हमारे यहाँ बाङ्ला में है?

(८) दुर्भाग्यवश मेरे अतिप्रिय तबलावादक कानाई दत्त अल्प वय में ही मर गये। उनकी कथा इस पुस्तक में छूट जाने की वजह से मैं हृदय से दुखी हूँ। उन्होंने मेरे साथ देश एवं विदेश में काफ़ी बजाया है। ज्ञानदा के एक अन्यतम, श्रेष्ठ छात्र, उनकी जैसी तैयारी, वैसा ही मीठा, सुरीला हाथ था कानाई दा का। उनको लय का कूट एवं हिसाबी चाल-चलन

सीखने का भीषण शौक़ था। एवं मुझसे उन्होंने जितना प्राप्त किया है, वे उसे सभी के सामने बिना किसी कपट के स्वीकार कर गये हैं।

(९) इसी तरह बहुत–सी बातें पुस्तक में छूट गयी हैं। समय एवं काम–काज के दबाव में बहुत कुछ इसमें मैं कर नहीं सका हूँ। फिर भी जिस व्यक्ति की कथा का उल्लेख किये बिना लेख शेष नहीं कर पा रहा हूँ, वे हैं, मेरे परम बन्धु, डॉ. नारायण मेनन। १९४८ ईस्वी से आज तक हमारा यह मधुर सम्बन्ध अटूट है। मुझे ऑल इण्डिया रेडियो में ले जाने के मूल में वही हैं। कर्नाटकी संगीत में (अमेच्योर यद्यपि उच्चस्तर के बीनावादक) पण्डित, अँग्रेज़ी साहित्य एवं पाश्चात्य संगीत में दिग्गज, हिन्दुस्तानी संगीत में भी काफ़ी जानने वाले तथा रस बोध एवं दुनियाभर के संगीतज्ञों से बन्धुत्व एवं श्रद्धा से बलवान नारायण दा सचमुच में तुलनाहीन हैं।

●●●